퇴계학파의 사람들 2

16세기 안동지역 퇴계 직전제자들을 중심으로

퇴계학자료총서 연구편 2

퇴계학파의 사람들 2 ― 16세기 안동지역 퇴계 직전제자들을 중심으로

지은이 안동대학교 부설 퇴계학연구소
펴낸이 오정혜
펴낸곳 예문서원

편집 유미희
인쇄 및 제본 주) 상지사 P&B

초판 1쇄 2018년 12월 28일

출판등록 1993년 1월 7일(제307-2010-51호)
주소 서울시 성북구 안암로 9길 13, 4층
전화 925-5914 | 팩스 929-2285
전자우편 yemoonsw@empas.com

ISBN 978-89-7646-390-6 93150

YEMOONSEOWON #4, 13, Anam-ro 9-gil, Seongbuk-Gu, Seoul, KOREA 02857
Tel) 02-925-5914 Fax) 02-929-2285

값 34,000원

이 책은 안동시의 지원으로 저술되었습니다.

퇴계학자료총서 연구편 2

퇴계학파의 사람들 2

16세기 안동지역 퇴계 직전제자들을 중심으로

안동대학교 부설 퇴계학연구소 지음

예문서원

서문

　인간은 기억의 동물이다. 기억한다는 것은 다만 의식의 차원에만 놓이는 것은 아니다. 기억한다는 것은 의식, 무의식 양면에 넓게 걸쳐져 있는 인간양상의 중요한 부분이다. 의식의 표면에서 움직이는 기억은 쉽게 떠올릴 수도 있고, 또 쉽게 잊힐 수도 있다. 이것은 어떤 개인의 현재적 관심과 긴밀하게 연관되어 있는 것이다. 그런 까닭에 관심이 이동하는 것에 의해 상당한 영향을 받게 된다.

　관심은 생활, 이익, 이상, 이념 같은 직접적이고 강력한 요소들에 의해 주도된다. 생활과 이익은 표면적 의식에 주로 연관되고, 이상과 이념은 심층적 의식에 주로 관련된다.

　현실적 관심이 집중되는 영역에서 기억은 수시로 소환되고, 기억의 소환이 거듭될수록 기억은 단단하게 존재성과 뒤엉키게 마련이다. 이 영역에서는 특히 생활, 이익 같은 것들이 주도적 기능을 행사한다. 이상, 이념 같은 것들은 인간의식을 매일같이 소환하기 어려운 법이다. 그것은 사소한 일상성과 연관을 갖고 있는 것이 아니라, 일반적이고 보편적인 것과 관련되어 있으며, 인간은 지금 당장의 상황과 보다 긴밀하게 연동되어 현재적 삶을 살아 나가는 존재이기 때문이다.

　퇴계학이라는 것은 일정한 생활양상, 문화양상, 정신양상, 역사양상의 퇴적된 더미이다. 이 더미 속에는 우리 문화와 정신의 상당한 부분이 내재되어 있다. 그것의 불행은 우리의 현재적 삶의 생활, 이익이라는 부분과 직접적 관계를 맺고 있지 못하다는 데에 있다. 우리는 우리의 현재적 삶의 작은 이상, 힘이 약한 이념 같은 것들에 기대서 이것을 힘들게 소환할 수밖에 없는 것이 현실이다.

퇴계학은 그렇게 숨겨진 기억이 되어 있거나, 되어 가고 있다. 그것을 현실 영역에 완벽하게 소환할 수는 없을 것이다. 그것이 현실적 이익과 손을 맞잡기는 어려운 일일 것이기 때문이다. 그러나 기억의 부피와 깊이가 마련되면 될수록 우리는 우리 삶에 유기적으로 연관될 수 있는 다양한 통로를 만들어 가질 기회를 더욱 쉽게 얻을 수 있을 것이다. 우리는 그러한 과정에 우리의 작업이 작은 보탬이 될 수 있기를 기대한다.

우리의 작업을 지원하여 주신 안동시, 거듭 출판을 맡아 주신 예문서원에 감사한다.

2018년 12월
안동대학교 부설 퇴계학연구소 소장 윤천근

차례

제1장

유일재선생실기
약봉선생문집
구봉선생일고
운암선생일고
남악선생일고

윤천근

【해제】

내가 맡은 것은 안동대학교 부설 퇴계학연구소에서 펴낸 『퇴계학자료총서』 3편에 수록된 문집 부분에 대한 것이다. 내가 여기서 대상으로 삼고 있는 것은 『유일재선생실기惟一齋先生實記』, 『약봉선생문집藥峰先生文集』, 『구봉선생일고龜峰先生逸稿』, 『운암선생일고雲巖先生逸稿』, 『남악선생일고南嶽先生逸稿』 등이다. 『퇴계학자료총서』 3편에는 이 밖에도 학봉 김성일의 유문이 담겨져 있지만, 학봉 김성일은 여기 취급하는 사람들에 비해서는 많이 알려져 있고, 유문에서 만나게 되는 김성일의 모습이 특별히 다른 면을 보여 주는 것도 아니므로, 여기서는 사정상 제외하기로 하였다.

『유일재선생실기』는 유일재 김언기金彦機(1520~1588)의 문집이다. 문집의 정보는 그리 풍부하지 않다. 김언기는 퇴계 직전제자 중 안동에서 강학으로 나름의 명망을 갖추고 있었던 사람이기는 하지만, 문적이 많이 남아 있지는 않다.

『약봉선생문집』은 약봉 김극일金克一(1522~1588)의 문집이다. 내앞에 기지를 둔 청계공 김진金璡의 장자, 세칭 김씨5룡의 첫째이다.

『구봉선생일고』는 구봉 김수일金守一(1528~1583)의 문집이다. 청계공 김진의 차자, 세칭 김씨5룡의 둘째이다.

『운암선생일고』는 운암 김명일金明一(1533~1569)의 문집이다. 청계공 김진의 삼자, 세칭 김씨5룡의 셋째이다.

『남악선생일고』는 남악 김복일金復一(1541~1591)의 문집이다. 청계공 김진의 5자, 세칭 김씨5룡의 다섯째이다. 청계공 김진의 4자, 세칭 김씨5룡의 넷째는 김복일의 바로 위 형인 김성일金誠一이다.

『약봉선생문집』, 『구봉선생일고』, 『운암선생일고』, 『남악선생일고』 등도 『유일재선생실기』처럼 자료가 그리 풍부한 편은 아니다. 문적이 흩어진 탓도 있을 것이고, 문장에 많은 공력을 들이는 취향이 아니었을 수도 있을 것이다. 그러나 남겨져 있는 자료 속에는 주목해 볼만한 것들이 다수 포함되어 있다. 그러므로 나는 여기서 각각의 문집 속에서 가장 자료가치를 갖는다고 생각하는 것을 임의적으로 선택하여 거칠게 초벌 번역을 하는 방식으로 인물들을 소개하여 보기로 하였다. 그러므로 이것은 이 문집들에 대한 본격적인 연구결과물이라고 하기보다는 그런 단계로 나아가기 위해 초석을 놓는 정도의 의미를 갖는 것으로 이해하여 주었으면 한다.

김언기는 안동의 와룡에서 강학을 하였다. 당시에는 퇴계로부터 배운 것을 안동지역에서 주변 사람들에게 전하여 주는 중요한 역할을 한 인물이다. 종택은 여전히 와룡의 그 자리를 지키고 있다. 10년 전에 내가 방문하였을 때에는 종택 건물이 다 무너지고 비가 새서 형편이 말이 아니었으나, 이번에 가서 보니 말끔하게 정비되어 있었다. 그러나 문은 굳게 잠겨 있고, 맞아 주는 사람은 보이지 않았다. 이러한 쓸쓸함은 약봉종택, 내앞의 대종가나, 그 옆에 붙어 있는 구봉종택, 강 건너 쪽으로 나가 앉은 운암종택, 예천의 구계마을에 자리 잡은 남악종택의 경우도 마찬가지였다. 이런 여러 종택들에 사람들이 흘러넘쳤던 시대는 이미 과거, 좋았던 옛 시절이 되어 있는 것이다.

문화는 흐르게 마련이다. 시대는 매정한 일면을 갖고 있어서 흐르는 문화에 과거의 영광을 담고 나아가는 법이 없다. 그러니 시대가 영광의 기억을 추상하여 주기를 바라기는 어려운 일이다. 기억하는 것은 인간의 일이고, 그 영광을 시대의 문법에 맞추어 빛나게 하는 것도 인간의 노력이다. 개화의 시대가 전통의 영광을 폐기하고 서양을 목적으로 삼아 치달려 나아가게 하였던 것은 어쩔 수 없는 것이었다 하여도, 그것이 바람직한 것이었는지는 이제 따져 물어보지 않으면 안 된다. 여기 취급된 여러 인물들의 종택을 지배하고 있는 쓸쓸함은 오늘의 우리에게 던져 주는 어떤 질문이다. 그 질문에 우리의 답변을 마련하기 위해 우리는 그들의 인생과 생각을 살펴볼 필요가 있을 것이다. 내가 여기 소개하는 여러 문집 속의 기록들이 그들에 대해 좋은 생각을 만들어 가질 수 있게 하는 자료가 되었으면 하는 바람이다.

‖ 유일재선생실기惟一齋[1]先生實記[2]

1. 「덕으로 들어가는 문」[3]

나는 어려서 어찌할 줄 모르고 급하게만 여러 길을 헤매 다니고, 아주 멀어서 길도 없는 곳을 나아가다가 귀신의 길로 빠져들어 비틀대기도 하였다. 앞으로 닦아 나가야 하는 험준한 길만을 올려다보고 있는데 홀연히 성현들의 가르침으로부터 깨달음이 생겨났고 덕으로 들어가는

---

1) 惟一齋 金彦璣: 1520(중종 15)~1588(선조 21). 조선 중기의 학자. 본관은 光山, 자는 仲塭, 호는 惟一齋. 아버지는 성균진사 金簫, 어머니는 順興安氏 安處貞의 딸이다. 李滉의 문인이다. 1567년(명종 22) 생원시에 합격하였다. 김언기는 일찍이 具鳳齡과 함께 淸凉山에 들어가 10년을 기약하고 글을 읽다가 연고가 있어 구봉령보다 1년 앞서 돌아왔다. 산에서 내려오며 둘러보니 巖崖와 초목이 모두 읽던 책의 글자로 보였다 한다. 陶山 근처에 살면서 書舍를 지어 '유일'이란 편액을 걸어놓고 후진을 교육하였다. 문하에서 南致利・鄭士誠・權暐・朴毅長・申之悌・權泰一 등 훌륭한 인물들이 배출되어 당시 안동의 학문진흥의 창도자로 알려졌다. 이황이 죽은 뒤에는 廬江書院을 세우고, 白蓮寺를 철거하여 유학을 숭상하고 불교를 배척하는 데 노력하였다. 저서로는 『惟一齋集』 1권이 있다. 안동의 龍溪書院에 제향되었다.(『한국민족문화대백과사전』)
2) 『惟一齋先生實記』는 金彦璣의 유문과 그에 관한 후인들의 기술들을 모은 문집으로, 유일재는 김언기(1520~1588)의 호이다. 그의 자는 仲塭, 본관은 光山인데, 안동의 와룡 佳野洞에서 후진양성과 학구생활로 일생을 지낸 학자이다. 「행장」의 기록에 의하면 유일재의 선대는 본래 서울에서 벼슬을 하는 가운데 洪貴達・金宗直・南孝溫 등 이름 있는 문인들과 교유가 깊은 문한가였다. 그의 가문이 안동에 자리 잡은 것은 조부인 潭庵 金用石 때부터이다. 담암은 연산군의 난정을 보고 안동 구담에 내려와 터를 잡았는데, 후손들에게 벼슬에 나아가지 말 것을 훈계하여 그로부터 자손들이 안동에서 터를 잡고 세거하게 되었다고 한다.(안병걸, 『惟一齋先生實記』, 「解題」 [안동대학교 부설 퇴계학연구소, 『退溪學資料叢書』 三], 7쪽)
3) 金彦璣, 『惟一齋先生實記』, 「入德門」(안동대학교 부설 퇴계학연구소, 『退溪學資料叢書』 三), 45~49쪽.

데에 문이 있다는 사실을 알고 즐거움을 느끼게 되었다. 어찌 아득한 경지를 넘어서야만 덕으로 들어갈 수 있는 일이겠는가? 반드시 자기를 밝게 한 다음에 그것에 좇아 본연의 바른 기초를 세우게 되고, 지극한 도리의 큰 근원에 통하게 되며, 광대한 규모를 갖추게 되고, 태초에로 돌아가는 입구를 찾게 되는 것이다. 그러므로 나는 말한다. 나는 문에 기대서서 문안을 살피고, 성현이 계획하여 실마리를 만들어 놓은 것을 느끼게 되었다. 먼저 깨달은 현인이 뒷사람을 계발하여 준다는 것에 바탕하여 잠들어 있는 자신을 생각하며 깨어남을 찾아 나아갔다. 하늘이 부여하여 준 성품의 고유한 것에 기인하여 사람이 세운 문을 열어 놓은 것이다. 문을 내고 요새를 지어 크게 한 세상을 열어 놓은 것이니, 끝에 문을 닫아걸고 멈추어 서게 하는 궁극의 지점이 있는 것은 아닐 터이다. 삼강三綱은 그 둥치를 아름답게 만들어 주는 것이고, 팔조八條는 그 절목節目을 빛나게 하는 것이다. 단계에 따른 순서를 잘 바로잡아서 실천하여 나가는 규칙을 갖추어 낸다면 사람과 귀신을 나누고, 선악의 영역을 밝게 관계 짓게 되어, 기틀이 잘 구비되어 있음을 믿게 될 것이다. 어찌 현인의 지혜로서만 홀로 우주宇宙 끝에서 단단한 지식의 창고를 열어 앎을 덜어낼 수 있다는 말이겠는가? 사람마다 같은 곳에 도달할 수 있다는 것은 가르침의 문전에 세워진(立敎) 큰 본질이다. 배우는 사람이 먼저 해야 할 것을 마땅하게 갖추어야 군자가 배움의 길로 나아감에 거리낌이 없는 법이다. 반드시 뼈대(楅紐)를 먼저 갖추고 멈추어야 할 곳을 아는 것(知止)과 끝까지 바르게 알아 나가는 것(格致)을 구하여야 본말本末의 선후先後를 알게 되어 진실로 바르게 만들어 가는 것에 힘쓰는 데 당황하지 않게 될 것이며, 그 덕이 저절로 닦여지게 될 것이다. 고요할

때에는 안을 지켜서 갖추고 있는 것을 기르고(存養), 움직일 때는 밖의
일이 밀려들어 오는 것을 막아서 잘 헤아려 살피며(省察), 선한 것을 취하
고 악한 것을 버릴 줄을 알아서, 냄새나는 것을 싫어하고 아름다운 여인
을 좋아하는 것과도 같이하게 될 것이다. 한 마음이 순백으로 만들어졌
던 때를 밝히고, 만 가지 일의 정미하고 조박한 것을 드러내야 한다.
순일함의 문으로 들어가 점진적으로 전진하여 나가면, 편안한 마음으로
단단히 땅을 밟아 나가 넓고 평탄한 곳에 이르게 되니, 풍우風雨의 교란
도 없을 것이고 하늘같은 마음의 밝게 드러남이 있을 터이다. 그러나
한 걸음이라도 발을 잘못 떼게 되면 천리 밖으로 길이 어긋나게 될 것
이니, 이것이야 말로 처음 도의 문으로 들어갈 때부터 경계 삼아야만
할 일이다. 스스로 자만하지 않는 마음을 유지하여 혼자 있을 때조차
삼가야 하며, 순일하게 공경하는 마음을 다하여서 안의 마음이 곧게 하
고, 천 가지 거짓될 수 있는 경우를 적으로 삼아 밖의 행동을 예방하여
나가야 한다. 나 자신을 끝까지 미루어 나아가 상대를 알아가고, 전후의
사정을 잘 분별해 처신하여 어그러짐이 없도록 노력한다면, 저 곧게 다
스려 나가는(治平) 큰 도리는 문밖으로 나서지 않더라도 추진하여 갈 수
있게 될 것이다. 위아래와 사방(上下四方) 다 나의 뜨락 아닌 곳이 없는데
어찌 감히 영역 밖으로 뛰어나갈 수가 있는 일이겠는가? 현명한 것을
가까이 하고 이익 되는 것을 즐겨 하여(親賢樂利) 각각 그 마땅한 지경을
얻게 된다면 모두 이치의 잣대(絜矩)를 잘 헤아려 빈틈없이 쓰게 될 것이
다. 이것이 덕을 펼쳐 나가는 가장 큰일이고, 또한 성인의 도리(聖道)에
가장 가까이 간 것이다. 그러나 이 문으로 들어가는 사람들이 아주 적
음을 알 수 있으니, 많은 사람들이 어둑하고 미혹되어 있는 탓이다. 아!

성인이 몸소 도리를 행하였던 즐거움의 땅(樂地)은 텅 비어 백 세대가

흐르는 동안 티끌조차 가라앉아 버렸다. 다행히 하남(河南)⁴)에서 홀로 나

아가 비로소 명호를 드날리고 골짜기를 열었다. 하물며 자양(紫陽)⁵)이 깊

이와 넓이를 더하게 되니 오래 닫혀 있었던 담장이 이에 이르러 더욱

---

4) 程頤(1033~1107)는 중국 송나라 도학의 대표적인 학자의 한 사람이다. 형 明道 程顥
와 더불어 성리학과 양명학 원류의 한 사람이다. 자는 正叔. 형인 명도보다 1년 늦게
河南(현재의 허난성에 속함)에서 출생하여 伊川先生으로 호칭되었다. 宋學의 선구자
胡安定을 통하여 大學에서 배우고, 西京國子監의 교수에 서임되었으나 사퇴하였고,
후에 崇政殿說書에 발탁되었다. 이때 많은 문사들은 정부부내에 있는 소동파를 따르
면서 이천의 학문은 迂遠하다 하여 배제했다. 여기에서 소위 洛蜀의 당쟁이 생겨
이천은 축출되었다. 휘종 황제 때가 되어서야 겨우 復官되어 京師에 돌아왔다. 이천
의 학문에서 가장 중요한 것은 易的論理의 전개로서의 형이상적인 사유이다. 즉 이
천은『易』의 "一陰一陽, 이것을 道라고 한다"에 道라는 것은 '陰陽으로 되는 소이인
것' 즉 陰陽이 開合하는 소이라고 한다.―그의 이 사고방식은 一身의 마음(心)은 곧
天地의 마음(心)이고, 一物의 理가 곧 萬物의 理라고 하는 얼핏 보면 明道의 논리와
같은 型으로 전개되는 것 같다. 그러나 명도가 '性卽氣, 氣卽性'이라 한 데 반하여
그는 性卽理라고 하면서 性卽氣의 설은 취하지 않았다. 또 이천은 실천을 중시하면서
居敬窮理(마음을 純一하게 하여 오로지 자기의 본래 성에 순응하는 것에서 사물의
이치를 궁구한다), 格物致知(사사물물에 즉하여 그 이를 궁구하여 知를 명확히 한다)
를 설파하였다. 이천의 사상은 남송의 주자에게 받아들여져서 전개되었다.(위키백
과, 정이 부분, 20180912 검색)

5) 朱熹(1130년 10월 18일~1200년 4월 23일)는 중국 남송의 유학자로, 朱子, 朱夫子, 朱
文公(宋太師徽國文公)이라는 존칭이나 봉호로도 불린다. 字는 元晦, 仲晦이다. 호는 晦
庵, 晦翁, 雲谷老人, 滄洲病叟, 遯翁 등 여러 가지가 있다. 諡號는 文, 徽國公이다. 송나
라 福建省 尤溪에서 출생했으며 19세에 진사가 된 후 여러 관직을 지내면서 공자,
맹자 등의 학문에 전념하였으며 주돈이, 정호, 정이 등의 유학사상을 이어받았다.
그는 유학을 집대성하였으며 오경의 참뜻을 밝히고 성리학(주자학)을 창시하여 완
성시켰다. 주희는 주염계, 二程으로 대표되는 이전 송학의 흐름을 이어받아 이를 집
대성하고 종래 유교가 불교와 도교에 비해 사상적인 약점이었던 이론적 결여를 보
완하는 우주론적, 인간론적 형이상학을 수립하게 된다. 이로써 한당의 훈고학적인
한계에서 벗어나 윤리학으로서의 본래성을 되찾는 한편 그것을 우주론적인 체계 속
에 자리 잡게 하고자 했다. 이후 주자의 철학은 20세기 초에 이르기까지 동아시아를
지배하는 주도 이념으로 자리 잡는다. 사후 송 寧宗 연간에 文公의 시호가 내려지고
송 理宗연간에 太師로 추증되었으며 信國公으로 추봉되었다가 다시 徽國公으로 고쳐
봉해졌고 문묘에 배향 종사되었다. 주돈이의 학통을 계승한 延平 李侗의 제자이다.
(위키백과, 주희 부분, 20180912 검색)

빛나게 되었다. 우주에 창을 뚫어 들여다보고 만고의 역사를 밝게 묶어내니 누가 문 앞에 서더라도 이끌어서 집 안으로 들어가고 당 위로 오르게 만들어 주었다. 아! 덕을 숭상하는 사람의 집안이 없었고, 비록 덕을 세워 놓았더라도 항상 분분한 이단의 도리(異道)들과 관련되어 있는 것이어서 들어가 도리를 얻으려 하다가 반절 정도도 이르지 못하고 버리고 돌아서곤 하였다. 이것은 비록 들어가고자 하더라도 스스로 닫아걸어 놓고 있는 것과도 같다. 아! 후학後學의 성실하지 못함이여! 이 의지의 군건하지 못함을 징계하고 날마다 새로워지는 공부(日新)의 경계로삼아 뼛속 깊이 새겨(盤銘) 놓을 일이다. 이미 들어가는 문을 알고 또 곧바로 나아가는데 누가 소임을 다할 여력이 없으리라 걱정할 필요가 있겠는가? 현관玄關을 두드려 찾고 자물쇠(啓鑰)를 열어 도의 영역으로 들어가 점점 빨리 달려갈 수 있기를 기대한다. 너무 근시안적으로 보아서소홀히 할까 두렵기만 하다. 입덕문의 앞머리를 마치면서 스스로 경계하는 말(箴)을 붙여 본다.

경계삼아 말하자면;
덕으로 드는 문의 밖이여, 귀신의 골짜기 천 번은 살펴보세
덕으로 든 문의 안이여, 성인의 도리 크고 깊어라
모두 돌아와 소리쳐 묻고 즐거워하네
길 따라 들어가면 요순堯舜의 경지 미칠 수 있고
돌아서 나간다면 금수와 같은 곳에 돌아가리
아, 오직 이 입덕의 문만이 덕의 세상으로 가는 기반인데
군자는 실천해 나가고, 소인은 엿보기만 하지

들어가는 길이 서로 달라지면 성인과 광인으로 차이가 나리

내가 이것을 두려워하니 공경함(敬)으로 이 길을 지키고자 하네

성인의 가르침 받들어 밝은 천명(明命) 살펴보면

어찌 내 힘으로 이루는 것이 아니겠는가

내 성품 속에 이미 갖춰져 있어라[6]

2. 「부사 초간 권문해에게 올리는 글」(上府伯權草澗[文海][7])

만력 2년[8] 11월 초2일 부민府民인 생원生員 김언기金彦璣 등은 진실로 황공하여 머리를 조아리며 백번 절을 드리면서 삼가 부사의 문전 아래 글을 올립니다. 엎드려 살피건대, 도道가 천하에 펼쳐져 있음에 있어서는 한 번도 사라져 본 적이 없지만 오직 그 도를 기탁 받은 사람이 끊어

---

6) 金彦璣, 『惟一齋先生實記』, 「入德門」, '箴'(안동대학교 부설 퇴계학연구소, 『退溪學資料叢書』三), 48~49쪽, "箴曰; 門之外兮鬼谷千尋/ 門之內兮聖道弘深/ 盍歸乎來詢且樂/ 由而入則堯舜可及/ 反而出則禽獸同歸/ 嗟惟是門進德之基/ 君子所履小人所視/ 所入殊間聖狂分歧/ 吾爲此懼守門以敬/ 奉承聖敎顧諟明命/ 曷不自力在吾性兮//"

7) 草澗 權文海: 1534~1591. 조선 중기의 학자이자 문신으로 좌부승지·관찰사를 지내고 司諫이 되었다. 史實·인문·지리·문학·동식물·예술 등을 총망라해서 韻字에 따라 『大東韻府群玉』(20권)을 저술하였다. 그가 지은 草澗亭은 경북 예천군 용문면 죽림리에 있는데, 경북문화재자료 제143호이다. 우리나라 최초의 백과사전인 『大東韻府群玉』 20권을 저술한 초간 권문해가 세우고 심신을 수양하던 곳이다. 권문해의 본관은 예천, 자는 灝元, 호는 草澗이다. 1560년(명종 15) 별시문과에 병과로 급제하였다. 1591년(선조 24) 司諫이 되었다. 李滉의 문하에 들어가 학문에 일가를 이루었고, 柳成龍·金誠一 등과 친교가 있었다. 문집에 『草澗集』이 있다. (네이버 지식백과 [두산백과], 권문해)

8) 萬曆 2년은 1574년이다. 萬曆은 명 제13대 황제 神宗, 萬历帝 朱翊鈞의 연호이다. 1573~1620의 48년 동안 사용되었다. 명나라 왕조에서 가장 긴 사용기간을 갖는 연호이다.

지기도 하고 이어지기도 할 따름입니다. 그러므로 그것이 세상에 유행함에 있어서도 밝을 때가 있고 어두울 때가 있는 것입니다. 이런 까닭에 요임금, 순임금, 우왕, 탕왕, 문왕, 무왕, 주공 등이 태어나서 도로써 행하고, 공자, 안연, 증자, 자사, 맹자 등이 나타나서 도로써 밝혀냈으며, 주염계, 정씨 형제, 장재, 주희 등이 계승하여 도를 다시 밝혀내었습니다. 이것은 도가 사람에게 기탁된 것이니, 만세의 역사를 통해서 살펴볼 수 있는 것입니다. 앞의 많고 많은 사람이 위에서 도를 실어 놓고, 뒤의 많고 많은 사람이 아래에서 도를 또 실어 나가지요. 옛날과 지금의 시간 속에 도가 유행하여 나가는 것은 중국만이 홀로 갖추고 있는 것이 아니고 바다 모퉁이의 나라에는 전해지지 않는 것이 아니니, 이 도는 펼쳐져 나아가 없는 곳이 없는 것이고, 그것을 밝게 깨우쳐서 행한 사람 역시 나아가 없는 곳이 없을 것입니다. 그 사람이 있다면 그것은 반드시 그 사람을 표창하여 존숭하게 하여야 하고, 스승으로 모시고 모범으로 받들 것이 어디에 있는지를 밝힌 다음에야, 한 시대의 흐름이 이로 말미암아 정하여지고, 사람의 마음이 서로 같이 그러하다는 것도 이것으로부터 흩어져 없어지지 않게 되는 법입니다. 옛날 주희선생(朱夫子)은 이에 죽림정사(竹林精舍9))에서 앞선 시대 성인과 앞서간 스승들을 모시고

---

9) 주자의 집은 竹林精舍에서 가까운 곳에 있어서 가정생활과 정사에서의 생활이 중첩되었다고 한다. 정사에서의 독서는 엄격한 규율에 따라 진행되었다고 기록되어 있다. 王過는 昭熙 5년, 1194년 이후의 기록에서 주자의 정사 생활이 불사와 같이 매일 일정한 절차를 거쳐 시작되었다고 기록한다. "선생은 매일 일찍 일어나는데 子弟들이 서원에 있으면 모두 먼저 옷을 갖추어 입고 影堂 앞의 擊板 있는 곳에 이르러서 선생이 나오시기를 기다렸다. 문이 열리면 선생은 당에 오르고 자제들을 이끌고 차례로 배향하였고, 또 절하고서는 물러났다. 자제 중 한 사람이 土地祠에 향을 사르고 절하였다. 선생을 모시고 각에 올라 先聖의 형상에 절하고, 서원 안에 앉아 아침 예를 받고 湯을 마시며 잠시 앉아 있었는데 혹자는 물을 것을 가지고 나아갔다. 매

제사하였고, 또 여산廬山(廬阜)10)에 따로 사우祠宇를 세워 염수濂水11)와 낙

수洛水의 여러 선생12)에게 제향하였으니, 그들을 표창하고 존숭한 것입

니다. 이 세상에 준칙을 세우려 하는 사람이라면 어찌하여야 하겠습니

까? 무이武夷, 고정考亭, 회암晦庵, 건안建安, 운곡雲谷, 독봉獨峯 등의 서원에

이르면 이 모두가 우리 문공文公13)께서 강설하고, 밟고 살았던 땅에 지

달 朔日에는 影堂에 과일과 술을 올렸고, 望日에는 차를 올렸다. 제철에 나오는 먹거
리는 신선한 것을 올린 다음에 먹었다."(『주자어류』, 권107, 「朱子4 內任」, 2674; 孟淑
慧, 『朱熹及其人的敎化理念與實踐』, 國立臺灣大學文史叢刊, 2003, 266쪽에서 재인용.)

10) 여기서는 廬阜라고 표현되어 있는데 통상 廬山을 의미한다. 廬山은 지금의 江西省 九
江市 남쪽에 위치한 명산으로, 웅장하고 기이하기로 유명함. 匡山·匡廬라고도 불림.
전설에 따르면 周나라 때 匡氏 7형제가 이곳에서 오두막을 짓고 은거한 데서 붙여진
이름이라고 함.(네이버 지식백과, 廬山, 문화콘텐츠닷컴[문화원형 용어사전], 2012;
한국콘텐츠진흥원, 廬山 부분, 20180913 검색)

11) 周敦頤: 1017年~1073年 7월 24日, 다른 이름으로는 周元皓, 처음 이름은 敦實, 字는
茂叔, 號는 濂溪, 또한 濂溪先生이라 불림. 道州 营道縣(지금의 湖南 道縣) 사람. 북송
기 관원.『太極圖說』,『通書』등을 지음.(百度百科 참조.) 만년에 知南康軍으로 임명되
어 장시성의 星子縣에 머무르다가 廬山의 蓮花峰 아래에 집을 짓고 은거했다. 이곳에
은거하며 집 근처의 개울을 濂溪라 이름 붙이고 그 자신을 염계선생이라 칭했기에
후에 염계가 그의 호가 되었다.(나무위키, 주돈이 조항 참조, 20180912 검색)

12) 여기서는 濂洛만을 이야기하고 있지만, 濂洛洛閩의 줄임말로 쓰인 것으로 보인다. 濂
溪의 周敦頤, 洛陽의 程顥·程頤 형제, 關中의 張載, 閩中의 朱熹를 의미하는 것으로,
송나라 성리학의 계보를 뜻한다. 關中은 장재가 살았던 곳이다. 張載(1020~1077)는
중국 송나라 시대의 사상가이다. 성리학의 기초를 닦았다. 자는 子厚이다. 봉상미현
의 橫渠鎭 출신이었기 때문에 橫渠先生이라고 호칭된다. 존칭하여 張子라고 불린다.
閩中은 넓게 말해서 福建을 의미한다. 당나라 중기 전에 閩中은 閩이라 불렀다고 한
다. 민 땅이 吳越과 南越의 중간이므로 閩中이라 불리게 되었다. 민중은 주자가 살았
던 곳을 의미한다. 주자는 朱熹(1130년 10월 18일~1200년 4월 23일)인데, 중국 남송
의 유학자로, 朱子, 朱夫子, 朱文公(宋太師徽國文公)이라는 존칭이나 봉호로도 불린다.
字는 元晦, 仲晦이다. 호는 晦庵, 晦翁, 雲谷老人, 滄洲病叟, 遯翁 등 여러 가지가 있다.
諡號는 文, 徽國公이다. 송나라 福建省 尤溪에서 출생했으며 19세에 진사가 된 후 여
러 관직을 지내면서 공자, 맹자 등의 학문에 전념하였으며 주돈이, 정호, 정이 등의
유학사상을 이어받았다. 그는 유학을 집대성하였으며 오경의 참뜻을 밝히고 성리학
(주자학)을 창시하여 완성시켰다. 사후 송 寧宗연간에 文公의 시호가 내려지고 송
理宗연간에 太師로 추종되었으며 信國公으로 추봉되었다가 다시 徽國公으로 고쳐 봉
해졌고 문묘에 배향 종사되었다. 주돈이의 학통을 계승한 延平 李侗의 제자이다.(위
키백과, 주희 조항 참조, 20180912 검색)

은 것입니다. 한 사람이 존숭하며 제향한 곳이 20여 군데에 이르는데, 그 스승을 드높이고, 그 도리를 중시하여 천하를 밝게 하고 후학들을 가르쳐 준 것이지요. 그러므로 사람들이 알고 따랐으며, 선비들이 알아 숭상하여, 인륜人倫은 위에서 밝아지고 교화는 아래에서 행해졌으니, 그 인심을 바르게 하고 세도를 붙들어 앉힌 공적이 어찌 위대하지 않은 것이겠습니까? 오직 우리 동방만은 비록 바다 귀퉁이에 치우쳐져 있긴 하여도 우리 도리의 큰 줄기는 기자箕子[14]가 펼쳐 가르친 날로부터 이미 동방에 전해졌으니, 문명의 다스림과 예의와 겸양의 행위가 이때로부터 행해져 내려왔습니다. 그러나 서원을 짓고 제향하며 존숭하는 일은 예로부터 지금까지 수천 년 사이에 듣지도 보지도 못하였는데 태평한 시대(昭代)를 맞아 개창되는 것을 보게 되니, 그 사액賜額을 하고, 책을 나누어 주며, 아름다움을 기리고, 영광스러운 은총을 내리는 은전이 어찌 송宋나라 태종太宗[15]이 백록동白鹿洞에 한 것이나, 이종理宗[16]이 고정考亭

---

13) 文公; 朱文公; 朱子.

14) 箕子(?~?)는 중국 상나라 文丁의 아들, 왕족이자 기자조선의 시조로 알려져 있는 전설상의 인물이다. 성은 子, 이름은 胥餘 또는 須臾이며, 기자는 작위명인 동시에 별칭이다. 상나라 말기에 왕족으로 태어나 주왕 시기를 살았으며, 상나라가 주나라에게 멸망당하자 조선으로 망명하였다고 전해진다. 조선으로 망명한 후에는 조선의 군주가 되어 그의 후손이 1천여 년 동안 고조선을 다스렸다고 전해지나, 증거와 근거가 없어서 대한민국에서는 인정하고 있지 않다.(위키백과, 箕子 조항, 20180913 검색)

15) 宋太宗 文皇帝(939년 11월 20일~997년 5월 8일)는 중국의 오대십국 후주의 무관이자, 송 황조의 제2대 황제(재위 976~997)이다. 송태조 조광윤의 친동생으로 후에 형의 휘를 피휘하여 '빛 광'으로 바꿔서 光義로 사용하다가 즉위를 하고 나서 炅으로 고쳤다. 그의 재위 기간 동안 송나라 지배체제의 기초가 확립되었다. 송태조 조광윤의 적장자들을 제치고 그가 제위에 오른 것은 조광윤의 뜻과 상반되는 것이기도 했고, 재위기간 내내 정통성에 대한 의문이 제기되었다. 즉위 3년 만에 그는 揚子江 유역과 그 이남에 남아 있던 독립제국인 吳越과 北漢을 정벌하고 소국들을 정벌하여 979년 당나라 멸망 이후 중국을 재통일하였다.(위키백과, 송 태종 조항, 20180913 검색)

에 그렇게 한 것만 있을 것이겠습니까? 오직 이와 같이 하므로 사방의 사람들이 흠모하게 되고, 많은 선비들이 모범으로 삼아 본받게 할 수 있는 것입니다. 선정先正의 남은 흔적이 향기를 풍기고 있는 곳이라면 서원을 세우지 않을 수 없습니다. 혹 조정에서 요청하기도 하고, 혹 민간에서 의론이 나오기도 하지요. 머물러 공부하시던 곳에서 선유先儒들과 더불어 스승을 드높이고 도리를 중히 여기는 뜻을 행하는 것은 천년을 꿰어서 하나로 만들어 내는 것이니, 성왕의 나라(聖朝)가 문장의 교화를 돕고 인재를 즐거이 육성하는 기운이 왕성한 것은 중국中國과 비교하더라도 빛이 날 정도라 하지 않겠습니까? 조용히 퇴도退陶 이선생李先生을 생각하여 보면, 천품이 도리를 갖추었고 깨달음이 출중한 분이었습니다. 어려서부터 배움에 뜻을 두어 성현을 흠모하고 초연히 홀로 나아가는 공부를 하였습니다. 사승師承을 갖추지 않았으므로, 그 공부를 함에 있어서 이치를 궁구하여 앎에 이르고, 스스로 되돌아보면서 실질적인 실천을 하여 나갔습니다. 먼저 가까운 것으로부터 시작하여 먼 것으로 나아갔고, 아래로부터 시작하여 위에 이르렀습니다. 덕을 이루어 나가고자 하는 뜻이 금석金石같이 단단하였고, 지켜 내고 성찰하는 공력이 일상생활에서 드러났습니다. 널리 알고 간략하게 묶어 내는 두 가지를 다 완벽하게 행하고, 공경하는 것과 의리를 다하는 것을 다 같이 갖추어

---

16) 南宋 理宗(1205~1264)은 남송의 제5대 황제(재위: 1224~1264)이다. 휘는 昀이다. 초휘는 與莒로, 당시 권력을 쥐고 있었던 재상 사미원의 눈에 띄어 휘를 貴誠으로 고치고 영종의 사촌동생 기왕 조병의 양자가 되었다. 영종은 본래 기왕의 또 다른 양자인 趙竑을 후계자로 삼았으나 그는 일찌감치 사미원을 적대시하여 사미원의 원한을 샀다. 사미원은 1224년 영종의 병세가 위급해지자 황후 양씨와 결탁해 영종의 칙서를 위조하여 조귀성을 태자로 세웠다. 조귀성은 이름을 趙昀으로 바꾸고 영종의 뒤를 이어 황제로 즉위했다.(위키백과, 남송 이종 조항, 20180913 검색)

정순하고 온유하여서 모난 마음을 드러내지 않고 충분하게 심덕을 길러 낸 지가 이미 오래되었으며, 영명하고 아름다운 모습이 날로 태양처럼 뚜렷합니다. 그 사람들을 가르침에 있어서는 사물을 관찰하여 앎에 이르는 것(格物致知)으로부터 시작하여 뜻을 성실하게 하고 마음을 바르게 하는 것(誠意正心)에 이르고, 자신을 닦는 것(修身)에서부터 집안을 가지런히 하고 나라를 잘 다스리고 세상을 평화롭게 하는 것(齊家治國平天下)에까지 나아가며, 청소하고 응대하는 데(灑掃應對)에서부터 이치를 찾고 성품을 다하는 것(窮理盡性)에까지 이르는데, 자연스럽게 질서를 갖추어서 그 천품으로 말미암아 성취하여 낸 것일 따름입니다. 움직이거나 고요히 머물러 있거나 변함이 없고, 안의 마음에 있어서나 밖의 행위에 있어서나 한가지이니, 항상 상제上帝께서 강림하여 있는 것같이 하고, 아버지와 스승이 앞에 계신 것같이 여기니, 몸가짐에 위의를 갖추어 법도를 드러내지 않는 경우가 없습니다. 어린이를 대하거나 노인을 볼 때, 혹독하게 추울 때에나 아주 심하게 더울 때, 갑작스럽게 위급한 일이 닥쳤을 때(造次顚沛)[17]에도 조금도 차이가 없으셨습니다. 사물을 접함(接物)에 있어서는 봄날 햇살의 따스한 기운이 풍기는 것 같고, 사람들과 만남에 있어서는 때맞추어 내리는 비처럼 덕화로 적셔 주십니다. 일을 함에 있어서는 비록 만 가지 변화막측한 경우를 당하더라도 직면하고 있는 상황을 세심하게 헤아려서 그 의미를 조금도 놓치지 않고 드러내며, 가볍고 무거움을 견주어 봄에 있어서 잘못을 범하지 않았습니다. 군왕을 사랑하고 나라를 걱정하는 마음은 비록 초야에 묻혀 있을 때(閒居)에도 하

---

17) 造次顚沛: 한자사전에는 '잠깐 동안'의 의미로 말해지고, 중국어사전에서는 '위급할 때'로 설명된다. 여기서는 갑자기 닥친 위급한 일로 이해하기로 한다.

루도 마음속에서 잊고 있었던 적이 없습니다. 힘써 성인의 공부(聖學)를 이끌어 나가고, 군왕의 덕성을 기르는 것을 도와 다스림의 큰 근본에 이를 수 있도록 하였습니다. 십도+圖를 올려[18] 다스림의 근원이 되는 실마리를 제시하였고, 6조목의 상소[19]를 올려 시대의 절실한 문제를 개진하였습니다. 모든 말씀에 지극히 성실하고 불쌍히 여기며 슬퍼하는 의미가 담겨 있었으며, 성인을 잘 따라 행하는 것에 즐거워하고 위배되는 것에 걱정스러워 하였으니, 옛사람의 나아가고 물러나는 의리(出處進退之義)에 부합되었습니다. 비록 오래 조정의 윗자리에 나아가 있기는 하였지만, 사람들은 일찍이 그 나아가고 물러남을 가지고 우리 도(吾道)의 성쇠와 국가의 안위를 말하였습니다. 만년에 이르러 도가 이루어지고 덕이 세워지니 의리가 무궁하게 드러났지요. 세월은 끝이 있는 것이라서 항상 모자라고 부족하다는 느낌이 들게 합니다. 스스로를 향상시키는 노력은 잠시도 그침이 없이 계속되어서 돌아가실 때까지도 언제나 똑같았지요. 선생은 도를 닦음에 있어서 진실로 자강불식自强不息한 사람입니다. 「천명도설天命圖說」[20]의 뜻을 드러내 성리性理의 근원을 천명하고, 『리학통록理學通錄』을 지어서 유학의 전승양상을 밝혀내고, 『계몽전의啓蒙傳疑』[21]를 지어서 역학易學의 크고 작은 토대를 발현하셨습니다.

---

18) 이황은 1568년(선조 1) 12월 왕에게 「聖學十圖」를 올린다.

19) 「戊辰六條疏」: 역시 1568년에 이황이 임금에게 올린 상소이다.

20) 1537년(중종 32) 정지운이 『性理大全』에 있는 朱熹의 人物之性에 대한 說을 취하고, 그 밖의 여러 설을 참고해 그림(圖)을 그리고 거기에 문답을 더해 '天命圖說'이라 하였다. 그 뒤 1553년(명종 8) 李滉에게 이 도설의 證正을 청해 周敦頤의 「太極圖說」과 邵雍의 「先天圖」 등의 도설들을 절충한 고증을 받아 이듬해에 新圖를 완성하였다.(네이버 지식백과『한국민족문화대백과』, 한국학중앙연구원, 天命圖說 조항, 20180913 검색)

21) 『啓蒙傳疑』: 1557년(명종 12) 李滉이 朱熹의 『易學啓蒙』을 辨釋한 책. 목판본과 安鼎福

『주자서절요朱子書節要』[22]는 선유先儒 공부에 힘썼던 것이 갖는 의미를 드러낸 것인데, 전하여 내려오면서 의미를 달고 해석한 것까지 다 서로 참고하여 고증하고 속유俗儒들이 잘못 왜곡시켜 놓은 것을 바로잡아 놓은 것입니다. 강론하고 설명하는 데 있어서 하나씩 나누어 가닥가닥 분석하여 한 명의 후학이 도를 향하여 나가는 방향으로 삼도록 하였습니다. 리기理氣의 선후를 논하고, 주희와 육상산陸象山[23])의 같고 다른 점을

의 수택본이 있으며, 『퇴계집』 속집에도 1책으로 수록되어 있다. 권수에는 저자의 小序가 실려 있으며, 차례는 本圖書, 原卦畫, 明蓍策, 考變書로 되어 있다. 본도서와 원괘획은 주로 董子와 邵子 및 胡氏에 대하여 주희와 비교하여 저자의 의견을 첨부한 것이다. 명시책과 고변서는 주로 점에 대한 해설인데, 擲錢占(돈을 던져 점치는 법)에 대한 해설과 萁三百 수치를 해설하였다.(네이버 지식백과『한국민족문화대백과』, 한국학중앙연구원, 啓蒙傳疑)

22) 『朱子書節要』: 조선 중기의 학자 이황이 『주자대전』 중에서 중요한 부분을 뽑아 편찬한 책. 1611년(광해군 3) 기대승이 전주에서 간행하였다. 이 책은 주희의 사상을 총정리한 것으로 조선 중기 이후 성리학 발달에 근간이 되었다. 규장각도서. 이칭·별칭: 『晦庵書節要』. 편저자: 李滉. 제작시기: 1561년(명종 16, 星州 간본), 1567년(명종 22, 定州 간본), 1586년(선조 19, 羅州 간본), 1611년(광해군 3, 錦山 간본). 15권 8책, 20권 10책. 간행·발행·발급자(처): 黃俊良(성주), 柳仲郢(정주), 金誠一(나주), 鄭經世(금산). 목활자본 및 목판본. 이황의 序文, 황준량의 跋文, 奇大升의 跋文이 있으며 황준량, 유중영, 김성일, 정경세 등이 간행하였다. 일본에 전해져 네 차례 간행되었으며, 明曆本, 寬文本, 寶永本, 明治本이 있다. 1543년(중종 38) 이황은 중종의 명으로 교서관에서 간행, 반포된 『주자대전』 또는 『성리대전』이라는 이름으로 불리어 오던 『주자전서』를 보게 되었다. 『주자전서』는 朱熹의 시문과 사상을 수록한 것으로 95책에 달하는 방대한 양의 저술이다. 그 가운데에는 주희가 당시의 학자, 공경대부와 문인 등 각계의 인사들과 사회·정치·경제·학문 등에 대해 의견을 교환한 48권에 달하는 서간문이 포함되어 있다. 서간문은 단편적이기는 하지만 자신의 사상을 집약해 상대에게 전달하는 것이어서 당대의 儒宗이라는 존경받던 주희의 학문과 사상도 이 서간문에 모두 함축되어 있다. 이황은 이러한 점에 주목, 주희의 서간문을 연구하기 시작하였다. 그 중에서 時事에 맞지 않는 것과 학문과 관련이 없는 부분을 빼고 정주학의 핵심이 된다고 인정되는 성리학 경전 연구, 정치·사상 등에 관한 내용만을 추려서 이 책을 완성하였다.(네이버 지식백과『한국민족문화대백과』, 한국학중앙연구원, 朱子書節要)

23) 陸象山: 중국 南宋의 유학자. 주자와 대립하여 중국 전체를 양분하는 학문적 세력을 형성하였다. 주자는 객관적 유심론을 주장한 반면, 상산은 주관적 유심론을 주장하였다. 상산의 학문은 양자호 등에 의해 계승되었다. 주요 저서에 『상산선생전집』(36

나누어서, 흐름 속에서도 굳건한 돌처럼 우뚝 솟아 있고, 해와 별이 하늘에 어울려 있는 것처럼 밝게 빛나니, 우리나라 사람(東人)들이 앙모하는 바입니다. 태산과도 같이 솟아 있어서 거대한 모습이니, 모두 이 공부의 요체, 이 도리의 바름을 얻어 가진 분이십니다. 선생은 이 도리를 밝게 설명하고 날개를 달아 선양하신 공이 크십니다. 동방이 나름의 모습을 갖추고 있어 온 이래, 문장과 절의를 갖춘 선비는 시대마다 모자란 적이 없습니다. 개중에는 도학(道學[24])으로 세상에 이름을 얻은 사람 역시 한두 명이 아니었습니다. 그러나 안과 밖, 세부와 전체를 다 갖추고 순수하게 바른 학문으로 가장 뛰어난 경지를 갖추어 내어 수수와 사수(洙泗[25])의 적통을 잇고, 정자와 주자(程朱)의 본류를 이을 사람으로는 오직

권)이 있다. 1139~1192, 호는 存齋·象山·文安. 본명은 九淵. 중국 浙江省 출생. 『상산선생전집』(36권). 어려서부터 재능이 뛰어나 관직에 올랐으나 곧 물러나 貴溪(江西省廣信府)의 상산에 강당을 짓고 후학 양성에 전념하였다. 당시 유일한 석학이었던 朱子와 대립하여 중국 전체를 兩分하는 학문적 세력을 형성하였으나, 사상적 계보로는 모두 程顥(明道)·程頤(伊川)의 학문을 계승하였다. 다만 주자가 정이천의 학통에 의한 道問學(問學第一)을 보다 존중한 데 반하여, 상산은 정명도의 尊德性(德性第一)을 존중하였기 때문에, 주자는 格物致知의 性卽理說을 제창하였고, 상산은 致知를 주로 한 心卽理說을 제창하였다.(네이버 지식백과「두산백과」, 陸象山, 20180916 검색)

24) 유학은 그 시대와 학파에 따라 각기 다른 특성을 가지고 발달하였다. 이를 테면 孔子와 孟子 그리고 荀子를 중심으로 한 原初儒學은 漢代의 訓詁學, 唐代의 문장 위주의 詞章之學, 송대의 철학사상을 기본으로 한 程朱性理學, 명대의 心學으로 발달한 陽明學, 그리고 청대에 와서 考證學과 實事求是의 학 등 시대에 따라 특징을 달리해 발전하였다. 그 가운데 도학은 송대에 와서 크게 일어난 정주성리학의 별칭이니, 북송의 周敦頤·張載·邵雍·程顥·程頤 등 이른바 五君子에 의해 창도, 전개되고, 남송의 朱熹에 의하여 집대성된 宋學을 말한다. 그러므로 先秦이나 한당시대의 유학은 도학이라 하지 않고, 송대에 이르러 새롭게 재구성된 유학을 일컬어 비로소 도학이라는 명칭을 사용한다. 그래서 도학을 일명 송학이라고도 하며, 그 대표적 완성자인 주희의 이름을 따 주자학이라고도 한다. 도학은 지난 8세기에 걸쳐 중국뿐 아니라 아시아 여러 나라, 특히 고려 말에 도입된 이래, 조선의 사상과 문화의 초석으로 기능했다.(네이버 지식백과「한국민족문화대백과」, 한국학중앙연구원, 道學)

25) 중국의 洙水와 泗水를 지칭함. 공자가 이 근처에서 강학활동을 하였다고 하는데, 이 때문에 이후로는 공자의 도를 지칭하는 것으로 전칭됨.(한국고전 용어사전, 洙泗 부

우리 선생님 한 분이 계실 따름입니다. 사문斯文[26])에겐 불행하게도 그 무덤과 들보가 갑자기 무너져 버리고 마니, 우리 도를 따르는 사람들의 애통함이 극에 달하여 있습니다. 돌아보면 오직 안동만이 영남의 거부銀府 · 여산廬山이며, 뛰어난 경치를 갖추고 있는 큰 지역이며, 실로 선생께서 어려서 독서하던 곳이기도 합니다. 골짜기는 깊숙이 뻗어 있고, 숲은 그윽하게 펼쳐지고, 강물은 쉼 없이 흘러내립니다. 그 사이에 동화되어 있다 보면 그 땅을 눈으로 보는 것이 그 사람을 생각하는 일이 됩니다. 높은 산에 올라 올려다보고 내려다볼 생각을 갖는 사람이 어찌 끊어질 리 있겠습니까? 항차 선생의 조상들이 이곳에 세거하여 내려왔음에 있어서겠습니까? 특별히 한두 세대는 예안으로 이주하여 살게 되었지만, 조상들의 여러 무덤은 역시 안동부 안에 있으니, 선생은 바로 우리 고향 사람인 것입니다. 그 두터운 덕성과 빛나는 풍모는 사람들이 눈으로 보고 귀로 들을 수 있는 것이었으니, 지역 사람들의 추모하는 정성은 스스로도 어쩔 수 없이 드러나는 것이라 하겠습니다. 비록 세월이 천년이나 흐른 뒷날이나 땅이 천 리는 떨어진 지역의 경우라 하더라도, 반드시 그 풍모를 전해 듣고 감동하는 마음이 일게 될 것입니다. 다행히 지금은 선생님이 사시던 시기와 같은 때이지만, 주변 지역 사람들은 스승(函丈)을 더럽히고 있습니다. 오래 봄바람을 쐬고 향기를 몸으로 받아들이며 몸으로 가르침을 받다 보면, 보면서 느끼고 마음으로 생각하게 되어 가슴 한가운데 생겨나는 감흥이 더욱 깊고 절실하여지게 마련입니다. 어찌 서로 머리를 맞대고 숙의하여 만세토록 받들어 우리

___

분, 20180916 검색)
26) 斯文: 儒敎에서 유교의 도의나 문화를 일컫는 말.

를 수 있는 곳을 만들지 않는 것입니까? 지역의 유림이 이로부터 차례로 계획을 세우고, 뜻을 같이하는 선비들의 의론이 합치되어 다 같이 부사 앞에 고합니다. 인심이 하나같아서 특별히 도모하지 않았는데도 진실로 화합하여 바로 상사上舍와 수재秀才 10여 명을 뽑아 그 일을 맡게 하고, 바로 여산廬山27) 아래 낙수洛水28)가에 그 장소를 정하였습니다. 재목을 모으고 목수에게 일을 맡겼으며, 수요 경비를 같이 모았습니다. 공역의 일은 전적으로 지역 사람들이 감당하였으며 관아에서도 도움을 주었습니다. 지난해 가을, 7월에 공사를 시작하여 올해 5월 초에 끝을 냈습니다. 묘우廟宇, 강당講堂, 동서의 두 재齋가 차례로 완성되었습니다. 위치는 높고 깨끗하여, 티끌세상의 더러움은 씻겨 나가고, 경치는 맑고 아름다우며, 널리 청명하고 신선한 기운을 모아 놓고 있으니, 진실로 이 집의 뛰어난 모습이야말로 족히 선생의 혼령이 편안히 머물 만한 곳이고, 지역 사람들의 사랑하는 마음을 위무하여 줄 수 있을 만한 곳이라 생각됩니다. 또 산천의 뛰어난 모습은 반드시 그 사람으로 말미암아 어둠을 떨치고 그 진면목을 드러내는 것입니다. 무이武夷29)의 구곡九曲30)

---

27) 廬山: 여기서는 '오두막이 있는 산', '거처가 있는 산'. 도산서당이 있는 산을 의미. 중의적 의미를 담고 있는 것이라 생각됨.

28) 洛水: 洛江. 낙동강의 상류. 중의적 의미를 담고 있는 것으로 보임.

29) 武夷山: 세계자연문화유산. 1999년에 지정됨. 福建省 서북부 崇安縣 경내 武夷山脈 중의 저산구릉으로 국가급풍경명승구(1차, 1982)로 지정되었으며 UNESCO 세계문화 및 자연유산으로 등재되었고 2007.5 국가 66개 5A급 여유경구의 하나로 지정되었다. 武夷山은 丹霞地貌의 특징을 지니고 있으며 주요 경관으로 盘流山의 九曲溪를 중심으로 하고 있다. 九曲溪는 大王峰, 玉女峰, 天游峰, 接笋峰, 小桃源, 水帘洞, 流香洞, 一线天으로 모두 명승지를 가지고 있다. 협곡에 늘어서 있는 옥녀봉을 비롯한 36개의 봉우리, 99개의 암자가 유명하며 평균 해발 고도는 350m이다. 무이산풍경구는 아열대기후에 속하며 450종 이상의 척추동물과 5,000종 이상의 곤충, 2,500종 이상의 식물이 서식하고 있으며 특산물은 武夷巖茶로 巖茶 중 최고급 제품은 大紅袍이다. 武夷山은 고대 越族의 활동 중심지역의 하나로 閩越王城 유적지가 남아 있으며 월족이 절벽

이 세상에 명성을 떨치게 된 것은 주자의 아름다운 흔적 때문입이다. 지금 여산廬山은 비록 아주 뛰어난 장소로 말하여지긴 하지만 만약 선생이 노닐며 관상하였다는 사적이 없다면 사람들이 이곳에서 볼 수 있는 것은 어디서나 만날 수 있는 산과 계곡일 따름일 것입니다. 한번 옛사람의 발자취를 죽 둘러보게 되면 백배는 더 정채가 있는 곳이 되고 만세가 지나도록 우러러보게 되는 법입니다. 이것은 그럴 만한 권능을 갖는 지역이니 장차 무이武夷와 이름을 같이하며 아름다움을 다툴 것입니

위에 안치한 船棺인 武夷山崖墓群은 전국중점문물보호단위로 지정되어 있다. 남송시기에 朱子 성리학의 요람으로 朱熹가 이곳 紫陽書院에서 40여 년간 학문을 가르쳤다. 또한 원대의 御茶園 및 역대 마애석각 등 명승고적이 많이 남아 있다.(네이버 지식백과[국가급 중국문화유산총람, 2010.8.1., 도서출판 황매희], 武夷山, 20180917, 검색)

30) 武夷九曲: 武夷山의 主峰에서 발원하여 黃崗山 서남쪽 기슭의 따라 맑고 영롱하게 흐르는 물로 星村鎭을 지나 서쪽에서 동쪽으로 흘러 무이산 경구를 에둘러 간다. 맑은 물이 굽이굽이 9번 굽혀져 흐르기 때문에 九曲이라고 불린다. 구곡의 면적은 8.5㎢이며 총길이는 9.5㎞이다. 산을 돌며 흐르는데, 매번 구부러질 때마다 다른 산수풍경이 펼쳐진다.(네이버 지식백과[두산백과], 九曲, 20180917, 검색) 주자는 『九曲棹歌』를 지어 무이산의 9곡 정취를 노래하였다. 주희의 武夷精舍는 淳熙 五年(1178)에 시작된다. 이해 가을, 주희는 妹夫 劉彦集, 隱士 劉甫와 같이 무이산 九曲溪를 유람하였는데, 隱屏峰 아래 구름의 기운이 흘러가는 것을 보고 찬탄하여 마지않으며 집을 지을 생각을 하게 된다. 그리하여 여러 해 동안 고심하고 노력하여 마침내 淳熙 十年(1183)에 최초의 완공을 보게 되는 것이다. 주자는 「武夷精舍雜咏詩」에서 무이정사에 대해 이렇게 묘사한다. "隱屏山 아래, 양쪽 산기슭이 서로 끌어안아 주는 가운데에 3칸 건물이 있으니, 仁智堂이라고 부른다. 당의 좌우로 두간 집이 자리 잡고 있는데, 좌측의 것은 자신의 거처로 隱求室이라 하고, 우측의 것은 친구들을 접대하는 건물로 止宿寮라고 부른다. 좌측 산기슭 밖으로는 또 깊고 그윽하게 펼쳐진 산언덕이 있는데, 언덕 입구에는 바위들이 쌓여 문을 형성하였으니 石門塢라고 불린다. 언덕 안쪽으로 별도의 집을 배치하여 배우는 사람들이 더불어 거처하는 곳으로 삼았는데 觀善齋라고 한다. 석문 서쪽 가장자리에는 또 집 한간이 있어서 도를 닦는 사람들(道流)이 거주하는 곳으로 삼았는데 寒栖館이라 한다. 관선재의 앞쪽에는 두 채의 정자가 있는데, 晩對亭과 鐵笛亭이다. 한서관 바깥쪽으로는 대나무 울타리를 둘러 두 산기슭 사이의 공간을 나누었고, 중앙에 사립문을 달았는데, 위에 武夷精舍 편액을 횡으로 달아 정자가 비로소 완성되었다."(百度百科, 武夷精舍 부분, 20180917, 검색) 이것으로 보면 무이정사는 상당한 규모를 갖춘 배움터라 할 수 있을 것이다.

다. 무릇 한 포기 풀이나 한 그루 나무라 하더라도 모두가 다 도덕의 광휘를 입은 곳인데, 항차 영묘함을 얻어 사람이 되고, 빼어남을 갖추어 선비가 된 자의 경우에는 어떠하겠습니까? 아! 천성이 미혹되어 있는 경우라 하더라도 이곳으로 말미암아 밝아지게 될 것입니다. 바른 공부 (正學)가 동방에 있게 되니, 요·순·우·탕·문·무·주공·공자·안연· 증자·자사·맹자·주자·장자·정자·주자(堯舜禹湯文武周孔顔曾思孟周張程朱) 의 도가 오늘날에 행하여져서 흐릿해지지 않게 된 것입니다. 비록 그러하지만, 가르침이란 반드시 위로부터 행해져서 아래까지 미치게 된 연후에야 그 가르침이라는 것이 근본과 연원을 갖추게 되어 멀리 길게 이어져 갈 수 있게 되는 법입니다. 그렇지 않다면 연원 없는 물이나 뿌리 없는 나무와 같아서 아침에 잔뜩 번성하였더라도 저녁에 없어지게 되고, 잠시 영광으로 빛나다가도 바로 시들어 버리게 되는 것이니, 어찌 장구하게 이어갈 수 있겠습니까? 지금 서원을 짓는 것은 비록 인심이 같이하는 것이긴 하지만, 일이 임금이 명령한 것이 아니고, 명목이 나라에서 시키는 것을 따르는 것이 아니고, 다만 한 고을의 수령이나 한 지역 사람들의 힘으로만 만들어 나가는 것이라면, 모든 이의 이목을 한 순간에 끌어들이고, 무리의 마음과 의지를 격탕시켜서, 영구하게 무너지지 않을 뚜렷한 토대를 만들어 내지 못하게 되지나 않을까 두렵습니다. 어리석음을 무릅쓰고 한미하고 미천한 사람이 망령되이 윗전에 소장疏狀을 진달하는 것은 만에 하나라도 요행을 얻기를 바라기 때문입니다. 임금께서는 천문구중天門九重으로 둘러싸여 있고, 당하堂下의 사람들은 천 리나 떨어져 있으니, 머리를 모아 서로 계책을 의논하여 보아도 속수무책입니다. 유림儒林이 아껴 받드는 곳이 끝내 쇠미해져서 그 힘을 떨치지 못할까 크게 두렵습니다. 엎드려 살피건대, 오직 합하만은 한 고을을 책임 맡고 교화(敎化)의 근본을 숭상하였으니, 무릇 한 지역(一境)의 이해와 관계된 일이라 하더라도 감사(監司)께 보고하셔서 마땅하게 처리할 수 있는 방도를 구하는 것을 책무로 할 것인데, 하물며 이 일같이 성인의 세상(聖世)의 커다란 모범을 만들어 내는 것과 연관되어 있는 것에 있어서겠습니까? 우리 도(吾道)의 밝고 어두움, 인심의 추세, 이 모든 것이 다 오늘날의 우리 행동에서 결정되는 것이니, 그 분발하게 하고 장려하는 방도가 마땅히 미진한 부분이 없어야 할 것입니다. 오호! 서원을 건설하는 것은 오래 숭상되어 내려온 방법입니다. 송(宋)나라 초기에는 4개 서원만이 있었을 따름이니, 백록(白鹿31)), 숭양(崇陽32)), 악록(嶽麓33)), 휴양(睢陽34)) 등으로, 이른바 세상에 아주 이름 높은 것입니다.35) 강을 넘

---

31) 白鹿洞書院은 江西省 九江市 廬山 五老峰 남쪽 기슭에 있다. 이곳은 世界文化유산으로, '海內第一書院'의 명예를 갖고 있는 것이고, '中國四大書院'의 첫머리를 차지하고 있는 것이다. 南唐 升元年間(公元 940)에 처음 건립되었으니 中國에서 최초로 만들어진 서원이다. 南唐시대에 건설되어 '廬山國學'이라 하였고(또 白鹿國學이라고도 칭함), 중국 역사상 처음으로 중앙정부에 의해 수도 밖에 설립된 國學이다. 宋代에 理學家 朱熹가 知南康軍(今 江西省 九江市 廬山市)에 부임하였을 때, 서원을 중건하고 스스로 강설하였으며, 서원의 학규와 종지를 확정하였다. 아울러 사액과 御書를 주청하니 이 서원의 명성이 크게 떨쳐졌으며, 송나라 말기에서 청나라 초기에 이르기까지 중국문화의 요람으로 중요한 기능을 수행하였다.(Baidu百科, 白鹿洞書院 부분, 20180918 검색)

32) 嵩陽書院은 中華人民共和國 河南省 登封市 嵩山의 南麓에 있는 것이다. 嵩陽書院은 應天府書院, 岳麓書院, 白鹿洞書院 등과 함께 宋代四大書院으로 불리기도 한다.(위키백과, 20180928 검색) 4대 서원에 대해서는 이설이 있다.

33) 岳麓書院은 中國 湖南省 長沙市 岳麓山 東麓에 있는 것으로 中國古代四大書院 중의 하나이다. 北宋 開寶 九年(976)에 처음 건립되었고, 宋元明淸시대를 거쳐 晩淸(1903)에 이르러 湖南高等學堂으로 개칭되었다. 지금은 湖南大學에 속하여 있다.(維基百科, 自由的百科全書, 20180928 검색)

34) 睢陽書院은 應天府書院으로도 불리는데 前身은 南都學舍이다. 원래 중국 河南省 商丘縣 城南에 있었다. 五代시기 後晉의 楊愨이 지은 것으로 中國四大書院의 하나로 말하여진다. 宋初 書院은 대다수가 경치 좋은 山林 속에 건립되었는데, 應天府書院만은 번화한 성시에 위치하고 있어 많은 인재를 배출하였다. 靖康의 난(1126)에 金나라 군대가

어 옮겨 간 이후36) 비록 백번의 전투를 치르며 어지러운 세상을 맞았어도 뜻있는 선비들은 서로 영향을 받아 새로 서원을 창설하였으니, 이 문화가 없어져서 다시 회복되지 못한 것은 아닙니다. 장남헌張南軒37), 여동래呂東萊38) 등 여러 선생은 다투어 세세하게 그 전말을 기록하였으며

南侵하여 중국을 파괴하였을 때 應天府書院도 피해를 입었다. 學子들은 다투어 남쪽으로 이동하여 갔고 中國書院敎育의 중심지도 남쪽으로 옮겨졌으므로, 응천부서원은 몰락하기에 이르렀다. 應天書院은 아직도 중수되지 못하고 무너진 상태로 남아 있다.(維基百科, 自由的百科全書, 20180928 검색)

35) 중국 四大書院은 唐代로부터 시작된다. 應天書院(今 河南 商丘 睢陽 南湖畔), 岳麓書院(今 湖南 長沙 岳麓山), 白鹿洞書院(今 江西 九江 廬山) 등 3대 서원에 대해서는 논쟁의 여지가 없다. 그러나 嵩陽書院(今 河南 鄭州 登封 嵩山), 石鼓書院(湖南 衡陽 石鼓山)의 경우에는 논의가 갈린다. 1998年 4月 29日 중국 國家郵政局은 商丘에서 "四大書院" 우표 발행 의식을 거행하였는데, "應天書院, 岳麓書院, 白鹿洞書院, 嵩陽書院" 등을 선정하였다. 石鼓書院은 일본과의 전쟁에서 파괴되었으므로, 석고서원을 살펴보러 간 사람들은 다만 돌더미만을 보았을 뿐 서원은 보지 못하였다. 그 후 河南 登封 嵩陽書院으로 바꾸어 정하였다.(Baidu百科, 四大書院 부분, 20180918 검색)

36) 渡江: 이것은 북송이 강남으로 밀려가 남송으로 축소된 것을 의미함.

37) 張栻: 1133~1180, 四川 綿竹人. 字 敬夫, 또는 樂齋. 號는 南軒. 南宋시대 著名한 理學家. 岳麓書院 창설자. 丞相 張浚의 아들. 어려서 胡宏을 스승으로 모시고 배웠으며, 理學의 眞傳을 이었다. 후에 長沙 城南書院, 岳麓書院 등의 원장을 지냈다. 朱熹, 呂祖謙 등과 같이 '東南三賢'으로 이름을 날렸다. 벼슬은 右文殿修撰에 이르렀고, 저서로는 『南軒全集』이 있다.(華人百科, 20180928 검색)

38) 呂祖謙: 1137~1181, 字는 伯恭. 壽州(지금의 安徽 鳳臺) 사람. 東萊에 呂氏들이 많이 살았으므로 世稱 東萊先生이라 부른다. 南宋의 哲學家, 敎育家이다. 대대로 관인을 배출한 가문에서 출생하였다. 八世從祖 呂蒙正(聖功)은 北宋 宋太宗 太平興國 二年(977)에 進士第一로 급제하였다. 呂祖謙은 어려서부터 父親의 福建 任所에 살았는데, 林之奇를 스승으로 모셨고, 臨安으로 옮겨가서는 汪應辰과 胡憲을 스승으로 섬겼다. 祖父의 致仕恩으로 將仕郞이 되었으며, 南宋 高宗 紹興二十七年(1157)에 迪功郞, 南宋 孝宗 隆興元年(1163) 四月에 中博學鴻詞科로 특별히 左從政郞에 제수되었다. 南宋 孝宗 乾道 六年(1170) 太學博士로 임명되어 國史院編修官, 實象院檢討官을 겸하였다. 呂祖謙, 朱熹, 張栻은 아주 친밀하여, "東南三賢"으로 불렀다. 朱熹와 같이 浙江 浦江의 月泉書院에서 강의하였다. 呂祖謙은 陰陽, 性命之說 등에 집중하는 것을 반대하여 "呂學"("婺學")을 개창하였다. 金華學派의 代表이고, "浙東學派"의 先河이다. 呂祖謙은 抗金과 恢復失土를 강력 주장하였고, 史學을 중시하였다. 南宋 孝宗 淳熙 二年(1175), 呂祖謙의 주창으로 朱熹와 陸九淵이 참가하는 "鵝湖之會"가 열렸다. 陳亮은 呂祖謙을 "道德一世師表"로 尊奉하였다. 淳熙 八年(1181) 七月二十九日 병으로 타계하였다.(維基百科, 自由的百科全書, 20180928 검색)

후학들을 불러 모았습니다. 그 밖에도 주동朱洞[39]이 앞장서서 법제를 만들고, 윤측尹則[40]이 조정에 청원을 하고, 반송潘宋이 중수하고 유홍劉洪이 재건한 것은 모두 우리 문공文公[41]으로부터 발의된 것이었습니다. 지금 『일통지一統志』[42]에 기록된 것을 살펴보면 천하의 서원은 모두 300여 곳인데, 거기 수록되지 않은 것 또한 얼마나 되는지 알 수 없을 것입니다. 무릇 안으로 국학國學이 있고 밖으로 주·부·군·현의 향교가 있으니, 규모는 광대하고, 제도는 상세하게 갖추어져 있어, 사실 서원에 전념할

---

39) 朱洞: 976年, 北宋 開寶九年에 潭州太守로 보임되었다. 朱洞과 陶岳, 周式 등은 병렬되곤 하는데, 湖湘文化의 개창자로 이름이 드높다. 본디 「瀟湘洙泗」(北宋 王禹는 「潭州岳麓書院記」 속에서, "誰謂瀟湘? 玆爲洙泗. 誰謂荊蠻? 玆爲鄒魯"라 말한다. 岳麓書院을 孔孟의 고향인 "洙泗", "鄒魯"에 비유하는 것이다. 潭州는 이 문장이 나타난 이후 "瀟湘洙泗"라는 명성을 얻었다. Baidu백과)라 하는 岳麓書院은 宋代 四大書院의 으뜸인데, 現存하는 가장 오래된 高等 교육장이다. 처음 北宋 開寶 九年(976)에 潭州太守 朱洞이 창건하였다.(博雅人物, 20180928 검색)

40) 尹則: 이 인물에 대해서는 그 흔적을 찾기 어렵다. Baidu백과의 岳麓書院 항목에서 李允則이라는 인물을 찾을 수 있었는데, 혹시 이 인물의 와전이 아닌가 생각된다. 李允則은 文化敎育事業을 중시하였다. 宋 眞宗 咸平 二年(999), 李允則은 潭州(지금의 湖南長沙)에 부임하였는데, "岳麓書院"을 중수하여 규모를 확대하였고, 宋 眞宗에게 經釋文義疏, 史記, 玉篇, 唐韵 등의 서책을 내려줄 것을 청원하였다. 이로부터 사방 학자들이 악록서원으로 모여들었고, "岳麓書院"은 北宋의 하나가 되었다. 李允則(953~1028), 字는 垂范, 太原府 盂縣人.(Baidu백과, 李允則 항목, 20180929, 검색)

41) 文公: 朱熹(1130.9.15.~1200.4.23.), 字는 元晦, 또 다른 字는 仲晦, 號는 晦庵. 만년에는 晦翁, 遁翁으로 불렀다. 世稱 朱文公이라 한다. 祖上들이 徽州府 婺源縣(지금의 江西省 婺源)에 살았다. 南劍州 尤溪(지금의 福建省 尤溪縣)에서 출생하였다. 宋나라 시대의 著名한 理學家, 思想家, 哲學家, 敎育家, 詩人이다. 閩學派의 代表人物이고, 儒學을 集大成한 사람이다. 세상에서는 朱子라 존숭하였다. 朱熹는 孔子의 직접제자가 아니면서 孔廟에 향사되고 위패가 大成殿에 배열되어 十二哲者 속에서 儒敎祭祀를 받는 유일한 인물이다. 朱熹는 "二程"(程顥, 程頤)의 三傳弟子인 李侗의 學生인데, 二程과 묶여서 "程朱學派"로 분류된다. 朱熹의 理學思想은 元, 明, 淸 세 왕조시대에 커다란 영향력을 행사하여 三朝의 官方哲學이 되었는데, 이 사람은 中國敎育史上 孔子의 뒤를 계승하는 또 한 명의 사람이라 하겠다.(Baidu백과, 20180928 검색)

42) 『一統志』는 封建王朝의 官方에서 간행한 地理總志를 뜻한다. 왕조에 따라 말해보면, 『大元一統志』, 『大明一統志』, 『大淸一統志』 등이 있다.(Baidu백과, 20180928 검색) 여기서는 아마도 『大明一統志』를 말하는 것이 아닐까 생각된다.

필요는 없는 것처럼 보이기도 합니다. 그런데 옛 성현을 좋아하였던 군자들이 정성스럽게 이 일에 전력을 쏟은 것은 그 뜻이 어디에 있는 것이겠습니까? 진실로 학교가 조정과 시정, 성곽 안에 자리 잡고 있는 것은 마차와 말이 모여들고 선비와 여인들이 어지러이 뒤섞여 있어, 그 심신을 흔들어 놓고, 그 이목을 이리저리 잡아끌게 되며, 앞으로는 학령學令의 구애를 받고 뒤로는 기이한 물건들이 어지럽게 아름다움을 다투며 펼쳐져 있는 곳에 위치하는 것입니다. 조용히 숨어 뜻을 탐구하는 선비, 기이한 이치를 꿈꾸며 도덕을 끌어안고자 하는 선비는, 세속의 시끄럽게 다투는 곳을 싫어하고 넓게 펼쳐진 산야의 고적한 땅을 즐겨하여, 그곳에서 선왕先王의 도리를 노래하고 선사先師의 학문과 요순과 군민堯舜君民의 뜻을 강명講明하고, 천자와 임금(皇王)의 방책을 가다듬고, 마음(方寸) 속에 수렴하여 떠들썩하게 그 도를 즐기면서, 안으로는 얻는 것이 있고 밖으로는 해치는 것이 없으니, 그 이룬 바의 효과가 어찌 우연한 것이겠습니까? 이로 말미암아 말씀드려 보자면, 선비가 공부를 함에 있어서 서원에서 힘을 얻는 것이 많다는 것을 생각하지 않더라도 국가가 현자를 얻음에 있어서도 또한 반드시 서원 속에서 일어나도록 하여야만 합니다. 그렇다면 오늘의 서원 건립이 어찌 한 고을, 한 지방의 학문에만 의미가 국한되는 것이겠습니까? 한 나라의 공공의 학문이고, 우리 도(吾道)가 맡겨진 일인 것입니다. 풍교와 교화가 연관됨에 있어서 이것보다 더 중한 일은 없다 하겠습니다. 합하閤下께서 마땅히 먼저 임무로 삼아야 하는 것 중 이것보다 막대한 일이 무엇이겠습니까? 만약 합하께서 그것을 싫다하지 않으시고 그 말을 택하여 단숨에 바르게 처결하고 방백方伯들과 같이 도와주며, 궁궐에까지 이야기가 전하여져서 앞선 왕조(先朝)43)의 옛 이야기를 그대로 따라 서적이 서원에 내려지고, 편액扁額이 임금으로부터 내려지며, 아울러 전답과 장획臧獲44)이 주어져 힘이 넉넉하게 갖추어지고, 중식하는 법제나 경영하여 나가는 방책 또한 부족됨이 없게 된다면, 가르침의 근원이 군상君上에게서 나오고 선비의 즐거움이 서원에 와서 노니는 것 속에 있게 되니, 서원의 성세가 천만 년 이어져 나가 바꾸어짐이 없게 될 것입니다. 거문고를 타고 시를 읊는 선비들의 도도한 물결이 오늘로부터 시작되는 것이 아니겠습니까? 선비의 기운을 진작시키는 방법이나 선비를 격려하는 일 또한 반드시 조정에서 시작되어 익히고 밝혀져야 우리 동방의 문교文敎가 크게 일어나고 추로염민鄒魯濂閩45)과 어깨를 나란히 하며 그 빛나고 아름다운 모습을 겨루게 될 것이고, 선사先師46)의 이치 역시 이로 말미암아 후세에 크게 밝혀질 수 있을 것입니다. 선비 된 사람은 성조聖朝47)로부터 솔개와 물고기(鳶魚)48)의 교화를 입었으므로, 평소에 가르침 받은 것들을 높이 들어 서원의 규약으로 삼고 오늘의 사우士友들을 불러 모아 서로 더불어 강습하며, 도덕을 함영하고 의리를 곱씹어 새기면서, 여산廬山의

---

43) 여기서는 宋나라를 의미함.

44) 臧獲: 臧은 사내종, 獲은 계집종.

45) 鄒魯濂閩: 孔子는 魯人이고 孟子는 鄒人임. 그러므로 鄒魯는 공자·맹자의 학문이 일어난 곳을 의미함. 濂閩은 濂洛關閩을 간략하게 말한 것. 宋代 理學의 四大流派를 뜻함. 濂溪周敦頤, 洛陽程頤·程顥, 關中張載, 閩中朱熹를 지칭하는 것임.

46) 여기서는 退溪 李滉을 의미함.

47) 여기서는 조선을 의미함.

48) 鳶飛魚躍: 鳶은 老鷹. 鳶飛魚躍은 鷹이 天空을 飛翔하고 魚가 水中에서 騰躍하는 것을 의미. 『詩經』 「大雅·旱麓」의 "鳶飛戾天, 魚躍于淵"에서 기원. 이것은 만물이 천성에 맡겨 움직이면서 그 소임을 다하는 것을 비유함. 여기서는 솔개가 하늘에서 자유롭게 살고 물고기가 물속에서 자유롭게 움직이듯 조선의 역사와 문화 속에서 그것에 힘입어 살아왔음을 의미함.

우뚝함을 앙모하고, 고산高山 풍경을 즐기며 생각하는 것에 흥취를 느끼고, 낙강洛江이 쉬지 않고 흘러가는 곳에 자리 잡고 '흘러가는 것이 이와 같구나'(逝者如斯)라는 말의 의미를 깨닫고, 들은 바를 높이 받들고 아는 바를 행한다면 아마 선사의 유훈을 배신하지 않게 될 것이고, 합하의 돌보아 주시는 뜻을 저버리지 않을 것입니다. 구구한 소원을 이겨 낼 수 없어서 삼가 절하고 글로써 품의합니다.

【이어서 한 가지를 덧붙이니 황송스럽고 두렵습니다. 집안의 글방과 마을의 학교는 옛날에도 그 제도가 있었습니다. 지금 마을들 사이에 왕왕 학사를 운영하는데 사실은 그 본래의 뜻을 잃은 것이 있습니다. 부 내의 풍산현 풍악서원49)이 그 하나의 예입니다. 처음 그 마을 사람들이 서원을 세운 까닭은 한 고을의 사람들이 머물며 같이 공부할 곳을 만들려는 것은 아니었으니, 당초에 서원이라는 이름을 붙이고 조정에 사정을 알려 두루 시위전50)을 받은 것은 과한 일이었습니다. 지금 한 고을의 사람들이 다 같이 서원을 건립하여 현자를 존숭하고 도리를 강설할 곳으로 삼고자 하는 논의를 하고 있는 중이니 그 계획의 규모와 일을 처리하는 거동이 어찌 하나의 작은 고을, 향촌과 고을 사이에서 사사로이 건립한 것과 비교할 수 있는 일이겠습니까? 생각하건대 마땅히 받은 전답을 여강51)에 옮겨 맡겨 주시기

---

49) 豊岳書院(豊岳書堂): 본래 이 서원의 전신은 풍산현에 있던 豊岳書堂으로 고려 때부터 사림의 교육기관이었다. 1572년(선조 5)에 西厓 柳成龍 선생이 지금의 병산으로 옮긴 것이다. 1607년 서애가 타계하자 鄭經世 등 지방유림의 공의로 선생의 학문과 덕행을 추모하기 위하여 1613년(광해군 5)에 尊德祠를 창건하고 위패를 봉안하였다. 1614년 병산서원으로 개칭하였다.(병산서원 홈페이지, 20181013)

50) 寺位田: 寺社田과 같다. 국가에서 관청 등에 소속된 사람들의 생활을 보장하고 운영 경비를 마련하도록 하기 위해 지급한 收租地를 位田이라고 한다. 고려 말기부터 조선 초기까지는 科田法에 따라 각 기관에 위전을 나누어 주고, 위전에서 收租 즉 세금을 거두어 국가의 職役을 맡은 관리에게 대가를 지급하게 하였다. 이러한 토지 운영 원칙에 따라 불교계에 지급한 위전이 바로 寺位田이다. 사위전은 좁은 의미로는 국가와 왕실의 齋를 지내는 사찰에 지급한 위전을 지칭하지만, 실제로는 寺院田, 寺社田, 寺田 등의 용어와 큰 구별 없이 일반적인 사찰의 토지를 가리키는 개념으로 사용되었다.(위키 실록사전, 20181013 검색) 여기서는 서원에 지급된 전토를 의미.

바랍니다. 대저 한 고을의 땅에 두 서원이 있는 것은 결코 둘을 다 온전하게 유지할 수 없는 것이니, 그 세력은 합하여지지 않을 수 없는 일입니다. 엎드려 바라건대 합하께서는 이 문제도 같이 감사에게 보고하여 대궐에서 전해 들으시고 한 고을의 서원이 하나로 합해 져서 온전하게 유지되고 영구히 전하여지는 제도가 될 수 있도록 도모하여 주시면 더할 나위 없이 다행스런 일이겠습니다.】

3. 「행장」52)

선생의 이름은 언기彦璣, 자字는 중온仲蘊. 김씨는 신라 왕자 김흥광金興光에서부터 시작된다. 세상이 어지러워지는 것을 알고 광주光州 평장동平章洞으로 숨어들었다. 손자 김길金吉은 고려 태조를 보좌하여 공을 세워 벼슬이 좌복야左僕射53) 사공司空54)에 이르렀다. 사공의 후손들은 세대를 거듭하여 임금을 보좌하는 높은 관리가 되었다. 그 사는 고을의

---

51) 廬江書院: 1573년(선조 6)에 지방유림의 공의로 李滉의 학문과 덕행을 추모하기 위하여 월곡면 도곡동에 창건하여 위패를 모셨으며, 이때에는 廬江書院이라고 하였다. 1620년(광해군 12)에 金誠一과 柳成龍을 추가 배향하였으며, 1676년(숙종 2)에 '虎溪'라 사액되었다. 그 뒤 이황은 도산서원, 김성일은 임천서원, 유성룡은 병산서원에서 主享함에 따라 호계서원은 강당만 남게 되었다. 그 뒤 1973년 안동댐 건설로 수몰하게 되어 현재의 위치로 이건하였다. 강당은 경상북도 유형문화재 제35호로 지정되어 있다.(『한국민족문화대백과사전』)

52) 金彦璣, 『惟一齋先生實記』, 「行狀」(안동대학교 부설 퇴계학연구소, 『退溪學資料叢書』 三), 79~95쪽.

53) 左僕射: 高麗 때 尙書都省에 딸린 正二品 벼슬. 11대 文宗 때 베푼 벼슬로 25대 忠烈王 1년(1275)에 廢止하고, 24년(1298)에 다시 僉議府에 두었다가 곧 廢함. 31대 恭愍王 5년(1356)에 文宗 때의 制度로 다시 設置되었다가 11년(1362)에 廢함. 尙書左僕射. 조선시대에는 3사에 딸린 정2품 관리였는데, 태종 때 폐지되었다.(한자사전)

54) 司空: 高麗 때 三公의 하나. 正一品.

이름이 평장平章인 것은 이것 때문에 붙여진 것이다. 조선시대의 광성군
光城君 김약채金若采[55]는 형조좌랑 김열金閱[56]을 낳았다. 김열은 호가 퇴
촌退村인데, 문장이 뛰어났다. 사적은 허백虛白 홍귀달洪貴達[57]의 「빙옥고
서氷玉稿序」에 갖추어져 있다. 그 증손은 진사인 김용석金用石인데, 호는
담암潭庵이고, 선생의 대부大父[58]이다. 점필재佔畢齋[59] 문하에서 일찍이

---

55) 金若采: 본관은 光山. 아버지는 光城君 金鼎이다. 고려 공민왕 때 문과에 급제하였으
며, 성품이 강직하여 권세가를 두려워하지 않았다. 우왕 때 左司議로 趙胖의 옥사를
다스리는 데 참여하였는데, 廉興邦이 기필코 조반을 誣服(강제를 당하여 없는 죄를
있다고 자복하고 형벌을 받음)시키려고 참혹하게 다스리자, 홀로 불가하다고 주장하
여 마침내 조반을 석방하게 하였다. 염흥방은 그 뒤 죽음을 당하여 조야가 모두 통
쾌하게 여겼다. 1388년(우왕 14) 이성계의 위화도회군 때, 知申事로 이에 항거하였다
하여 외방에 유배되었다. 1400년(정종 2) 門下府左散騎로 있을 때에는 勳親들에게 사
병을 허여하는 제도를 없애고, 병권을 모두 중앙에 집중시키자고 역설하여 단행하게
하였다. 그 뒤 대사헌을 지내고, 1404년 충청도도관찰사가 되었다.(『한국민족문화대
백과』, 한국학중앙연구원)

56) 金閱: 본관은 光山. 아버지는 충청도 都觀察黜陟使 金若采이며, 어머니는 文正公 元松壽
의 딸로서 原州元氏이다. 형은 金長生의 7대조인 金閏이다. 김열은 총명하고 효성이
지극했으며 총명하여 일찍이 배움을 성취하였다. 태종 때에 蔭職으로 벼슬길에 올라
형조도관 좌랑으로 재직하였다가 곧 벼슬을 버리고 향리에 은거하여 학문에 전념하
였다. 형인 김문이 요절하자 어린 조카와 형수인 陽川許氏를 잘 보살펴 宗統과 家業
이 이어지게 하였다. 저서로 『氷玉亂稿』가 있다.(한국향토문화전자대전, 한국학중앙
연구원)

57) 洪貴達: 1438(세종 20)~1504(연산군 10). 조선 전기의 문신. 본관은 缶林. 자는 兼善,
호는 虛白堂·涵虛亭. 사재감정 洪淳의 증손으로, 할아버지는 洪得禹이고, 아버지는
증 판서 洪孝孫이며, 어머니는 盧緝의 딸이다. 1460년(세조 7) 별시문과에 을과로 급
제하고, 1464년 겸예문에 등용, 예문관봉교로 승직하였다. 1466년 설서가 되고 선전
관을 겸하였다. 이듬해 李施愛의 난을 평정하는 데 공을 세워 공조정랑에 승직하면
서 예문관응교를 겸하였다. 1469년(예종 1) 교리가 되었다가 장령이 되어 조정의
글이 모두 그의 손으로 만들어졌다. 1498년(연산군 4) 무오사화 직전에 열 가지 폐단
을 지적한 글을 올려 왕에게 간하다가 사화가 일어나자 좌천되었다. 1500년 왕명에
따라 『續國朝寶鑑』·『歷代名鑑』을 편찬하고, 경기도관찰사가 되었다. 1504년 손녀(彦
國의 딸)를 궁중에 들이라는 왕명을 거역해 杖刑을 받고 경원으로 유배 도중 絞殺되
었다. 중종반정 후 伸寃(원통함을 풀어 버림)되었다. 함창의 臨湖書院과 의흥의 陽山
書院에 제향되고, 저서로는 『虛白亭文集』이 있다. 시호는 文匡이다.(『한국민족문화대
백과』, 한국학중앙연구원)

58) 大父: 할아버지와 한 行列되는 有服親 밖의 男子.(한자사전)

추강秋江 남효온南孝溫60), 중화中和 강응정姜應貞61) 등과 명승을 찾아 노닐

---

59) 佔畢齋 金宗直: 1431(세종 13)~1492(성종 23). 조선 전기의 문신·학자. 경상남도 밀
    양 출신. 본관은 善山. 자는 孝盥·季昷, 호는 佔畢齋. 아버지는 사예 金叔滋이고, 어머
    니는 밀양박씨로 司宰監正 朴弘信의 딸이다. 정몽주와 길재의 학통을 계승하여 김굉
    필─조광조로 이어지는 조선시대 도학 정통의 중추적 역할을 하였다. 생전에 지은
    「弔義帝文」은 무오사화가 일어나는 원인이 되었다. 김종직은 문장에 뛰어나 많은 시
    문과 일기를 남겼다. 저서로는 『佔畢齋集』·『遊頭流錄』·『靑丘風雅』·『堂後日記』 등
    이 있으며, 편저로는 『一善誌』·『彛尊錄』·『동국여지승람』 등이 전해지고 있다. 그
    러나 무오사화 때 많은 저술들이 소실되어 김종직의 진정한 학문적 모습을 이해하
    는 데는 한계가 있다. 중종반정으로 신원되었으며, 밀양의 藝林書院, 선산의 金烏書
    院, 함양의 柏淵書院, 김천의 景濂書院, 개령의 德林書院 등에 제향되었다. 시호는 文忠
    이다.(『한국민족문화대백과』, 한국학중앙연구원)
60) 南孝溫: 1454(단종 2)~1492(성종 23). 조선 전기의 문신. 본관은 宜寧. 자는 伯恭, 호
    는 秋江·杏雨·最樂堂·碧沙. 영의정 南在의 5대손으로, 할아버지는 감찰 南俊이고,
    아버지는 생원 南恮이며, 어머니는 도사 李谷의 딸이다. 金宗直의 문인이며, 金宏弼·
    鄭汝昌 등과 함께 수학하였다. 生六臣의 한 사람이다. 김종직이 이름을 부르지 않고
    반드시 '우리 추강'이라 했을 만큼 존경했다 한다. 당시의 금기에 속한 朴彭年·成三
    問·河緯地·李塏·柳誠源·兪應孚 등 6인이 단종을 위하여 死節한 사실을 '六臣傳'이
    라는 이름으로 저술하였다. 문인들이 장차 큰 화를 당할까 두려워 말렸지만 죽는
    것이 두려워 충신의 명성을 소멸시킬 수 없다 하여 『六臣傳』을 세상에 펴냈다. 죽은
    뒤 1498년(연산군 4) 무오사화 때, 김종직의 문인으로 高談詭說로써 시국을 비방했다
    는 이유로 그 아들을 국문할 것을 청하였다. 이듬해에는 尹弼商 등이 김종직을 미워
    한 나머지 그 문인이라는 이유로 미워하여 시문을 간행할 수 없다고 주장하였다.
    1504년 갑자사화 때에는 소릉 복위를 상소한 것을 亂臣의 예로 규정하여 剖棺斬屍
    당하였다. 1511년(중종 6) 參贊官 李世仁의 건의로 成俔·兪孝仁·김시습 등의 문집과
    함께 비로소 간행하도록 허가를 받았다. 1513년 소릉 복위가 실현되자 신원되어 좌
    승지에 추증되었다. 1782년(정조 6)에 다시 이조판서에 추증되었다. 세상에서는 元
    昊·李孟專·김시습·趙旅·成聃壽 등과 함께 생육신으로 불렸다. 고양의 文峰書院,
    장흥의 汭陽書院, 함안의 西山書院, 영월의 彰節祠, 의령의 鄕祠 등에 제향되었다. 저
    서로는 『秋江集』·『秋江冷話』·『師友名行錄』·『鬼神論』 등이 있다. 시호는 文貞이다.
    (『한국민족문화대백과』, 한국학중앙연구원)
61) 姜應貞: 본관은 晉州. 자는 公直, 호는 中和齋. 아버지는 첨지중추부사 姜毅이다. 은진
    에 살면서 효행으로 이름이 있었다. 1470년(성종 1) 효행으로 천거되었으나 사퇴하
    고 1483년 생원시에 합격하여 성균관 유생이 되었다. 金用石·申從濩·朴演·孫孝
    祖·鄭敬祖·權柱 등과 함께 주자의 고사에 따라 향약을 만들고, 『소학』을 강론하였
    다. 그리하여 세상에서는 小學契 또는 孝子契라 하였다. 부모의 병간호가 지극하였
    고, 죽은 뒤에는 廬墓의 예를 다함으로써 고향에 효자 정문이 세워졌다. 은진 葛山祠
    에 제향되었다.(『한국민족문화대백과』, 한국학중앙연구원)

었다. 같이 태학太學62)에 유학하였고, 주회향약朱熹鄕約63)을 익혔다. 매월 초하루 『소학』64)을 강론하였는데, 추강은 공과 신종호申從濩65)가 우수했다고 적고 있다. 연산군의 정치가 어지러워지는 것을 보고 복주福州66)의 구담九潭에 은거하였다. 여덟 아들을 두었다. 그 중 넷째 아들은 김주金籌인데 진사이다. 죽계안씨竹溪安氏67) 첨정 안처정安處貞의 여식과 혼인하였다. 정덕正德68) 경진년庚辰年 어느 날 선생이 탄생하였다. 선생은 천품이 맑고 고아하며 방정한 자질이 커다란 도량을 갖추고 있었으며 구차하지 않게 웃으면서 말하였다. 부모를 모실 때에는 도리를 다하였고, 형제와 우애 있게 지냈으며, 강설하고 탁마하는 데 뜻을 다함으로써 그 공부

---

62) 太學: 成均館을 의미함.

63) 朱熹鄕約(朱夫子鄕約, 朱子鄕約): 鄕約은 北宋 말기 陝西省의 藍田縣 사람들인 呂氏 4형제, 곧 大忠·大防·大鈞·大臨이 시작한 것으로, 南宋의 朱熹가 증손하여 성리학의 고전인 『小學』에 수록함으로써 성리학적 향촌 지배 원리의 하나로 정착하였다. 향약은 사회적 공동체인 일가친척과 향리 사람들을 교화·선도하기 위하여 德業相勸, 過失相規, 禮俗相交, 患難相恤이라는 4대 강목을 가지고 지역민들을 통제하고 교화하여 나갔다.(위키 실록사전, 향약 부분, 20181014 검색)

64) 『소학』: 8세 안팎의 아동들에게 유학을 가르치기 위하여 만든 修身書. 송나라 朱子가 엮은 것이라고 쓰여 있으나 실은 그의 제자 劉子澄이 주자의 지시에 따라 편찬한 것이다. 1187년(남송 순희 14)에 완성되었으며, 內篇 4권, 外篇 2권의 전 6권으로 되어 있다. 내용은 일상생활의 예의범절, 수양을 위한 격언, 충신·효자의 사적 등을 모아 놓았다.(『한국민족문화대백과사전』)

65) 申從濩: 1456~1497. 1474년(성종 5) 약관으로 성균진사시에 장원을 하고, 1480년 식년문과에 다시 장원을 하였다. 그 해 감찰에 임명되고 賜暇讀書하였다. 이듬해 千秋使 洪貴達의 書狀官이 되어 명나라에 갔다. 1486년 부응교로 있을 때 또다시 문과중시에 장원하여 과거제도가 생긴 이후 세 번이나 장원을 한 것은 처음이라며 칭송이 자자하였다. 그 해에 禮賓寺副正으로 超拜되었고, 『여지승람』을 정정하여 『동국여지승람』으로 다시 찬술해 내는 데 참여하였다. 1496년(연산군 2) 병환을 무릅쓰고 正朝使가 되어 명나라에 갔다가 이듬해인 1497년에 돌아오던 중에 개성에서 죽었다. 저서로 『삼괴당집』이 있다.(『한국민족문화대백과사전』)

66) 福州: 안동의 옛 이름.

67) 竹溪安氏=順興安氏.

68) 正德(元年 1506~末年 1521): 明 武宗(朱厚照)의 연호. 16년간 사용하였다. 庚辰年은 1508년.

를 성취하였다. 일찍이 백담柏潭 구봉령具鳳齡[69)]과 더불어 청량산에 들어가 10년을 기약하고 독서하기로 하였으나, 선생은 사정이 생겨 가지 못하였고, 백담은 1년 그렇게 하다 산을 나와 바위절벽과 초목이 다 읽은 책의 글자를 이루었다고 말하였다. 이때 선생은 남들과는 다른 문장을 추구하지 않았고, 충실한 마음을 따라 선별하곤 하였다. 여러 번 향시에 참여하였으나 문득 멍에가 짓누르고 있음을 살피게 되어 48세에 이르러 처음으로 생원이 되니, 그 명리에 담박한 것이 이와 같았다. 선생은 처음엔 구담에 살았으나 중간에 이계伊溪로 옮겼고, 만년에는 가야佳野에 자리 잡았다. 도산陶山에 가게 되면 한 집에 있을 수가 없고, 또 오천烏川의 친척 후조당後彫堂 김부필金富弼[70)]과 여러 종형제들이 봉우리 하나 너머에 가까이 살고 있었고, 백담과 회곡晦谷 권춘란權春蘭[71)], 송암松巖 권호

---

69) 具鳳齡: 1526~1586. 본관은 綾城. 자는 景瑞, 호는 柏潭. 文貞公 禪의 8세손으로, 할아버지는 중좌승지 仲連이고, 아버지는 증이조참판 謙의 아들이며, 어머니는 安東權氏로 檜의 딸이다. 외종조 權彭老에게 『소학』을 배워 문리를 얻고, 1545년 李滉의 문하에 들어가 수학하였다. 1546년(명종 1) 司馬試에 합격하고, 1560년 별시문과에 을과로 급제해 承文院副正字・藝文館檢閱・奉敎를 거쳐 弘文館正字에 이르렀다. 죽은 뒤 龍山書院에 제향되었다. 저서로는 『백담문집』 및 그 續集이 있다. 시호는 文端이다.(『한국민족문화대백과사전』)

70) 金富弼: 1516(중종 11)~1577(선조 10). 조선 중기의 학자. 본관은 光山. 자는 彦遇. 호는 後彫堂. 안동 예안 출신. 아버지는 대사헌 金緣이며, 어머니는 昌寧曺氏로 曺致唐의 딸이다. 1537년(중종 32) 진사시에 합격하여 성균관에 유학하면서 金麟厚와 교유하였다. 1556년(명종 11) 41세의 나이로 이황의 문하에 나아가 제자로서의 예를 올렸으며, 여러 차례 벼슬을 내렸지만 사양하고 학문에 정진하였다. 이에 이황이 "後彫主人은 깨끗한 절개를 굳게 지켜, 임명장이 문전에 이르러도 기뻐하지 않는구나……." 라는 시를 지어 그의 지조와 절개를 높이 평가하였다. 평소 효제를 학문의 근본으로 삼았으며, 일생 『心經』을 애독하였다고 한다. 1571년(선조 4) 스승 이황이 사망하자 素衣・素帶・素食하며 心喪 1년을 행하였다. 아우 金富儀, 4촌 형 金富仁, 4촌 아우 金富信・金富倫, 고종 琴應壎・琴應夾과 한 동네에 살면서 학문을 토론하고 덕업을 권장하여 향리에서는 '烏川七君子'라 칭송되었다. 1822년(순조 22) 이조판서에 추증되고, 文純의 시호를 내렸다. 예안의 洛川祠에 위패가 봉안되었다. 저서로는 『後彫堂文集』이 있다.(『한국민족문화대백과』, 한국학중앙연구원)

문權好文[72], 지산芝山 김팔원金八元[73] 등이 사는 곳과도 서로 멀리 떨어져 있지 않아서, 산사에서 같이 머물기로 약속을 하고 서로 모여 강학하였다. 골짜기 입구에 물과 바위가 좋은 곳이 있는데, 지금 구선대九仙臺라고 부른다. 일찍이 여러 선생들이 쉬고 노닐며 이름붙인 것이다. 신유년辛酉年[74] 서당 몇 칸을 지어서 유일惟一[75]이라 편액을 달고, 매일 생도

---

71) 權春蘭: 1539(중종 34)~1617(광해군 9). 조선 중기의 문신. 본관은 安東. 자는 彦晦, 호는 晦谷. 아버지는 贈左承旨 權錫忠이며, 어머니는 咸昌金氏이다. 세거지는 안동이다. 具鳳齡·李滉의 문인으로, 특히 『주역』에 전심하였으며, 柳成龍·鄭逑 등과 교유하였다. 1560년(명종 15)에 사마시에 합격하고, 1573년(선조 6)에 문과에 급제, 성균관학유·학록을 거쳐 예문관검열·사헌부감찰·大同道察訪·사간원정언·司憲府持平 등을 역임하였다. 1592년 임진왜란이 일어나자 안동에서 金允明의 의병에 가담하였다. 스승 구봉령의 遺文을 교정하여 完稿로 만들었고, 사림에서 구봉령을 모시기 위하여 周溪書院을 건립하는 데 앞장섰다. 주계서원에 제향되었다. 저서로는 『進學圖』·『孔門言行錄』·『晦谷集』 등이 있다.(『한국민족문화대백과』, 한국학중앙연구원)

72) 權好文: 1532(중종 27)~1587(선조 20). 조선 중기의 문인·학자. 본관은 安東. 자는 章仲, 호는 松巖. 安州敎授 權稑의 아들이다. 1549년(명종 4) 아버지를 여의고 1561년 30세에 진사시에 합격했으나, 1564년에 어머니상을 당하자 벼슬을 단념하고 靑城山 아래에 無悶齋를 짓고 그곳에 은거하였다. 李滉을 스승으로 모셨으며, 같은 문하생인 柳成龍·金誠一 등과 교분이 두터웠고 이들로부터 학행을 높이 평가받았으며, 만년에 덕망이 높아져 찾아오는 문인들이 많았다. 集慶殿參奉·內侍敎官 등에 제수되었으나 나가지 않았다. 56세로 일생을 마쳤으며, 묘지는 안동부 서쪽 疏甘山에 있다. 안동의 松巖書院에 제향되었다. 그는 평생을 자연에 묻혀 살았는데, 이황은 그를 瀟灑山林之風이 있다고 하였고, 벗 유성룡도 江湖高士라 하였다. 저서로는 『송암집』이 있으며, 작품으로는 경기체가의 변형형식인 「獨樂八曲」과 연시조인 「閑居十八曲」이 『송암집』에 전한다.(『한국민족문화대백과』, 한국학중앙연구원)

73) 金八元: 1524(중종 19)~1569(선조 2). 조선 중기의 문신. 본관은 江陵. 자는 舜擧 또는 秀卿. 호는 芝山. 아버지는 三陟訓導 金績이며, 어머니는 永春李氏로 李自芸의 딸이다. 태어난 지 며칠 만에 어머니를 여의고 외가에서 자랐으며, 周世鵬·李滉 등의 문하에서 수학하였다. 이황의 문하에서 수학할 때에는 선생이 시를 지어 그의 훌륭한 문장을 칭찬하기도 하였다. 또한, 趙穆·具鳳齡 등과 산사에 모여 학문을 강마하였으며, 조목과 함께 「人心道心圖」를 만들기도 하였다. 1555년(명종 10) 사마시를 거쳐 식년문과에 을과로 급제하였고, 1562년 學錄에 임명된 뒤 박사·전적·예조좌랑을 거쳐 용궁현감 등을 지냈다. 玉溪書院·洣邱書院 등에 봉안되었다. 저서로는 『芝山文集』이 있다.(『한국민족문화대백과』, 한국학중앙연구원)

74) 1561년.

75) 惟一: 『書經』「大禹謨」에 "사람의 마음은 위태롭기만 하고, 도를 지키려는 마음은 극

들을 가르쳤다. 생도들이 모여들어 다 수용할 수 없을 정도가 되었다. 그 생도들이 머물러 묵는 곳을 관선觀善76)이라 이름하고 합하여 광풍헌 光風軒77)이라 편액을 달았다. 그 앞으로는 반무半畝78)의 못을 파서 활수活 水라 하였다. 날마다 여러 학생들과 경전의 학문을 강설하고 부지런히 힘써 태만하지 않았으며 때때로 물과 들 사이를 노닐며 그 공부를 하고 자 하는 뜻을 고무하고 발분시켰다. 그것으로 스스로 얻게 하고, 재주에 따라 부추겨 이끌어 주니, 공부를 이끌어 주는 사람이 필요한 나이에 상자를 두드리며 책을 지고 공부하러 오는 사람이 날로 문전에 이어졌 다. 이러한 즐거움으로 평생을 보냈으니, 그 성취한 것이 아주 많았다.

분지賁趾 남치리南致利79), 지헌芝軒 정사성鄭士誠80) 같은 분들은 선생이 이

히 회미한 것이니 오직 정신을 하나로 모아 진실로 그 중정을 잡아야 한다"(人心惟 危, 道心惟微, 惟精惟一, 允執厥中)라고 한 데서 유래하였음. 곧 사람의 마음은 도를 지키려 해도 이기적이어서 자칫하면 도에 어긋나게 되므로 위태롭고, 도를 지키려는 마음은 사람의 마음이 약하기 때문에 회미해지기 쉬우므로 정신을 모으고 통일하여 야만 도를 따를 수 있다는 것임. 舜임금이 禹에게 帝位를 선양할 때, 이 말로써 도를 전한 것이라고 함. 유사어로는 精一執中이 있다.(『한국고전용어사전』, 2001.3.30., 세 종대왕기념사업회, 20181018 검색) 惟一齋는 위의 의미에서 따온 김언기의 호이다.
76) 『禮記』 「學記」 중 "大學之法……相觀而善之謂摩"에서 유래한다. '선한 것을 보면 따라 배운다'는 의미이다.
77) 이 말은 『宋史』의 「列傳」 중 '周敦頤傳'에 나온 것으로 그의 인품이 아주 고매하고 가슴에 품은 뜻은 크고 시원하여 마치 비 갠 후의 훈훈한 바람과 깨끗한 달 같음을 형용한 것이다.(조선일보 & Chosun.com, 이종인 [문화비전] 光風霽月, 20080118)
78) 半畝: 1무를 100평 정도라 함.
79) 南致利: 1543(중종 38)~1580(선조 13). 조선 중기의 학자. 본관은 英陽. 자는 成仲·義仲. 호는 賁趾. 안동 출신. 아버지는 南藎臣이며, 어머니는 草溪卞氏로 진사 卞百源 의 딸이다. 어려서 金彦璣의 문하에서 수학하다가 1563년(명종 18) 고종형 琴蘭秀를 통해 이황의 문인이 되었다. 1564년에는 이황을 따라 淸凉山 유람에 동행하였고, 도 산서당에서 「太極圖說」을 강론하기도 하였다. 이후에도 자주 도산서당을 왕래하며 이황과 학문적으로 밀접한 관계를 유지하였다.1570년(선조 3) 이황이 사망하자 28세 의 나이로 相禮로 추대되었으며, 이듬해인 1571년에는 동문들과 함께 예안의 易東書 院에서 회동하여 이황의 유문을 수습하였다. 1575년에는 사림들의 요청으로 여강서 원에서 『理學通錄』을 교정하였으며, 1576년에는 34세의 나이로 廬江書院院規를 제정

끌고 도산에서 공부를 마쳐 학문이 남보다 뛰어나게 되었다. 옥산玉山

권위權暐81), 판서判書 박의장朴毅長82), 오봉梧峯 신지제申之悌83), 노천蘆川 권

하였다. 1578년에는 이황의 『啓蒙傳疑』를 교정하였고, 학행을 인정받아 鄭逑·金長
生·李德弘과 함께 유일로 천거되었다. 1653년(효종 4) 魯林書院에 위패가 봉안되었
다. 저서로는 『賁趾文集』이 있다.(『한국민족문화대백과』, 한국학중앙연구원)
80) 鄭士誠: 1545(인종 1)~1607(선조 40). 조선 중기의 문신·학자. 본관은 淸州. 자는
子明, 호는 芝軒. 안동 출신. 아버지는 사섬시첨정 鄭枓이며, 어머니는 安東權氏로 權
軾의 딸이다. 7세 때 金彦璣에게 수학하였으며, 10세 때는 具鳳齡에게 옮겨서 배우다
가 1561년(명종 16) 李滉의 문하에 들어갔다. 1568년(선조 1) 진사시에 합격하였다.
1596년 『易學啓蒙質疑』를 썼고, 이듬해 창녕의 火旺山城에 가서 郭再祐와 같이 의병활
동에 가담하였다. 1731년(영조 7) 玉溪書院에 제향, 그 뒤 撤享되었다가 1779년(정조
3) 鶴巖里祠에 제향되었다. 저서로는 『지헌문집』·『역학계몽질의』 등이 있다.(『한국
민족문화대백과』, 한국학중앙연구원)
81) 權暐: 본관은 安東. 자는 叔晦, 호는 玉峯·玉山野翁. 부호군 權琨의 현손이며 성균생원
權士彬의 증손이다. 할아버지는 현감 權檥, 아버지는 생원 權審行, 어머니는 절충장군
康希哲의 딸, 처는 順興安氏 安霖의 딸이다. 권위는 경상북도 안동시 북후면 도촌리에
서 태어났다. 趙穆, 金誠一, 金彦璣 문하에서 수학하였으며 權宇, 金垓 등과 교유하였
다. 아버지인 권심행이 억울하게 변고를 당하여 벼슬길에 나아갈 생각을 하지 않다
가 어머니를 위해 뒤늦게 과거에 응시하여 50세인 1601년(선조 34) 문과에 급제하였
다. 나이가 많았으므로 바로 典籍에 임명되었다가 겨울에 공조좌랑에 제수되었다.
이후 해미현감, 형조좌랑·호조좌랑·예조좌랑을 거쳐 1609년에는 輪城察訪에 임명
되었으나 질병으로 사임하였다. 광해군대 초반에 벼슬을 하지 않다가 1616년(광해
군 8) 東都敎授(동도는 지금의 경주)에 임명되자 벼슬이 하찮다고 여기지 않고 후진
을 양성하였다. 문집으로 목판본 『玉峰集』4권 2책이 있다. 道溪書院에 보관되어 온
필사본의 초고 교정본인 『玉峯先朝遺稿』가 전한다. 『東皐日錄』은 권위가 경주에 머물
면서 가끔 산에 올라 바다를 바라보며 느낀 감회를 기록한 것이다. 1687년(숙종 13)
권위의 학문과 덕행을 추모하기 위하여 지방 유림의 결의에 따라 道溪精舍에 위패를
모시고 제사지냈다. 그 후 대원군의 서원철폐령으로 도계정사는 훼철되었다가 1928
년 권위가 거주하던 만대헌의 옛터를 복원하여 도계서원으로 승격시켰다.(한국향토
문화전자대전, 한국학중앙연구원)
82) 朴毅長: 1555(명종 10)~1615(광해군 7). 조선 중기의 무신. 본관은 務安. 자는 士剛.
할아버지는 증 공조참의 朴榮基이고, 아버지는 현감 朴世廉이며, 어머니는 英陽南氏로
南時俊의 딸이다. 金彦璣의 문인이며, 經史에도 밝았다. 1577년(선조 10) 무과에 급제
해 主簿가 되고, 1588년 진해현감을 거쳐 1592년 임진왜란 때에는 경주판관이 되었
다. 이때 소속군사를 이끌고 병마절도사 李珏과 함께 동래성을 구하기 위해 달려갔
다. 그러나 이각이 퇴각하자 비겁함을 준엄하게 꾸짖었다. 같은 해 7월에 이각이
처형되고 朴晋이 병마절도사로 파견되자, 장기군수 李守一과 함께 박진을 도와 적에
게 빼앗긴 경주성의 탈환 작전에서 火車와 飛擊震天雷를 사용해 큰 성과를 거두었다.

태일權泰—84) 같은 분은 조정에서 자리를 잡았고 시대의 명인이 되었다.

1593년 4월에는 군사 300여 명을 거느리고 대구 巴峑에서 왜적 2,000여 명과 맞서 수십 명의 목을 베고 수백 필의 말을 빼앗는 등 큰 전공을 세웠다. 5월에도 울산군수 金太虛와 함께 울산의 적을 쳐서 50여 명을 베는 등 크게 이겼다. 그러한 공으로 당상관으로 특진되면서 경주부윤이 되었다. 7월에는 剩山郡의 적을 쳐서 남문에서 전멸시켰다. 8월에는 왜병이 安康에 주둔한 명나라의 군사를 급습해 200명을 죽이자 병사 高彦伯과 함께 적을 추격해 무찔렀다. 1594년 2월 양산의 적을 무찔렀고, 3월에는 林浪浦의 적이 언양현에 진입해 노략질하자 이를 급습해 무찔렀다. 이때 적에게 잡혀 있던 백성 370명을 구해 냈으며 우마 32필도 노획하였다. 5월에는 機張에서, 7월에는 경주에서 많은 왜병을 베었다. 1595년에 그 공으로 嘉善大夫로 품계가 오르고, 1597년 영천과 안강의 적을 무찔렀다. 이때 1,000명의 병사를 거느리고 명군 5만 명의 뒷바라지를 했으며, 적군이 성을 비우고 밤에 도망치자 창고에 있던 곡식 400여 석을 거두었다. 1598년 薄島山의 적을 쳐서 전승을 올려 嘉義大夫로 품계가 오르고 말이 하사되었다. 1599년 성주목사 겸 방어사, 1600년 경상좌도병마절도사, 1601년 仁同府使를 두루 지내다가, 1602년 다시 경상좌병사 및 公洪道水使를 거쳐 경상수사가 되었다. 다섯 차례의 병사를 지내는 동안 한결같이 청렴하고 근신하였다. 호조판서에 추증되었다. 시호는 武毅이다. 영해의 貞忠祠와 九峯精舍에 제향되었다.(『한국민족문화대백과』, 한국학중앙연구원)

83) 申之悌: 1562(명종 17)~1624(인조 2). 조선 중기의 문신. 본관은 鵝洲. 자는 順夫, 호는 梧峰 · 梧齋. 경상도 의성 출신 중창례원판결사 申瀚의 중손으로, 할아버지는 증공조참판 申應奎이고, 아버지는 증좌승지 申夢得이며, 어머니는 義興朴氏로 朴敏樹의 딸이다. 1589년(선조 22) 증광문과에 갑과로 급제, 1601년 正言 · 예조좌랑, 이듬해 持平 · 成均館典籍 등을 거쳐 1604년 世子侍講院文學 · 成均館直講을 역임하였다. 1613년 (광해군 5) 창원부사로 나가 백성을 괴롭히던 明水賊을 토평하고 민심을 안정시켜 그 공으로 통정대부에 올랐고, 인조반정 초에 동부승지에 제수되었으나 부임하지 못하고 죽었다. 효성과 우애가 돈독하고 經史에 통달하여 柳成龍으로부터 칭찬을 받았다. 예안현감 재직시 임진왜란이 일어나자 군대를 모집, 적을 토벌하였다. 간관으로 있을 때 직간하였고, 수령재임 때에는 치적을 남겼다. 신지제의 시문은 문집에 수록되어 전해지고 있다. 의성에서 藏待書院을 세워 지방자제교육에 힘썼고, 죽은 뒤에는 金光粹 · 李民宬 · 申元祿과 함께 그 서원에 배향되었다.(『한국민족문화대백과』, 한국학중앙연구원)

84) 權泰一: 1569(선조 2)~1631(인조 9). 조선 중기의 문신. 본관은 安東. 자는 守之, 호는 藏谷. 할아버지는 증 좌승지 權錫忠이고, 아버지는 내시교관 權春桂이며, 어머니는 慶州孫氏이다. 큰아버지인 執義 權春蘭에게 입양되었다. 具鳳齡의 문인이다. 1591년 (선조 24)에 사마시에 합격하고, 1599년에는 별시문과에 병과로 급제하였다. 승문원 권지부정자로 등용되고, 이어서 검열 · 승정원주서 · 시강원설서 · 정언 · 이조좌랑 등을 두루 역임하고 병으로 사임하였다. 뒤에 다시 홍문관수찬으로 복직하고, 이어서 이조정랑을 거쳐 영덕현령으로 4년간을 재임하면서 큰 치적을 올린 공으로 왕으로부터 옷감을 하사받았다. 이어 곧 홍문관교리로 승진하였으나 병으로 사임하고,

북애北厓 김기金圻85), 수정守靜 금발琴撥은 행의를 다하는 것을 중히 여겼다. 방담方潭 권공權栱은 후진들을 잘 깨우쳐 준 당시의 명인이다. 많은 사람들이 그 문하에서 나왔으니, 복주(안동)의 문학이 흥성한 것은 선생이 앞서 이끌어 나간 공이 크다고 말하여진다. 퇴도선생退陶先生이 타계한 5년 뒤에 사림이 여강廬江 오로봉五老峯 아래 서원을 지을 때 제일 먼저 선생을 동주洞主로 받들었다. 백련사白蓮寺를 철거하고 그 불상을 파괴하여 강에 던졌다. 승려들이 처음에는 항거하고 받아들이려 하지 않았으나 이미 선생과 학봉 김 선생이 와 있다는 말을 듣고, 다 두려워하며 흩어져 갔다고 한다. 선생은 동문의 여러 선생과 더불어 곡식을 거둘 길을 찾았다. 여러 번 도산에 가서 본원과 규약을 맺는 일에 관여하

─────────

고향에 돌아가서 요양한 뒤 사성으로 복직하였다. 그 뒤 풍기군수를 거쳐 동부승지·우승지를 역임하고, 경주부윤으로 나가 백성을 교화하는 데 힘썼다. 다시 호조참의·좌부승지를 거친 뒤 부모를 봉양하기 위하여 고향의 지방관을 희망, 竹州府尹으로 나갔다. 1623년(인조 1)에 좌승지로 들어왔으나 곧 전주부윤으로 나갔다. 그 뒤 병조참의·충주목사를 거쳐 전라도관찰사로 승진, 지방관원들의 기강을 바로잡는 데 힘썼다. 이듬해에 대사간을 거쳐 형조참판이 되었고, 그 뒤 接伴使가 되어 椵島에 갔다가 돌아오던 중 죽었다. 저서로는 『장곡집』이 있다.(『한국민족문화대백과』, 한국학중앙연구원)

85) 金圻: 1547(명종 2)~1603(선조 36). 조선 중기의 학자. 본관은 光山. 자는 止叔, 호는 北厓. 禮安의 烏川村에서 태어났다. 아버지는 병사 金富仁이며, 어머니는 영천이씨로 李賢輔의 딸이다. 이황의 문인이다. 1602년 遺逸로 천거되어 順陵參奉이 되었다. 천성이 지극히 효성스러워 부모의 상에 모두 3년간씩 廬墓를 살았다. 임진왜란 때에는 그의 從弟 金垓와 함께 고을 사람들을 모아 의병을 일으키고, 整齊將兼召募事가 되어 많은 군량을 모았다. 또, 경주의 集慶殿에 있던 태조의 御眞이 예안의 柏洞書堂에 移安되었을 때, 임시로 수호하는 임무를 맡았다. 1597년 정유재란 때에는 안동의 27의사와 함께 火旺山城에 들어가 목숨을 다하여 싸워 공을 세웠다. 1598년 도산서원의 山長이 되어 『退溪全書』의 간행에 힘을 쏟아 그 일을 끝냈다. 1602년 순릉참봉에 제수되었으나 곧 사임하고, 고향에 돌아와 이황이 남긴 학문을 강론하면서 후진양성에 전념하였다. 또한, 고을의 풍속교화에도 힘써 『여씨향약』을 본떠 향규를 만들어 향인들을 교도하였다. 『중용』을 깊이 연구하였으며, 理氣에 대해서도 깊은 식견이 있었다. 사후에 임진왜란 때의 宣武原從功으로 사헌부감찰에 추증되었다. 저서에 『北厓文集』 4권이 있다.(『한국민족문화대백과』, 한국학중앙연구원)

였다. 또 부사 초간 권공 문해에게 서신을 보내 퇴도선생이 백운동白雲洞을 위해 방백에게 글을 올린 옛일처럼 하려고 하였다. 국학國學이 되기 위해 올린 글은 수천여 글자에 이르는데 선생이 손수 쓴 글씨이다. 선생은 문을 닫아걸고 조용히 공부하였는데, 벼슬을 얻으려는 뜻은 갖고 있지 않았다. 일찍이 한번 영해부의 학교에 있었던 적이 있었는데 관비를 시키지 않고 강당과 누대를 닦고 쓸었으며, 학규를 밝게 펼쳐 냈고, 부지런하고 지극하게 공부를 장려하였다. 지금까지 영해 고을 노인들 중에는 칭송하는 사람이 많이 있다. 선생은 만년에 큰일을 당하였는데 불훼不毀의 나이[86]를 훌쩍 넘겼는데도 상을 치르는 법식이 아주 엄격하였고, 상례와 장례, 제례를 가례와 같게 하였다. 비록 성품까지 해치는 것은 오랑캐 같은 일이라고 억지로 소채와 밥을 올리게도 하였지만 결국 애상이 지나쳐 건강을 잃고 병을 얻게 되었다. 향년 69세였다. 그 해 어느 날 와룡산臥龍山 남쪽 기슭, 축좌丑坐[87])의 땅에 장례하였다. 선생의 가문은 왕자의 시대로부터 미리 시대의 기미를 읽어 세상으로부터 피해 살곤 하였으니 고아한 풍모의 연원이 아주 오래이다. 나라가 흥성할 때는 세상에 나아가 이름 높은 공경이 되었다. 우리 조선에 들어와 이름 높은 사대부 가문이 되었다. 퇴촌退村의 문장, 담암潭庵의 학술은 족히 광휘를 훗날까지 비추어 줄 만한 것이다. 담암의 밝음은 명철함의 으뜸이다. 자손은 번창하고 가정의 가르침에 깊게 물들어서 대부분 문장과 행의로 세상에 이름을 떨쳤다. 선생의 자질은 초절한 경지에 이르렀고,

---

86) 60세를 말함.
87) 축방을 등지고 未方을 향한 좌향. 丑方은 24方位의 하나. 正北으로부터 동으로 30도째의 方位를 中心으로 한 左右 15도의 方位.

받은 훈계는 아름다운 결과를 드러냈으니, 본디 다른 사람들보다 뛰어났다. 커다란 현인과 스승 문하의 여러 현자들과 친하게 교유하여 왕래하면서 공부를 닦았다. 그 학문의 순후하고 심원함, 덕업의 성숙됨은 본말을 갖추고 있었으나 기록이 불타 없어지는 불운을 맞았다. 남긴 글과 남긴 흔적은 모두 다 흩어져 버려 하나도 남아 있지 않으므로 그 남은 실마리를 찾아 살펴볼 수가 없다. 지금 남아있는 것으로는 「정사운精舍韻」 한 수, 「상초간서上草澗書」 한 통이 전부이다. 그 「상초간서」에는 다음과 같이 쓰여 있다.

"퇴도선생께서는 천품이 도에 가깝고 갖추어 낸 결실이 사람들 사이에 출중하십니다. 어려서 학문에 뜻을 두고 성현의 사업에 감동하고 경모하여 혼자서 초연하게 나아갔으니, 특별한 사승師承이 없이 학문을 이루셨습니다. 리를 궁구하여 지식으로 갖추고 몸으로 돌이켜서 실제적으로 실천하며, 가까운 일로부터 먼 데에까지 미치고, 아래로부터 위로까지 이르렀습니다. 덕으로 나아가는 뜻은 금석같이 굳고, 비키고 살피는 공은 일상생활 속에서 밝게 드러납니다. 널리 살피는 것과 간략하게 묶어 내는 것 두 가지에 다 빼어나시고, 경건함과 의로움을 둘 다 갖추고 계시며, 정미하고 순일하고 온후하고 순수하여 모난 모습을 드러내지 않으십니다. 사심을 이겨 내고 품성을 배양해 온 날이 이미 오래되어 그 열매가 날로 분명하게 드러납니다. 그 사람들을 가르치심에 있어서는 격물치지格物致知로부터 성의정심誠意正心에 이르고, 수신修身으로부터 제가치국평천하에 이릅니다. 청소하고 사람을 대면하는 일(灑掃應對)로부터 리를 찾고 성품을 다하는 것까지, 순리에 좇아 차례를 갖추니 그 품수한 자질로 말미암아 성취하지 않은 것이 없습니다. 행위함에 있어서는 움직이고 고요히 있는 것에 법도가 있고 안과 밖이 일치하며 항상 상제上帝가 자기에게 임하여 있고 부모와 스승이 앞에 있는 것과 같으십니다. 몸가짐에 위의를 갖추는 것에 있어서는 어린아이에서부터 노인에 이르기까지, 추위를 기원할 때나 무더운 한여름에나, 순서를 따라 채우고 걸러 조금치의 차이도 없으십니다. 봄의 따스한 기운이 미치는 것처럼 만물을 대하고, 때 맞춰 내리는 비가 세상을 다 적셔 주듯 사람들을 감화시키며, 비록 만 가지 변화가 눈앞에서 교차한다 하여도 일을 함에 있어 터럭 끝만큼도 어그러짐이 없이 밝혀 주시며, 무겁고 가벼운 것을 저울질함에 있어 실수하는 법이 없으십니다. 군왕을 사랑하고 나라를 걱정하는 마음은 비록 조용히 물러나 있을 때에도 하루도 마음속에서 움직이지 않는 날이 없으십니다. 찬찬히 성학聖學을 이끌고 군덕君德을 보양하시어 다스림의 큰 근본에 이르시도록 하십니다. 십도十圖[88]를 올려 다스림이 나아가는 근원을 바르게 하고, 육조六條[89]의 상소를 통해 절박하게 행하여야 하는 시대의 임무

---

88) 「聖學十圖」: 조선 중기의 학자 李滉이 1568년(선조 1) 12월 왕에게 올린 상소문. 1책. 목판본. 선조가 성군이 되기를 바라는 뜻에서 군왕의 道에 관한 학문의 요체를 도식으로 설명하였다. 『퇴계문집』 중 內集 제7권 箚에 수록되어 있다. '성학십도'라는 명칭은 본래 「進聖學十圖箚幷圖」로 『퇴계문집』 내집과 『퇴계전서』에 수록되어 있으나 일반적으로 進·차·병도의 글자를 생략해 「성학십도」로 명명되고 있다. 진은 「성학십도」의 글을 王에게 올린다는 의미이고, 차는 내용이 비교적 짧은 글을 왕에게 올린다는 뜻으로 일명 奏箚·箚文·箚子·牓子·錄子라고도 한다. 병도는 圖表를 글과 함께 그려 넣는다는 뜻이다. 성학이라는 말은 곧 유학을 지칭하는 것으로 모든 사람으로 하여금 성인이 되도록 하기 위한 학문이 내재되어 있다는 의미로 성학을 풀이하고 있다. 이는 곧 넓은 의미의 성학으로 해석된다. 이황의 『성학십도』는 17세의 어린 나이로 왕위에 오른 선조에게 68세의 老大家가 바로 즉위 원년에 올렸던 소였음을 감안할 때, 선조로 하여금 聖王이 되게 하여 온 백성들에게 선정을 베풀도록 간절히 바라는 우국충정에서 저술된 것임을 알 수 있다.(『한국민족문화대백과사전』)

89) 「戊辰六條疏」: 조선 선조 때 李滉이 왕에게 상소한 6가지 조목. 1568년 무진년에 올림. 戊辰封事라고도 함. 그 내용은 모두 6조로 다음과 같다. 첫째, '重繼統以全仁孝'라 하여 왕통과 가통이 일통해 위계질서를 중대시하고, 예법으로 全仁全孝之道를 기본으로 하여 다스려야 한다고 하였다. 둘째, '杜讒間以親兩宮'이라 하여 가법과 『소학』의 윤리를 밝게 하는 교훈을 독실하게 하여 孝와 慈를 실천함으로써 가정을 다스리는 근본으로 삼고 소인배들의 참소를 끊어야 한다고 하였다. 셋째, '敦聖學以主治本'으로 帝王의 학은 心法의 요인으로 순임금의 命이 그 연원이 되며, 유학의 이상향을

를 개진하십니다. 말씀하는 것이 모두 지성으로 근심하는 것으로부터
나오며, 즐겁게 행하고 어그러지는 것을 걱정하니, 옛사람들의 출처진
퇴出處進退하는 의리에 부합되십니다. 비록 오래 조정을 떠나 있었으나
사람들은 항상 그 출처를 가지고 우리 도의 성쇠와 나라의 안위를 알
아보았습니다. 만년에 이르러서는 도가 이루어지고 덕이 확립되시니
의리가 무궁한 것만 같았습니다. 세월은 한정이 있으니, 항상 양에 차
지 않아 부족하다는 생각을 가지시고, 도를 향상시키려는 노력을 멈추
는 법이 없어 돌아가시는 날까지 똑같이 하셨습니다. 선생은 도를 닦
음에 있어서 진실로 자강불식自强不息하는 사람이었습니다. 그 「천명도
설天命圖說」90)을 짓는 것으로는 성리性理의 근원을 밝히셨고, 『리학통록

추구하는 데 힘써 경전을 돈독히 하여야 한다. 특히 『대학』과 『중용』을 더욱 익혀,
이를 실천함으로써 誠을 체득해 인·의·예·지의 도를 이루고, 덕을 세워 치국의
근본으로 삼아야 한다고 하였다. 넷째, '明道術正人心'에서는 고대 唐虞三代에는 도술
이 밝아 인심이 바르므로 치화가 쉽게 되었으나, 주가 망한 뒤 도술이 밝지 못하고
邪惑이 많았으므로 인심이 바르지 못하고 치화가 어렵게 되었다. 따라서 고려 말
程朱學이 전래된 뒤, 조선 건국이 유교에 기초를 두어 列聖들이 이에 바탕을 두어
치국에 힘썼다. 그러나 유도가 밝지 못해 불교·도교 등이 인심을 해치므로 임금도
더욱 유도를 밝히는 데 힘써 인심을 바로잡기를 바라는 내용이 그것이다. 다섯째,
'推腹心以通耳目'으로 한 나라의 국체는 한 사람의 신체와 같아 왕은 머리, 대신은
복심, 대간은 이목으로 삼아서 서로를 존중함으로써 實을 기할 수 있다는 것이다.
여섯째, '誠修省以承天愛'라 하여 먼저 재해를 통하여 잘못을 경고, 그래도 스스로 반
성을 하지 않을 경우 괴이한 일로 두렵게 한다. 이렇게 해도 깨닫지 못할 경우 變으
로써 패하게 한다는 것이다. 이에 인군은 성실하게 자기를 닦고 천심을 본받아 仁愛
로써 司牧해야 할 것을 강조하고 있다.(『한국민족문화대백과사전』)
90) 「天命圖說」: 조선 중기의 학자 鄭之雲이 天命과 人性의 관계를 도식화하고 해설을 붙
인 성리학서. 1537년(중종 32) 정지운이 『性理大全』에 있는 朱熹의 人物之性에 대한
說을 취하고, 그 밖의 여러 설을 참고해 그림(圖)을 그리고 거기에 문답을 더해 '天命
圖說'이라 하였다. 그 뒤 1553년(명종 8) 李滉에게 이 도설의 證正을 청해 周敦頤의
「太極圖說」과 邵雍의 「先天圖」 등의 도설들을 절충한 고증을 받아 이듬해에 新圖를
완성하였다. 초간본은 판본으로 전해지다가 임진왜란으로 없어졌고, 그 뒤 1640년
(인조 18)에 李植이 민가에서 한 책을 얻어 韓振甫가 『久菴文稿』를 간행할 때 함께
펴냈다. 권두에 自序인 天命圖說序, 이황이 手訂하기 이전의 天命舊圖와 이황이 수정
한 天命新圖가 실려 있고, 권말에는 이황의 天命圖說後敍와 이식의 발문이 실려 있
다.(『한국민족문화대백과사전』)

理學通錄』91)을 찬술한 것으로는 우리 도의 전승을 밝히셨고, 『계몽전의
啓蒙傳疑』로는 역학易學의 정밀하고 은미한 내용을 드러내셨습니다. 『계
몽전의』, 『주서절요朱書節要』는 선유께서 힘쓰신 뜻을 밝힌 것입니다.
경전에 훈을 달고 해석을 한 것들에 이르면 모두 고증된 것들을 참고
하여 속유俗儒의 잘못된 견해의 오류를 바로잡은 것입니다. 강론하고
설명할 때에도 역시 반드시 부분마다 나누고 이어 분석하고 후학들이
도를 향해 나아가는 방향을 통일하여 주셨습니다. 리와 기의 선후를
논하거나 주희와 육구연92)의 동이 문제를 분변함에 있어서도 큰 돌이
우뚝하게 물길 한가운데 서 있는 것과도 같고, 해와 별이 하늘을 곱게
꾸미면서 밝게 빛나는 것과도 같으시니, 우리나라 사람들이 다 앙모하
여 태산이나 오악이 숲으로 무성한 것과 같았습니다. 모두 이 공부의
요체와 이 도의 바름을 들었으니, 선생이 도의 영역에 있어서 밝게 강
설하여 날개를 달아 준 공은 크기만 합니다. 우리나라가 있어 온 이래

---

91) 조선 중기의 학자 李滉이 朱熹를 비롯한 송·원·명나라 주자학자들의 행장·傳記·
어록 등을 명료하게 서술한 책. 이황은 주희와 그 문인 및 私淑諸子 등 송·명나라
때의 주자학파를 본집에, 그리고 비정통 주자학파를 외집에 수록하기로 하고, 『朱子
實記』·『朱子語類』·『宋史』·『元史』·『事文類聚』 등을 참고하여 본집을 완성하였다.
그러나 외집을 준비하다가 완성하지 못한 채 죽자, 1576년(선조 9) 趙穆 등 문인들이
안동에서 초간본을 간행하였다. 그 뒤 1743년(영조 19)에 도산서원에서 12권 6책의
목판본으로 重刊되었고, 그 뒤에도 여러 차례에 걸쳐 중간되어 12권 8책본, 10권 5책
본 등 여러 판본이 전해지고 있다. 12권 11책. 목판본. 권두에 목록·小序와 끝에
조목의 발문이 있다. 권1~7에는 주희와 그 문인들의 언행, 권8은 주희의 문인과
張栻 및 그 제자들의 언행, 권9는 사숙제자들의 언행, 권10·11은 원·명나라의 사숙
제자들의 언행, 마지막 권은 外集으로 宋季의 제자들의 언행으로 구성되어 있다. 책
이름을 『송계원명리학통록』이라 하였으나, 명나라의 학자로는 賀醫閭 한 사람만이
본집에 수록되어 있고, 羅欽順·曹端은 부록에 수록되어 있다. 이 책의 본래 이름은
'宋元錄'이었는데 후에 제자들이 현재와 같이 고쳤다. 명나라의 정통 주자학자를 수
록하지 않은 이유는 『皇明理學名臣言行錄』과 중복되는 것을 피하기 위한 것으로 보인
다. 주희와 함께 『근사록』을 편찬하였던 呂祖謙이나 같은 시기의 陳傅良을 수록하지
않고 장식과 그의 문인들까지 본집에 수록한 것으로 보아, 이 책은 정통 주자학파만
을 가려 뽑았고 다른 학파에 대해서는 외집에 싣든가 아예 수록하지 않는 입장을
취하였다.(『한국민족문화대백과사전』)
92) 陸九淵(陸象山) 주22) 참조

문장이 높고 절의에 뛰어난 선비는 대대로 부족하지 않았습니다. 그 사이에는 혹 도학으로 세상에 이름을 얻은 이 역시 한둘이 아니었습니다. 그러나 안과 밖, 정미한 것과 큰 줄거리를 아름답게 통일시키고, 바른 데에서 나와 수사洙泗의 적통을 밝혔으며, 정주程朱의 종통 흐름을 이은 것은 오직 선생 한 사람이 있을 따름입니다." 또 "요행히 같은 시기를 살아 이웃 마을에 모시며 스승으로 괴롭히고, 오래 봄바람으로 쐬고 향풀로 목욕하듯 하며 가까이할 수 있었으니, 눈으로 보며 생각하고 마음으로 느끼며 생각하여, 그 가슴속에 이는 감흥은 더욱 심하고 절실하였다"고 말합니다.

이 글을 자세히 음미하여 보면 그 서술 차례에 조리가 있으니, 수백 글자의 말 중에 선사先師의 모든 것을 포괄하여 거의 빠트린 것이 없고, 성인을 알아 따라 노닐면서 오래 마음으로 즐거워하고 진심으로 복종하며 깊이 들여다보고 묵묵히 알아 나갈 줄을 알지 못하였다면 이와 같이 그려 낼 수 없었을 것이다. 그러므로 선생의 학문이 이루어 낸 정도를 알 수 있는 일이다. 선생의 용모는 크고 훌륭하였다. 바르고 엄격하며 명확하고 충실하여서 즐거워하고 분노하는 것을 얼굴에 드러내지 않았다. 촌로들 사이에 서로 전하여 오는 이야기이다. 우리들은 이 어른이 나이에 맞추어 이끌어 가 주는 기회를 가질 수 없었다. 평소에 너무 조용히 머물러 있으셔서 여자와 아이들이 감히 가까이 가지를 못하였다. 사람을 대면하고 사물을 접함에 있어서는 관후하게 널리 포용하였다. 조화로운 기운이 향냄새같이 풍겼고, 현명한 사람들이 사랑하고 존경하였으며, 모자라는 사람은 보고 감동하는 것이 있었다. 일을 처리할 때엔 모두를 포용하여 다그치는 법이 없었고 의리를 같이하여 움직이게 하였다. 마을에 큰일이 있을 때엔 늘 선생을 모셔서 처리할 방도를 여쭈어 보았다. 배우는 학생들은 깨우쳐 인도하고, 공부하는 과정을 엄격하게 정립하였다. 오직 구독하는 것만을 옳다 여기지 않고 정미한 뜻을 깨달을 때까지 반복하게 하였고, 문장의 아름다움만을 옳다 생각하지 않고 의리의 근본을 알 때까지 분석하게 하였다. 효제충신孝悌忠信에 근본을 두고 어버이를 모시고 군왕을 모시는 도리를 알게 만들었다. 그 취향을 바르게 하여 자신을 이루고 만물을 완성시키는 공을 다할 수 있게 하였다. 그것으로 이끌어서 회초리로 때리는 것을 대신하였으며, 조용한 말로 타일러서 열어 나가게 하였고, 먼저 강으로 나아가고 나중에 바다에 이르게 하는 식으로 질서 있게 계획을 짜서 걸어가게 하였다. 과제를 주어 암송하게 하는 여가에 여러 학도를 이끌고 마루에 올라서는 성현이 쌓아 놓은 것을 강구하고 옛날과 지금의 득실을 토론하며 그 배워 나가야 할 길을 개척하였다. 강설하는 것을 그칠 때면 공손하고 단정하게 앉아 즐겁게 탐색하여 나가는 것에 침잠하였다. 홍취가 일면 지팡이를 끌고 소요하였고, 노래를 읊조리며 유유자적하였으니, 단숨에 티끌세상을 벗어날 것만 같은 모양을 갖추고 있었다. 학자의 성취라는 것은 비단 그 옳은 데로 잘 인도하여 가는 것에만 맡겨 둘 수 있는 것이 아니니, 보고 느끼는 사이에 얻는 것이 많은 법이라 하였다. 선생은 전후로 두 부인을 맞았다. 전 부인은 영양남씨英陽南氏인데, 주부主簿 남세용南世容의 여식이다. 1남 2녀를 낳았다. 아들은 김득연金得研[93]이고, 두 딸은 사인士人 권산두權山斗, 이경리李景鯉에게 출가하였다.

---

93) 金得硏: 1555(명종 10)~1637(인조 15). 조선 중기의 학자. 본관은 光山. 자는 汝精, 호는 葛峯. 세거지는 安東이다. 성균관 생원 金彦璣의 맏아들로서 어머니는 英陽南氏

후 부인은 영천이씨永川李氏인데, 참봉參奉 이인필李仁弼의 여식이다. 2남
3녀를 낳았다. 아들은 김득숙金得磥, 김득의金得礒이다. 딸은 사인士人 남
태화南太華, 권혼權混, 김영金泳에게 출가하였다. 큰 아들의 호는 갈봉葛峯
인데, 생원 진사 양시에 합격하였다. 문학으로 한 시대의 중망을 받았
다. 2남4녀를 두었다. 아들은 생원 김광주金光澍, 김광부金光溥이다. 딸은
사인 이예준李禮遵, 박대유朴大有, 이진남李振男, 권집權楫에게 시집갔다. 가
운데 아들(仲公)은 재주와 행위가 아주 뛰어났으나 일찍 타계하여 자식
이 없었으므로 김광부金光溥로 후사를 이었다. 막내아들(季公)은 양자로
나아가 숙부의 뒤를 이었으며, 1남 4녀를 두었다. 아들은 김광원金光源[94]
인데 진사이고, 문장과 행의로 이름을 얻었다. 딸은 사인 권중정權中正,
박승엽朴承燁, 유극柳极, 유운柳橒에게 출가하였다. 권산두는 두 아들을 두
었는데 권주權柱와 권평權枰이다. 남태화는 두 아들을 두었는데, 남원南愿

南世容의 딸이다. 첫 돌 전에 어머니를 여의고 조모 安氏에게서 자랐으며, 아버지에
게서 글을 배웠다. 1602년(선조 35) 生進兩試에 급제하였으나 일생 동안 벼슬하지
않고 禮安에 살면서 학문과 詩作에 전념하였다. 임진왜란 때는 안동에 주둔한 明軍의
군량미 보급에 힘썼고, 經理 楊鎬의 부하 장수들과 교유하여 문장과 덕행으로 그들로
부터 추앙받았다. 병자호란 때 三田渡의 치욕을 듣고 비분강개, 병을 얻어 죽었다.
그의 「淸凉山遊錄」은 임진왜란 이전 지방 士林의 생활 모습을 그린 작품이고, 한글로
쓴 歌辭 「止水亭歌」와 64수의 한글 시조는 한국 詩歌史에서 주목할 만한 작품으로
꼽힌다. 저서로는 『葛峯遺稿』가 있다.(『한국민족문화대백과』, 한국학중앙연구원)
94) 金光源: 鳴玉臺의 상량문을 지었다고 한다. 1635년 金時枕(1600~1670, 호는 一慵齋)은
西氷庫 別檢으로 재직하고 있었는데, 이듬해 병자호란 때 임금이 항복했다는 소식을
전해 듣자 벼슬을 버리고 고향으로 돌아왔다. 그리고는 마음을 달래기 위해 천등산
봉정사 입구에 자리한 鳴玉臺를 즐겨 찾았다. 명옥대는 퇴계 이황의 자취가 서려
있는 곳인데, 나날이 퇴락해 가는 모습을 안타깝게 여긴 김시침은 1664년 6월 柳元之
(서애 류성룡의 손자), 김규(학봉 김성일의 손자) 등과 함께 누각을 건립하기 위해
인근 지역으로 通文을 돌렸다. 이듬해 1665년 마침내 건물이 완성되었는데, 蒼巖精舍
라고 이름 지었다. 상량문은 진사 金光源(1607~1677, 호는 石塘)이 지었고, 誌記文은
柳元之가 짓고 許穆(1595~1682, 호는 眉叟)에게서 받았다. 이후 1744년과 1847년에
각각 중건되었다.(「鳴玉臺圖」 설명 부분 참조.)(세전서화첩, 2012.5.24., 민속원)

과 현감 남서南恕이다. 딸은 하나인데 조수趙緩에게 출가하였다. 권혼은
아들이 하나인데 권수일權守一이다. 김영은 아들이 둘인데 김계도金繼
道95)와 김계지金繼志이고, 딸이 둘인데 사인 박섭朴燮, 권민행權敏行에게 출
가하였다. 내외 증현손이 백여 사람이다. 선생은 돈독하고 신실하여 사
치스러움을 멀리하였으므로, 그 형적이 명성에 부합되지 않고, 몸가짐
을 바로 하고 행동이 깨끗하였으므로 남들이 알아보는 것을 바라지 않
았다. 일상 속에서 언제나 늘 하는 일을 수행하였지 세상을 놀라게 하
고 사람들을 진동시키는 행위를 하는 것을 피하였다. 숨어서 조용히 뜻
을 구하여 나가서 행의는 존경을 받을 만하고 덕은 드높았으나 세상에
서는 선생이 이룬 경지를 알기 어려웠다. 송암松巖은 선생과 도가 같고
뜻이 합일하여 같이 세상으로부터 숨어 살았다. 송암은 만년에 재랑齋
郞96)으로 제수되었는데, 선생은 그 소식을 듣고 "장중章仲을 알아보는
사람이 있었단 말인가?"라 말하였다. 송암 또한 세상에 나아가지는 않
았다. 아아! 선생은 진실로 숨어 산 사람이었다. 선생이 타계하신 후 문
인들은 서로 모여 해마다 선생의 묘에 제사하였다. 지손들이 해마다 모
여 기려 내려온 지도 백여 년이 되었다. 그 덕을 숭모하는 사람이 많음

---

95) 金繼道; 1602년(선조 35)~1685년(숙종 11). 조선 중기 유생. 자는 而敬이다. 본관은
昇平이다. 증조부는 金自洲이고, 조부는 金忠國이며, 부친은 金泳이다. 외조부는 金彦
璣이다. 부인은 南廷幹의 딸 英陽南氏이다. 타고난 성품이 순수하고 아름다워 어려서
부터 학업에 종사하여 외삼촌 葛峰 金得硏의 문하에서 배웠다. 외삼촌의 뜻에 따라
공부가 일취월장하여 향시에는 여러 번 합격하였으나 京試에는 불리하여도 별로 개
의하지 않았다. 시골에 칩거하며 자신이 가진 것을 미루어 후진을 가르치자 배우고
자 하는 사람들이 몰려들었다. 재주에 따라 이끄니 많은 제자들이 이름을 얻었다.
나이가 많음에도 부모가 모두 살아 계셨으나 부모를 모심에 한 치도 어긋남이 없었
다.(한국역대인물종합정보시스템 참조)
96) 齋郞 ① 廟・社・殿・宮・陵의 참봉을 두루 이르는 말 齋官. ② 祭享 때에 香爐를 받들
어 가지는 祭官.(한자사전)

을 알 수 있을 것이다. 금상今上이 즉위한 후 신해년辛亥年97)에 사림이 선생을 고려시대의 상촌桑村 김자수金自粹98)나 김지산金芝山99), 정지헌鄭芝軒100)과 함께 옥계서원玉溪書院101)에 배향하였으나, 11년 후 신설新設을 금지하여서 위판을 없애고 제사 드리지 않게 되었다. 그러나 그것에 의해

---

97) 이 글을 지은 李光庭의 생존연대는 1674∼1756이다. 이 점을 감안하여 볼 때 여기 보이는 辛亥年은 英祖 7년 1731년이라 여겨진다.

98) 金自粹: 생몰년 미상. 고려 말 조선 초의 문신. 초명은 金子粹. 본관은 慶州. 자는 純仲, 호는 桑村. 아버지는 通禮門副使 知制誥를 지낸 金珸이다. 1374년(공민왕 23) 문과에 급제하여 德寧府注簿에 제수되었다. 우왕 초에 정언이 되었는데, 왜구 토벌의 공으로 포상받은 경상도도순문사 曺敏修의 사은편지에 대하여 회답하는 교서를 지으라는 왕명을 받았으나, 김자수가 전날 김해·대구에서 있었던 왜구와의 전투에서 비겁하게 도망하여 많은 사졸을 죽게 한 사실을 들어 거절한 죄로 전라도 突山에 유배되었다. 뒤에 典校部令을 거쳐 判司宰寺事가 되고, 공양왕 때에 이르러 대사성·世子左輔德이 되었다. 이때에 왕대비에 대하여 효성을 다할 것, 왕세자의 封崇禮를 서두르지 말 것, 祀典에 기재된 바를 제외하고는 일체의 淫祀는 금지하고 모든 무당의 궁중 출입을 엄단할 것, 천변이 자주 일어나는 것은 숭불로 인한 것이니 演福寺塔의 중수공사를 중지할 것, 언관의 신분을 보장할 것 등의 상소를 올렸다. 1392년에 判典校寺事가 되어 좌상시에 전보되고 충청도관찰사·형조판서에 이르렀다. 고려 말 정세가 어지러워지자 일체의 관직을 버리고 고향인 안동에 은거하였다. 조선이 개국된 뒤 태종이 형조판서로 불렀으나 나가지 않고, 자손에게 결코 墓碣을 만들지 말라는 유언을 남기고 자결하였다. 李崇仁·鄭夢周 등과 친분이 두터웠으며, 문장이 뛰어나 김자수의 시문이 『東文選』에 실려 있다.(『한국민족문화대백과사전』)

99) 金芝山: 渡部學(武藏大 교수)의 「赤樂書齋再再論」(퇴계학연구원, 『퇴계학보』 4호, 1974)에는 "芝軒 鄭士誠은 7세에 퇴계선생의 문인 金惟一齋에게 배우고 그 후 한가지로 퇴계선생의 문인 具柏潭 金芝山에게 배운 다음…… "이라는 기술이 보인다.

100) 鄭士誠: 1545(인종 1)∼1607(선조 40). 조선 중기의 문신·학자. 본관은 淸州. 자는 子明, 호는 芝軒. 안동 출신. 아버지는 사섬시첨정 鄭枓이며, 어머니는 安東權氏로 權軾의 딸이다. 7세 때 金彦璣에게 수학하였으며, 10세 때는 具鳳齡에게 옮겨서 배우다가 1561년(명종 16) 李滉의 문하에 들어갔다. 1568년(선조 1) 진사시에 합격하였다. 1587년 泰陵參奉에 제수되었다. 1589년 관직을 사퇴하고 낙향하였다가 1591년 다시 集慶殿參奉, 內資寺의 봉사·주부를 거쳐 양구현감으로 나갔다가 낙향, 학문 연구에 힘썼다. 1596년 『易學啓蒙質疑』를 썼고, 이듬해 창녕의 火旺山城에 가서 郭再祐와 같이 의병활동에 가담하였다. 1731년(영조 7) 玉溪書院에 제향, 그 뒤 撤毀되었다가 1779년(정조 3) 鶴巖里祠에 제향되었다. 저서로는 『지헌문집』·『역학계몽질의』 등이 있다.(『한국민족문화대백과사전』)

101) 玉溪書院: 같은 이름의 서원이 몇 개 보이나, 여기의 논의 속에 나오는 것과는 상관이 없다. 아마도 일찍 사라져서 자료가 남지 않은 듯하다.

선생이 어찌 손상을 입을 수 있는 일이겠는가? 선생의 유적이나 남긴 행의, 아름다운 말씀, 지극한 논의는 본디 현제賢弟나 현자賢子의 기록으로 남겨져 있었으나, 다 사라져 가서 하나도 남아 있는 것이 없게 되었다. 그러나 뜻은 언제나 선생 평일의 지향을 통해 알 수 있을 것이니, 어찌 감히 여러 문자를 써서 그려 내다가 선생이 남긴 훈계를 욕보일 수 있는 일이겠는가? 또한 혹시라도 병화를 견디고 남은 것들이 있다면 어딘가에서 나오지 않을 수 없는 일이리라. 광정光庭은 늙고 아는 것이 없으며, 고기 잡는 사람들의 강가 마을에서 병들어 쉬고 있는데 선생의 7세손 김홍구金鴻九라는 사람이 선생의 유고를 들고 찾아와 그 집안 어른의 서신과 여러 존장들의 뜻을 들어 차례를 지어 모양을 갖추라는 책임을 떠맡겼다. 광정은 어려서부터 다른 사람들과 같지 않았고, 해가 갈수록 힘이 떨어져 가는데 어찌 선생이 살아가던 시대로부터 1백 년 뒤에 남긴 행의를 가지고 편차를 메길 수 있는 일이겠는가? 그 묶어 놓은 글들도 후인들이 전하여 들은 것으로부터 나온 것이고 당시에 옆에서 자세히 살펴보고 정확하게 기록한 것이 아니니, 또 어찌 덧붙이고 억지로 뒤져내 오류가 많은 글이라는 비난을 듣지 않을 수 있겠는가? 선생의 이름을 내걸고 오래 두고 글을 더하여 온 것이나 그 문하 제자들의 만사나 제문을 가지고서는 감히 도를 갖추었다고 칭송할 수 있을 만한 것이 충분하게 갖추어지기 어려운 일이다. 누가 선생이 평소에 겸양하고 문자로 드러내는 것을 싫어하였던 탓이라는 것을 알 수 있겠는가? 서애西厓102)와 학봉鶴峯103) 두 선생은 한때의 운명을 좌우하는 관리

---

102) 西厓 柳成龍(1542~1607)은 1542년(중종 37) 10월에 의성현 사촌 마을의 외가에서 아버지 柳仲郢(1515~1573))과 어머니 안동김씨 사이에서 둘째 아들로 태어났다.

1558년 17세 때 세종대왕의 아들 광평대군의 5세손 이경의 딸과 혼인했다. 형은 유운룡(1539~1601)이다. 부친인 유중영은 1540년에 문과에 급제한 후 의주목사·황해도관찰사·예조참의를 두루 거친 강직한 관료였다. 유성룡은 어린 시절 조부와 부친으로부터 家學을 전수받았는데 4세 때 이미 글을 깨우친 천재였다. 어린 시절부터 학자가 될 꿈을 갖고 성장하던 중 20세에 관악산 암자에서 홀로 『맹자』를 읽고 있었는데 그 소문을 들은 승려가 도둑으로 변장하여 유성룡의 담력을 시험하였다고 한다. 이때 그는 굳은 의지로 조금도 동요하지 않고 글을 읽었고, 승려는 그가 반드시 큰 인물이 될 것이라 예언했다 전한다. 1562년 가을, 21세의 유성룡은 형 운룡과 함께 퇴계 이황의 문하로 들어가 학업에 매진했다. 퇴계는 이들 형제의 학문적 자질을 높이 사 칭찬과 격려를 아끼지 않았다. 형 운룡은 당시의 선비들이 학문이 채 영글기도 전에 과거시험을 보고 벼슬길에 나가는 세태를 한탄하고, 과거시험보다는 학문에만 전념하였다. 형 운룡에 이어 유성룡을 본 스승 퇴계는 그가 하늘이 내린 인재이며 장차 큰 학자가 될 것임을 직감하였다고 한다. 또한 스펀지처럼 학문을 빨아들이는 그를 보고 "마치 빠른 수레가 길에 나선 듯하니 매우 가상하다"라고 찬탄하였다. 퇴계 이황의 또 다른 제자로 유성룡과 동문수학한 鶴峰 金誠一(1538~1593)은 "내가 퇴계선생 밑에 오래 있었으나 한 번도 제자들을 칭찬하시는 것을 본 적이 없는데, 그대만이 이런 칭송을 받았다"고 놀라워했다. 20대 시절 유성룡은 스승인 퇴계의 학문과 인격을 흠모하여 배우기를 힘쓰고 이를 실천에 옮기는 것을 인생 최고의 목표로 삼았다. 스승인 이황 선생을 통해 유성룡이 가장 관심을 갖고 배운 책은 『近思錄』이었다. 『근사록』은 성리학자들의 사상과 학문을 간추린 것으로, 송나라 때에 朱子와 呂祖謙이 편집한 것이다. 스승으로부터 전수받은 『근사록』은 향후 그의 학문적 방향을 결정짓는 주요한 계기가 되었다.(임진왜란의 국난을 극복한 명재상 (인물한국사))

103) 金誠一: 1538(중종 33)~1593(선조 26). 경상북도 안동 출신. 본관은 義城. 자는 士純, 호는 鶴峰. 아버지는 金璡이며, 어머니는 驪興閔氏이다. 李滉의 문인이다. 1556년(명종 11) 동생 金復一과 함께 陶山으로 이황을 찾아가 『서경』·『易學啓蒙』·『심경』·『大學疑義』 등을 익혔으며, 1564년 진사가 되어 성균관에서 수학하였다. 그 후 다시 도산에 돌아와 이황에게서 수학하고, 그로부터 堯舜 이래 성현이 전한 심법을 적은 屛銘을 받았다. 1590년 通信副使로 일본에 파견되었는데, 이듬해 돌아와 일본의 국정을 보고할 때 "왜가 반드시 침입할 것"이라는 正使 黃允吉과는 달리 민심이 흉흉할 것을 우려해 왜가 군사를 일으킬 기색은 보이지 않는다고 상반된 견해를 밝혔다. 그해 부호군에 이어 대사성이 되어 승문원부제조를 겸했고, 홍문관부제학을 역임하였다. 1592년 형조참의를 거쳐 경상우도병마절도사로 재직하던 중 임진왜란이 일어나자, 이전의 보고에 대한 책임으로 파직되었다. 서울로 소환되던 중, 허물을 씻고 공을 세울 수 있는 기회를 줄 것을 간청하는 柳成龍 등의 변호로 稷山에서 경상우도 초유사로 임명되어 다시 경상도로 향하였다. 의병장 郭再祐를 도와 의병활동을 고무하였고, 함양·山陰·단성·三嘉·거창·합천 등지를 돌며 의병을 규합하였으며, 각 고을에 召募官(조선시대에 의병을 모집하기 위하여 임시로 파견하던 벼슬)을 보내 의병을 모았다. 또한 관군과 의병 사이를 조화시켜 전투력을 강화하는 데 노력하였

가 되어 권력의 저울대를 움직였는데, 서애는 선생의 만사에서 "웃음을 익혀 대문은 비좁기만 하지만/ 향리에선 두 명의 깨달은 어른으로 받들어 모시네/"[104]라 적었고, 학봉은 초당草堂의 운자에 화답하는 형식으로[105] "개똥벌레 걸상에 앉은 사람 말간 옥과 같아라/ 강설이 끝난 마루에서 혀 적신 침을 말리려 하네"라 말하고 있으니, 그 모습을 보고 있는 것과 방불한 것만 같다. 도문陶門의 백담柏潭, 송암松巖, 후조後彫, 일휴日休, 회곡晦谷, 지산芝山, 문봉文峯, 약봉藥峯 같은 여러 현자들이 화답한 여러 글편도 가히 선생이 갖고 있던 것 한두 가지를 측량할 수 있게 하고, 선생이 남긴 한 수의 시와 한 편의 글 또한 백 년 뒤에서도 선생의 모습을 상상할 수 있게 한다. 병이 조금 나아졌을 때 유군柳君과 배군裵君 두 사람의 기록과 집안에 전해 내려오는 이야기 등을 가지고 찾아서 바로 잡으며 책을 정리하니, 이것으로 자손이 백세토록 잊지 않을 수 있는 보루로 삼고자 하나, 감히 꼭 믿을 만한 이야기를 전한다고 자부할 수는 없다. 뒷날의 군자께서는 또한 그 노인을 참람되게 만든 허물을 용서하여 주고 가려서 택하여 보기를 바란다. 후학 평원平原 이광정李光庭[106]이

다. 그 해 8월 경상좌도관찰사에 임명되었다가 곧 우도관찰사로 다시 돌아와 의병 규합과 군량미확보에 전념하였다. 또한 진주목사 金時敏으로 하여금 의병장들과 협력하여 왜군의 침입으로부터 진주성을 보전하게 하였다. 1593년 경상우도순찰사를 겸해 도내 각 고을에 왜군에 대한 항전을 독려하다 병으로 죽었다.(『한국민족문화대백과사전』)

104) "學笑專門陋/ 鄕推二達尊."(안동대학교 부설 퇴계학연구소, 『退溪學資料叢書』 三, 94쪽)

105) "坐來螢榻人如玉講龍鱣堂舌欲乾."(안동대학교 부설 퇴계학연구소, 『退溪學資料叢書』 三, 94쪽)

106) 李光庭:『간재선생문집』序, 金係行의 墓碣銘 등을 썼다는 기록이 보인다. 본관은 原州, 자는 天祥, 호는 訥隱. 문과도사 李時楘의 손자로 아버지는 李後龍이며, 어머니는 公州李氏이다. 백부 李先龍의 양자로 갔다. 증조부 李澤이 光海君의 폭정을 피해 안동부 내성현으로 내려오면서부터 살기 시작했다. 어려서부터 총명하고 책 읽기를 좋아했는데, 정통 유학서뿐만 아니라, 『莊子』·『楚辭』·『史記』·『左氏春秋』와 같은 책

삼가 적는다.

4. 「행장후서」[107]

　생각하여 보면, 나의 오래전 조상이신 퇴도선생은 으뜸 되는 학문을
밝게 익히셨으니, 위로 회옹晦翁의 적전을 이으신 분이셨다. 당시 문하
의 여러 현사들(及門諸賢)은 책 상자를 끼고 천 리 멀리서 오기도 하고,
가까운 고을에서 영향을 받기도 하였는데, 덕을 이루고 재질이 달통하
게 된 이가 아주 많았다. 유일재惟一齋 김 선생 같은 분도 그 중 하나이
다. 선생은 밝고 슬기로운 자질과 독실한 뜻을 품고 있어서 어린 나이
에 퇴도선생에게 배우기 시작하여 직접 퇴도선생의 마음속 뜻을 이었

을 탐독하여 고문에 능하였으며 훌륭한 문장을 많이 지었다. 1699년(숙종 25)에 진
사가 되었으나, 생부모와 양부모 喪을 연이어 당하자, 과거시험을 포기하고 태백산
자락 小川山으로 들어가 젊은이를 가르치면서 문장가로서의 일생을 보냈다. 만년에
趙顯命이 경상도 관찰사로 있을 때, 지방의 학문과 교화를 일으키고자 많은 선비를
뽑았는데, 이때 이광정을 스승으로 모셔 安東府訓都長으로 삼았다. 조정에서 孝廉을
천거하라 하였을 때에도 문학과 行誼가 山南의 제일이라고 하여 천거되었다. 당시
재상이던 趙榮國은 이광정이 문장과 학술에 중망이 있었음에도 여러 차례의 관직
제수를 사양하고 산림에 묻혀 후학을 교수한 점을 높이 평가하여, 6품직 하사를 건의
하여 왕의 허락을 얻었다. 이와 같이 이광정은 영남 文苑의 모범이며, 世敎를 떨쳤던
인물로 알려졌다. 문집으로는 『눌은집』이 있다. 그 가운데 「노파의 다섯 가지 즐거
움」을 비롯한 21편의 寓言이 담긴 『亡羊錄』과 「강상여자가」·「향랑요」 등 주목할 만
한 작품이 많다. 퇴계학풍이 지배적인 안동 지방에서 제자인 문장가 權萬과 도학자
李象靖 간에 문학사상 논쟁이 벌어졌을 때, "문학과 도학 중 어느 것이 중하다 가볍
다 할 수 없다"고 하여 문학의 자율적 가치를 옹호한 점은 특기할 만하다.(『한국민
족문화대백과사전』)
107) 金彦璣, 『惟一齋先生實記』, 「行狀後序」(안동대학교 부설 퇴계학연구소, 『退溪學資料叢
書』三), 95~100쪽.

으며, 밖을 지향하는 생각을 끊고 나태하지 않게 나아가 닦았으며, 오직 리理에 가까이 가는 것만을 임무로 삼아 매진하여 나아갔다. 그 날마다 새로워지고 풍성하여지는 공부는 크게 동문들이 추종하는 바가 되었다. 처음 구담九潭에 거주하다가 나중에 이계伊溪로 옮겨 살았으니, 사문에 왕래하고 동문과 서로 따르며 공부하기 편한 곳으로 나아간 것이었다. 산이 무너지는 큰일을 당하였으나 공부에 힘쓰고자 하는 뜻은 더욱 돈 독하여졌고, 가난하게 살면서도 즐거운 뜻을 품어 오로지 후학을 가르 치는 것을 업으로 삼으니, 원근의 학자들이 구름처럼 모여들었다. 그 사이에는 사숙私淑한 이름 높은 사람들도 있었으니, 세상에서 화산花山이 훗날 도학道學의 흥성을 이루었다고 말하게 된 데에는 오직 선생의 공이 크다고 할 수 있다. 어찌 좋은 학문을 이룬 사문에서는 그 전하는 이가 끊어지지 않는다는 이야기와 다른 것이겠는가? 괴이한 것은 퇴계선생 의 유고 중에 주고받은 문자가 없는 것이고, 또 계문제자溪門弟子의 기록 중에 선생의 이름을 기록하여 놓은 경우가 없다는 사실이다. 이것 때문 에 사람들은 선생이 퇴계 문하에 종유한 적이 없다고 의심하기도 한다. 근래 눌은訥隱 이공李公[108])이 선생의 행장을 찬술할 때 본손本孫의 문서를 바탕으로 하여, 선생이 제자 기록 중에 배치되어 있지는 않으나 그 칭송 하여 말하는 것이 다 퇴계법문退溪法門이며, 그것에서 나아가 그 속에 담 겨 있는 의미를 헤아려 말하는 것들이었다고 하였다. 그러나 가만히 생 각하여 보면, 선생이 돌아가신 해는 무자년戊子年[109])이고, 퇴계문고退溪文 稿는 경자년庚子年[110])에 이루어졌으니 13년 뒤의 일이다. 용사지난龍蛇之

---

108) 訥隱 李公: 李光庭. 앞의 주105) 참조.
109) 戊子年: 선조 21, 1588.

亂[111])으로 본가의 문적은 모두 잿더미가 되어 버렸으니, 평소에 지었던 시문이나 저술, 친구들과 주고받았던 서신 같은 것들은 하나도 남아 있지 않게 되었다. 오직 모재시茅齋詩 3수와 여강서원의 동주洞主 시절에 부사에게 올린 '백운동白雲洞 고사에 의거하여 국학으로 올려 달라 청원'한 서신 1편만 세상에 전해지게 되었으니, 그 적막하고 쓸쓸함이 심하기만 하다. 생각건대, 사문師門의 간찰도 또한 불타 없어졌을 것이니, 그 퇴계집 속에 보이지 않는 것은 본가에서 당일 거두어 보내 주지 못한 연고가 아니겠는가? 지금 부사에게 보낸 서신을 보면, 수천 글자에 이르는 장문인데, 모두 사문의 도학을 말하는 것이 안에 바르게 갖추어져 있고, 일용어묵日用語默의 모습이 밖에서 일에 응해 가고 사물을 접하여 나가는 양상이다. 무릇 공부의 깊이가 정미한 데에까지 이르러 있고 규모가 광대한 것이, 깊이 살피고 상세히 기록하지 않은 것이 없다. 월천月川[112]) 찬술의 『언행총록言行總錄』과 표리관계가 될 수 있다. 그 글의 말

---

110) 庚子年: 선조 33, 1600.
111) "신묘년을 보내고 2012년의 壬辰年을 맞이했습니다. 임진년은 60갑자 중 29번째의 용의 해입니다. 북방임자(任)의 임진년은 용중에서도 무서운 흑룡입니다. 용은 실재적인 동물이 아니고, 상상적인 동물입니다. 그러나 용은 오랜 역사를 통하여 민속신앙으로 추대되어 왔습니다. 황룡은 제왕을 상징하고, 청룡은 동해의 용왕이고, 흑룡은 구름을 안고 비바람을 몰아와 풍운조화를 일으키는 사나운 용으로 알고 있습니다. 임진년하면 우리는 먼저 임진왜란(1592~1598)과 6·25란(1950~1953)을 상기하게 됩니다. 임진왜란과 6·25전란은 한국역사상 최대 최악의 전쟁이었습니다. 임진왜란은 (임진년과) 다음 해인 癸巳年을 칭하여 龍蛇之亂이라고도 합니다."(「용의 해 임진년의 懷古」, 보스톤코리아, 2012-01-09, 15:07:50 / 20181019 검색)
112) 月川 趙穆: 1524~1606. 조선 중기 학자. 평생을 학문 연구에만 뜻을 두어 대학자로 존경을 받았다. 문장과 글씨에 뛰어났으며 예안의 도산서원과 봉화의 문암서원 등에 제향되었다. 본관 橫城, 자 士敬, 호 月川·東皐. 李滉의 문인. 1552년(명종 7) 生員試에 합격, 成均館 儒生이 되었다. 1571년(선조 4) 이조의 추천으로 童蒙敎官·恭陵參奉에 임명되었으나 사퇴, 후에 성균관의 천거로 集賢殿參奉이 되었다가 곧 사직했다. 1576년 奉化縣監을 거쳐 1594년(선조 27) 軍資監主簿로서 일본과의 강화를 반대하는

미에서 '스승을 힘들게 만들었으니, 오래 춘풍을 받아 향기로 젖어들게 하는 가르침을 친히 내려 주셨다'고 적고 있는데, 이것은 문하에 나가지 않았다면 이렇게 형용할 수 있는 일이겠는가? 무릇 『계문제자록溪門諸子錄』 같은 것은 근세에 이르러 여러 가문을 모아놓은 것이니, 세상에 유행하지 못한 이유이다. 본손과 눌은訥隱은 그것을 아직 보지 못하여서 특별히 '전하여 들은 그릇된 말'이라 한 것이다. 재주가 없는 나는 어렸을 때 일찍이 월천서당月川書堂[113)]에서 공부한 적이 있었는데, 우연히 옛 종이들이 쌓여 있는 속에서 월천이 손수 쓴 『동문제자록同門諸子錄』을 본 적이 있다. 성명, 덕행, 연세年歲 등이 나열되어 있었는데, 개중에는 관직이나 배움의 정도 등도 적혀 있었다. 약 50여 현사들이 있었는데, 선생역시 그 안에 보였다. 이것은 당시의 믿을 만한 기록이다. 월천의 수적이 분명하였고, 특별히 초고가 작은 상자 안에 들어 있었다. 훗날에 창설蒼雪 권공權公[114)]은 여러 기록을 한데 모아 책으로 만들었다. 이 기록

상소를 하였고 이듬해 掌樂院正으로 전임, 1601년 司宰監正을 거쳐 공조참판에 이르렀다. 평생을 청빈하게 지내며 학문 연구에만 뜻을 두어 대학자로 존경을 받았다. 문장과 글씨에 뛰어났으며 醴泉의 鼎山書院, 禮安의 陶山書院, 봉화의 文巖書院 등에 제향되었다. 문집에 『月川集』, 저서로 『困知雜錄』이 있다.(두산백과, 20181020 검색)

113) 月川書堂: 경북 안동시 도산면 동부리 소재의 서당. 경북기념물 제41호. 월천 조목 선생이 조선 중종 34년(1539)에 건립하였으며, 현판은 퇴계 이황의 글씨이다.

114) 蒼雪 權公: 權斗經. 『溪門諸子錄』: 1922년 간행된 조선 중기 안동 출신 권두경이 퇴계 이황 문인들의 행적을 기록한 문도록. 權斗經(1654~1726)은 안동부 내성현 닭실 출신 유학자로서 權橃(1478~1548)의 후손이다. 17세기 말 영남학파의 거벽이었던 李玄逸(1627~1704)을 통하여 이황의 학문을 익혔으며, 만년에는 도산서원의 원장을 지내기도 하였다. 18세기 초, 영남 퇴계학파의 주요 학자 중 한 사람이었던 권두경은 퇴계 이황의 문인들의 사적이 망실됨을 안타깝게 여기고, 100여 인의 사적을 편찬한 뒤 이를 『溪門諸子錄』이라고 하였다. 이후 이황의 후손인 李守淵(1693~1768)과 李守恒(1695~1768)이 권두경이 편찬한 『계문제자록』에 빠진 문인 수십 명을 추보하고 이황의 '언행록'을 책머리에 덧붙였으며, 여기에 다시 李野淳(1755~1831)이 수십 명을 보충하여 260여 명의 전기를 담은 책이 되었다. '도산급문제현록'이라는

을 바탕으로 하여 증보한 것으로, 익찬翊贊 이공李公[115])과 나의 둘째 형 님[116])이 고치고 덧붙인 것 또한 이 기록에 바탕을 둔 것이다. 지금 세 집안의 기록을 보면, 모두 선생의 성명이 들어 있는데, 돌이켜 보면 모 두가 다 사적으로 비장되어 있었던 것이므로, 본손은 아직 보지 못하였 던 것이다. 그러니 선생이 일찍이 도산의 문하에 들어가 옷자락을 걷어 올려 단정하게 가르침을 받는 대열에 참여해서 월천, 서애, 학봉, 약포藥 圃[117]), 백담 등의 여러 현사들과 더불어 시습재時習齋[118])와 농운정사隴雲精

이름을 붙인 것은 이수연의 추보 이후의 일인데, 이야순이 보충한 것을 토대로 1854 년에 도산서원에서 1차 출간이 되었다. 이후 1922년에 이황의 후손 이충호를 중심 으로 하여 도산서원에서 재간행할 때 또다시 수십 명을 추보한 것으로 알려져 있 다.(한국향토문화전자대전, 한국학중앙연구원)

115) 翊贊 李公: 李守淵. 1693(숙종 19)~1748(영조 24). 조선 후기의 학자. 본관은 眞寶. 자는 希顔, 호는 靑壁. 李滉의 6세손으로, 李實의 아들이며, 어머니는 의성김씨로 員外 郞 金學培의 딸이다. 가학을 이어받아 학문을 닦았다. 1723년(경종 3) 생원시에 합격 하여 1727년(영조 3) 蔭補로 厚陵參奉에 임명되고, 그 뒤 童蒙敎官을 지냈다. 1747년 翊衛司翊贊에 임명되었으나 부임하지 않았다. 禮學과 理氣說에 밝았으며, 시문에도 능 하였다. 죽은 뒤 관찰사 南泰良의 上奏로 정려되고, 『國朝名臣錄』에 기록되었다. 이수 연은 이황의 학문을 정리하여 『퇴계선생속집』을 편찬하였다. 저서로는 『靑壁集』 4권 과 『陶山及門諸賢錄』·『陶山誌』 등이 있다.(『한국민족문화대백과사전』, 한국학중앙 연구원)

116) 李守恒: 대사간을 지낸 李世澤의 부친이다.

117) 鄭琢: 1526(중종 21)~1605(선조 38). 조선 중기의 문신. 본관은 淸州. 자는 子精, 호 는 藥圃·栢谷. 예천 출신. 현감 鄭元老의 증손으로, 할아버지는 생원 鄭僑이고, 아버 지는 鄭以忠이며, 어머니는 韓從傑의 딸이다. 李滉과 曹植의 문인이다. 1552년(명종 7) 성균생원시를 거쳐 1558년 식년문과에 병과로 급제하였다. 1565년 정언을 거쳐 예조정랑·헌납 등을 지냈다. 1568년 춘추관기주관을 겸직하고, 『明宗實錄』 편찬에 참여하였다. 1572년(선조 5) 이조좌랑이 되고, 이어 도승지·대사성·강원도관찰사 등을 역임하였다. 1581년 대사헌에 올랐으나, 장령 鄭仁弘, 지평 朴光玉과 의견이 맞 지 않아 사간원의 啓請으로 이조참판에 전임되었다. 1582년 進賀使로 명나라에 갔다 가 이듬해 돌아와서 다시 대사헌에 재임되었다. 그 뒤 예조·형조·이조의 판서를 역임하고, 1589년 謝恩使로 명나라에 다시 다녀왔다. 1592년 임진왜란이 일어나자 좌찬성으로 왕을 의주까지 호종하였다. 經史는 물론 천문·지리·象數·兵家 등에 이르기까지 정통하였다. 1594년에는 郭再祐·金德齡 등의 명장을 천거하여 전란 중 에 공을 세우게 했으며, 이듬해 우의정이 되었다. 1597년 정유재란이 일어나자 72세

舍[119]) 사이에서 노닐었다는 사실을 어찌 의심할 수 있겠는가? 뒷사람들이 만약 눌은의 「행장」만을 근거로 삼아 선생이 퇴계 문하에 들지 않는다고 한다면 오류라 하겠다. 지금 눌은은 이미 타계하였으므로 「행장」을 다시 지을 수는 없는 일이지만, 선생의 후손인 김범구金範九, 김택구金宅九 등은 나 이수정李守貞과 같이 월천의 기록을 보고 이 일에 대해 상세하게 알게 되었으므로 말미에 한마디를 적어 달라 요구하므로 사양하였지만 뜻대로 되지 않았다. 이에 제자록諸子錄의 전말을 적어 돌려보낸다. 후학 진성眞城 이수정[120] 삼가 쓰다.

　　의 노령으로 스스로 전장에 나가서 군사들의 사기를 앙양시키려고 했으나, 왕이 연로함을 들어 만류하였다. 특히, 이 해 3월에는 옥중의 李舜臣을 극력 伸救하여 죽음을 면하게 하였으며, 水陸併進挾攻策을 건의하였다. 1599년 병으로 잠시 귀향했다가 이듬해 좌의정에 승진되고 판중추부사를 거쳐, 1603년 영중추부사에 올랐다. 이듬해 扈從功臣 3등에 녹훈되었으며, 西原府院君에 봉해졌다. 예천의 道正書院에 제향되었으며, 저서로 『약포집』·『龍灣聞見錄』 등이 있다. 시호는 貞簡이다.(『한국민족문화대백과사전』, 한국학중앙연구원)

118) 時習齋: 농운정사의 앞에 양쪽으로 매달린 마루방(3면이 벽과 창으로 둘러싸여 있고 한 면은 서로를 향해 열려 있다) 중 동쪽에 자리 잡은 것. 서쪽의 마루방은 觀瀾軒이라는 이름을 갖고 있다.

119) 隴雲精舍: 시습재와 관란헌을 양쪽으로 붙이고 남향으로 자리 잡은 工자형 건물이다. 이 건물 전체를 농운정사라 하나, 시습재와 농운정사를 따로 구분하여 말한다면, 농운정사는 이 건물의 방을 이루고 있는 1자형 건물을 의미하는 것이라 할 수 있다.

120) 李守貞: 1709년(숙종 35)~1795년(정조 19). 조선의 학자. 자는 季固, 호는 鏡潭. 본관은 眞寶. 退溪 황의 6대손, 集의 아들. 1762년(영조 38) 學行으로 천거받아 穆陵參奉이 되고, 司饔院主簿를 거쳐 永春縣監으로서 善政을 베풀어 頌德碑가 세워졌다. 老人職으로 同知中樞府事에 이르렀다.(인명사전, 2002.1.10., 민중서관)

5. 「발」[121)

　나의 선조이신 유일재 선생은 진실하고 바르고 돈독하고 충실한 학
문을 갖추었는데, 도산의 문하에서 직접 가르침을 받아 커다란 도리의
요체를 얻어 들으셨다. 문하에서 물러 나와서는 생도를 가르쳤는데, 재
주에 따라 성취를 이루게 하니, 많은 사람들이 스승의 학문을 이어 가는
사표가 되었고, 화산花山 도학道學의 바탕을 만들었다고 칭송되었다. 문
하의 여러 현사들은 선생의 옷깃과 신발이 스쳐 갔던 곳에 보덕단報德壇
을 세우고 깨끗이 청소하며 존숭하는 예(掃身之禮)를 행하는데, 수백 년이
지났어도 폐지되지 않으니, 그 끼친 가르침이 사람들의 마음속 깊이 파
고들어 갔음을 알 수 있을 것이다. 불행하게도 문적은 집이 불타 버리
는 데 쓸려 들어가 단지 모재시慕齋詩와 여러 선배들과 주고받은 시편만
이 조금 남았고, 여강廬江서원 원장을 할 때 부사에게 올린 한 통의 서신
만이 불길 속에서도 다 타 버리지 않고 온전하게 남았으니, 전 시대의
어른들이 이미 『용산세고龍山世稿』에 수록하여 세상에 유포된 지 여러
해가 되었다. 지난 계묘년癸卯年 천상川上에서 『연방세고聯邦世稿』를 간행
할 때, 부사에게 보낸 편지를 공문서(呈文)로 오인하고 남악南嶽선생이 지
었다고 하였다. 네 번이나 왕복 논란하였어도 종내 분란이 해결되지 않
았다. 당시 여강서원에서 추대하여 원장이 되었고, 규범을 만드는 것이
다 그 책임이었으니, 다른 사람에게 맡기는 일은 없었을 것이다. 하물며

---

121) 金彦璣, 『惟一齋先生實記』, 「跋」(안동대학교 부설 퇴계학연구소, 『退溪學資料叢書』三),
　　171~173쪽.

초본草本의 문장작성을 다른 경우처럼 아무개의 손에 맡겼을 것이겠는가? 호와壺窩[122], 눌은訥隱, 삼여재三餘齋, 경담鏡潭[123] 등 여러 선생이 지은 선생 행적을 묘사한 글에 아주 상세히 적혀 있으니, 증명이 될 수 있을 것이다. 생각이 있는 사람들은 천상川上이 계속 미혹에 빠져들어 있는 것은 오로지 본손의 착각에서 기인하는데, 남은 기록들을 수습하여 학사鶴沙[124]선생이 그것에 바탕하여 그것을 쓰고, 가까운 후손과 후생들이

---

122) 壺窩 柳顯時: 1667(현종 8)~1752(영조 28). 조선 후기의 학자. 본관은 全州. 자는 達夫, 호는 壺窩. 아버지는 柳啓輝이며, 어머니는 眞城李氏로 李朝英의 딸이다. 향시에서 장원하고 45세 때 생원시에 장원하였으나 대과를 포기하고 후진 교육에 힘썼는데, 66세에 안동부의 추천으로 안동부내 都訓長이 되었다. 1749년(영조 25) 수직으로 동지중추부사가 되었다. 만년에 『心經』과 『근사록』을 연구하였다. 李栽와 태극에 대한 토론을 벌여 그에게 인정받았으며, 金聖鐸으로부터는 蘇東坡에게 비견할 만한 재주가 있다는 칭찬을 들었다. 저서로는 『壺窩遺稿』 2권이 있다.(『한국민족문화대백과』, 한국학중앙연구원)

123) 鏡潭 李守貞: 字 季固, 號 鏡潭. 同知中樞府事.

124) 鶴沙 金應祖: 1587(선조 20)~1667(현종 8). 조선 후기의 문신. 본관은 豊山. 자는 孝徵, 호는 鶴沙 또는 啞軒. 안동 출신. 할아버지는 장례원사의 金農이고, 아버지는 산음현감 金大賢이며, 어머니는 守義副尉 李續金의 딸이다. 17세 때 柳成龍을 사사했으며, 1613년(광해군 5)에 생원시에 합격하였다. 그러나 당시 광해군의 어지러운 정치를 보고 문과 응시를 포기하고 張顯光의 문하에서 학문 연마에 힘썼다. 1623년에 인조가 즉위하자 알성 문과에 응시해 병과로 급제하였다. 형제 9명 중 5명이 문과에 급제하였다. 병조정랑·홍덕현감·선산부사 등을 역임하고, 1634년(인조 12)에 사직하고 낙향하였다. 그 후 다시 持平·掌令·獻納·修撰·校理·부수찬·執義·사간·應敎·승지·호군·공조참의·대사간·한성부우윤 등의 관직을 인조·효종·현종 삼대에 걸쳐 역임하였다. 1637년에는 청나라 사신이 빈번히 출입하자 접대비 염출을 위해 三分耗會錄法을 제안해 이를 시행하게 하고, 그 뒤 필요 없게 되자 1658년(효종 9)에 폐지하게 하였다. 1638년에 장령으로 있으면서 8조를 건의했는데, 그 중 하나가 '明大義'로 사대교린의 외교 정책을 지지하고 절의를 고집하면서 교린을 가볍게 단절함을 비판하였다. 1651년(효종 2)에는 『大學衍義』의 講을 마치고, 근래에 文敎가 전폐됨을 개탄하고 학문 권장을 건의하였다. 1656년에는 예조참의로 있으면서 마음을 닦아 본성을 기를 것, 하늘을 공경하고 백성들을 사랑할 것, 文을 숭상해 학문을 일으킬 것을 건의하고, 1659년(현종 즉위년)에는 공조참의로 있으면서 임금으로서 행할 도리를 상소하였다. 1664년에는 金城山城의 군량미 문제로 예조판서 洪重普와 병조판서 金佐明의 탄핵을 받았다. 그러나 현종은 三朝를 시종한 신하로 나이 80세이며 먼 영남의 집에 있는 점을 고려해 사면하였다. 문장에 능했으며, 안

그것을 받아들여 자료로 삼았기 때문이라고 한다. 다만 아주 오래된 일이라 알기가 어려운 것인데 신중하게 돌아보지 않고 가볍게 터럭 한 올이라도 같지 않은 것이라면 경계하여야 한다는 것을 무시한 탓이니, 여기 분명하게 설명하여 두는 바이다. 직접 손으로 쓴 원고에 고쳐 쓴 흔적이 있기는 하지만 이와 같이 분명하고, 여러 선생들의 믿을 만한 글에 그와 같이 반복적으로 보이니, 백세의 뒤에 반드시 공정한 안목으로 공정하게 시비를 정하는 이가 있을 것이다. 어찌 그 사람의 시야에 보태거나 덜어 줄 일이 있겠는가? 후손이 입 아프게 변명할 필요도 없는 일이다. 이에 일족의 젊은이 김달현金達鉉, 김영익金永翼, 김영갑金永甲 등과 함께 여러 집안의 문서 중 아직 수록되지 않은 것들 약간을 골라내어 천상川上과의 왕복서신 세 편을 덧붙여서 실기를 편집하고 전말을 위의 글과 같이 기록한다. 11세손 김정흠金正欽이 삼가 발문을 짓다.

동의 勿溪書院, 영천의 義山書院에 제향되었다. 저서로는 『鶴沙集』·『四禮問答』·『山中錄』·『辨誣錄』 등이 있다.(『한국민족문화대백과』, 한국학중앙연구원)

유일재종택 사당 입구

유일재종택 사당

유일재종택 사랑채 전경

유일재종택 전경

‖ 약봉선생문집藥峰[1]先生文集[2]

    약봉 김극일의 문집은 시가 중심이다. 시의 분량이 너무 많으므로 여기에서는 퇴계 이황과 연관된 시 몇 수를 소개하는 것으로 그치고자 한다. 시들 속에서 김극일의 이황에 대한 경모의 마음이 은연중 드러나는 것을 볼 수 있을 것이다.

---

1) 藥峰 金克一: 1522(중종 17)~1585(선조 18). 조선 중기의 문신 · 학자. 본관은 義城. 자는 伯純, 호는 藥峰. 경상도 안동 출신. 증 통례 金萬謹의 증손으로, 할아버지는 증 좌승지 金禮範이고, 아버지는 증 이조판서 金璡이며, 어머니는 驪興閔氏로 병절교위 閔世卿의 딸이다. 아버지로부터 엄격한 가정교육을 받고, 커서는 아우 金明一 · 金誠一과 함께 李滉의 문하에 들어가 수학하였다. 1546년(명종 1)에 증광 문과에 병과로 급제해 교서관정자에 임명되었다. 그 뒤 수의부위 · 사용을 거쳐, 1551년에 승문원정자 · 저작 · 박사가 되었다. 1553년 승정원주서가 되고, 얼마 뒤 형조좌랑 · 사헌부감찰에 임명되었다. 그리고 이듬해에는 洪原縣監을 역임하였다. 1556년 淸洪道都事를 거쳐, 1558년 성균관직강 · 형조정랑 · 예조정랑이 되었다. 그리고 다음 해 경상도 도사를 거쳐, 1560년에 다시 예조정랑이 되었다. 얼마 뒤 군기시첨정과 평해군수를 역임하였다. 1566년에는 사재감첨정을 거쳐 다시 예천군수에 임명되었다. 그리고 1569년(선조 2) 성균관사성과 司䆃寺正을 거쳐, 외직으로 성주목사를 역임하였다. 성주목사 시절 『啓蒙翼傳』을 간행해 스승 이황으로부터 격려를 받기도 하였다. 1575년 밀양부사에 임명되고, 1582년 내자시정, 이듬해에는 사헌부장령을 겸하였다. 주로 지방관을 역임했고, 효성이 매우 지극하였다. 문장은 고결하고 蒼古해 한 글자도 진부한 말이 없었다고 한다. 더욱이 시에 뛰어나 시인으로서 명성이 높았다. 시는 매우 정교했고 사실을 인용함에 비유함이 간절하였다. 그리고 시상은 깨끗하고 세련미가 있었다고 전한다. 저서로는 『藥峰逸稿』가 있다. 안동의 泗濱書院에 배향되었다.

2) 金克一, 『藥峰先生文集』(안동대학교 부설 퇴계학연구소, 『退溪學資料叢書』 三), 175~360쪽.

1. 시

* 「도산을 지나면서」

창랑대3) 돌아보니/

대 옆으론 자취퇴4)라/

주인은 하늘나라 올라갔는데/

새들만 공중에서 휘돌며 나네//5)

* 「정묘년 여름 퇴계선생을 봉송하며(2수)」(이때 선생은 중국 사신을 접대하는

일로 소명을 받고 서울로 가셨다.)

1.

더운 구름 흐르는 관로로 관서 향해 나갔어라/

뜨거운 계절은(二節을 玉節로 할 경우 "귀한 사신은") 반나절을 못 머물게 재

촉하네/

이번 걸음은 잠시 임금 은혜를 갚음이지/

---

3) 滄浪臺: 도산서원 경내 남쪽, 낙강과 만나는 부분의 오른쪽으로 자리 잡은 대좌. 강물
을 내려다보는 곳이다. 원래의 절벽 바위 위에 축대를 쌓아 작은 평지를 이루고 있
다. 나중에는 天淵臺로 개칭하였다. 서쪽의 것은 雲影臺라 불렀다. '천연대는 『詩經』
에 나오는 솔개는 하늘 높이 날아오르고, 물고기는 연못에서 뛰노네(鳶飛戾天魚躍于
淵)라는 글에서 따온 것이고, 운영대는 빛과 구름 그림자 함께 돌고 돈다(天光雲影共
排徊)라는 주자의 「觀書有感」 시에서 인용한 것으로 도산서당 일대를 엄숙한 수도의
장으로 꾸며 天理의 妙用을 깊이 사색하고 자연의 심오한 참뜻을 깨우치기 위해 조
성한 자연체험장이다.'(도산서원 경내 안내문)

4) 紫翠堆: 당시에는 혹 모르겠으나 오늘날 도산서원 경내에는 이런 이름으로 지칭되는
지점이 없다. 당시에도 그러하다면, 이것은 명사로 보지 않는 것이 합당할 것이다.
새들의 자주색 깃털이 쌓여 있다는 의미, 뒤에 보이는 천공을 휘도는 새들과 연관되
어, 옛사람을 추억하는 새들이 자주 이곳에 깃든다는 것을 은유적으로 보여 주는
것으로 이해할 수 있을 것이다.

5) 「過陶山」, "回首滄浪臺/ 臺邊紫翠堆/ 主人去朝天/ 燕鶴空飛回//"(金克一, 『藥峰先生文集』,
안동대학교 부설 퇴계학연구소, 『退溪學資料叢書』 三, 220쪽)

오래된 산 지키고 사는 짐승, 놀라 울 일 아니라네//[6]

2.

구름 산 오래 걸어 나막신도 낮아졌지/

조정을 떠났더니 신발 끈을 잡아맬 명령 받았어라 /

신발 한 벌 보내느니 담긴 뜻이 없을 건가/

가시는 앞길에 진흙탕은 없을까 걱정이라//[7]

(이 시에는 퇴계 이황의 차운시가 부기되어 있다.)

「퇴계선생의 차운시를 덧붙임」

1.

편지[8] 보내 은근히 내 서쪽 행을 묻더니/

지체 없이 왕명을 따르기를 권하네/

병중이라 나아가기 어려움 스스로 알겠거니/

놀라고 울 짐승들 위해서가 아니라네//[9]

2.

타는 해 더운 바람에 병은 아직 낫지 않네/

바쁜 노정인데 어찌 조칙[10]을 받을 건가/

---

6) 「丁卯夏奉送退溪先生(二首)」, "1. 火雲官路出關西/ 二節催難半日程/ 此去暫酬明主顧/ 故山
猿鳥莫驚啼//"(金克一, 『藥峰先生文集』, 안동대학교 부설 퇴계학연구소, 『退溪學資料叢
書』三, 237~238쪽)

7) 「丁卯夏奉送退溪先生(二首)」, "2. 久踏山雲屐齒夷/ 禁庭令去結絢絲/ 套靴縱寄非無意/恐有
前頭沒膝泥//"(金克一, 『藥峰先生文集』, 안동대학교 부설 퇴계학연구소, 『退溪學資料叢
書』三, 238쪽)

8) 尺素는 尺牘을 말하며, 편지를 뜻한다.(한자사전)

9) 「附退溪先生次韻」, "1. 尺素慇懃問我西/ 勸趨王命莫淹程/ 病中自覺難行計/ 非爲猿驚與鳥啼//"
(金克一, 『藥峰先生文集』, 안동대학교 부설 퇴계학연구소, 『退溪學資料叢書』三, 238쪽)

10) 絲綸은 詔勅의 글이라 함.(한자사전) 여기 綸絲는 絲綸과 같은 뜻으로 여겨짐.

옛 친구 깨우쳐 줌에 신발 한 켤레 받아 들었지/
어느 날 돌아가서 발의 진흙 씻어 보나//[11]

* 「납월 24일 퇴계선생을 뵙기 위해 풍기로부터 영천(영주)을 지나 밤에
예안으로 향하면서 말 위에서 우연히 짓다」

태양은 천지 안에 밝게도 비추더니/
어찌해 밤이 되면 다시 숨어 어두운가/
좁은 길 굽어 도는데 용케 차질 피한 것은/
말머리 비춰 주는 횃불 믿은 공이라네//[12]

* 「이십오일에 계상에 나아가 절하고 선생의 운을 사용하여 짓다」

10년토록 티끌세상 방자함 다스려서/
산 중의 학같이 마른 이에게 바쳐 보네/
맛있는 술이라면 거리 사람들 저절로 모여들지/
요리가 없더라도 일을 쉬며 맞이하네//[13]

* 「돌아오는 길에 눈을 만나 소회를 읊어서 계상으로 올리다」

신선노인 나가지 않으니 학서[14] 보내 부르시네/

---

11) 「附退溪先生次韻」, "2. 赫日炎風病末夷/ 奔程其奈被綸絲/ 故人鐫戒承靴套/ 何日歸來洗脚泥//"
(金克一, 『藥峰先生文集』, 안동대학교 부설 퇴계학연구소, 『退溪學資料叢書』三, 238쪽)

12) 「臘月二十四日欲謁退溪先生自豐基過榮川(榮州)夜向禮安馬上偶成」, "白日昭昭天地中/ 如何
有夜更蒙蒙/ 傍蹊曲徑免蹉跌/ 始信前頭一炬功//"(金克一, 『藥峰先生文集』, 안동대학교 부
설 퇴계학연구소, 『退溪學資料叢書』三, 239쪽)

13) 「二十五日進拜溪上次先生韻」, "十年塵土浪營營/羞對山中瘦鶴形/ 酒美巷心人自至/ 不須料
理罷將迎//"(金克一, 『藥峰先生文集』, 안동대학교 부설 퇴계학연구소, 『退溪學資料叢書』
三, 239쪽)

14) 鶴書: 조정에서 賢者를 초빙하고 선비를 받아들이는 조서의 書體를 가리킴. 그 글씨
가 학의 머리와 비슷한 것을 가리켜 말한 것임.(고전용어사전)

전하는 사람 절하는데 할 이야기 거의 없네/

햇빛은 나아가려 하나 그늘이 여전히 강성하지/

풍설은 하늘 가득, 수레를 적셨어라//15)

* 「강 위에서 이퇴계 선생이 고향으로 돌아가는 것을 배웅하다」

임금께서 머물게 해 떠나는 일 늦어졌네/

돌아갈 기약 했었는데 답청 때를 넘겼어라/

푸른 물결은 한 번 노질에 거센 바람으로 일어나고/

모래톱 물새에게 그 뜻을 아는가 물어보는구나//16)

* 「명언영감의 시 운을 사용하여」

오늘 선생의 물러감은 너무 갑작스러워/

사람들은 왕을 위해 머무르길 바랐다네/

배는 천천히 사라져 돌아오려면 길이 멀고/

강물이 만들어 낸 미운 마음 씻어 낼 길 없구나//17)

* 「청량산에서 퇴계선생을 생각하다」

가을 산 그림자 말갛게 씻겨 수염처럼 펼쳐 있고/

기이한 절경 찾아드니 오래된 기약 남아 있네/

산은 북에서 뻗어오니 뿌리는 죽령에 두었어라/

---

15)「還路遇雪吟呈溪上」, "仙翁不赴鶴書招/ 來拜床前話寂寥/ 陽欲進時陰尙壯/ 滿天風雪濕行軺//" (金克一, 『藥峰先生文集』, 안동대학교 부설 퇴계학연구소, 『退溪學資料叢書』三, 239~ 240쪽)

16) 「江上送李退溪先生還鄕」, "聖主留行去國遲/ 歸期已過踏靑時/ 滄派一棹飄然意/ 爲問沙鷗知 不知//"(金克一, 『藥峰先生文集』, 안동대학교 부설 퇴계학연구소, 『退溪學資料叢書』三, 246쪽)

17) 「次明彦令公韻」, "今日先生退急流/ 羣公皆欲爲王留/ 歸舟漸沒回舟遠/ 江水生憎未滌愁//" (金克一, 『藥峰先生文集』, 안동대학교 부설 퇴계학연구소, 『退溪學資料叢書』三, 246쪽)

물은 서쪽을 훑고 나가니 황지의 갈래로다/

등불을 위에 걸어 두면 아래를 널리 비추어 주고/

앞산에서 생긴 구름은 뒷산으로 흘러가지/

해가 저물어 시름 깊은 마음, 원숭이 두루미 조문 소리 들리누나/

미인을 천 리 밖에 두고 서로의 사랑 깊어지네//[18]

* 「12월 13일에 퇴계선생 곡을 하다」

1.

바위와 소나무 버텨 선 곳, 대나무 바람이 흘러드네/

도 닦아 공이 깊으니 몇 해 가을걷이 쌓인 건가/

높은 벼슬은 스스로 이르나 원한 바가 아니었지/

진실한 이름 가린다 하여 어찌 이룰 수 있을건가/

몸이 물러나도 푸른 칠 대문[19] 홍운의 대궐이라/

절실한 걱정 창파를 타고가 흰 새의 섬 이루었지/

한 사람 노인 지금에 이르니 하늘도 기쁘지 않네/

백성의 바람 무너지고 사림은 슬픔에 젖는구나//[20]

2.

전해에 아우를 끌고 사립문 안에서 배알했지/

반나절 따뜻한 얼굴로 웃으며 말씀했네/

---

18) 「淸凉山懷退溪先生」, "秋容如洗拂鬖眉/ 尋勝搜奇有舊期/ 山自北來根自嶺/ 水由西去派黃池/
上方燈掛下方照/ 前岳雲生後岳移/ 日暮愁聞猿鶴吊/ 美人千里正相思//"(金克一, 『藥峰先生
文集』, 안동대학교 부설 퇴계학연구소, 『退溪學資料叢書』三, 318쪽)

19) 靑瑣: 임금이 있던 궁궐의 문을 이르던 말. 문짝에 자물쇠 모양을 새기고 푸른 칠을
하였다.(국어사전)

20) 「十二月十三日哭退溪先生」, "1. 巖松骨格竹風流/ 鍊道功深問幾秋/ 高爵自臻非所顧/ 眞名難
掩豈容求/ 身辭靑瑣紅雲闕/ 憂切滄波白鳥洲/ 一老于今天不慭/ 蒼生望絶士林愁//"(金克一,
『藥峰先生文集』, 안동대학교 부설 퇴계학연구소, 『退溪學資料叢書』三, 328쪽)

한 달 지나 떠나실 줄 어찌 생각하였을까/

갑자기 훙서[21] 소리 들려와 처음에는 아득했네/

문자는 도산 위 허공에 언제나 머물러 있고/

비밀스런 목소리는 낙수 가에 영원하리/

위대한 학문, 여러 편의 저술, 누가 있어 보완할까/

아픈 마음 가눌 곳 없어 하늘땅에 물어보네//[22]

3.

일찍이 다툼 속에서 용감히 물러났네/

20년 산언덕 아래서 진심을 길렀어라/

빈 골짜기에 망아지 묶어둠과 같은 것 아니니/

다만 깊은 산에 살며 조화의 그림을 즐김이네/

병풍 같은 10도를 바쳐 경전공부 힘쓰게 하고/

여러 번 상소 올려 물러남을 구했었네/

저승[23]에 갔어도 은총을 더해 번거롭게 하니/

영령의 안식 해치는 것이 두려울 따름일세//[24]

---

21) 薨逝: 임금이나 王族·높은 貴族 等을 높이어 그의 죽음을 이르는 말.(한자사전)

22) 「十二月十三日哭退溪先生」, "2. 年前攜弟謁柴門/ 半日親承笑語溫/ 豈料離違經一月/ 遽聞薨
逝在初昏/ 空留文字陶山上/ 永秘音容洛水原/ 絶學陳編誰補綴/ 傷心無地問乾坤//"(金克一,
『藥峰先生文集』, 안동대학교 부설 퇴계학연구소, 『退溪學資料叢書』三, 328~329쪽)

23) 黃壚: 저승. "黃泉. 蟠乎黃壚之下"("황천 저 아래에 서리는구나", 『淮南子』, 「兵略訓」)
"黃壚山河"("저승세계", 趙熙龍, 「壺山外史」)(『한시어사전』, 2007.7.9., 국학자료원)

24) 「十二月十三日哭退溪先生」, "3. 早向爭中勇退邊/ 山阿卄載養眞朋/ 不同空谷駒罥縶/ 徒似幽
居帝畵看/ 屏獻十圖惇典學/ 疏陳累紙乞回官/ 黃壚更荷宣旒寵/ 只恐英靈却未安//"(金克一,
『藥峰先生文集』, 안동대학교 부설 퇴계학연구소, 『退溪學資料叢書』三, 329쪽)

2. 「제퇴계선생문祭退溪先生文」

생각하여 보면 돌아가신 선생님은 빙설의 맑음, 금옥의 아름다움, 난초나 지초의 양기, 소나무나 측백나무의 절개를 갖추신 분이셨다. 나아가 벼슬을 함에 있어 녹봉을 탐내지 않았으니, 물러나 숨어 삶에 있어서 또한 어찌 군왕을 잊었겠는가? 도와 같이 나아가고 멈추었으니, 의리와 윤리를 갖추셨다. 진실한 공부를 여러 해 축적하였고 실천하는 데 충실하셨으며 문장으로 드러내고 도덕으로 온축하셨다. 그 군왕에게 고한 것은 모두 인의의 실질이었고, 그 자신이 힘쓴 것은 모두 순일한 마음을 밝히는 공부였다. 존귀한 지위를 사양하고 낮은 위치에 자리 잡은 것은 선생의 뜻이고, 나아가는 것을 어렵게 하고 물러나는 것은 쉽게 한 것은 선생의 절개이다. 불교와 노자가 이치에 맞지 않음을 명백히 하고, 그 미세한 부분까지를 밝히셨다. 정사의 잘못된 점에 대해 들으면 얼굴에 걱정이 가득하였다. 사람을 공경으로 대하니 현자와 우부愚夫가 다 즐거워하였고, 아랫사람을 은혜로 부리니 천한 이들과 어린아이들이 즐거워하였다. 그 모습을 본 사람에게는 사특한 기운이 자리 잡지 않았으며, 그 말씀을 들은 사람이라면 존경하는 마음이 저절로 일어났다. 고을 사람 모두가 그 순일함과 효성스러움을 칭송하였고, 사방에서 다 그 아름다운 준칙을 본받았다. 정자와 주자의 끊어진 학문을 계승하고, 수수洙水25)와 사수泗水26)의 희미해진 명성을 진작시켰다. 후학을 위한

---

25) 洙水: 옛 물길 이름. 『水經注』에 의하면 지금의 山東 新泰의 東北 방향에서 시작하여 서쪽으로 흘러 泰安의 東南쪽으로 나아가고, 西南 방향으로 굽어 돌아 泗水縣 북쪽에서 泗水와 합해졌다가, 서쪽의 曲阜城 東北 방향에서 또 泗水와 나뉘어져 서쪽으로

징검다리를 놓으셨고, 한 시대의 나아가는 방향을 바로 하셨다. 오직 내가 보고 들은 것만 가지고서도 이러하니 그 평상시 학문의 조예가 깊고 얕은지에 대해서는 겨우 울타리 밖에 서서 기웃거리고 있을 따름인 우매한 사람이 추측할 수 있는 것이 아니다. 극일克日은 가까운 마을에서 성장하였는데, 도에 어둡고 배움에 어리석어 비록 부지런히 가르쳐 주는 말씀을 듣긴 하였어도 실로 마음으로 얻은 바는 많지 않다. 마땅히 그 과거공부를 버리고 도리어 그 만나 뵙고 길어 갖게 된 것을 생각하며 이어 나가야 했었다. 어찌 전날 음풍농월吟風弄月하던 집에 급히 제물을 차려 놓고 오늘 하늘을 부르고 땅을 두드리며 술잔을 돌릴 줄을 생각이나 하였겠는가? 오호! 이미 요임금, 순임금 같은 성군을 만났는데도 후직(稷)[27], 계契[28] 같이 좋은 직책으로 쓰이지는 못하였으니

兗州를 지나 濟寧에 이르러서 洸水와 합해져서 남쪽으로 굽어 돌아 泗水로 들어간다고 한다. 공자가 타계한 후 曲阜城 북쪽 洙水가에 묻혔으므로, 후세 사람들은 孔子의 학설을 洙泗之學이라고 지칭하게 되었다.(Baidu백과, 20181021 검색)

26) 泗水: 中國 山東省의 강이다. 山東省 泗水縣 동쪽 蒙山 남쪽 기슭에서 발원한다. 네 군데 발원지에서 같이 시작되므로 泗水라는 이름을 얻었다. 泗水縣, 曲阜市, 兗州市를 거쳐 남쪽으로 굽어 돌아 濟寧市 동남쪽 魯桥鎭에서 魯運河로 들어간다. 泗水는 고대에는 反, 雎水, 濉, 沂水 등을 모아서 흘러갔다. 泗水는 魯桥 아래에서는 또 남쪽으로 運河를 따라 내려가 南陽鎭에 이르고, 南陽湖를 뚫고 남쪽으로 나아가 昭陽湖의 서쪽, 沛縣東의 동쪽에 이르고, 또 남행하여 徐州市 동북방에 이르며, 黄河 東南쪽으로 돌아나가 宿遷市와 泗陽縣에 이르고, 泗口(清口라고도 한다. 오늘날 淮安市 淮陰區 碼頭鎭 부근이다)에서 淮河로 들어간다. 이것은 淮河의 커다란 지류이므로 왕왕 "淮泗"라고 통칭되기도 한다. 泗水는 역사상 오랜 기간 동안 中原과 江淮地區를 연결하는 교통로의 역할을 하였으며, 아주 이른 시기에 개발되었다. 최초의 지리서『禹貢』속에는 "泗出陪尾"라는 구절이 나온다. 孔子는 쉬지 않고 흐르는 泗水를 보고 일찍이 "逝者如斯夫, 不舍晝夜"라 탄식하였다. 唐代의 대시인 李白은 "秋波落泗水, 海色明徂徠"라 읊었고, 宋代의 理學家 朱熹는 "勝日尋芳泗水濱, 無邊光景一時新. 等閑識得東風面, 萬紫千紅總是春"이라 노래하였다.(Baidu백과, 20181021 검색)

27) 稷; 後稷: 이름은 棄, 성은 姬, 後稷이라고도 칭함. 稷山(지금의 山西 運城 稷山縣)에서 출생하였는데, 농사에 밝아 일찍이 堯舜時代에 農官이 되어 백성들에게 밭을 갈고 씨를 뿌리는 일을 가르쳤다. 처음 기장을 심고 보리를 기른 사람으로 말하여진다.

시운時運이고, 운명運命이었던 것인가? 진실은 정밀하게 말할 수 없는 일

뒷사람들은 農稷帝, 稷王, 稷神, 農稷神 등으로 불렀다. 이 사람이 中國歷史上 周부족 姬씨 성의 始祖이다. 舜임금 시절에 백성들이 식량이 부족한 것 것을 안타깝게 여겨 순은 그에게 백 가지 곡식을 파종하게 하였고 그를 邰(지금의 陝西 咸陽市 武功縣 西南쪽으로 전하여진다)에 봉하였으며, "後稷"이라 부르고 또 姬姓을 하사하였다. 이 사람이 周왕조의 시조인데, 다른 이름으로는 周棄라고 부른다. 전설에는 有邰氏의 따 님 姜嫄이 巨人의 발자국을 밟고 잉태하여 그를 낳았다고 한다. 그런 까닭에 버려졌 던 적도 있는데, 이것이 "棄"라는 이름을 얻게 된 이유이다. 稷王은 일찍이 縣의 경계 남쪽에 있는 中條山 속에서 백성들에게 농사를 가르쳤다고 전한다. 후에 이 산은 稷王山이라 불렀다. 周나라 사람들은 後稷을 祖靈, 稷神으로 섬겨 제사를 드렸다.(維基 百科, 自由的百科全書, 20181021 검색)

28) 契: 生卒年 미상, 성은 子, 이름은 契, 帝嚳의 아들, 唐堯의 異母弟, 生母는 簡狄. 商나라 高祖인 乙의 조상이다. 有娀氏에게 두 딸이 있었는데 큰 딸은 簡狄, 작은 딸은 建疵로, 두 여인은 아주 美麗한 사람으로 성장하였다. 같이 九重의 높은 瑤臺 위에 살았는데, 매번 식사 때마다 곁에서 악사들이 북을 치고 음악을 연주하였다. 하루는 제곡이 燕子를 簡狄 등에게 날려 보냈다. 燕子가 그녀들의 면전에서 선회하며 지저귀니, 그 녀들은 감흥이 일어 기뻐하면서 그 燕子를 잡기 위해 경쟁하였다. 그녀들은 옥으로 만든 광주리를 이용해 燕子를 붙잡을 수 있었다. 잠시 시간이 흐른 후, 그녀들은 옥 광주리를 열어 燕子를 구경하려 하였으나, 燕子는 옥광주리로부터 빠져나와 도망 을 쳤고, 북쪽 하늘을 향해 날아가 돌아오지 않았다. 옥광주리 안에는 두 개의 알이 남아 있었다. 簡狄과 建疵는 실망하여 노래 불렀다. "燕燕于飛! 燕燕于飛!" 이것은 北 方 최초의 노래라는 설이 있다. 燕子가 남겨 놓은 두 개의 알에 대해서는, 簡狄이 그것을 먹었고, 잉태하여 契를 출생하였다는 이야기가 있다. 이것과 다른 전설적인 이야기도 전한다. 簡狄과 어떤 두 명의 婦人이 물가로 나아가 목욕을 하였는데, 燕子 가 하늘로부터 내려와 알 한 개를 낳고 가는 것을 보았다. 簡狄은 이 알을 집어 먹었 고, 후에 잉태하여 契를 낳았다는 것이다. 史料의 기록을 보면, 五帝 중 하나인 帝嚳 (高辛氏)이 契라는 아이를 商丘에 봉하여서 火正(火를 관리하는 官)을 맡겨 火星을 관 찰하고 제사하는 일을 하게 하였으며, 죽은 다음에는 觀星台 아래 장례하였는데, 後 人들이 그를 閼伯이라 불렀고, 火正始祖로 받들어졌다고 한다. 閼伯台는 華夏民族이 火의 씨앗을 최초로 보관하였던 지역으로 말하여지는데 火神臺라 지칭되기도 한다. 每年 음력 正月初七일(閼伯의 탄신일), 사람들은 모두 이곳에 가서 火神을 제사하고 경배한다. 祭祀는 莊嚴하고 성대하였다. 그것은 오랜 세월을 통과하며 규모가 광대 한 古廟會로 완성되었다. 火神祭祀는 민간신앙으로 발전되어 수천 년의 세월 동안 전승, 변화하여 나갔으며, 점차적으로 서로 모여 물자를 교류하고 문화활동을 하는 거대한 모임으로 발전하기에 이르렀으며, 일정 정도 상업의 발달과 민간문화의 진화 전승에 기여한 측면이 있다. 黃帝의 증손인 帝嚳時代에 火星에 제사하고 火政을 담당 하는 관리는 祝融이라 불렸고, 帝堯시대의 火官은 閼伯이라 하였다는 기록도 있다.(維 基百科, 自由的百科全書, 20181021 검색)

이다. 오호! 맑고 밝으면서 단정하고 깨끗하고 곧고 반듯하였던 형상은 비록 다시는 얻어 뵐 수 없는 일이지만, 마음속에 이미 담겨 있으니 그 것을 잊을 날이 있을 것이겠는가?

3. 「왕부병절공갈음지王父29)秉節公30)碣陰誌31)」

우리나라에서 김씨는 큰 성인데 처음에 금와金蛙32)가 기이함을 드러 내고 자영紫纓33)이 상서롭게 내려왔다. 밝고 신성한 하늘의 후손은 이

---

29) 王父: 할아버지.

30) 秉節公: 조선 관직 품계도에 보면 정6품 무관직으로 秉節校尉가 보인다.

31) 碣陰誌: 음각으로 새긴 비갈 기록.

32) 金蛙: 생몰년 미상. 동부여의 왕. 金蝸라고도 표기함. 서기전 1세기에 활동한 것으로 보이며, 그의 행적은 고구려 시조인 동명성왕의 신화를 전하고 있는 『삼국사기』·『삼 국유사』, 그리고 李奎報의 「東明王篇」에 전해지고 있다. 부여왕 解夫婁는 늙도록 아들 이 없어 산천에 후사를 구하러 다녔다. 그러던 중 鯤淵이라는 연못가의 이상한 돌 밑에서 금빛 나는 개구리(또는 달팽이) 모양의 아이를 발견하고 그를 하늘이 준 자식 이라 생각하여 데리고 가서 키웠다. 금와라는 이름은 바로 금빛 나는 개구리 모양을 한 데서 비롯된 것이다. 그 뒤 태자로 책봉되어 해부루를 이어서 부여의 왕이 되었 다. 그리고 태백산 남쪽의 優渤水에서 河伯에게서 쫓겨난 하백의 딸 柳花를 발견하고 궁중으로 데려왔다. 그런데 유화가 이상하게도 알을 낳자 이를 버리게 하였다. 그러 나 곧 알의 신비함을 인정하고 유화에게 돌려주었는데, 이 알에서 주몽이 탄생하였 다. 그의 일곱 아들들이 주몽을 시기하여 그를 처치할 것을 건의하였지만 금와는 듣지 않고 주몽으로 하여금 말을 기르게 하여 그 뜻을 시험하고자 하였다. 그 뒤 주몽이 달아나자 그를 추격하는 군대를 파견하였지만 잡지는 못하였다. 주몽이 고구 려 건국을 위하여 남쪽으로 떠난 후에 유화가 24년에 죽자 太后의 예로서 장사를 치러 주었다. 그의 사후 왕위는 아들인 帶素에 의하여 계승되었다.(『한국민족문화대 백과사전』, 한국학중앙연구원)

33) 紫纓: 자줏빛 끈. 『駕洛記』의 贊을 살펴보면, "자줏빛 끈 하나가 내려와 둥근 알 여섯 개를 내려 주었는데, 이 중 다섯 개는 각 읍에 보냈고 한 개는 이 성에 있었다. 그래 서 하나는 首露王이 되었고 나머지 다섯 개는 각각 다섯 가야의 군주가 되었다"라고 하였다.("按駕洛記贊云, 垂一紫纓, 下六圓卵, 五歸各邑, 一在效城. 則一爲首露王, 餘五各爲

두 계열뿐이다. 세대가 멀어지면서 여러 지역으로 흩어져 나가 각각 스스로 본관을 삼았다. 두 성씨의 원류가 되는 계열은 다 살펴 알 수 없게 되었다.

우리 성씨의 시조인 태자첨사太子詹事 김용비金龍庇[34] 공은 처음으로 문소聞詔[35]에 적을 두었다. 문소의 김씨는 이로부터 나타나게 된다. 은청광록대부銀靑光祿大夫 좌복야左僕射 김의金宜를 거처 조현대부朝顯大夫 내영소윤內盈少尹 김서지金瑞芝, 봉익대부奉翊大夫 문예부좌사윤文睿府左司尹 김태권金台權, 가선대부嘉善大夫 공조전서工曹典書 김거두金居斗[36], 선략장군宣

五伽耶之主", 『삼국유사』, 5가야 부분 참조)

34) 金龍庇: 고려 후기 의성 출신의 문신. 본관은 의성. 의성김씨 시조인 金錫의 9세손으로 의성김씨의 중시조이다. 아버지는 金公瑀이며, 부인은 슈同正 姜後柱의 딸이다. 김용비는 생몰년 미상이며, 고려 말 恭愍王 때 홍건적이 처들어와 경상북도 안동을 임시 수도로 정하고 몽진했을 무렵 의성 일원의 도적 무리를 다스려 소란한 민심을 수습했다. 그 난을 평정한 공으로 推節保節功臣 義城君에 책봉되었으며, 金紫光祿大夫 太子詹事를 지냈다. 묘는 경상북도 의성군 사곡면 토현리 오토산에 있다. 의성군 사곡면 토현리에 있는 五土齋는 김용비의 재실이다. 원래 의성군 백성들이 김용비의 공덕을 기려 경상북도 의성군 의성읍 중리리에 鎭民祠를 세우고 享祀를 지내다가 1868년 오토재로 옮겼다고 한다. 오토재는 1987년부터 2년간에 걸려 중창하였다.(한국향토문화전자대전, 한국학중앙연구원)

35) 聞詔: 경상북도 의성 지역의 옛 지명. 원래 이 지방 북쪽에 召文國이 있었는데, 신라가 2세기 말에 이를 병합하였다. 757년(경덕왕 16) 문소군으로 개칭되고 眞寶·比屋·安賢·單密 등을 領縣으로 하였다. 10세기 초 이곳은 군사상의 요지로서 王建과 甄萱의 쟁탈 장소가 되었다. 당시 이 지방의 호족 洪儒가 왕건의 편을 들었다고 하여 義城府가 설치되었다. 1143년(인종 21) 縣令을 파견하였는데, 1199년(신종 2) 민중봉기가 있어 監務를 두게 되었다. 한때 大丘縣에 병합되었으나 곧 복구되었다. 조선 세종 때 의성·義興·比安의 3현이 정립되어 오래 유지되었다. 1914년 행정구역 개편 때 비안군·의흥군을 병합하였다.(『한국민족문화대백과』, 한국학중앙연구원)

36) 金居斗: 1339(충숙왕 복위 8)~? 고려 말 조선 초의 학자·문신. 본관은 義城. 태자첨사 金龍庇의 현손이고, 文睿府左司尹 金台權의 아들이다. 어머니는 安東金氏로 金方慶의 증손녀이고, 金承古의 딸이다. 부인은 文化柳氏로 대언 柳總의 딸이다. 자세한 관력은 알 수 없으나, 1393년(태조 2) 10월에 경주부사에 임명되어 『三國史記』를 중간하였다. 본래 안렴사 沈孝生과 전경주부사 陳義貴가 『三國史記』의 중간을 도모하다가 1393년 7월에 관직에서 물러나자, 새로 부임한 관찰사 閔開의 명령을 받아 1394년

略將軍 진례도첨절제사進禮島僉節制使 김천金洊, 조산대부朝散大夫 신령현감新

寧縣監 김영명金永命, 부지승문원사副知承文院事 김한계金漢啓37)에 이른다. 김

한계는 무오년(1438)의 과거에 급제하여 성삼문成三問38), 하위지河緯地39)과

4월에 그 일을 담당하여 마무리하였다. 그리고 『三國史記』 중간의 시말을 적은 跋文
을 썼다. 김해부사와 봉익대부 工曹典書를 역임하였다고 한다. 만년에 안동의 풍산
현에 거주하여 그 뒤 자손들이 안동에 세거하게 되었다. 묘는 안동 남선면 加峴 朴日
洞에 있다.(『한국민족문화대백과』, 한국학중앙연구원)

37) 金漢啓: 1414(태종 14)~1461(세조 7). 조선 전기의 문신. 본관은 義城. 金居斗의 증손
으로, 할아버지는 金洊이고, 아버지는 현감 金永命이며, 어머니는 李之柔의 딸이다.
1438년(세종 20) 생원으로 식년 문과에 정과로 급제했다. 집현전에 들어가 공부하였
고, 1451년(문종 1) 左正言이 되었으며, 經筵에 출입하여 문학으로 이름이 높았다.
직제학을 거쳐 1454년(단종 2) 성균관직강이 되고 이어 승문원교리를 겸하였으며,
또 記注官을 겸하여 『世宗實錄』 편찬에도 참여하였다. 승정원부승지를 지내고 다시
정언이 되었다. 1455년(세조 원년) 세조가 즉위하자 副知承文院事에 임명되었으나 병
을 칭하여 사직하고 종신토록 벼슬하지 않았다. 같은 해 佐翼原從功臣 2등에 봉해졌
으나 사양하였다.(『한국민족문화대백과』, 한국학중앙연구원)

38) 成三問: 1418(태종 18)~1456(세조 2). 조선 전기의 문신. 死六臣의 한 사람이다. 본관
은 昌寧. 자는 謹甫, 호는 梅竹軒. 충청남도 洪城 출신. 開城留後 成石璘의 증손으로,
할아버지는 判中樞府事 成達生이고, 아버지는 都摠管 成勝이다. 어머니는 현감 朴檐의
딸이다. 1435년(세종 17) 생원시에 합격하고, 1438년에는 식년 문과에 정과로 급제
했으며, 1447년에 문과 중시에 장원으로 다시 급제하였다. 집현전학사로 뽑혀 세종
의 지극한 총애를 받으면서 弘文館修撰·直集賢殿으로 승진하였다. 1454년에 집현전
부제학이 되고, 예조참의를 거쳐, 1455년에 예방승지가 되었다. 그 해 세조가 어린
조카인 단종을 위협, 禪位를 강요할 때, 성삼문이 國璽를 끌어안고 통곡을 하니 세조
가 성삼문을 차갑게 노려보았다. 이후 아버지 성승의 은밀한 지시에 따라, 朴仲林·
박팽년·兪應孚·許慥·權自愼·이개·柳誠源 등을 포섭, 단종복위운동을 계획하였
다. 그러던 중 1456년(세조 2) 6월 1일에 세조가 상왕인 단종과 함께 창덕궁에서
명나라 사신을 위한 잔치를 열기로 하자, 그날을 거사일로 정하였다. 성삼문은 거사
일 전날에 집현전에서 비밀회의를 열고 아버지 성승과 유응부·朴崝 등 무신들에게
는 세조와 尹師路·權寧·韓明澮를, 병조정랑 尹鈴孫에게는 신숙주를 각각 제거하도
록 분담시켰다. 당일 아침에 갑자기 연회 장소가 좁다는 이유로 별운검의 시립이
폐지되어 거사는 일단 중지되었다. 이에 거사는 세조가 친히 거둥하는 觀稼(임금이
봄에 권농하기 위해 곡식의 씨를 뿌리는 것을 관람하던 행사) 때로 미루어졌다. 거
사에 차질이 생기자 함께 모의했던 김질이 장인 정창손과 함께 세조에게 밀고하여
모의자들이 모두 잡혀갔다. 성삼문은 세조를 가리켜 '나으리'(進賜: 종친에 대한 호
칭)라 호칭하고 떳떳하게 모의 사실을 시인하면서 세조가 준 祿은 창고에 쌓아 두었
으니 모두 가져가라 하였다. 그 달 8일 아버지 성승과 이개·河緯地·박중림·金文
起·유응부·박쟁 등과 함께 군기감 앞에서 凌遲處死를 당하였다. 그때 동생 成三

함께 은대銀臺[40), 옥당玉堂[41)에 올랐으며 명성이 드높았다. 그 아우인 김

聘·成三顧·成三省과 아들 成孟瞻·成孟年·成孟終 및 갓난아이까지 모두 죽음을 당
했다. 1691년(숙종 17) 伸寃(억울하게 입은 죄를 풀어 줌)되고, 1758년(영조 34) 이조
판서에 추증되었다. 1791년(정조 15) 端宗忠臣御定配食錄에 올랐다. 묘는 서울 동작구
노량진동 사육신 묘역에 있으나, 성삼문의 一肢를 묻었다는 묘가 충청남도 은진에
있다. 莊陵(단종의 능) 忠臣壇에 배향되었으며, 시호는 忠文이다. 저서로 『梅竹軒集』
이 있다.(『한국민족문화대백과』, 한국학중앙연구원)

39) 河緯地: 조선 전기의 문신으로 사육신의 한 사람. 집현전 直殿에 등용되어 수양대군을
보좌하여 『陣說』의 교정과 『歷代兵要』의 편찬에 참여하였다. 침착·과묵한 청백리로
성삼문 등과 단종 복위를 꾀하다가 실패, 車裂刑에 처해졌다. 출생사망은 1412~
1456. 본관 晉州. 자 天章·仲章. 호 丹溪·延風. 시호 忠烈. 1435년(세종 17) 생원을
거쳐 1438년 式年文科에 장원, 賜暇讀書를 하고, 1444년 집현전 校理가 되어 『五禮儀註』
詳定에 참여하였다가 1446년 同福縣監으로 있던 형 綱地의 貪贓罪에 인책 사임하고,
1451년(문종 1) 집현전 直殿에 등용되어 首陽大君을 보좌하여 앞서 新定한 『陣說』의
교정과 『歷代兵要』의 편찬에 참여하였다. 1454년(단종 2) 부제학·예조참의를 거쳐
이듬해 예조참판에 올랐다. 침착·과묵한 淸白吏로, 측근에서 세조를 보필하는 동안
國祿을 손대지 않고 고스란히 따로 저장해 두었다. 1456년 成三問 등과 단종 復位를
꾀하다가 실패, 체포되어 親鞫 끝에 동료들과 함께 車裂刑에 처해졌다. 뛰어난 문장
가였으며, 果川의 愍節書院, 洪州의 魯雲서원, 連山의 忠谷서원, 義城의 忠烈祠 등에 제
향되었다.(『두산백과』)

40) 銀臺: 조선시대 承政院을 달리 부르는 말. 조선시대 正三品衙門으로 왕명의 出納을
관장하였다. 1392년(태조 1) 건국 초에는 中樞院에서 軍機에 관한 일과 더불어 왕명
의 출납을 위해 속아문으로 승지방을 두고, 都承旨(正三品)를 장관으로 하였다. 1400
년(정종 2)에 군기에 관한 권한을 義興三軍府로 이관하면서 承政院을 따로 설치하였
다. 1401년(태종 1)에 의흥삼군부를 承樞府로 개편하면서 도승지를 知申事, 승지를
代言으로 개칭하여 다시 통합하였다가 1405년(태종 5)에 다시 승추부가 兵曹에 흡수
된 뒤에 다시 승정원으로 독립한 것으로 지신사, 좌·우대언, 좌·우副代言 및 堂後官
과 同副代言을 새로 두었다. 1433년(세종 15)에 지신사를 도승지로, 대언을 승지로
고쳐 승정원 제도를 완비하여 육조의 업무를 분담하였다. 승정원 관원으로는 正三品
堂上官인 도승지·좌승지·우승지·좌부승지·우부승지·동부승지 각 1원과 注書
(正七品) 2원을 두었다. 續大典에서는 事變假注書(正七品) 1원을 더 두었다. 吏屬으로
書吏 25인(『경국대전』에서는 28인), 使令 35인, 引陪 6명, 水工 2명, 軍士 3명, 待漏廳軍
士 2명을 두었다. 당하관은 모두 문관을 임용하였는데, 승지는 經筵參贊官, 春秋館修
撰官을 겸하는 것이 상례였다. 또한 도승지는 弘文館直提學을 겸하며 知製敎가 되고,
尙瑞院正을 겸하였으며, 승지 가운데에서 內醫院·尙衣院·司饔院의 副提調를 겸하게
하기도 하였다. 또 刑房承旨는 典獄署提調를 겸하였다. 승지는 弘文錄에 등재되지 못
한 사람은 임명될 수 없었다.(『관직명사전』, 2011.1.7., 한국학중앙연구원)

41) 玉堂: 조선시대 弘文館을 달리 이르는 말. 또는 홍문관의 副提學 이하 校理·副校理·
修撰·副修撰 등 실무를 담당하는 관원을 총칭하여 부르는 말.(『한국고전용어사전』)

한철金漢哲과 매부인 정륜鄭綸도 연달아 등과하여 일시에 명예를 드높였으며, 지역 사람들의 칭송을 받았다. 세조가 선위를 받았을 때 지역의 향교에서 교수를 하였으며, 평생 동안 중앙관직에 나아가지 않았다. 비록 원종공신原從功臣[42]의 훈작을 받긴 하였지만 원하던 바가 아니었다.

조선시대 궁중의 經署·史籍의 관리와 文翰의 처리 및 왕의 각종 자문에 응하는 일을 맡아보던 관부. 사헌부·사간원과 더불어 三司라 하였다. 玉堂·玉署·瀛閣·瑞書院·淸讌閣이라고도 하였다. 조선시대에는 학술적인 관부이면서 言論三司의 하나로서 정치적으로도 중요한 기능을 담당한 기관이었다. 홍문관직은 淸要職의 상징으로서 일단 홍문관원이 되면 출세가 기약되었다. 조선시대의 정승·판서로서 홍문관을 거치지 않은 사람은 거의 없다. 세조 9년(1463) 梁誠之의 건의에 따라 藏書閣을 홍문관이라 하였는데, 이때의 홍문관은 藏書機關이었을 뿐이다. 학술·언론기관으로서의 홍문관은 성종 9년(1478)에 비로소 성립된 것이다. 그 과정을 보면, 세조에 의하여 집현전이 혁파된 뒤 집현전의 기능은 부분적으로 예문관에 의해서 계속되었다. 세조가 젊고 유능한 문신을 뽑아 예문관직을 겸하게 하여 학문에 전념할 수 있도록 조처한 것은 그 한 예이다. 그러나 예문관으로는 과거 집현전의 기능을 완전히 대행할 수 없었다. 결국 1470년에 옛 집현전제도에 의하여 15인의 專任官을 예문관과 구 집현전의 기능을 겸하게 되었고, 1478년 2월에는 직제에 있어서도 집현전과 예문관의 복합체가 되었다. 이에 따라 예문관 分館의 문제가 대두되어 1478년 3월에 구 집현전의 직제는 예문관에서 분리되어 당시 유명무실한 기관이었던 홍문관에 이양됨으로써 비로소 집현전의 직제와 기능을 잇는 홍문관의 성립을 보게 되었다. 그 뒤 연산군 10년(1504)에 홍문관을 進讀廳으로 개칭하고 전임관을 없애고 예문관의 관원으로 겸하게 한 바 있으나 중종 1년(1506)에 다시 복구하였다. 홍문관은 청요직으로서 그 관원이 되려면 知製敎가 될 만한 문장과 經筵官이 될 만한 학문과 인격이 있어야 함은 물론 가문에 허물이 없어야 하였으며 우선 홍문록에 선발되어야 하였다. 홍문록이란 홍문관원의 후보로 결정된 사람을 가리키는 것으로, 홍문관·이조·政府(廟堂)의 투표(圈點)를 통하여 다득점자의 순으로 결정되는 것이다. 홍문관에서 결원이 생기면 홍문록 중에서 注擬·落點된 사람으로 충원하게 되므로 홍문관원이 되기란 어려운 일이었다. 『경국대전』에 규정된 홍문관의 직무는 궁중의 經籍 관리와 문한의 처리 및 왕의 자문에 응하는 것이었다. 홍문관원은 모두 경연관을 겸하였고, 부제학에서 부수찬까지는 지제교를 겸하였다. 그러나 실제적인 기능은 집현전에서와 같이 학술적인 성격과 정치적인 성격을 아울러 가졌다. 특히, 언론삼사의 하나로서 정치적으로 큰 비중을 가졌고, 학문적·문화적 사업에도 주도적인 구실을 한 기관이었다.(문화콘텐츠닷컴[문화원형 용어사전], 2012, 한국콘텐츠진흥원)

42) 原從功臣: 국가나 왕실의 안정에 공훈이 있는 正功臣 외에 왕을 隨從해 공을 세운 사람에게 준 칭호, 또는 그 칭호를 받은 사람. 공신의 대부분이 정공신의 자제 및 사위 또는 그 수종자들에게 녹훈되었다. 본래는 元從功臣이라 했으나 명나라 태조인 朱元章의 이름에 들어 있는 元자를 피해 原으로 고쳐 썼다. 공신을 크게 나누면, 왕이

말년에 문성공文成公43)의 후손인 죽계안씨竹溪安氏를 아내로 맞아 김만근
金萬謹을 낳았다. 김만근은 정유년(1477) 진사시에 합격하였는데, 은거하
여 일생을 보냈다. 향년은 마흔을 넘긴 나이(中身)44)였다. 해주오씨海州吳
氏와 혼인하여 성화成化45) 기해년己亥年46) 2월 2일에 공을 낳았다. 공의
이름은 김예범金禮範47)이고, 자字는 국헌國憲인데, 선조의 음덕으로 품계
가 병절이 되었고, 군수인 영해寧海 신명창申命昌의 여식을 배위로 맞았
는데, 현덕을 갖추었으며, 3남 2녀를 낳았다.

김진金璡48)은 을유년 생원이고, 좌정승 여흥민씨驪興閔氏 어은漁隱 민

죽은 뒤 종묘에 위패를 모실 때 공로가 큰 신하의 위패를 종묘에 배향하는 배향공신
과, 훈공을 나타내는 명호를 1등에서 3등 또는 4등으로 나누어 포상하는 勳封功臣이
있다. 그리고 훈봉공신은 다시 정공신과 원종공신으로 나뉜다.(『한국민족문화대백
과』, 한국학중앙연구원)

43) 文成公: 安珦. 1243(고종 30)~1306(충렬왕 32). 고려 후기의 문신·학자. 자 士蘊, 호
晦軒, 시호 文成. 경상북도 興州(지금의 경상북도 영주시 풍기) 출신. 본관은 順興.
자는 士蘊, 호는 晦軒. 초명은 安裕였으나 뒤에 安珦으로 고쳤다. 조선시대에 들어와
문종의 이름이 같은 글자였으므로, 이를 피해 초명인 안유로 다시 고쳐 부르게 되었
다. 회헌이라는 호는 만년에 송나라의 朱子를 추모하여 그의 호인 晦庵을 모방한 것
이다. 아버지는 밀직부사 安孚이며, 어머니는 剛州禹氏로 禮賓丞 禹成允의 딸이다. 우
리나라에 성리학을 최초로 도입하였다.(『한국민족문화대백과』, 한국학중앙연구원)

44) 中身: 마흔이 지난 나이.(한자사전)

45) 成化帝: 憲宗. 1447~1487. 중국 明나라 제8대 황제. 方術에 심취하여 道士를 고관으로
채용하고, 환관을 중용하여 西廠을 만들어 무고한 충신을 죽였으며 東廠을 통해 매관
매직을 자행토록 하였다. 본명 朱見深. 明 제6대 황제 正統帝의 맏아들로 태어났다.
초명은 見濬이다. 토목의 변(土木之變)으로 景泰帝가 즉위하여 일시 황태자에서 폐위
되었다가 탈문의 변(奪門之變)의 결과 정통제가 다시 즉위하자 1457년 황태자가 되
고 이름을 見深으로 고쳤다. 1464년 제8대 황제로 즉위하였다. 시호는 繼天疑道誠明
仁敬崇文肅武宏德聖孝純皇帝이다. 다음 해 成化로 연호를 바꾸었다. 재위 중에 于謙의
억울함을 풀어 주고 景泰帝의 帝號를 회복했다. 그러나 실정을 많이 저질렀다.(『두산
백과』, 20181025 검색)

46) 기해년은 성화 15년, 1479년임.

47) 金禮範: 1479~1550. 조선 燕山君~明宗 때의 무신. 진사 金萬謹의 아들이며, 鶴峯 金誠
一의 祖父로, 秉節校尉를 지냄.

48) 金璡: 1500(연산군 6)~1580(선조 13). 조선 중기의 학자. 본관은 義城. 자는 瑩仲,

제閔霽[49])의 5대손 민세경閔世卿의 따님에게 장가들었는데, 향리에서 현숙하다는 칭송을 들었다. 5남 3녀를 두었다. 장남은 김극일金克一인데 가정嘉靖 병오년 과거에 급제하였는데, 전에 성주목사를 지냈다. 차남은 김수일金守一인데, 을묘년 연방蓮榜[50])에 올랐으나 과거에서는 거듭 실패하였다. 그 다음의 김명일金明一은 다른 두 아우와 같이 갑자년 연방에 이

호는 靑溪. 할아버지는 진사 金萬謹이고, 아버지는 교위 金禮範이며, 어머니는 군수 申命昌의 딸이다. 안동에서 살았다. 어려서부터 재능이 뛰어나고 뜻이 높아 己卯名儒들을 찾아 가르침을 배워 견문을 넓히고 학업에 정진하였다. 또한, 淫祠(사악한 神을 祭祀하는 사당)나 귀신은 자기 몸을 더럽히는 것으로 여기고 이를 멀리하여 무당이 마을에 감히 들어가지 못하였다. 마을 남쪽 산에 廉興邦의 사당이 있었는데, "네가 前朝(고려)의 간신으로서 죽었어도 남은 죄가 있는 터에 어찌 너의 귀신을 용납하여 백성들을 迷惑하게 하랴" 하고 이를 헐어 버렸다. 다섯 아들에게 "사람이 차라리 곧은 道를 지키다 죽을지언정 무도하게 사는 것은 옳지 않으니, 너희들이 군자가 되어 죽는다면 나는 그것을 살아 있는 것으로 여길 것이고, 만약 소인으로 산다면 그것을 죽은 것으로 볼 것이다"라고 훈계하였다. 뒤에 이조판서에 추증되었으며, 안동의 泗濱書院에 제향되었다.(『한국민족문화대백과』, 한국학중앙연구원)

49) 閔霽: 1339(충숙왕 복위 8)~1408(태종 8). 고려 말 조선 초의 문신. 본관은 驪興. 자는 仲晦, 호는 漁隱. 여흥 출신. 할아버지는 閔頔이고, 아버지는 閔忭이다. 사위가 태종이다. 1357년(공민왕 7) 문과에 급제, 國子直學에 보직되었고, 春秋館檢閱 · 典理正郎知製敎 · 成均司藝 · 典校副令 등을 역임하였다. 1392년(태조 1) 조선이 개국되자 政堂文學이 되고, 이어 藝文春秋館太學士에 올랐다. 1394년 中樞院副使 柳源之와 함께 명나라에 가서 年正을 賀禮하였다. 이듬해 驪興伯에 봉해졌으며, 領禮曹事에 올랐다. 1399년(정종 1) 知貢擧가 되어 金泮 등 33인을 선발하였다. 1400년 判三司事에서 門下右政丞으로 임명되었으며, 곧 좌정승에 올랐다. 이듬해 純忠同德輔祚贊化功臣의 호를 받았으며, 여흥백에서 驪興府院君으로 개봉되었다. 1402년(태종 2) 李之直 · 田可植 등이 巡軍獄에 관련되자 그 뒤로는 문생들을 만나보지 않았으며, 같은 해 인사 문제로 탄핵을 받았다. 1406년 태종이 세자 李禔(讓寧大君)에게 왕위를 물려주려고 할 때 河崙 · 趙英茂 · 李叔蕃 등과 함께 옳지 못함을 주장하였다. 이듬해 명나라와 세자 간의 혼사 문제로 하륜 · 조영무 등과 함께 탄핵을 받았으나 왕의 장인이자 태종의 잠저시 사부였던 관계로 왕의 비호를 받아 무사하였다. 1407년 하륜이 좌정승, 조영무가 우정승이 되자 하륜과 아들인 閔無咎 · 閔無疾 등에 대한 탄핵 상소가 잇따랐으나 태종의 비호로 무사하였다. 이어 민무구 · 민무질 형제가 붕당을 지어 세자를 끼고 집권을 도모한다는 탄핵이 있었으나 민제의 공덕으로 두 아들이 무사하였다. 호는 文度이다.(『한국민족문화대백과』, 한국학중앙연구원)

50) 蓮榜: 小科인 生員試와 進士試에 합격한 사람의 성명을 적은 명부.(어학사전)

름을 올렸는데, 행의가 아주 순일하고 밝았다. 계획에 따라 서울로 올라 갔으나 질병으로 고향으로 돌아오지 않을 수 없게 되었고, 김량金良[51])에 서 세상을 떠났다. 다음인 김성일金誠一은 융경 무진년 과거에 급제하였 는데, 난파鸞坡[52])로부터 벼슬길로 나아가 지금은 사간원司諫院 정언正言으 로 있다. 바른 소리를 잘해 조정을 진동시키는 것으로 이름이 높다. 다 음인 김복일金復一은 경오년 과거에 급제하였는데, 성균관에 분속되어 대기하고 있는 중이다. 다음으로 장녀는 유성柳城에게 출가하였는데, 문 화유씨文化柳氏의 명망 있는 가계이다. 장녀는 유성이 일찍 타계하여 외 로운 처지로 지냈는데, 미음과 음료를 줄이고, 머리 감고 빗질하는 일을 더 이상 하지 않았다. 그렇게 5년을 근심 속에서 지내다 일생을 마치니 옛 열녀의 풍모를 갖추고 있었다. 차녀는 이봉춘李逢春에게 출가하였는 데, 진성이씨 명망 있는 가문이다. 열심히 과거공부를 하고 있다. 3녀는 유난柳瀾에게 시집갔다. 역시 문화유씨의 집안이다. 이 5남 3녀에게는 각자 다 자녀가 있으나 아직 어린 나이이므로 기록하지 않는다.

김정金珽은 효행으로 이름이 높았다. 포상으로 참봉을 제수 받았으 나 나아가지 않았다. 서출의 아들 하나가 있다.

김수金璲는 중풍으로 마비가 와서 고을 밖을 나가지 못한다. 아들 김

---

51) 용인에 김량장동이 있고, 과거에는 김량장리가 있었다고 한다. 양지의 김량리에서 용인의 김량장으로 전개되었다고 하는 주장도 있는데, 현재에도 양지와 용인 사이에 는 김량천이 흐른다고 한다.(정양화, 「김량의 유래」, 『용인시민신문』, 20081002.)

52) 鸞坡: 翰林院. 고려시대에 임금의 명령을 받아 문서를 꾸미는 일을 맡아보던 관아.(어 학사전) 藝文館으로 바뀌어 나갔다. 예문관은 고려시대에 辭命을 짓는 일을 맡아보던 관아. 공민왕 11년(1362)에 한림원을 고친 것으로, 공양왕 원년(1389)에 춘추관을 합하여 예문춘추관이라고 하였다. 조선시대에 사명을 짓는 일을 맡아보던 관아. 태 조 원년(1392)에 둔 예문춘추관을 태종 원년(1401)에 예문관과 춘추관으로 분리하였 는데 고종 31년에 경연청에 합하였다. 文苑·한림원 등으로도 지칭된다.(국어사전)

협일金協一, 김지일金至一이 있다. 장녀는 이극필李克弼에게 출가하였는데, 전주이씨 지파이다. 아들 하나가 있는데 이수李邃이다. 차녀는 이희안李希顔에게 시집갔는데, 진성이씨이다. 아들 이정회李廷檜, 이정백李廷柏이 있다.

아아! 우리 선조는 청렴결백하고 스스로 자신을 지켜서 터럭 한 오라기 같은 것을 갖거나 줄 때면 반드시 바르게 하였으며, 향리에서 경계하고 삼가며 살아 주변 사람들 중 누구도 험담을 하는 법이 없었다.

공의 어머니 해주오씨海州吳氏는 향년이 90을 넘겼는데, 아침이나 저녁이나 맑은 정신을 유지하여 빈틈이 없었다. 만년에 임하에 정자를 지어 놓고 아침저녁으로 왕래하며 물고기와 새를 가까이하였다. 집안의 명성이 크게 떨치지 못하는 것을 분하게 여겨 강개한 어조로 말하곤 하였다. "오늘날 마의馬醫와 하휴夏畦53)의 후예들조차 공경(青紫)54)의 지위를 얻어 그 일족의 명망을 밝게 드러내는데, 우리 가문은 씨족이 번성하고 후손이 줄을 이어 다른 가문에 뒤지는 것이 없는데도 떨치고 일어나는 자손이 하나도 없으니, 이것은 어른들에게 불효하는 잘못이다." 이에 스승을 택하여 나의 대인大人을 매서妹壻 권간權幹 공의 문하에 보냈다. 권간은 통유通儒55)였는데, 결국 성취하게 이끌었다. 우리 형제가 공리孔鯉56)의 가정과 같은 가르침을 받아 학문을 알고 과거공부를 덧붙여

---

53) 夏畦: 여름철에 밭에서 하는 노동. 곧 일의 어려움을 말함. 『孟子』「滕文公章」에 "어깨를 치켜올리고 남에게 아첨하여 웃는 것은 여름철에 밭일하는 것보다 어렵다"(脅肩諂笑, 病于夏畦)라고 하였음.(『한국고전용어사전』, 2001.3.30., 세종대왕기념사업회) 여기서는 '아주 힘든 일을 하는 사람'의 의미.
54) 青紫: 公卿의 지위를 말함.(『한국고전용어사전』, 2001.3.30., 세종대왕기념사업회)
55) 通儒: 다방면에 걸쳐 뛰어난 학식을 갖춘 유학자.
56) 孔鯉: 자는 伯魚이다. 아버지가 공자이고, 어머니는 송나라 亓官氏의 딸이다. 공자가

나가게 된 데에는 다 이것이 기반을 이루어 주고 있는 것이다.

모자라는 나는 형상을 갖추어 내지 못하였고 그윽한 도리를 들여다 볼 수 있는 현재가 아니지만 무릎 위에서 노니는 사랑을 독차지하였고, 자라서는 가정에서 지팡이와 신을 들고 따르는 기회를 더 가질 수 있어서, 보면서 익힌 것이 여러 아우들에 비해 가장 온전하고 오래되었다. 과거에 급제하던 해에 근심되고 흉한 일이 닥쳐와서 자모慈母가 돌아가시게 되고, 관직 한 자리를 차지하는 것으로 즐거워하시는 모습을 눈앞에서 보고자 한 꿈을 이루지 못하였으니, 마음속 아픔이 얼마나 크겠는가?

경술년57) 7월 26일 병으로 돌아가셨다. 향년은 72세이다. 그해 어느 날 임하현 서북 비리연飛鯉淵 위의 기슭에 태좌진향兌坐震向58)으로 장례지냈다. 의인宜仁 신씨申氏는 같은 산언덕에 다른 묘를 지어 모셨다. 지금 중조 이하 자손을 살펴보면 수백 명에 이르니 역시 번성하였다고 할

20세 때 그가 태어났는데, 노 소공이 사람을 보내 鯉魚(잉어)를 하사했다. 공자는 군주에게 예물을 하사받은 것을 영광으로 생각하고 아들의 이름을 孔鯉로 지었다. 일찍이 공자의 제자인 진항(원항)이 공리에게 이렇게 물었다. "그분(공자를 뜻함)에게 특별한 가르침을 받은 적이 있습니까?" 공리는 이렇게 대답했다. "없습니다. 그러나 한번은 아버지가 정원에 서 계시다가 제가 총총걸음으로 지나가자 저를 불러 이렇게 말씀하셨습니다. '詩를 배웠느냐?' 제가 배운 적이 없다고 하자, '시를 모르면 다른 사람들과 이야기할 수 없다!' 하셨습니다. 그래서 저는 물러나와 시를 배웠습니다. 또 어느 날 아버지가 정원에 서 계셨는데, 제가 총총걸음으로 지나가니 저를 불러 이렇게 말씀하셨습니다. '禮를 배웠느냐?' 제가 배운 적이 없다고 하자, '예를 모르면 사회에서 설 수 없다!' 하셨습니다. 그래서 저는 물러나와 예를 배웠습니다. 저는 이 두 가지를 들었을 뿐입니다." 이에 진항이 돌아와 이렇게 말했다. "나는 한 가지를 묻고 세 가지 교훈을 얻었다. 시와 예의 중요성과 필요성을 알았고, 군자는 자기 아들만을 편애하지 않는다는 것을 깨달았다."(『중국인물사전』, 한국인문고전연구소)

57) 庚戌年: 1550년.
58) 兌坐震向: 兌는 서쪽 방향이고, 震은 동쪽 방향이다. 兌坐震向은 서쪽에 등을 두고 앉아 동쪽을 바라보는 방향이다.

수 있을 것이다. 누가 선조의 뜻을 따라서 자신을 굳게 세우고 우리 종중의 명망을 떨칠 수 있을 것인가? 나는 이미 노쇠하였다. 아우나 손자들에게서 바라지 않고 내가 누구에게 바랄 수 있겠는가? 삼가 적는다.[59]

4. 부록 「통훈대부내자시정약봉선생묘갈명通訓大夫內資寺正藥峰先生墓碣銘」

약봉 김 선생의 이름은 김극일金克一, 자는 백순伯純이다. 본관은 문소聞韶이며, 증 통정대부승정원좌승지 겸 경연참찬관인 김예범金禮範의 손자이고, 증 자헌대부 이조판서 겸 의금부사 청계靑溪 김진金璡의 아들이다. 청계 김진 선생은 큰 덕과 무거운 명망을 갖추고 있었으며, 국자생원國子生員[60]으로 은거하여 출사하지 않았다. 여흥驪興 민상국閔相國[61]의 5대손인 민세경閔世卿의 여식에게 장가들어 다섯 아들을 두었는데, 모두 덕행과 학문을 갖추어서 세상에서는 김씨5룡金氏五龍이라고 불렀다. 선생은 순서에 있어서 장자였다. 어려서부터 영명하고 준수하였으며, 언제나 사람들을 놀라게 하는 말을 하여서 신동이라고 불려졌다. 조금 자라면서 도산陶山 이선생李先生에게 나아가 공부하였는데, 높은 성취를 이루었다. 이 선생은 아주 무겁게 대하셨다. 25세에 과거에 급제하여 처음

---

59) 이 글은 약봉 김극일이 그 조부인 병절공 金禮範을 위해 지은 것이다. 말미에 저자의 이름은 표현되어 있지 않다.
60) 國子生員: 성균생원을 의미.
61) 相國: 領議政, 左議政, 右議政의 總稱.(한자사전)

에는 교서관校書館[62] 정자正字에 제수되었다. 이 해에 모부인母夫人의 상을 당하였다. 복상 기간이 끝난 후에 괴원槐院[63]에 들어갔다. 정자正字, 저작著作, 박사博士[64]를 거쳐 기거랑起居郎[65]으로 추천되었다. 바로 형조

---

62) 校書館: 1392년(태조 1) 經籍의 인쇄와 제사 때 쓰이는 향과 축문·印信(도장) 등을 관장하기 위하여 설치되었던 관서. 일명 校書監 또는 芸閣이라고도 한다. 1392년(태조 1)에 설치되었다. 관원은 모두 문관을 쓰며, 篆字에 익숙한 자 3인은 그 품계에 따라 겸임시켰다. 判校 1인은 타관이 겸하였고, 校理 1인, 別坐 2인, 別提 2인, 博士 2인, 著作 2인, 正字 2인, 副正字 2인의 관원과 司準 10인 등의 잡직과 書吏·傳令 등 20여 인이 있었다. 세조 때 典校署로 개칭되고, 1484년(성종 15) 환원되어 『경국대전』에는 뚜렷한 관서로 되었다. 그러나 1777년(정조 1)에 규장각제학 徐命膺의 건의에 의하여 규장각에 편입하였다. 규장각을 內閣이라 하고, 屬司가 된 교서관을 外閣이라 하였다. 외각의 장격인 提調에는 내각제학이, 부제조에는 내각직제학이, 교리에는 내각의 直閣이 겸임하여, 내각의 주도 아래 운영되었다.(『한국민족문화대백과』, 한국학중앙연구원)
63) 槐院: "'세 그루 회화나무'는 정승 벼슬을 의미한다. 중국 주나라의 정승은 '三公'인데 太師, 太傅, 太保다. 삼공을 회화나무 '槐'를 써 '三槐'라고도 했다. 주나라는 조정 앞뜰에 회화나무를 심어 놓고 조정을 '槐庭'이라 불렀다. 중국 한나라 때도 황제가 거처하는 궁정에 수백 년 된 회화나무를 심고 '槐宸'으로 이름하고, 장안의 번화가를 '槐路'라 했다. 槐市는 장안에 있는 9개 시장 중 하나였다. 이곳에서는 각지에서 올라온 사람들을 위해 서적, 악기 등의 물건을 판매했다. 영덕 영해 괴시마을은 고려시대 때 호지촌이다. 외가인 호지촌에서 태어난 고려 말의 이색은 중국에 사신으로 다녀왔다가 괴시의 지형이 호지촌과 비슷한 데 깜짝 놀랐다. 영해의 괴시마을은 이색이 붙인 이름이다. 조선은 중국을 본떠 외교 문서를 관장 승문원을 '槐院'이라 불렀다." (김동완, 「예천 三樹亭─낙동강 굽어보는 회화나무 후손 번영 기원하는 마음 오롯이」, 등록일 2017년 08월 03일 18시 50분, 20181027 검색) 承文院: 조선시대 正三品衙門으로 事大(中國과의 외교)·交隣(日本과 女眞과의 외교)에 관한 문서를 관장한다. 개국 초에 文書應奉司가 설치되었고, 1411년(태종 11)에 승문원으로 개칭하였다.(『관직명사전』, 2011.1.7., 한국학중앙연구원)
64) 正字, 著作, 博士: 교서관에는 정9품에 正字, 정8품에 著作, 정7품에 博士 등의 직급이 있다.
65) 起居郎: 高麗 때 中書門下省에 딸리어 임금의 言行을 記錄하던 벼슬. 처음에 從五品이었다가 恭愍王 5년(1356)에 正五品으로 올렸음.(한자사전) 조선시대에 時政을 기록하는 일을 맡아보던 관청은 春秋館이다. 春秋館: 조선 개국 당시까지는 예문춘추관이라 하다가 1401년(태종 1) 예문관과 분리하여 춘추관으로 독립하였다. 『경국대전』에 따르면 영사領事(정1품 영의정 겸임) 1명, 監事(좌·우의정이 겸임)·知事(정2품)·同知事(종2품) 각 2명, 修撰官(정3품)·編修官(정3품~종4품)·記注官(정·종5품)·記事官(정6품~정9품) 등을 두었는데, 모두 다른 관청의 관원이 겸임하였다.(『두산백과』) 김극일이 '기거랑'으로 추천받았다고 하는 것은 교서관에 직책을 갖고 있으면서 춘

(秋曹)66)의 원외랑院外郞67)이 되었다가, 사헌부司憲府 감찰監察로 옮겼고, 홍원현감洪原縣監 · 청홍도사淸洪都事로 나아갔으며, 들어가 직강直講68), 형조와 예조 정랑이 되었다. 또 경상도사慶尙都事가 되었다가 예조정랑禮曹正郞을 거쳐 군기첨정軍器僉正69)이 되었고, 다시 평해군수平海郡守로 나갔다가 들어와 사재감司宰監70) 첨정僉正이 되었다. 다시 예천군수醴泉郡守로 갔다가 들어와 성균관 사성司成이 되고, 사도시司䆃寺71) 정正으로 바뀌었다. 또 성주목사星州牧使, 밀양부사密陽府使를 맡았다. 청계선생靑溪先生이 군건하게 집에 살아 계시면서 그 봉록을 받아 드렸다. 청계선생이 타계하였다. 3년상이 끝난 후, 내자시內資寺72) 정正이 제수되었다. 4년이 지난 후,

---

추관의 일을 겸하였다는 의미로 보인다.

66) 秋曹; 刑曹: "夫秋刑官也, 於時爲陰, 又兵象也, 於行爲金."("대체로 가을은 형관이요 시절은 음기가 성한 때며, 또 兵器의 형상이라 생물을 말려 죽이고, 5행으로 치면 금에 해당된다.", 歐陽修, 「秋聲賦」; 『한시어사전』, 2007.7.9., 국학자료원) 刑曹: 六曹의 하나이다. 秋官 또는 秋曹라고도 한다. 의금부 · 한성부와 아울러 三法司라고 일컬어지고, 사헌부 · 사간원과 함께 三省이라 해 의금부에서 鞫問할 때는 삼성이 동참하기도 하였다.(『한국민족문화대백과』, 한국학중앙연구원)

67) 員外郞: 고려시대 尙書六部의 정6품 관직. 정원은 吏部 1명, 考功 · 兵部 · 戶部 · 刑部 · 都官 · 禮部 · 工部 등은 각 2명이다. 1298년 충선왕이 즉위하여 각각 3명으로 고쳤다. 충렬왕 때는 佐郞 · 散郞으로 고치는 등의 변화가 있었으며, 조선시대 좌랑으로 이어졌다.(『두산백과』) 여기에서는 형조좌랑을 의미하는 것으로 보임.

68) 直講: 조선시대 성균관의 종5품 관직. 정원은 4인이다. 1392년(태조 1) 7월 新頒官制에서는 고려 말의 관제를 승습하여 품계는 정5품이고, 정원은 1인으로 설관하였다. 그 뒤 1401년(태종 1) 7월에 관제를 개혁할 때에도 종전과 같이 정5품에다 정원이 1인이었다. 그러나 1466년(세조 12) 1월의 관제개혁 때에는 4인으로 증원되었다. 이때 대폭 증원한 이유는 확실히 알 수 없으나 세조가 兼敎官制를 혁파하여 兼大司成과 兼司成을 폐지하면서 그렇게 정한 것 같다.(『한국민족문화대백과』, 한국학중앙연구원)

69) 軍器僉正: 조선시대 軍器寺의 종4품 벼슬.(한자사전)

70) 司宰監: 조선시대 때 宮中에서 쓰이는 生鮮 · 고기 · 소금 · 燃料 等에 關한 일을 맡아보던 官廳.(한자사전)

71) 司䆃寺: 조선시대에 쌀 · 간장 · 겨자 따위를 宮中에 調達하는 일을 맡아보던 官衙.(한자사전)

72) 內資寺: 조선시대 때 大闕에서 쓰는 여러 가지 食品과 織造 및 內宴에 關한 일을 맡아보던 官廳.(한자사전)

64세의 나이로, 만력 13년73) 정월 7일 집에서 타계하였다. 그 해 어느 날 임하현 북쪽의 비리곡飛鯉谷 묘향卯向74)의 언덕에 장례하였다. 선생은 재주가 뛰어나고 식견이 탁월하였는데, 이미 가정교육에 깊이 물들어 있었고, 또 일찍이 큰 현자의 문하에서 공부하여서 학문에 넘침이 있었다. 도리는 모든 쓰임새를 갖추었고, 명성과 이익에 관심이 없었으며, 나아가 쟁취하는 것에 서툴렀다. 오직 집안이 가난하고 가친이 연로하였으므로 군수 정도를 얻어 봉양하게 되는 것을 영광으로 여겼을 뿐이었다. 만약 세상에 이른바 청빈한 사람을 가려서 벼슬을 주는 법이 있다면 선생이 가장 먼저 받을 수 있었을 것이다. 선생은 다섯 고을의 수장을 역임하였는데, 가는 곳마다 반드시 유학의 문풍을 부흥시키고 후학을 격려하는 것을 우선되는 업무로 삼았다. 관직에 있으면서 백성에 가까이 가고, 충성이 두텁고 공정하게 포용하며, 그 시대를 다스린 것으로는 첫손가락에 꼽힌다고 할 수 있을 것이다. 군자는 말한다. "송나라에는 염계濂溪선생이 있어서 주현州縣을 평안하게 하면서 즐겁게 그 도를 펼쳤다. 지금 선생은 거의 그와 비슷하다." 선생의 문장은 옛 기풍을 숭상하여 엄숙하고 정결하니 세속의 잡스러운 기운은 갖고 있지 않다. 시詩에 더욱 장기가 있어 고아한 기풍과 울림을 남기는 수준을 이루었다. 불행히도 화마에 해를 입어 약간의 시편만이 세상에 유행하고 있다. 숙인淑人75) 수안이씨遂安李氏는 가선대부嘉善大夫 동지중추부사同知中樞府事

---

73) 만력 13: 명나라 신종 13, 선조 18, 1585.
74) 卯向: 酉坐 卯向; 동향.
75) 淑人: 조선시대 문무관의 처에게 주는 位號의 하나로서 태조 5년(1396) 5월에 문무관의 정처에 대한 封爵制가 정해질 때 정3품 成均大司成 이상의 처에게 주던 작호였으나, 뒤에 정3품 당상관의 처에게 숙부인의 작호를 주게 되어 숙인은 정3품의 당하관

이위李蔵의 따님이다. 부도를 깊이 닦았고, 군자의 짝이 되어서는 덕에 어긋남이 없었다. 선생이 타계한 지 10년 뒤에 사망하셨으니, 향년 65세였다. 선생의 묘에 합사하였다. 선생은 아들이 없어서 아우인 구봉龜峯 선생 김수일金守一의 아들인 진사 김철金澈을 양자로 삼았다. 딸은 넷인데, 군수 조정趙靖, 현감 유의柳椅, 생원 이윤여李胤呂, 진사 장여화張汝華 등에게 시집갔다. 김철金澈은 찰방 김종무金宗武의 따님을 취하여 김시온金是榲을 낳았는데, 호는 표은瓢隱[76]이며, 또한 높은 절개와 아름다운 덕으로 학자들의 종사가 되었다. 여덟 아들이 있는데 생원 김방열金邦烈, 김방형金邦衡, 김기金炁, 대사성 김방걸金邦杰[77], 김방찬金邦贊, 김방조金邦照, 김방현金邦顯, 김방겸金邦謙이다. 일곱 사위가 있는데, 권극중權克中, 좌랑 김휘세金輝世, 생원 권극정權克正, 정자고鄭自固, 김종급金宗汲, 이유오李俞吾,

---

및 종3품 문무관의 처에 대한 작호로 정하여졌음.(『한국고전용어사전』, 2001.3.30., 세종대왕기념사업회)

76) 金是榲: 1598(선조 31)~1669(현종 10). 조선 중기의 학자. 본관은 義城. 자는 以承, 호는 陶淵·瓢隱. 할아버지는 찰방 金守一이고, 아버지는 진사 金澈이며, 어머니는 찰방 金宗武의 딸이다. 큰아버지인 사성 金克一에게 입양되었다. 어려서부터 재행이 경상좌도에 이름났으나, 일찍부터 벼슬에는 뜻을 두지 않고 병자호란 이후에는 더욱 학문에만 힘썼다. 문장보다 경학의 연마에 정진하였으며, 禮學을 깊이 연구하여 예서의 편찬을 시작하였으나 완성하지 못하였다. 인근 수령과 관찰사가 文學耆德(학문과 덕을 갖춘 인물)으로 조정에 천거하였으며, 조정에서도 참봉직과 같은 관직을 제수하였으나, 끝내 응하지 않고 '崇禎處士'라 자칭하였다. 1734년(영조 10) 증손 金聖鐸이 경연에 입시하게 되어, 김시온의 절의가 알려져 3품직을 증직받았다. 문집으로『瓢隱集』이 전한다.(『한국민족문화대백과』, 한국학중앙연구원)

77) 金邦杰: 1623(인조 1)~1695(숙종 21). 조선 후기의 문신. 본관은 義城. 자는 士興, 호는 芝村. 金守一의 증손으로, 할아버지는 진사 金澈이고, 아버지는 金是榲이며, 어머니는 지평 金奉祖의 딸이다. 1660년(현종 1) 증광 문과에 병과로 급제하여 1675년 지평, 이듬해 정언을 거쳐 장령이 되어 吏胥들의 防納으로 인한 백성들의 피해를 상소하였다. 그 뒤 부수찬·수찬 등을 지내고 1689년 사간이 되었으나, 그해 仁顯王后 閔氏가 폐위되자 諫官으로 왕의 과오를 사전에 방지하지 못한 데 책임을 느껴 낙향하였다. 이듬해 승지가 되었으며 1692년에 대사간, 이듬해 대사성을 지냈다. 저서로는『芝村文集』이 있다.(『한국민족문화대백과』, 한국학중앙연구원)

현감 권두경權斗經[78) 등이다. 내외의 현손이 남녀 합쳐서 수백 명에 이른 다. 선생이 타계한 후 91년인 금상 11년, 을축년(1685)에 향리의 사람들이 동택董澤의 고사를 따라 경산景山에 경덕사景德詞를 지어 청계선생을 제사 하기로 하였는데 선생의 5형제를 배향하였다.

다음과 같이 명銘을 붙인다.

청계의 가정에서/

잘 본받고 잘 이어 가니/

선생의 덕이라네/

도산의 문하에서/

강론하고 탁마하니/

선생의 공부라네/

앵두꽃 활짝 핌에/

---

78) 權斗經: 1654(효종 5)~1725(영조 1). 조선 후기의 문신·학자. 본관은 安東. 자는 天章, 호는 蒼雪齋. 忠定公 權橃의 5세손으로 할아버지는 군자감정 權碩忠이며, 아버지는 權濡이고, 어머니는 禮安金氏이며, 처는 金是楹의 딸이다. 李玄逸의 문인으로 李栽 등과 교유하였다. 1679년(숙종 5)에 사마시에 합격하였다. 1689년 문학으로 천거되고, 1694년 학행으로 천거되어 泰陵參奉·司饗院奉事·直長·종부시주부를 거쳐, 형조좌랑을 역임하였다. 1700년 봄 正郎에 승진되었으나 곧이어 靈山縣監으로 부임하여 풍속을 크게 교화시켰다. 1710년 문과에 급제, 성균관직강·전라도사에 임명되었으나 부임하지는 않았다. 그 뒤 사간원정언에 임명되었는데, 이때 흰 무지개가 해를 관통하는 이변이 있자, 사직 상소를 올려 時政의 잘못에 대해서 논하였다. 1717년 영남에서 1만여 인의 유생들이 상소를 올릴 때 그 상소문을 기초하였다. 1721년 경종이 즉위하자 高山察訪에 임명되었으나 얼마 뒤 귀향하였다. 1723년(경종 3) 홍문관 부수찬이 되었다. 그 뒤 수찬이 되어 시정의 폐단을 논하는 상소를 올렸다. 문장이 뛰어났는데, 특히 시에 능하였다. 뿐만 아니라 산천의 형세, 인물의 出處, 세대의 변혁, 東方君臣의 賢否, 정치의 得失 등에도 예리한 안목이 있었다. 저서로는 『蒼雪集』이 있고, 편서로는 『退溪先生言行錄』과 『陶山及門諸賢錄』이 있다.(『한국민족문화대백과』, 한국학중앙연구원)

날마다 힘쓰고 달마다 나아가니/

또한 커다란 즐거움이라/

규성의 운수가 환하게 빛났으니/

문장으로 크게 떨쳤다네/

그 소리 웅장하게 퍼져 나가/

오직 저 세상 사람/

오직 공부로 나아가 얻는 일에/

오직 날마다 힘을 쓰네/

오직 우리 선생만이/

물러남이 넉넉하였고/

직책에는 책임을 다하였네/

팔순 노인이 집에 계시니/

다섯 개 고을살이로 봉양하였지/

효성에는 모범될 만하여라/

관직은 비록 미미하고/

작위는 비록 낮았지만/

그 덕은 융성하니/

경산景山보다 높았어라/

제기 갖춰 제사하니/

많은 선비 받드는 바로다/

돌아가신 부친 임하시고/

여러 형제 뒤따르니/

그 광휘 빛나지 않겠는가/

곡성曲城의 북쪽/

비리飛鯉의 언덕에/

만세토록 잠드셨네/

시를 지어 비에 새기고/

편히 쉼을 노래하면서/

멀리까지 알리려네//[79)]

구관具官 김세호金世浩

---

79) 銘曰, "靑溪庭前/ 克肖克詞/ 先生之德/ 陶山門下/ 講焉劇焉/ 先生之學/ 棣華韡韡/ 日邁月征/
亦孔之樂/ 奎運煌煌/ 大鳴以文/ 厥聲藹蔚/ 維彼世人/ 維工進取/ 維日劫劫/ 維我先生/ 維退
而緩/ 維職之職/ 八耋在堂/ 五城以養/ 孝思維則/ 其位則細/ 其爵則庳/ 其德則隆/ 倬彼景山/
俎豆以享/ 多士攸宗/ 顯考臨之/ 諸弟從之/ 不顯其光/ 曲城之北/ 飛鯉之原/ 萬世之藏/ 刻詩
于碑/ 以贊厥休/ 以示茫茫/"(金克一, 『藥峰先生文集』, 안동대학교 부설 퇴계학연구소,
『退溪學資料叢書』 三, 358~359쪽)

의성김씨 대종가 정문

의성김씨 대종가 경모각

의성김씨 대종가 영정실

의성김씨 대종가 내 보호수

1. 김수일의 시

김수일의 유문은 그리 많지 않다. 시문도 여러 편이 보이는 것은 아니다. 먼저 시문 중에서 몇 편을 골라 소개하는 것으로 김수일의 정서가 움직이는 방향을 살펴보기로 하자.

* 「수사의 축에 써서 주다」

　일 년 서당 일 하느라

　고생이 많았네/

　일이 끝나 산으로 돌아가면

---

1) 龜峰 金守一: 조선 중기 안동 출신의 유생. 본관은 義城. 자는 景純, 호는 龜峯. 아버지는 靑溪 金璡, 어머니는 驪興閔氏로 閔世卿의 딸이다. 김진의 다섯 아들 중 차남으로 당시 형 金克一, 동생 金明一, 金誠一, 金復一과 함께 '金氏五龍'으로 불렸다. 김수일은 현재의 경상북도 안동시 임하면 천전리에서 태어났다. 타고난 머리가 총명하며 몸가짐이 단정하였으며 문장과 도량을 겸비하였으며 孝友와 忠信에 독실히 실천하였다. 1558년(명종 13) 향시에 합격하였으나 벼슬길에 나아가지 않고 고향집 서쪽에 白雲亭이라는 정자를 지어 학문과 후진 교육에 전념하였으며 경노에 정성을 다할 것, 治家는 법도에 맞게 할 것, 奉祭祀는 예에 준할 것, 집안이 화목할 것 등 4칙을 자손에게 훈계로 남겼다. 문집 『龜峯先生逸稿』가 아버지 김진과 다섯 형제의 遺文을 정리한 『聯芳世稿』에 수록되어 있다. 문집에 수록된 글은 「題南水菴南樓」 등 14題의 시와 잡저인 「終天錄」 1편이 전부이고 김수일의 일생을 기록한 자료로서 金涌의 「墓誌」, 金世鎬의 「墓碣」, 退溪 李滉이 보낸 「答金景純書」가 부록으로 실려 있다.(한국향토문화전자대전, 한국학중앙연구원)
2) 金守一, 『龜峰先生文集』(안동대학교 부설 퇴계학연구소, 『退溪學資料叢書』 三), 361~392쪽.

산이 더욱 그윽하리/

그곳은 빈 마음으로

구름과 같이 살 만한 곳이리/

인간의 만 가지 일

돌아볼 필요 없으리//[3]

* 「유일재(김언기)의 초당 운자를 차용하여」

쓸쓸한 대나무 집

푸른 바위 사이에 있네/

이곳을 사랑해 깊이 숨은 이

가난한 선비일세/

이슬로 주사를 갈 제

흰머리는 습기에 젖지/

평상에 누워 볕을 쬐면

좀벌레가 마른다지/

창문을 열면 옛 시내 위로

황혼의 달이 걸려 있고/

닫은 사립문 사이론

저녁 비에 젖은 산이 섰네/

진실로 높은 정취

그대는 저절로 얻었던가/

아무 일 없으니 천천히

한가함 즐긴다 하지를 말게//[4]

---

3) 「題贈修師軸」(庚午), "一年勤苦書堂役/ 役罷還山山更幽/ 可是無心雲共住/ 人間萬事不回頭//"
   (金守一, 『龜峰先生文集』, 안동대학교 부설 퇴계학연구소, 『退溪學資料叢書』三, 366쪽)
   시 제목 뒤에 붙은 庚午年은 아마 선조 3년, 1570년을 의미하는 것이 아닌가 생각된
   다. '修師'는 시의 내용으로 보아서는 절집으로 돌아가는 승려로 보인다.

* 「주청사의 서장관이 되어 서울로 떠나는 아우 사순(김성일)을 보내며」

　아! 나의 아우여!

　아! 나의 아우여!/

　사잇길에 이르러 손을 잡으니

　시냇물 옆이었지/

　시냇물 흘러가는 모습

　여유롭기만 하였네/

　술은 떨어졌고, 모래톱 주변으론

　이별의 정리가 널리 퍼져 갔지/

　그대에게 물었었네, 지금 가면

　며칠 지나야만 한성인가/

　다시 연경은 하늘 저 너머

　아득히 먼 곳/

　봄기운 왕성하게 이는 정월이지만

　아직은 해동하기 전/

　지금 그대는 거칠어

　추위가 파고드는 옷을 입었네/

　조정에 들어 하직 인사 드리면5)

　북궐6)은 만 리의 저 끝/

　만 리 밖으로 떠나는 이

　나 아직 만나본 적 없네/

---

4) 「次惟一齋草堂韻」, "蕭蕭竹屋翠巖間/ 愛此幽棲一士寒/ 滴露硏朱霜兔濕/ 對床曝腹蠹魚乾/ 窓開古澗黃昏月/ 門掩疎籬暮雨山/ 眞趣高情君自得/ 莫言無事謾耽閒//"(金守一, 『龜峰先生文集』, 안동대학교 부설 퇴계학연구소, 『退溪學資料叢書』三, 366쪽)

5) 朝辭: 朝廷에 나아가 임금에게 謝恩肅拜하고 하직하는 일. 수령으로 임명된 이는 임지로 떠나기 전에 임금에게 하직 인사를 하고, 외국의 사신은 길을 떠나기에 앞서 조정에 들어가 임금을 만나 뵙고 하직 인사를 드렸음.(『한국고전용어사전』)

6) 北闕: 황제의 궁궐.(『한국고전용어사전』, 2001.3.30., 세종대왕기념사업회)

나 아직 만나본 적 없으니

어찌 갈 수 있나 모르네/

한구석의 땅을 밟고 사니

하늘도 한 방향이라/

구름을 따라가 보고 달을 올려다보아도

그대를 볼 수가 없네/

두 지역의 모습을

미친 시에 담아 보네/

미친 시로 주는 말이니

하나인들 단단할까/

가르쳐 준 것 뼈에 새긴 아이와 여인

모두 슬픔이라/

명나라 역사 속 적힌 나라의 오욕

삼가 생각하여 보네/

그 오욕 씻지 못한 지

어언 2백 년일세/

열성조가 하늘에 빌었으나

하늘은 들어주지 않았어라/

황제의 서적7) 고치는 일

서두를 수 없어라/

고금의 여러 사신들8)

길 위에서 서로 만났지/

어떤 사신이 주청할 것을 정리해서

황제에게 아뢰었던가/

---

7) 帝典: 『大明會典』.
8) 冠蓋: ① 使臣이나 높은 벼슬아치가 타는 말 네 필이 끄는 수레, 또는 수레의 덮개.
   ② 높은 벼슬아치가 머리에 쓰는 冠과 해를 가리는 日傘.(『한국고전용어사전』) 여기
   서는 사신을 의미.

뛰어난 그대

오늘 이 선택은 당연한 일일세/

난새와 봉황9)은

멀리 나는 것을 다투는 법이지/

평생 자부하는 것

충의에만 의지함이라/

지금 가는 길에 어찌

집과 고향을 생각할 건가/

그대는 가친의 연로함을

아예 걱정하지 말게나/

늙은 얼굴에 백발이지만

밥상 앞을 환히 비추시네/

연세는 80 노인이나

기운은 약해지지 않으셨지/

가까운 어느 날 돌아오게 되면

더욱 강성한 모습으로 환영할 것을/

백씨는 고을 일에 전념하지만

봉양 또한 지극하지/

정성으로 마련한 술과 고기

달고 향기로워라/

여러 아들, 여러 손주

교대로 옆을 지키는데/

이 즐거움으로 연세가 들었어도 강성하고

왕성하고 또 창성하리/

나는 그 사이에 있어도

---

9) 鸞鳳鷩鷟: 난새와 봉황, 봉황과 자색 봉황의 뜻이니, 여기서는 훌륭한 재주를 가진
   뛰어난 사람들을 의미.

달리 할 일 없다네/

일어나면 즐거이 춤추며

날마다 유하주流霞酒10)를 올려 볼까/

지금부터 다시 또

억만세를 누리시리/

바로 하늘땅과 같아져

끝나는 날이 없으시리/

돌아올 날이야 다만

1년의 봄이 지난 후/

목소리를 들려드리며 문후 여쭙는 것이야

잠시 그친다고 무슨 걱정이랴/

오가는 길 멀으니

안장 위가 고달프리/

옥 같은 몸 다치지 않게

주밀하게 대비하고/

돌아와 임금에게

큰 공을 바치시게/

위로는 종묘를 위로하고

아래로는 백성과 춤을 추시라/

건강하게 돌아와서

북당11) 아래 헌주하며 축수하면/

천추만세에 산언덕처럼

어그러지고 무너질 일 없으리라/

---

10) 流霞酒: 신선이 마신다는 좋은 술.(한자사전)
11) 北堂: 어머니의 거처.(한자사전) 김성일이 사신으로 나간 것은 1577년의 일이다. 그
러나 모부인은 1547년 전후의 시기에 타계한다. 그러므로 이 북당을 어머니와 연관
시킬 수는 없을 것이다. 여기서 북당은 문맥상 아무래도 부친을 뜻하는 것이라 생각
된다.

나라의 영광은

지금으로부터 극대화되리/

자식으로 어찌 불효할 것이며

신하로 어찌 뛰어나지 않을 일인가/

돌아보면 나는 박덩이처럼 뒤엉킨 채

머리칼 가득 서리만 앉았어라/

나의 그대로 인해 은택이 바다처럼 펼쳐지리니

얼마나 다행한 일인가//[12]

2. 김수일의 「종천록終天錄」

— 부군은 경진년庚辰年[13] 윤4월 23일 신유辛酉 아침에 영해寧海 청기현靑

杞縣[14] 동쪽 홍림興林의 초가에서 타계하셨다. 임종 시에 여쭈었다.

---

12) 「送舍弟士純以奏請書狀赴京」, "嗟余弟嗟余弟/ 臨分携手河之傍/ 河之水去悠悠/ 酒盡沙頭別
意長/ 問君今去幾日到漢都/ 況復燕京又隔天杳茫/ 春王正月未解凍/ 念爾草草寒衣裳/ 朝辭北
闕暮萬里/ 萬里征人吾未將/ 吾未將可奈何去/ 住地一角天一方/ 看雲望月不見君/ 兩地面目憑
詩狂/ 詩狂贈言一何壯/ 冑學兒女徒悲傷/ 恭惟大明靑史上國辱/ 未洗于今二百霜/ 列聖顧天天
聽邈/ 釐改帝典嗟未遑/ 古今冠蓋道相望/ 何人草奏朝天光/ 多君今日應是選/ 鸞鳳鸒鷟爭翶翔
/ 平生自許仗忠義/ 此去安能念家鄉/ 君莫愁親已老/ 蒼顔白髮光照床/ 年幾八耋氣未衰/ 邇來
日月尤歡康/ 伯氏專城養又至/ 必有酒肉甘且香/ 諸子諸孫迭侍側/ 樂此壽而强熾而昌/ 我於其
間復何爲/ 起舞日獻流霞觴/ 從今更享億萬齡/ 直與天地同無疆/ 還期只隔一年春/ 音問暫曠君
何惶/ 途道之遠鞍馬勞/ 不暇有害宜周防/ 歸來獻功吾王前/ 上以慰宗廟下與臣民舞/ 康莊歸來
獻壽北堂下/ 千秋萬歲不騫不崩如陵岡/國家榮光此時極/ 爲子豈不孝爲臣豈不良/ 顧我虬繫雪
滿頭/ 何幸見吾君霈澤流汪洋//"(金守一, 『龜峰先生文集』, 안동대학교 부설 퇴계학연구
소, 『退溪學資料叢書』 三, 368~370쪽)

13) 庚辰年: 선조 13, 1580.

14) 靑杞縣: 경북 영양군 靑杞面 지방의 고려시대의 행정구역. 고려 충렬왕 때 靑鳧縣(靑
松)에 속한 大靑部曲과 영양현에 속한 小靑部曲을 합하여 청기현(靑溪라고도 함)이라
하고, 1675년(숙종 1) 영양군에 편입하였다.(『두산백과』)

"말씀하실 것이 있습니까?" 대답하셨다. "내가 태어나서 장수와 복록을 다 누렸으니 죽는다고 해서 무슨 유감이 있겠느냐? 무슨 할 말이 있을 것인가?"

— 초종례初終禮[15]에 상침牀寢을 치우고[16] 땅에 눕히는 의례를 다 준용하지 못하였다.

속광屬纊[17]하고 곡벽哭擗[18]하는 때에 무슨 여유가 있어서 자리깔개를 펴서 땅 위에 요처럼 깔고 숨이 끊어지기를 기다려 그 위에 눕혀 놓을 수 있겠는가? 하물며 중국 사람들(中原人) 집의 정침正寢[19]은 대개 바닥에 벽돌을 깔았으므로 침상을 빼내면 바로 땅이 되지만, 우리나라 사람들의 집에는 원래 정침이라는 것이 없었고, 이른바 정침이라 부르는 것은 모두 판자를 깔은 것이 상례[20]라서, 땅으로부터 떨어져 있음에 있어서랴. 땅에 눕히는 예법제도는 형편상 행하기 어려운 것이다.

---

15) 우리나라의 유교적 상장의례의 절차는 예를 실천하는 주체자인 생자의 심정변화에 따라 初終禮로부터 小大祥을 거쳐 담제에 이르기까지 적게는 19절목, 많게는 60여 항목으로 나누어 실천하도록 하였다.(「조선시대 굴건제복을 입은 남자」, 문화콘텐츠 닷컴[문화원형백과 한국의 고유복식], 2002, 한국콘텐츠진흥원)

16) '牀寢을 치운다'는 것은 따로 침상을 두고 생활하였던 중국식 생활방식과 연관이 있는 절차라 생각된다.

17) 屬纊: 臨終 때의 한 절차. 纊은 햇솜으로서, 이것을 입과 코에 대어 숨이 끊어졌는지의 여부를 알아보는 일.(『한국고전용어사전』, 2001.3.30., 세종대왕기념사업회)

18) 哭擗: 『孝經』「喪親」에 나오는 哭泣擗踊의 준말로, 소리 내어 울며 가슴을 치고 발을 구른다는 뜻. 어버이를 잃어 애통해하는 예절임.(『한국고전용어사전』, 2001.3.30., 세종대왕기념사업회)

19) 正寢: 항시 거처하는 방을 말함. 특히 왕실의 경우 죽음을 이곳에서 맞이하도록 하였는데, 이는 임금의 경우 顧命을 하기 위해서였고, 士大夫나 庶人의 경우도 이와 비슷함. 또 서인의 경우 祠堂을 따로 두지 못했기 때문에 정침에서 제사를 올리기도 하였음.(『한국고전용어사전』, 2001.3.30., 세종대왕기념사업회)

20) 대청마루를 의미하는 것으로 생각됨.

— 복復[21], 목욕沐浴[22], 습襲[23], 전奠[24], 반함飯含[25] 등은 다 예문에 따랐다.

---

21) 復: 皐復이라고도 하는데 근래에는 흔히 招魂이라고 한다. 복은 죽은 사람의 흐트러진 혼을 다시 불러들인다는 뜻인데, 사람이 죽으면 생시에 가까이 있던 사람이 死者가 평소에 입던 홑두루마기나 적삼의 옷깃을 왼손으로 잡고 오른손으로는 옷의 허리 부분을 잡고 마당에 나가 마루를 향하여 "복복복 某貫某氏 속적삼 가져가시오" 하고 세 번 부른 다음 지붕 꼭대기에 올려놓거나 사자의 머리맡에 두었다가 시체가 나간 다음 불에 태운다.(이 復衣의 처리는 지방마다 다르다.) 복이 끝나면 남녀가 곡을 하고 '사잣밥'을 마련한다. 사잣밥은 밥 세 그릇·짚신 한 켤레(또는 세 켤레)·동전 세 닢을 채반에 담아 대문 밖 바로 옆에 놓는다.(『두산백과』)
22) 목욕은 죽음을 처리하는 의례에서 보편적으로 나타나는 절차이다. 목욕은 시신처리의 첫 번째 단계로 襲의 절차에 포함된다. 목욕을 하는 시기는 당일이지만, 상황에 따라 사망 다음 날이 되기도 한다.(『한국민속대백과사전』)
23) 襲: 일가와 친지에게 訃告하여 사망을 알리고 그 뒤에 행하는 절차가 습이다. 습을 행하는 데 있어서 두 사람 이상이 동시에 죽었다면 尊長부터 습을 하고, 하루나 이틀 사이를 두고 죽었다면 먼저 죽은 사람부터 습을 하도록 되어 있다. 그 절차로는 먼저 깨끗한 곳을 가려서 구덩이를 판다. 그러고는 탁자를 동쪽 벽 아래 설치하고 습에 필요한 기구를 진설한다. 그 기구로는 牀席·요·베개·탁자·幅巾·網巾·深衣·團領·直領·帶·裹肚·도포·汗衫·바지·單袴·小帶·勒帛 등이 있는데, 이것은 남자에게 사용되는 것이다. 掩·纊·심의·褖衣·圓衫·長襪子·대·衫子·저고리·小衫·과두·치마·袴·단고·彩鞋는 부인에게 사용되는 것이며, 充耳·幎目·握手·襪·冒·擧布·鹽盆·帨巾은 공동으로 사용되는 기구이다. 또한 탁자를 서쪽 벽 아래 설치하고 목욕과 飯含의 기구를 준비한다. 그 기구로는 따스한 물을 담은 그릇, 瓦盤 3개, 潘, 沐巾, 浴巾, 拭巾 2개, 빗, 끈, 비녀, 작은 주머니 5개, 幎巾, 돈(貝) 3개, 쌀, 구슬상자, 쌀그릇, 버드나무 숟가락, 세숫대야, 수건 등을 말한다. 이 기구는 일반적으로 양반사회에서 사용된 것이므로 서민층에서는 代用한 것이 많고, 반의 경우 임금은 香湯을 사용하고 서민은 쌀 씻은 물을 사용하도록 규정하고 있으나 근래에 와서는 대개 향탕을 사용하고 있다. 목욕을 시키는 절차는, 侍者가 먼저 자기 손을 깨끗이 씻고 향탕과 물을 들고 들어가면 집상하는 사람들이 모두 휘장 밖으로 나와 북향하여 선다. 종사하는 사람이 머리를 감긴 뒤 빗으로 빗기고 수건으로 닦아 상투를 트는데, 女喪인 때는 비녀를 쓴다. 끈으로 머리를 묶고 비녀를 옆에 가로놓은 뒤 떨어진 머리털을 거두어서 주머니에 담고 죽을 때 입었던 옷과 復衣를 모두 벗기고 이불을 덮은 뒤 목욕시킨다. 목욕의 순서는 먼저 얼굴을 닦고 다음에 손을 닦으며 다음에 이불을 걷고 목욕을 시키는데, 상체로부터 하체에 이른다. 이때 상체와 하체를 씻는 물을 따로 쓰며, 수건도 상하를 따로 쓴다. 그리고 나서 명건으로 얼굴을 덮고 손톱과 발톱을 깎는다. 그 순서는 왼손, 오른손, 왼발, 오른발의 순이며 각각 다른 주머니에 담아 둔다. 이때에 빠진 수염이나 이가 있어도 따로 주머니에 담아 둔다. 그리고는 이불을 덮어 大斂을 기다리며, 목욕시키고 남은 물과 巾櫛을 구덩이에 버린다. 시자가 襲牀을 幃帳 밖에 따로 설치하고 습에 필요한 여러 가지 도구를 놓은 뒤 들고 들어가서 시신을 그 위에 올려놓고 尸牀을 방의 중앙에 옮긴다. 妻喪일

뒤돌아보면, 목욕 시엔 단지 예문에만 의거하여 상주 이하 모두 휘장 밖으로 나가 북향하고 섰으며, 시자侍子와 자질 등에게 목욕의 일을 하도록 시켰다. 뒷날 『향교례집鄕校禮輯』26)을 살펴보니 '『가례家禮』의 목욕沐浴에 있어서는 비록 시자들을 시킨다고 하더라도 지극한 정리상에서 말할 때, 남자의 경우는 마땅히 자손이 하여야 하고, 부인의 경우는 마땅히 딸이나 며느리가 하여야 하며, 시자들은 곁에서 돕는 역할로 그쳐야 하는 것 같다. 만약 후손이 없는 사람이나 신분이 낮은 사람의 경우라면 시자를 쓸 수 있을 것이다. 등등'이라 말하고 있었다. 이 말은 아주 세밀한 것이다. 못난 우리는 당초 곡벽哭擗

경우 중앙에서 조금 옆으로 옮기고, 어린이는 가에 놓는다. 그리고 奠物을 진설하고 집상하는 사람이 모두 哭을 한다. 그 뒤 반함을 하는데, 모두 左袒을 하고 손을 씻은 뒤 상자를 들고 들어가 버드나무 숟가락으로 쌀을 떠서 시신의 입 오른쪽에 넣고 돈을 넣으며, 왼쪽과 중간에도 똑같이 한다. 집상하는 사람이 습하는 곳에서 옷을 한쪽 어깨에 걸치고 제자리로 돌아오면 종시하는 사람이 습을 마치고 이불을 덮는다. 이때의 절차는 복건을 걸치고 귀를 막으며, 눈을 가리고 신발을 신기며, 심의를 입히고 大帶를 맺으며, 악수를 설치하고 이불을 덮는다. 그러고는 靈座를 만들고 魂帛을 설치하면 습의 절차는 끝난다.(『한국민족문화대백과』, 한국학중앙연구원)

24) 奠: 奠物. 祭奠에 쓰이는 祭器나 음식물 일체를 말함.(『한국고전용어사전』, 2001.3.30., 세종대왕기념사업회) 위의 襲 주석 부분 참조.

25) 飯含: 喪禮에서 小殮을 할 때, 상주가 버드나무 숟가락으로 쌀 몇 낟알과 구슬 한 알을 亡者 입 속의 오른편·왼편·한가운데에 차례로 물리는 의식. 중국에서 전래된 예법으로 『儀禮』의 「士喪禮」에도 이와 같은 의식이 기록되어 있다. 가풍에 따라 구슬 대신 엽전을 쓰기도 하고 찹쌀을 쓰는 집안도 있다.(『두산백과』)

26) 『鄕校禮輯』: 중국 明나라 초기에 浙江에서 간행된 禮를 集錄한 책. 11권 6책. 都義英이 校閱하고, 趙奮·黃義·伍典·鄭應齡 등이 편집한 책이다. 冠禮·婚禮·喪禮·祭禮·鄕射禮·士相見禮·學子禮·居家雜儀·古禮格言 등이 수록되어 있으며, 이 책에 『童子禮』와 『居鄕雜儀』가 실려 있다. "1568년 31세 되던 해 4월, 증광향시에 합격하고 6월에는 문과에 급제하면서 부정자로 벼슬살이를 시작하였다. 1557년에는 선조임금의 특명을 받아 사은사 서장관의 신분으로 명나라로 건너갔는데, 이때 「동자례」와 「거향잡의」가 실린 『鄕校禮輯』을 구해온 것으로 전한다."(김정신, 「鶴峯 金誠一의 學問論과 居鄕觀─「童子禮」·「居鄕雜儀」의 간행과 유포를 중심으로─」, 『태동고전연구』 29집, 1912, 59쪽) 김성일에 의해 이 책이 최초로 조선에 소개되는지는 확인하지 못하였다.

하며 정신이 없는 중에 오직 『가례』만을 근거로 삼고 다른 예서들은 살펴볼 겨를이 없었으므로 단지 여러 자질들에게만 맡겨 두고 몸소 하지 못하였으니, 이것이 첫 번째 실수였다.

악수握手[27]는 다만 구경산丘瓊山[28]의 가례도家禮圖[29]에만 의존하여 양단兩端을 각각 띠처럼 결박하는 방식으로 사용하였다. 뒤에 집안사람들은 구경산의 도식이 『의례儀禮』[30]나 『가례본주家禮本註』의 방식

---

27) 握手: 주검의 손을 싸기 위한 것으로 푸른 비단에 붉은 날명주를 쓴다. 길이는 한자 두 치(약 36㎝), 너비는 다섯 치(약 15㎝)이다. 자주색 날명주의 띠 두 가닥을 양 귀에 달아 펴서 손바닥 뒤에서 이를 맺는다. 겉감과 안감을 흰색으로 하거나 겉감은 남색 또는 검은색, 안감은 자주색 또는 붉은색으로 하기도 한다.(문화콘텐츠닷컴[문화원형 용어사전], 2012, 한국콘텐츠진흥원)

28) 丘瓊山: 丘濬. 明나라의 유학자이자 정치가(1420~1495). 字는 仲深이고, 號는 深菴 또는 瓊山이며, 諡號는 文莊. 孝宗 때 禮部尙書로 文淵閣大學士를 겸하여 정무에 참여하였음. 時弊를 직언하여 황제를 잘 보필하였고 주자학과 典故에도 밝았음. 저서로는 『大學衍義補』·『家禮儀節』·『朱子學的』 등이 있음.(『한국고전용어사전』, 2001.3.30., 세종대왕기념사업회)

29) 『주자가례』의 東傳 판본 가운데 최초의 것은 『家禮補註』본으로 추정된다. 이후 1403년 『朱子成書』본, 1419년 『性理大全』본의 도입이 확인된다. 『성리대전』본은 18세기에 이르기까지 지속적으로 간행이 되고, 이와 함께 『성리대전』본에서 『가례』 부분만을 독립시켜 목판으로 간행한 『家禮大全』본이 1563년 처음 간행이 된다. 1518년 도입되어 中宗대에 을해자로 간행된 『家禮儀節』의 유통은, 4권본인 『성리대전』본과 『가례대전』본이 중심이던 상황에서 7권본이라는 새로운 판본의 출현을 촉발시킨다. 1658년(효종 9) 3월에 함경도 경성부에서 목판으로 간행된 것이 7권본의 가장 빠른 판본이다. 이후 1726년(정조 10)에 간행되고, 1759년(영조 35) 藝閣에서 戊申字로 간행된다. 중국의 경우에도 7권본이 있기는 하지만, 그것은 『深衣制度』를 권7로 분리하고 『家禮圖』를 권1에 바꾸어 실은 것일 뿐, 通禮·冠禮·昏禮·喪禮·祭禮라는 전통적인 5권본의 체재는 그대로 유지하고 있다. 반면 조선의 7권본은 圖, 序, 권1 「통례」, 권2 「관례」, 권3 「혼례」, 권4~권6 「상례」, 권7 「제례」의 체재를 보이고 있다는 점에서 중국의 7권본과 차이가 있다.(장동우, 「『주자가례』의 수용과 보급 과정: 東傳 版本 문제를 중심으로」, 국학연구16권 16호, 2010, 초록 부분 참조) 여기서는 구준이 그린 가례의 그림을 의미.

30) 儀禮: 13경 중의 하나이다. 『周禮』·『예기』와 함께 三禮로 일컬어진다. 『漢書』 「예문지」에 "禮는 古經 56권과 경 70편"이라고 쓰여 있다. 고경 56권이란 "노나라 淹中에서 나온 것인데, 내용은 孔氏 70편과 비슷하지만 도리어 39편이 더 많다"고 이 글의 서두에서 밝히고 있다. 엄중이란 마을 이름이고 '엄중에서 나왔다'는 것은 河間獻王

과 합치되지 않는 점을 의아하게 생각하였다. 이에 『의례』의 '길이 1척 2촌[31], 넓이 5촌의 것으로 가운데를 에워싸고 마디를 지어 잡아 맨다'는 구절, 『가례본주』의 '길이 1척 2촌, 넓이 5촌의 것으로 피부를 감싸는데, 손 안에 놓여지는 1척 2촌의 긴 띠로 덮으며, 손은 기본적으로 서로 마주잡게 하고 양끝을 각각 잡아맨다. 먼저 하나의 끝단으로 감고 돌리는데 위에서 만나게 하여 꿰고, 또 하나의 끝단을 중지로 위를 향해 걸어 올리고 반대로 돌려 먼저 잡아맨 것과 같이 손바닥 뒤에서 묶어 매듭을 짓는다'는 문장을 반복적으로 연구하여 그 제도를 정확하게 이해하게 되었다. 종이를 잘라 모양을 지어 보니 예법의 제도와 아주 부합되어 조금의 어그러짐도 없었으며, 구경산의 도식이 근거 없는 것이라는 것을 더욱 잘 알게 되었다. 당초에 곡하면서 애통해하느라 황망하고 어지러운 중에 빈틈없이 살펴볼 만한 여유가 없었으므로 자식과 손주 등이 다만 간편하게 처리하는 것만 생각하여 구경산의 도식을 잘못 사용하게 된 것이다. 이것은 두 번째 잘못이다.

— 영좌靈座[32) 설치, 혼백魂帛[33) 진설, 명정銘旌[34) 세우기 등은 다 예문에

이 없었다고 전해지는 『古文儀禮』를 뜻한다. 그리고 공씨 70편이라 하는 것은 공씨 댁(공자의 옛집) 벽 속에서 노나라 共王이 찾아냈다고 전해지는 것을 말한다. 70편이라고 되어 있는 것은 17편의 잘못이며, 17편에 39편을 더하면 56편이 되는 것이다. 이 『의례』 17편은 『今文儀禮』이다. 『고문의례』는 『금문의례』보다 39편이 많지만, 없어진 지가 오래되어서 그 목차나 내용을 알 길이 없다. 『금문의례』 17편이 오늘날 말하는 『의례』이다. 이는 高堂生이라는 사람이 연구해 전한 것이라 한다. 『사기』 「儒林傳」에 "여러 학자가 많이 예를 말했지만, 노나라 고당생이 가장 뛰어났다" 하였다.(『한국민족문화대백과』, 한국학중앙연구원)
31) 尺=30.30303cm.(尺: 길이의 단위, 1丈의 1/10로 약 33.3cm. 寸: 길이의 단위, 1尺의 1/10로, 약 3.33cm. 『중국어사전』 참조)

따랐다.

온공溫公[35]은 속백지식束帛之式(비단으로 묶는 법식)이고, 주자朱子는 결견

지식結絹之式(명주로 묶는 법식)으로 예문 속에 그 그림이 있으므로 황망

하고 어지러운 중에 이 도식을 쓰려 하였다. 그러나 그 제도를 잘

살펴보니 실로 어려운 점이 있어서 단지 시속에서 쓰는 법제를 따라

사용하였다. 이것이 세 번째 잘못이다.

복의復衣[36]는 예문에 습렴襲斂하는 옷을 사용할 수 없다 하고, 또 그

---

32) 靈座: 영위(魂帛)를 모시는 자리이다. 고례에는 습이 끝나면 영좌를 설치했으나, 요사
이는 발상과 동시에 영좌를 설치한다. 먼저 교의를 놓고 그 앞에 자리를 깐 다음
제상을 놓는다. 제상 앞에는 향상을 놓고 그 위에는 향합과 향로를, 향상 앞에는
모사그릇을 놓는다. 영좌가 마련되면 교의에 魂帛를 만들어 안치하고 동편에 명정을
걸어 세운다.(문화콘텐츠닷컴[문화원형 용어사전], 2012, 한국콘텐츠진흥원)

33) 魂帛: 神主를 만들기 前에 明紬를 접어서 만들어 쓰는 臨時的인 神位. 初喪 중에만 쓰
고 葬事 뒤에는 神主를 씀.(한자사전)

34) 銘旌: 죽은 사람의 관직과 성명을 적어 영전 앞에 세워 놓는 깃발. 銘은 明과 같은
뜻으로서 분명하게 밝힌다는 말이고, 旌은 깃발이라는 뜻으로 죽은 사람의 신원이
무엇인지를 밝혀 주는 깃발이라는 뜻임. 명정은 깃대와 깃발의 두 부분으로 이루어
지는데, 깃대는 대나무로 만들고 깃발은 붉은 비단으로 만들었음. 조선시대에는 신
분에 따라 명정의 크기가 규정되었는데 3품 이상은 9척, 5품 이하는 8척, 6품 이하는
7척으로 하였음.
명정을 세운다. "붉은 비단으로 명정을 만든다. 너비는 있는 폭 그대로 한다. 3품
이상은 9척이고, 5품 이하는 8척이며, 6품 이하는 7척이다. 명정에는 '아무관 아무령
의 구'라고 쓴다. 관직이 없으면 살아 있을 때의 호칭을 따라 쓴다. 대나무로 깃대를
만든다. 길이 그대로 한다. 영좌의 오른쪽에 기대어 놓는다. 단궁에 이르기를, '명은
명정이다. 죽은 자를 구별할 수 없으므로 깃발로써 기록한다. 사랑하기 때문에 기록
하고 공경하기 때문에 도리를 다한다' 하였다. 「잡기」에 이르기를, '무릇 부인은 그
남편의 작위를 따른다' 하였다. 「상복소기」에 이르기를, '명을 쓰는 것은 천자로부터
선비에 이르기까지 그 말이 한가지다. 남자는 이름을 칭하고 부인은 성과 伯 · 仲을
쓴다. 만약 성을 알지 못하면 씨를 쓴다' 하였다."(『한국고전용어사전』, 2001.3.30.,
세종대왕기념사업회)

35) 溫公: 중국 宋나라 때의 학자이자 정치가인 司馬光. 死後 太師溫國公을 追贈했기 때문
에 司馬溫國公, 또는 司馬溫公이라고도 함.(『한국고전용어사전』, 2001.3.30., 세종대왕
기념사업회)

36) 復衣: 招魂할 때에 쓰는, 죽은 사람의 옷.(국어사전)

것을 놓아두는 곳도 명확하지 않다. 시속의 책에는 상자 속에 넣고 그 위에 속백束帛을 놓는다 하였는데 어디에 근거한 것인지는 알지 못하겠다. 헤아려 생각하여 보니, 사람이 막 죽어서 이 옷으로 초혼招魂을 하면 혼이 이 옷에 깃드는 것이고, 속백은 신神이 의지하는 것이니 신이 의지하는 곳이 이 옷이 될 것이므로, 하나의 상자 속에 같이 넣어 신神을 안정시키기로 하였다. 옛 기록을 살펴보자면 근거가 없는 것이기는 하지만 시속의 법식을 따른 것인데, 또한 잘못한 일은 아닌지 걱정스럽다.

— 임술壬戌에 소렴小斂37)을 하였다.

『가례』에는 '몸을 묶지 않고, 얼굴을 가리지 않는 것은 죽은 사람이 돌아올 것을 기다리는 것과 같다'는 말이 있다. 진실로 사람의 자식으로서 그 어버이가 돌아가시는 것을 차마 인정할 수 없는 마음을 표현한 것이다. 천기天氣의 왕성하였던 기운이 잦아들었을 때 부득이 『의례』에 의거하여 염을 마쳤다. 하늘이여! 하늘이여! 나 혼자서만 그 어버이의 죽음을 당한 것이던가?

— 계해癸亥에 대렴大斂38)을 하였다.

예문에만 의거하여 행했다. 다만 평상시에 입으셨던 의복과 임시로 착용하신 수의繼衣39)는 하나의 대그릇 속에 같이 두었다. 염을 할 때

---

37) 小斂: 시체에 옷을 입히는 일. 죽은 다음 날에 시체를 堂中으로 옮겨 옷을 갈아입히고 이불을 덮어 주는 일.(『한국고전용어사전』, 2001.3.30., 세종대왕기념사업회)
38) 大斂: 小殮을 치른 다음 날, 다시 송장에 옷을 더 포개 놓고 이불로 싸서 베로 묶는 일.(한자사전)
39) 壽衣, 繼衣: 殮襲할 때 시신에 입히는 옷. 歲製之具라고도 한다. 수의는 주로 윤달에 마련하는데, 하루에 완성하여야 하고 완성된 것은 좀이 쏠지 않게 담뱃잎이나 박하

집사가 미처 주밀하게 살피지 못하여 수의를 대부분 사용하였고 평시에 착용하시던 의복은 태반을 빼놓고 말았는데, 이미 염을 마쳤으므로 다시 쓸 수 없게 되었으니, 어찌해야 좋을 것인가? 몸에 직접 닿는 물건으로는 의복보다 중요한 것이 없는데 사람의 자식 되어서 평시에 입는 의복을 직접 스스로 점검하는 것이 몇 번이나 되었던가? 수의는 몇 번 점검하여 보았고, 솜옷은 몇 번 점검하여 보았으며, 솜을 넣지 않은 옷은 몇 번이나 점검하여 보았던가? 아울러서 마땅히 먼저 해야 할 것과 뒤에 해야 할 것, 쓸 수 있는 것과 쓸 수 없는 것은 다 점검하여 보았는가? 빠진 것이 없이 다 기록해 집사에게 주었으니 거의 후회할 일이 일어날 수 없었을 것이다. 그러나 곡하고 발을 구르는 황망하고 어지러운 때 이것을 한번이라도 살펴보지 않고 모두 다 여러 집사에게만 맡겨 두어 이러한 잘못이 일어나게 하였으니, 네 번째 잘못이다.

목욕 때에는 자른 손톱을 좌우로 갈라놓았다가 작은 주머니에 넣고 서모庶母에게 주었는데, 염을 하면서 찾으니 잃어버리고 없었다. 당초에 아주 조심스럽게 취급하여 그릇에 그것을 담아 두었더라도 준비한 것을 갑자기 잃을 수 있는 것이다. 그리고 집사가 주밀하게 살피지 못할 수도 있어서 서모에서 맡긴 것인데, 서모는 이때 오장(五內)[40]이 낱낱이 찢어지는 심사여서 아득하기만 하여 그것을 놓아 둔 곳을 깨닫지 못하였던 것이다. 가슴 아픈 일이지만 어찌할 수

잎을 옷 사이에 두어 보관하며, 칠월칠석에 擧風했다. 재료는 양반집에서는 비단으로 했으나 일반은 명주로 만들었다.(『원불교대사전』, 원불교100년기념성업회)
40) 五內: 다섯 가지 內臟. 肝腸, 염통, 지라, 허파, 콩팥.(한자사전)

있겠는가? 손톱과 터럭은 비록 미미한 것이기는 하지만 가친의 유

체인데, 나는 좋은 사람이 못되어서 이런 한스러운 일을 만들어 낸

것이다. 이것은 다섯 번째 잘못이다.

— 갑자甲子에 성복成服[41]하였다.

자질들이 아직 예를 배우지 못하였고, 백현룡白見龍[42](文瑞)만이 대체

---

41) 成服: 喪禮에서 大殮을 한 다음 날 상제들이 服制에 따라 喪服을 입는 절차. 상복의
종류에는 斬衰(父·長子 등), 齋衰(母·祖母 등), 大功(從兄·從姉 등), 小功(從祖父母·
外祖父母 등), 시마(從曾祖父母·再從祖父母 등)의 五服이 있어서 형태와 옷감의 재료
가 각기 다르다. 布에서는 참최가 매우 성근 生布, 재최는 약간 성근 생포, 대공은
약간 성근 熟布, 소공은 약간 가는 숙포, 시마는 매우 가는 숙포를 쓰고, 麻(삼)는
참최가 저마(名麻: 암삼), 자최 이하는 시마(수삼), 시마는 熟疏를 사용한다. 또 죽은
사람과의 관계에 따라 상복 입는 기간도 참최와 재최는 3년, 대공 9개월, 소공 5개
월, 시마 3개월 등으로 각기 다르다. 또한 재최는 이 밖에도 친족·인척의 친소에
따라 1년·5개월·3개월 등으로 다르게 제정되었다. 보통 같은 고조에서 玄孫까지,
또 일가친척에서는 8촌의 범위 내에 있는 사람만 상복을 입는다. 상복은 베로 만든
것을 입는데, 남자는 깃겹바지·저고리에 깃두루마기를 입고 中單과 제복을 입은 위
에 요질(허리띠)을 두른다. 머리에는 孝巾(두건) 위에 喪冠(굴건)을 쓰고 수질을 맨
다. 발목에는 行纏을 치고, 짚신을 신으며, 일 년 이상 복을 입는 사람의 경우 상장
(지팡이)을 짚는다. 지팡이는 참최복을 입는 사람은 대나무로 된 것으로 짚고, 재최
복을 입는 사람은 오동나무로 된 것을 짚는다. 여자도 깃치마와 깃저고리에 중단을
입고 제복을 입은 위에 수질과 요질을 매고, 짚신을 신는다. 어린아이는 건을 쓰지
않으며 수질도 없다. 『家禮』에는 어린아이라도 3년복을 입을 경우에는 상장을 짚는
다고 하였다. 『禮書』에 의하면 상복은 대렴한 다음 날, 즉 죽은 날로부터 4일째 되는
날 입는다고 기록되어 있다. 그러나 요즘은 상을 받드는 기간을 단축하여 3일장으로
치르는 경우가 많기 때문에 이때는 대렴이 끝나면 곧바로 상복을 입는다. 전통 상복
을 입는 대신 간소한 옷을 입는데, 남자는 검은 양복에 무늬 없는 흰 와이셔츠를
입고 검은 넥타이를 매고, 여자는 흰색 치마저고리를 입고 흰색 버선과 고무신을
신는 경우가 많다. 성복을 하고 나면 아침저녁으로 殯所에 奠을 올리며 정식으로
문상을 받기 시작한다.(『두산백과』)
42) 白見龍: 1543(중종 38)~1622(광해군 14). 조선 중기의 학자. 본관은 大興. 자는 文瑞,
호는 惺軒. 진사 白眉良의 아들이며, 어머니는 江城文氏로 참봉 文闐의 딸이다. 처음
金彦璣에게 글을 배우다 뒤에 李滉의 문하에서 수학하였으며, 趙穆·金誠一·柳成龍과
교유하였다. 1592년(선조 25) 임진왜란이 일어나자 李涵·白仁國 등과 의병을 일으켜
김성일의 휘하에 들어가 공을 세웠고, 정유재란 때는 火旺山城으로 들어가서 郭再祐
와 함께 적을 무찔렀다. 1609년(광해군 1) 생원시에 합격하였으나 벼슬길에 나가지

적으로 견문한 바가 있어, 그에게 상의하여 행하였으나 역시 오류가 많았다. 상주가 황망하고 어지러운 처지에 있어 치밀하게 살필 여유가 없었으므로, 최복衰服[43]이 제도에서 어그러진 것이 많았다. 영슈[44]에 단포單布[45]를 쓴 것이 하나의 잘못이고, 최衰[46]와 부판負販[47]이 크기가 같지 않은 것이 두 번째 잘못이며, 지촌指寸을 사용하지 않아 길고 짧은 것이 고르지 않았던 것이 세 번째 잘못이며, 관冠의 모양이 너무 길어 반이 접혀 늘어지고 꼭대기가 원의 모양을 이루지 못하게 된 것이 네 번째 잘못이다. 수경首經[48]은 크지 않아서 요질腰經[49]에 비해 작아 보이는 것이 다섯 번째 잘못이다. 요질이 산만하게 드리워져 성복을 묶지 못하는 데에까지 이른 것은 여섯 번째 잘못이다.

— 5월 초1일 관을 받들고 발행하였다.

그 전에 하루 이틀 동안 동남풍이 그치지 않고 불었으며, 구름이 사방을 뒤덮었고, 비가 어지럽게 내릴 듯한 징후가 보였다. 이날, 하늘이 홀연히 맑게 개였다. 아침에 발인[50]하여 저녁에 진보현(眞縣)에 도

않고 학문연구와 후진교육에 힘썼다. 雲山書院에 제향되었고, 저서로는 『惺軒集』이 있다.(『한국민족문화대백과』, 한국학중앙연구원)
43) 衰服: 아들이 부모, 조부모, 증조부모, 고조부모의 상중에 입는 상복.(국어사전)
44) 슈: 정확하게 무엇을 의미하는지는 모르겠지만, 옷의 목둘레에 덧대는 것을 加領이라 하는데, 이것을 뜻하는 것이 아닌가 생각된다.
45) 한 겹으로 처리한 것을 말함.
46) 衰: 衰服의 양쪽 가슴을 덮은 판.
47) 負販: 衰服의 등을 덮은 판.
48) 首經: 首経; 상주의 머리에 두르는 띠.
49) 腰経: 상주의 허리에 두르는 띠.
50) 發引: 發靷; 장례를 치르기 위하여 상여가 집을 떠나는 상례의 절차. 영구를 상여에 옮기는 것부터 상여가 장지에 도착할 때까지의 과정이라 할 수도 있다. 장례를 치르

착하였고, 초2일 산소에 이르러 재사에 봉안하였다. 이날 비가 왔고, 다음 날에는 큰 비가 내렸다.

— 초5일 성빈成殯[51]하였다.

찬실欑室[52]은 서쪽에 두고, 연筵[53]은 동쪽에 두어 구경산의 그림과 다른 법제를 썼다. 이것 역시 당초에 예제를 살펴보았을 때 밝게 알아보지 못한 소치이다. 먼저 두터운 널빤지로 판을 만들어 깔았는

는 날 아침이 되면 마당에 상여가 꾸며지고, 이어서 축관이 영구 앞에 북향하여 꿇어앉아 "이제 영구를 상여에 옮김을 알립니다"(今遷柩就轝敢告) 하는 고사를 드리고, 靈座를 옮겨서 상여 옆에 둔다. 다음에 부인들은 물러서고 일꾼들이 들어와 영구를 옮겨 상여에 싣는데, 머리를 남쪽으로 향하게 한 뒤 새끼로 튼튼하게 묶는다. 상주는 곡을 하면서 영구를 따라 내려와 영구 싣는 것을 지켜본다. 부인들은 휘장 뒤에서 곡을 한다. 영구가 상여에 실리면, 축관이 집사를 거느리고 영좌를 영구 앞 남향으로 옮긴다. 그 다음에 遣奠의 예를 올린다. 견전이란 영구를 떠나보내면서 음식을 차려 대접하는 의식이다. 이때 차리는 음식은 아침제사(朝奠) 때와 같이한다. 부인들은 견전에 참여하지 않는다. 그 절차를 보면, 먼저 축관이 술을 따르고 꿇어앉아, "영구의 수레가 이미 준비되었으니 곧 유택으로 갑니다. 이에 떠나보내는 의식을 차려 영원한 이별을 고합니다"(靈輀旣駕, 往郎幽宅, 載陳遣禮, 永訣終天)라고 고사를 드린다. 그리고 상주 이하 모두 곡하고 두 번 절한 뒤 철상을 한다. 견전 후 이어서 축관이 혼백과 향불을 모시고 새로 만들 신주를 받들어 혼백 뒤에 둔다. 이때 부인들이 휘장을 걷고 나와 서서 곡을 하며, 장지에 따라가지 못할 사람도 곡을 하고 두 번 절을 한다. 그러면 상여가 떠나간다. 상여 행렬의 순서는 方相이 맨 앞에 서고, 그 뒤에 차례로 계집아이(女僕)·사내아이(侍者)·銘旌·靈車·상여, 상여 옆에 翣이 따른다. 상여 뒤에는 상주 이하 服人이 복의 경중에 따라 열을 지어 곡하면서 따르고, 그 뒤에 복이 없는 친척들과 그 밖의 손님들의 순으로 따라간다. 상여가 가는 도중에 친한 사람이 있어 길가에 휘장을 치고 제물을 준비하고 있으면 상여를 멈추고 제사를 올린다. 그 의식은 집에서 제사지내는 절차와 같다. 또 상여가 지나는 도중에 사자와 유관한 곳이 있으면 상여를 멈추고 곡을 한다. 만약 장지가 멀어서 하루 만에 도착하지 못하면 30리마다 상여를 멈추고 영좌를 설치하여 아침·저녁으로 곡을 하고, 제사를 올린다.(『한국민족문화대백과』, 한국학중앙연구원)

51) 成殯: 殯殿을 차림. 殯所를 만듦.(『한국고전용어사전』, 2001.3.30., 세종대왕기념사업회)
52) 欑室: 무덤에 묻기 전까지 관을 보관하기 위해 만든 집 모양의 구조물.(서울대규장각 한국학연구원, 조선시대 왕실문화 도해사전)
53) 筵: 짚을 두툼하게 엮거나 새끼로 날을 하여 짚으로 쳐서 자리처럼 만든 물건. 거적. (농업용어사전, 농촌진흥청, 농촌진흥청)

데, 땅으로부터 1척 떨어지게 하여 습기를 차단하게 하였다. 다음으로 솔잎을 두껍게 펴고, 그 위에 짚으로 만든 거적을 두 겹으로 깔았으며, 다음으로 가는 모래를 여러 섬 깔았으며, 통나무를 앞뒤가 고르게 잘라 넣고, 또 짚으로 꼰 굵은 새끼를 종횡으로 두 개의 우물정자를 모래 위에 만들고, 양 끝단을 찾아 모두 양 옆으로 묶어 그 가닥을 쉽게 찾을 수 있게 하였다. 또 짚으로 만든 거적을 두 개 우물정자 새끼줄 위에 펴고, 고르고 반듯하게 만들어 어긋나거나 움푹 들어가지 않게 한 뒤에 관을 들어 그 안에 들여놓았다. 또한 거적을 위에서부터 덮어씌워 말아 잇고, 전후좌우 조금의 빈 곳도 없게 하였다. 양쪽으로 묶어 놓은 새끼줄 끝을 풀어 서로 자루처럼 되게 묶어 아주 견고하게 만들었다. 가는 모래를 그 흙에 판 구덩이 속에 채우고 땅과 평평하게 되게 하였다. 황토의 진흙을 그 위에 도포하고 두꺼운 유지를 덮어 비가 새는 것을 막았다. 이때 이전에 계속 큰 비가 내렸는데, 이날 아침에 비가 그쳤으므로, 옮겨 안치하는 데에 젖지 않을 수 있었다. 성빈을 겨우 끝내자 다시 비가 내렸다.

— 7월 28일, 병신丙申에 매장하였다.

좋은 날을 택하여 광중壙中[54]을 팠다. 광중에 물기가 있어 깜짝 놀랐는데, 자세히 살펴보니 계속된 비가 만들어 내는 상황이지 원래 습기가 있는 곳이라서 그런 것은 아니었다. 그러므로 다시 다른 곳을 택하지는 않았으나 마음에 석연치 않은 점이 있었다. 광중의 사방

---

54) 壙中: 시체가 놓이는 무덤의 구덩이 부분을 이르는 말. 비슷한 말로는 壙內·壙穴·墓 穴·葬穴·地室·地中이 있다.

벽 아래 죽 둘러서 여러 척 깊이의 물길을 팠고, 광중 남쪽 방향에 따로 바깥 구덩이를 팠는데, 더욱 깊게 파서 광중 안의 물길과 연결시켰다. 물을 말리고 돌을 박아 넣은 후에 흙을 채워 견고하게 쌓았다. 만약 물 기운이 있더라도 반드시 채워 넣은 돌 사이를 흘러 바깥 웅덩이로 나가게 하였다. 바깥 웅덩이가 깊고 광중이 높으므로, 이미 바깥 웅덩이로 흘러 나간 후에는 안의 광중으로 들어가지는 않게 되었다.

외곽外槨55)을 광중에 내렸다. 곽의 바닥에 석회를 까는 것은 시속을 좇아 행하지 않았는데, 다시 생각하여 보니, 아주 큰 잘못이었다. 후회가 되었지만 어찌 되돌릴 수 있을 것인가. 사방 벽에는 법에 따라 석회와 숯을 썼는데, 한 판을 쌓고 나서 보니 숯의 성질이 지나치게 말라 있어서 쌓을수록 약해지고, 숯 사이를 채워 넣은 석회도 그것으로 인해 견고하게 눌어붙지를 않아 두 가지를 같이 쓴다는 것이 별 이익이 없는 것 같았다. 숯의 층을 제거하고 석회층만으로 쌓아서 견고하고 충실하게 만들었다. 네 담이 다 평평할 정도로 가득 찬 뒤에 쌓기를 마쳤다.

송진을 쓰는 것은 처음에는 녹이는 방식을 쓰기로 준비하였으나 그 방법을 알 수가 없어서, 단지 빈 솥에 집어넣고 액체로 녹여 거친 헝겊을 써서 냉수 속으로 걸러 넣고, 그릇에 담아 잠시 조금 식기를 기다렸다가 꺼내 안반 위에 놓고 손으로 납작한 판을 만들기로 하였다. 이것은 사실 일하기에 용이한 방법이었으나, 다시 생각하여 보

---

55) 外槨: 棺을 담는 곽. 비슷한 말로는 外棺이 있다.

니, 화기는 열이 아주 높아야 하고 송진덩이를 볶으며 끓이는 것은 아주 급하게 처리해야 하므로 혹시라도 그 성질을 잃게 하지나 않을지 걱정스러웠다. 이에 솥 안에 먼저 물을 끓인 후에 송진덩이를 넣어 녹기를 기다려서 건져 올려 걸러 쓰기로 하였다. 나머지는 다 위에 이야기한 것과 같게 하였다. 최종적으로 쓸 때에도 끓는 솥 속에 넣어 다시 부드럽게 녹여 곽 안의 넓고 좁은 것을 헤아려 사용하였는데, 관이 들어갈 만한 정도에서 멈추었다. 네 담벽과 낮고 두터운 것을 헤아려 약 2촌 정도를 도포하였고, 바깥 뚜껑의 안에도 역시 잘 헤아려 도포하여 하관할 때에 옹색하여 지는 것에 대비하였다. 자축子丑[56] 간의 계방癸方[57]을 갈라 빈殯을 모시고, 발인하여 인시寅時[58]와 묘시卯時[59] 사이에 하관하였다. 관과 도포한 송진 사이에 5푼(五分)[60] 정도 차이가 있었으므로, 송진을 써서 최종적으로 메꾸어 틈이 없게 하였다. 그 다음 명정[61]을 덮고, 또 현훈玄纁[62]을 깔고, 또 두터운 유지를 덮었다. 유지는 다만 관 위로만 덮고 나머지는 송진을 도포하였다. 집사는 솥 안에 물을 끓여 준비하여 두었으므로 연

---

56) 子丑: 子方은 정북 좌우로 15도 이내. 丑方 정북으로부터 동쪽 30도 방향을 축으로 하여 좌우 15도 이내.
57) 癸方: 정북에서 東으로 15도 방위를 중심으로 한 15도 각도 안의 방향.
58) 寅時: 十二時의 셋째 번 時. 24시의 다섯째 時. 곧 午前 3시 30분에서 4시 30분까지.(한자사전)
59) 卯時: 십이시의 넷째 時. 午前 다섯 시부터 일곱 시까지의 동안. 24시의 일곱째 時. 午前 다섯 시 반부터 여섯 시 반까지의 동안.
60) 푼(分): 길이 개념으로, 1푼은 0.303센티미터. 1치(3.03센티미터)의 10분지일.
61) 銘旌: 喪禮에서, 一定한 폭과 길이의 천에 죽은 사람의 品階. 官職. 本貫. 姓氏를 쓴 旗. 장대에 달아 喪輿 앞에서 들고 가서 널 위에 펴고 묻음.(한자사전)
62) 玄纁: 葬事지낼 때에 山神에게 드리는, 검은빛과 붉은빛의 두 조각 헝겊의 幣帛. 나중에 壙中에 묻음.(한자사전)

이어 송진덩이를 녹이고, 냉수를 잇달아 놓아서, 좌우에서 그릇을 채우면 별 힘을 들이지 않고서 사용할 수 있었다. 아직 식지 않았을 때 손으로 질그릇같이 구워 물기가 없게 하여 안에 넣기도 하고 메우기도 하여 평평하게 꽉 채웠다. 바깥으로는 뚜껑을 덮어 안팎의 관곽이 일체가 되도록 하였다. 그 위로 석회층을 두었고, 그것이 아주 견고하게 굳어진 후에 흙을 쌓아 점점 높여 갔다. 형의 생질인 이윤여李胤呂가 제주題主63)하여 신주를 받들고 돌아와 궤연几筵64)에 안치하였다. 이날 봉분을 다 완성하지 못하였고, 다음 날 일을 마쳤다. 이보다 앞서서 연일 강한 비가 내렸으므로 큰일을 눈앞에 두고 망극한 마음에 염려가 컸는데, 장례일 며칠 전부터는 비로소 날이 개고, 장례 날에는 쾌청하였는데, 다음 날 잔디를 덮고 일을 막 끝내자 비가 다시 내리기 시작하였다.

3. 김수일의 「묘지墓誌」

돌아가신 부군은 이름이 수일守一이고, 자가 경순景純인데, 김씨이

---

63) 題主: 神主에 글자를 씀.(한자사전)
64) 几筵: 祭祀에 사용되는 제사 도구. 几는 제사 또는 燕饗에 사용하는 제사 도구로, 죽은 사람의 魂魄이 깃드는 靈几를 의미함. 筵은 그 밑에 까는 자리로, 죽은 사람의 혼백이나 神主를 모셔 두는 곳을 의미함. 『禮記』에 의하면 几와 筵은 모두 神靈이 깃들게 하기 위해 설치한다고 함. 연의 길이는 7척, 너비는 2척 3촌이며, 제사 때 궤는 왼편에 설치함. 이와 같이 궤연이 설치된 장소를 殯所라고 하며, 빈소를 궤연이라고 부르기도 함. [유사어] 素帷. [참고어] 殯所.(『한국고전용어사전』, 2001.3.30., 세종대왕기념사업회)

다.…… 성균생원으로 누차 증직되어 자헌대부 이조판서 겸 지의금부사를 받은 이름 김진金瑾이 부친인데, 부인은 민씨이고 좌의정 여흥부원군 문도공文度公 민제閔霽의 5대손 민세경閔世卿의 따님이다. 다섯 아들이 연속으로 급제하여 영광이 한 시대에 빛났다. 부군은 차례로서는 둘째 아들이다. 가정 무자戊子[65]년 11월 정사丁巳에 임하현 천전리 집에서 출생하였다. 자질이 명민하고, 용모가 단정하며, 청수한 것이 남들보다 월등하게 뛰어났다. 문장을 쓰면 헐뜯는 사람을 단숨에 무너뜨려 고개를 꺾고 잘못을 자인하게 만들었는데, 속기라고는 없었으며, 시에 더욱 뛰어난 재주가 있었다. 병오년에 내간상을 당하였다. 을묘년에 사마시에 합격하였다. 일찍이 퇴계선생 문하에 들어 심학心學을 강설하는 것을 들었으며, 명백하게 이해하여 선생의 인정을 받았다. 여러 번 향시에 합격하였으나 벼슬자리를 얻는 데는 실패하였다. 물러나 임하의 전암傳巖에 정사를 짓고 시대를 즐기며 절조를 닦아 나갔다. 어버이를 봉양하고 친구들과 어울려서 평안히 즐기며 노닐었고 즐거이 세상일을 잊었다. 집안은 엄숙하게 이끌어 나갔는데, 마음 씀은 너그럽고 화락하였다. 근엄하게 제사를 받들어 무격巫覡을 물리쳤는데 문안에 들어오지조차 못하게 막았다. 가난한 여인을 시집보내고 고아를 길렀으므로 친척들은 다 즐겨 따랐다. 자질들을 가르쳐 깨우쳐 주고 가르침이 후생들에게까지 미쳤다. 선한 것을 좋아하고 나쁜 것을 싫어하여 매사를 다 굳건하게 처리하였으므로 고을 사람들이 공경하면서 어려워했다. 항상 믿고 따르던 사람을 일찍 여읜 것 때문에 대단히 애통해하였다. 남의 어버이들에

---

65) 戊子年: 중종 23, 1528.

게조차 지극한 효성을 다하였으며, 형제를 좋아하여 우애가 돈독하였다. 집안이 대대로 청백하였으나 그 가난한 사람을 걱정하여 각자 나누어 갖지 않고 수확물(臧獲)[66]을 한꺼번에 저장하여 다 같이 소유하게 하였다. 경진년에 외간상을 당하여 미음과 거친 음식을 먹으며 3년 여묘살이를 하였다. 복상기간이 끝나자 병이 장부에까지 뚫고 들어가 육신의 훼손이 날로 심해져만 갔다. 이조(銓曹)[67]에서 유일遺逸[68]에 해당한다고 보아 자여도찰방自如道察訪[69]에 보임하였다. 벼슬살이를 하러 나가는 것은 본래 즐거하는 바가 아니었지만, 임금의 은총이므로 사은숙배하지

---

66) 臧獲: 臧은 사내종, 獲은 계집종의 뜻으로 從, 下人을 이르는 말. 그러나 여기에서는 문맥상 수확물을 나누지 않았다는 것이 적절하리라 여겨진다.

67) 銓曹: 조선시대 이조와 兵曹를 합하여 부른 호칭. 兩銓이라고도 하였다. 東班(문관)의 銓衡을 맡아본 이조를 東銓이라고도 하고, 西班(무관)의 전형을 맡아보던 병조를 西銓이라고도 했는데, 관리의 인사 문제와 관련하여 兩曹를 전조라 하였다. 또한 양조의 관원을 銓官, 參判을 亞銓, 正郞·佐郞을 銓郞이라 하였다.(『두산백과』) 여기서는 문관의 천거와 임명에 관한 것이므로 이조라 보아야 할 것이다.

68) 遺逸: 조선시대 초야에 은거하는 선비를 찾아 천거하는 인재 등용책. 초야에 묻혀 있는 선비로서 학식과 인품을 갖추고 있으면서 세상에 알려지지 않은 경우 이들을 과거시험 없이 발탁하는 인재등용 방법이다. 특히 수양대군의 집권과 단종의 복위 운동 등으로 士禍가 일어나고 극심한 정치적 변혁을 겪으면서 많은 인재들이 벼슬길을 포기하고 지방에 은거하는 분위기가 더욱 짙게 조성되었다. 정도전은 『조선경국전』에서 문무의 재주를 겸비한 사람, 각종 기술을 가진 사람, 천문과 지리에 해박한 사람 등 유일을 통해 등용할 인물에 대한 사항을 언급하였다. 이후에는 경서에 밝고 품행이 바른 사람이 유일 등용의 조건이었다가 충효의 덕행을 가진 사람으로 변모하기도 하였다. 조정에서는 지방의 관찰사를 통해 인재를 수시로 발굴하여 보고하도록 하였다.(『두산백과』)

69) 自如道: 조선시대 경상도 창원의 自如驛을 중심으로 한 驛道. 중심역은 驛丞이 소재하였으나 뒤에 察訪으로 승격되었다. 관할범위는 함안-창원-김해-밀양-양산 방면에 이어지는 역로와 창원-웅천-칠원 방면에 이어지는 역로이다. 이에 속하는 역은 창원의 近珠·新豊·安民, 칠원의 昌仁·靈浦, 김해의 大山, 함안의 巴水·春谷·金谷(김해)·德山(김해)·省法(김해)·赤項(김해)·南驛(김해), 웅천의 報平 등 14개 역이다. 뒤에 덕산역은 黃山道(梁山)로 편입되고, 良洞驛이 자여도로 편입되어 왔다. 자여도 소속 역들은 모두 小路(또는 小驛)에 속하는 역들이었다. 이 역도는 1894년 갑오경장 때까지 존속하였다.(『한국민족문화대백과』, 한국학중앙연구원)

않을 수 없었다. 또 경성에서는 의약을 쓰기에 편리하므로 빠르게 올라
가 사은숙배하고, 머물며 진료하였다. 불효하는 죄를 쌓는 것인지 재앙
은 여객에서 찾아들었으니, 계미癸未[70] 6월 초8일이었다. 향년 56세이다.
여러 형제분들이 다 벼슬하여 조정에 있었으므로 흉례의 일을 다 알뜰
히 살피고 준비하여서 빈틈없이 쓰도록 하였다. 이에 7월에 관을 모시
고 고향으로 돌아와 9월 어느 날 경산景山 비학산飛鶴山 선영 아래 태좌진
향兌坐震向[71]의 언덕에 장례하였다. 본인의 평소 뜻을 따른 것이다. 선비
先妣는 한양조씨이고…… 선비는 부드럽고 아름다운 품성을 갖추었고,
뛰어난 가문에서 자랐으므로, 덕이 용모보다 뛰어났고, 지식과 생각이
사군자에 버금갔으므로 선택되어 시집오게 되었으며, 내 부친의 짝이
되었다. 문장을 갖추고 정절을 지켰으며, 오는 대로 먹여 주고 그냥 보
내는 법이 없었고, 집안 살림을 하는데 안주인의 법도를 갖추었다. 매양
부군의 뜻에만 따랐고, 일족의 부인들과 가문의 여식들이 다 그 현숙함
을 본받았다. 우리 형제들이 가정을 갖추고 자식을 둔 것에서 대과급제
자와 소과급제자(折桂[72]賽蓮[73])로 가문에 경사가 계속된 것에 이르기까지,
적선의 결과가 아닌 것이 없다. 천운이 어긋나 멀리 떨어지게 된 것이

---

70) 癸未年: 선조 16, 1583.
71) 兌坐震向: 서쪽을 등지고 동쪽을 향한 방위.
72) 折桂: 계수나무(桂樹)의 가지를 꺾었다는 뜻으로, 科擧에 及第함을 일컫는 말.(한자사전)
73) 소과에 합격함을 연꽃을 뽑았다는 뜻으로 賽蓮, 採蓮이라한다. 따라서 蓮案이란 연꽃
을 뽑은 사람들의 명단, 곧 소과합격자의 명단을 말한다. 折桂란 계수나무 가지를
꺾었다는 뜻으로 대과에 급제함을 이르는 말로 당나라 이후 급제자를 일컬을 때
달 속의 계수나무를 꺾었다고 하여 蟾宮折桂라는 말을 사용하였다. 桂案이란 대과급
제자의 명단을 말한다. 蓮桂案, 蓮桂錄이란 소과합격자와 대과급제자의 이름을 함께
실은 명단으로 조선 후기에 여러 고을에서 작성되기도 하였다.(윤희면, 「조선시대
경상도 함양 사마안 연구」, 『역사교육논집』 52권, 역사교육학회, 2014, 381쪽)

애통하여 울부짖을 때는 위태로운 지경에까지 이르렀다. 내가 처음 벼
슬을 얻어[74] 부절을 차게[75] 되고, 판자 가마(板輿)로 받들고 모시며 축수
하는 잔을 올렸을 때, 매양 홀로 이 영광을 누리는 것을 안타깝게 여기
셨다. 또 집안의 여러 자녀들이 받들어 올린 것들을 손수 나누어서 묶
어 보내 주는 것을 일삼으시니, 섬비둘기처럼 자애로운 것은 천성으로
얻은 품성이시다. 계사년[76] 3월 정사에 태어나셔서 경술년[77] 2월 을해
에 돌아가셨다. 수는 78세였다. 4월 7일 임오壬午에 선군의 묘소에 합장
하는 장례를 치렀다. 아들 둘을 두었는데, 장자 김용金涌[78]은 경인庚寅년
에 문과 출신하였고, 전 행사헌부집의지제교行司憲府執義知製敎이다. 차자
는 김철金澈인데, 계묘癸卯년 진사이고, 백부의 뒤를 이었는데, 실로 종통
을 이은 것이다. 딸은 둘이다. 장녀는 황여일黃汝一에게 시집갔는데 을유
乙酉년 문과 출신이고, 전 행사헌부장령行司憲府掌令이다. 차녀는 사옹원

---

74) 筮仕: 처음으로 벼슬을 얻음.(한자사전)
75) 佩符: 고을 원의 地位에 있는 일.(한자사전)
76) 1533년.
77) 1610년.
78) 金涌: 1557(명종 12)~1620(광해군 12). 조선 중기의 문신. 본관은 義城. 자는 道源,
　　호는 雲川. 金禮範의 증손으로, 할아버지는 생원 金璉이고, 아버지는 찰방 金守一이며,
　　어머니는 司果 趙孝芬의 딸이다. 金誠一의 조카이다. 1590년(선조 23) 증광 문과에
　　병과로 급제해, 承文院權知正字를 거쳐 예문관검열로 옮겼다가 천연두가 발병해 사직
　　하였다. 1592년(선조 25) 임진왜란이 일어나자 향리인 안동에서 의병을 일으켜 安東
　　守城將에 추대되었고, 이듬해 예문관의 검열·奉敎, 성균관의 典籍 등을 지냈다. 이어
　　正言·獻納·副修撰·持平 등을 거쳐 이조정랑에 올랐다. 1597년 정유재란이 일어나
　　자 諸道都體察使 李元翼의 종사관으로 수행해 많은 활약을 했으며, 교리에 재임 중
　　督運御史로 나가 군량미 조달에 많은 공을 세웠다. 1609년 奉常寺正으로 춘추관편수
　　관을 겸해 『宣祖實錄』의 편찬에 참여했으며, 그 공으로 통정대부에 올라 병조참의를
　　지냈다. 그 후 1616년 60세의 나이로 여주목사로 나갔다. 조정의 당쟁이 날로 심해
　　지자 맏아들의 죽음을 구실로 향리로 돌아왔다가 4년 뒤에 죽었다. 안동 臨湖書院·
　　黙溪書院 등에 제향되었다. 저서로는 『雲川集』·『雲川扈從日記』(보물 제484호) 등이
　　있다.(『한국민족문화대백과』, 한국학중앙연구원)

봉사奉事 박수근朴守謹에게 시집갔다. 김용은 퇴계 이 선생의 아들인 첨
정僉正 이준의 따님에게 장가가서 5남 2녀를 낳았다. 장남은 김주金柱인
데, 기유己酉 생원시에 장원하였다. 차자는 김건金楗이고, 3자는 기유년
생원인 김정金楨이고, 4자는 김릉金棱이고, 5자는 김상金相이다. 장녀는 배
상익裵尙益에게, 차녀는 이정준李廷俊에게 시집갔으니 모두 사인士人이다.
김철은 대사간 김취문金就文의 아들인 찰방 김종무金宗武의 따님에게 장
가들었다. 1남을 낳았으니, 김시온金是榲이다. 장령掌令(황여일)은 1남을 낳
았는데 황중윤黃中允79)이고 을사년에 생원 진사에 다 급제하였다. 내외
증손이 남녀 합하여 많이 있다. 아아! 우리 부군은 일찍이 우리들을 떠
나서서 종내 우리가 봉양하지를 못하였고, 편모만을 모셔 온 지가 28년
이다. 나는 실로 우둔하여 얼굴을 살펴 행하고 뜻을 따르는 방법을 몰
라 어긋나고 거스르는 일이 많았다. 거듭 고을살이에 종사하며 다시 나
가고 다시 돌아오느라 음식과 거동을 보살펴 봉양하는 일을 마땅하게
수행한 적이 없다. 그런데 모친을 여의는 슬픔(風樹之感)80)을 갑작스럽게

---

79) 黃中允: 1577(선조 10)~? 조선 중기의 문신. 본관은 平海. 자는 道先. 黃璉의 증손으
로, 할아버지는 黃應澄이고, 아버지는 공조참의 黃汝一이며, 어머니는 朴愰의 딸이다.
생원으로 1612년(광해군 4) 증광문과에 갑과로 급제하여, 정언·헌납·낭청·사서
등의 관직을 지냈다. 1616년 申景禧의 옥사에 연루되어 추고당하였고, 1618년 다시
사서에 기용되었다. 이 해 명나라에서 요동순무를 위해 병마 7,000을 요청해 왔고,
조정에서 징병에 관한 의논이 있을 때 징병에 반대하는 의견을 개진하였다. 이어
병조좌랑에 올랐으나 입직하다가 교대를 기다리지 않고 나간 것이 문제가 되어 체
직되었으며, 이듬해 사헌부지평에 임명되어 무과 시험 시 관원들이 뇌물을 받은 것
을 고발하였다. 1620년 奏聞使로 임명되어 表文을 가지고 연경에 다녀온 뒤 동부승
지·우부승지·좌부승지를 거쳐 승지에 올라 왕의 측근에서 업무를 수행하였다.
1623년(인조 1) 인조반정으로 정권이 교체되자 李爾瞻의 복심이 되어 광해군의 뜻에
영합하였고, 중국과의 외교를 단절하고 오랑캐와의 통호를 주장하였다는 죄목으로
양사의 탄핵을 받아 변방에 위리안치되었다. 이어 이듬해 내지로 量移되었고, 1633
년 유배에서 풀려나 시골로 돌아갔다.(『한국민족문화대백과』, 한국학중앙연구원)
80) 風樹之感＝風樹之嘆: 가지 많은 나무에 바람 잘 날 없다고 탄식함. 효도를 다 못한

당하게 되다니! 하늘이여! 하늘이여! 이 같은 일이 있단 말인가? 이 같은 일이 있단 말인가? 나의 모자람은 돌아가신 부모의 덕을 이어 간다 할 수 없다. 그러나 그 그윽하게 숨겨져 있는 덕을 제대로 알 도리가 없으므로 감히 용기를 내어 세계와 지행의 만분의 일이라도 적고 자기 조각에 새겨 무덤(玄堂)81) 안에 두고 세상이 끝난 것 같은 애통함을 이 돌조각과 함께 영원하게 남기고자 한다. 황명만력皇明萬曆82) 기원 38년 4월 어느 날 아들 용溶은 피를 흘리며 삼가 적는다.

채 부모를 여읜 자식의 슬픔.(한자성어, 『고사명언구사전』)
81) 玄堂: 무덤을 이르는 말.(『한국고전용어사전』)
82) 명나라 神宗 만력 38, 광해군 2, 1610.

구봉종택 정문

구봉종택 대문 천정 대들보
상량문

구봉종택 전경

운암선생일고雲巖[1]先生逸稿[2]

1. 「계산일록溪山日錄」[3]

　가정 44년[4] 을축년乙丑年 11월 어느 날, 여러 아우들과 같이 계상溪上
에 나아가 선생(퇴계 이황)을 배알하였다. 선생은 병이 조금 나아지셨다.
다행이다. 다행이다. 경선景善 우성전禹性傳[5]이 이미 와서 머물고 있었다.

---

1) 雲巖 金明一: 1533~1569. 조선 중기의 문신으로 鶴峯 金誠一의 형이다. 李滉의 문하에
　 서 공부하였으며 동생 성일과 함께 사마시에 합격하였다. 조선 중기의 문신으로 본
　 관 義城, 자 彦純, 호는 雲巖이다. 淸溪 金璡의 5남 중 셋째 아들이며 鶴峯 金誠一의
　 형이다. 형 克一의 임지를 따라 소수서원에서 공부할 때 錦溪 黃俊良을 만나 서로
　 귀중하게 여기며 교분을 쌓았다. 극일, 성일과 함께 李滉의 문하에서 공부하였다.
　 몸이 약하여 과거 준비를 그만두려고 하였으나 부모의 명을 거역하지 못해 서원에
　 나가 공부하였다. 1555년 사마시에 성일과 함께 합격하였다. 37세의 나이로 세상을
　 떠났으며 안동 沙濱書院에 제향되었다. 臨河面 新德里에는 그가 살던 집인 雲巖宗宅
　 (경상북도 민속자료 제50호)이 있다.(『두산백과』)
2) 金明一, 『雲巖先生逸稿』(안동대학교 부설 퇴계학연구소, 『退溪學資料叢書』 三), 393~452쪽.
3) 金明一, 『雲巖先生逸稿』(안동대학교 부설 퇴계학연구소, 『退溪學資料叢書』 三), 420쪽.
　 퇴계 문하에 머문 일기체의 기록이다.
4) 명종 20, 乙丑年, 1565.
5) 禹性傳: 1542(중종 37)~1593(선조 26). 조선 중기의 문신·의병장. 본관은 丹陽. 자
　 는 景善, 호는 秋淵·淵庵. 禹桓의 증손으로, 할아버지는 承仕郎 禹成允이다. 아버지는
　 현령 禹彦謙이며, 대사헌 許曄의 사위이다. 李滉의 문인이다. 1561년(명종 16) 진사가
　 되고, 1564년 성균관 유생들을 이끌고 요승 普雨의 주살을 청원하기도 하였다. 1568
　 년(선조 1) 증광 문과에 병과로 급제하고, 예문관검열·奉敎, 修撰 등을 거쳐 1576년
　 수원현감으로 나가서는 명망이 높았다. 한때 파직되었다가 다시 掌令·사옹원정을
　 거쳐 1583년에 應敎가 되고, 뒤에 여러 번 舍人을 지냈다. 동서분당 때 동인으로 분
　 류되었다. 그 뒤 李潑과 틈이 생기자 우성전은 남산에 살아서 남인, 이발은 北岳에
　 살아서 북인으로 분당되었다. 남인의 거두로 앞장을 섰으며, 동서분당 때나 남북의
　 파쟁에 말려 미움도 사고 화를 당하기도 하였다. 1591년 서인인 鄭澈의 사건에 연좌
　 되어 북인에게 배척되고 관직을 삭탈당하였다. 이듬해 임진왜란이 일어나자 풀려나

20일. 아침 일찍 선생이 부르셨다. 경선 등과 같이 들어가 선생을 뵙고 술을 조금 마셨다. 지일至日6)이었기 때문이다.

28일. 선생이 종이와 먹을 내려 주셨다.

12월 3일. 감사 김사상姜士尚7)이 선생을 도산서당으로 방문하였다. 그가 돌아간 다음에 바로 들어가 뵈었다. 지역 수령(主倅)8)이 바로 자리에 있었던 터라서 주안상을 마련하여 놓았는데 술이 반쯤 남아 있었다.

와 경기도에서 의병을 모집해 軍號를 '秋義軍'이라 하고, 소금과 식량을 조달해 난민을 구제하였다. 또한 강화도에 들어가서 金千鎰과 합세해 전공을 세우고, 강화도를 장악해 남북으로 통하게 하였다. 병선을 이끌어 적의 진격로를 차단했으며, 權慄이 수원禿城山城에서 행주에 이르자 의병을 이끌고 지원하였다. 그 공으로 봉상시정에서 대사성으로 서용되었다. 그 뒤 계속 활약하였으며, 용산의 왜적을 쳐서 양곡을 확보해 관군과 의군의 식량을 마련하였다. 그 뒤 퇴각하는 왜군을 경상우도 의령까지 쫓아갔으나, 과로로 병을 얻어 경기도 부평에서 사망하였다. 이조판서에 추증되었다. 저서로『癸甲錄』·『易說』·『理氣說』등이 있다. 시호는 文康이다.(『한국민족문화대백과』, 한국학중앙연구원)
6) 至日: 동짓날이나 하짓날. 여기서는 동지.
7) 姜士尚: 1519(중종 14)~1581(선조 14). 조선 전기의 문신. 본관은 晉州. 자는 尚之, 호는 月浦. 증조는 대사간 姜詗, 할아버지는 별제 姜永叔, 아버지는 舍人 姜溫이며, 어머니는 진사 朴賦의 딸이다. 姜士弼의 형이다. 1543년 진사가 되고, 1546년(명종 1)에 식년문과에 병과로 급제해 문한직을 제수받았다. 1552년에 수찬이 된 뒤, 사간원정언·헌납, 의정부검상·사인, 홍문관직제학 등을 역임하고, 1557년에 동부승지가 되었다. 이듬해 우부승지를 거쳐서 우승지를 역임하고, 홍문관부제학이 되었다. 이때 재해에 대한 왕의 修省을 촉구하는 소를 올린 바 있다. 1559년 좌승지가 되고, 이듬해 도승지와 예조참의 등을 거쳐 1561년 왕의 특별 명령으로 형조참판이 되었다. 그해 聖節使로 명나라에 다녀왔다. 그 뒤 대사헌 등을 역임하고 다시 부제학이 되어 權臣 李樑의 불법을 주장하다가, 오히려 이량의 미움을 받아 副護軍으로 좌천되었으며, 1564년 도승지로 다시 기용되었다. 다음 해에 경상도 관찰사로 나갔을 때 鄭汝昌을 배향한 함양의 藍溪書院의 사액을 요청해 허락받기도 하였다. 1566년에 예조참판과 대사헌을 역임하였다. 1568년(선조 1) 대사헌으로 사간 柳希春과 함께 조광조의 신원과 추숭을 건의하였고, 1570년 주청사로 명나라에 다녀왔다. 그 뒤 병조·형조·이조판서와 한성판윤 등을 역임하고, 1576년 우참찬을 거쳐, 1578년 우의정이 되었고, 2년 뒤 영중추부사로 옮겼다. 평상시 그는 국가의 치란이 천운에 있지 인력으로 되는 것이 아니라 하여 정쟁에 초연한 처지를 취하였다. 아들 姜絪이 扈聖功臣에 책록되자, 영의정에 추증되었다.(『한국민족문화대백과』, 한국학중앙연구원)
8) 主倅: 주쉬. 자기가 살고 있는 고을의 守令. 主宰. 主官.(한자사전)

선생이 말씀하셨다. "오랫동안 가고 오는 관원이 예방하는 일(送迎)을 그만두게 하려 했으나 그리하지를 못하였네. 【이에 시 한 수를 보여 주셨다. '일 없이 깊이 숨어 어찌 꾀하는 일 있으랴/ 꽃을 숨기고 대나무 지키며 여윈 한 몸 가꿀 뿐이라네/ 힘들여 이 말 저 말로 서로 살피려는 객이여/ 한겨울에는 오고 가는 일 없기를 바란다네//[9]】 사람들이 나에게 야박하다 할 것이 걱정되어 아무에게도 보여 주지를 않았네. 지금 처음 보여 주는 것이니 야박한 것이 아니라 나의 부득이 한 마음을 드러낸 것뿐이라네." 또 말씀하셨다. "감사가 와서 배우는 자가 있느냐고 묻기에 적당히 없다고 말하였네. 사실대로 응답하면 세상 사람들로부터 후진들을 가볍게 접촉한다는 비난을 당하지 않을 수 없을 것이므로 이와 같이 말할 수밖에 없었네. 등등." 또 세상 사람들의 혼인하는 일에 대해 이야기하였다. 누군가가 말하였다. "세상 사람들은 6촌이나 8촌인데도 혼인하는 사람이 많으니 부끄러운 일입니다." 선생이 말씀하셨다. "친척 사이에 혼인하지 않는 것은 본디 서로를 두텁게 대하는 도리가 아니기 때문이다. 그러나 여형공呂滎公[10]의 일[11]을 가지고 보면 그렇게 하는 것이 아니라고 할 수는 없는 일이

---

9) 金明一, 『雲巖先生逸稿』(안동대학교 부설 퇴계학연구소, 『退溪學資料叢書』三), 421쪽, "寒事幽居有底營/ 藏花護竹衛羸形/ 殷勤寄語相尋客/ 欲向三冬斷送迎/"

10) 呂滎公: 呂希哲. 1039~1116. 북송 壽州 사람. 자는 原明이고, 호는 滎陽이며, 呂公著의 아들이다. 과거시험은 포기하고 오로지 古學에만 전념했다. 范祖禹의 추천을 받아 崇政殿 說書를 지냈고 右司諫, 秘書少監 등을 역임했다. 나중에 兵部員外郎에 임명되었다. 哲宗 紹聖 초에 외직으로 나가 懷州知州가 되었다. 元祐黨으로 몰려 和州에 貶謫되어 살았다. 徽宗이 즉위하자 單州知州가 되고, 불려 光祿少卿에 올랐다. 얼마 뒤 崇寧黨禍를 입어 奪職 당하고, 相州와 邢州의 知州가 되었다. 학문은 一家나 一說에 얽매이지 않았다. 처음에 焦千之에게 배워 歐陽脩의 再傳弟子가 되었고, 다시 孫復, 胡瑗, 石介에게 배웠으며, 邵雍, 王安石에게도 배웠다. 나중에 程顥와 程頤, 張載와도 교유했다. 저서에 『呂氏雜記』와 『滎陽公說』이 있다.(『중국역대인명사전』, 2010.1.20., 이회문화사)

11) "列國齊, 宋, 魯, 秦, 晉, 亦各自為甥舅之國. 後世, 晉王, 謝, 唐崔, 盧, 潘, 楊之睦, 朱, 陳之好, 皆世為婚媾. 溫嶠以舅子娶姑女, 呂滎公夫人張氏即其母申國夫人姊女."(『明史』, 卷137;

다."

7일. 선생이 사람과 말을 보내 부르셨다. 막 가려고 할 때 오천烏川[12]의 상사上舍 김언우金彦遇,[13] 상사 금협지琴夾之[14]가 와서 보았다. 다 같이

維基百科, 自由的百科全書, 朱善 부분) 인척간에 혼인하는 경우에 대한 이야기이다. 여기 여형공이 이종 사이에 혼인한 이야기가 나온다.

12) 烏川: 오내마을. 지금은 군자마을. 군자마을은 이전에 낙동강 기슭에 위치한 '외내'를 재현한 마을이다. 지금으로부터 약 600년 전에 형성되었고 마을의 역사는 권시중이 쓴 『宣城誌』와 李重煥의 『擇里志』에서 찾아볼 수 있다. 조선시대 초기 光山金氏 禮安派의 입향조인 金孝盧가 마을에 터를 잡은 이래 현재까지 光山金氏 일가가 약 20대에 걸쳐 거주하고 있다. 1974년 안동댐 건설로 외내가 수몰될 위기에 처하자 모든 가옥과 정자, 전적, 유물 등 마을 소유의 문화재를 원형 그대로 현재의 장소인 안동시 와룡면으로 옮기고 마을 이름을 군자마을이라 지었는데, 이는 과거 '외내'에서 당대의 도학군자가 여럿 배출되자 당시 안동 부사였던 寒岡 鄭逑(1543~1620) 선생이 "이 마을에는 君子 아닌 사람이 없다"고 한 데서 그 이름이 유래했다. 마을을 흐르는 시내(川)에 있는 돌을 멀리서 보면 검은 빛을 보인다고 하여 '烏川 유적지'라고도 불린다.(『두산백과』)

13) 金彦遇: 金富弼. 1516(중종 11)~1577(선조 10). 조선 중기의 학자. 본관은 光山. 자는 彦遇. 호는 後彫堂. 안동 예안 출신. 아버지는 대사헌 金緣이며, 어머니는 昌寧曺氏로 曺致唐의 딸이다. 1537년(중종 32) 진사시에 합격하여 성균관에 유학하면서 金麟厚와 교유하였다. 1556년(명종 11) 41세의 나이로 이황의 문하에 나아가 제자로서의 예를 올렸으며, 여러 차례 벼슬을 내렸지만 사양하고 학문에 정진하였다. 이에 이황이 "後彫主人은 깨끗한 절개를 굳게 지켜, 임명장이 문전에 이르러도 기뻐하지 않는구나……"라는 시를 지어 그의 지조와 절개를 높이 평가하였다. 평소 효제를 학문의 근본으로 삼았으며, 일생 『心經』을 애독하였다고 한다. 1571년(선조 4) 스승 이황이 사망하자 素衣·素帶·素食하며 心喪 1년을 행하였다. 아우 金富儀, 4촌 형 金富仁, 4촌 아우 金富信·金富倫, 고종 琴應壎·琴應夾과 한동네에 살면서 학문을 토론하고 덕업을 권장하여 향리에서는 '烏川七君子'라 칭송되었다. 1570년 이황이 易東書院을 건립할 때 적극적으로 협조하였으며, 1574년에는 趙穆와 함께 도산서원 건립을 주도하였다. 구봉령·권호문·조목 등 동문들과 두루 교유하였으며, 학문과 행실로서 사림들 사이에 신망이 높았다. 1822년(순조 22) 이조판서에 추증되고, 文純의 시호를 내렸다. 예안의 洛川祠에 위패가 봉안되었다. 저서로는 『後彫堂文集』이 있다.(『한국민족문화대백과』, 한국학중앙연구원)

14) 琴夾之: 琴應夾. 1526(중종 21)~1596(선조 29). 조선 중기의 문신. 본관은 奉化. 자는 夾之, 호는 日休堂. 예안 출신. 아버지는 禮安訓導 琴梓이며, 어머니는 金孝盧의 딸이다. 1555년(명종 10) 사마시에 합격하고, 1574년(선조 7) 行義가 조정에 알려져 集慶殿參奉을 제수받았다. 다시 敬陵·昌陵의 참봉, 王子師傅에 제수되었으나 모두 취임하지 않았다. 1587년 조정에서는 遺逸로 뽑아서 6품직을 超授(일정한 승진단계를 뛰어넘어 관직을 제수함)하고 河陽縣監을 제수하였으나, 얼마 되지 않아서 부모의 봉양을

계상으로 나아갔는데, 우경선 등이 이미 자리에 앉아서 막 작은 주연을 시작하려 하고 있었다. 우연히 작금의 소송 폐해에 대해 말하였다. 선생이 거듭 노사신盧士信의 일을 들어 말씀하셨다. "이 사람이 어떤 사람인지 잘 알지는 못하지만 역시 쉽게 얻을 수 없는 것을 갖추고 있는 사람일 것일세. 일찍이 다른 사람과 서로 송사를 벌인 일이 있는데, 그 사람이 이기지 못하리라는 것을 알고 노사신에게 애걸하며 '내가 이기지 못하는 것은 한탄할 일이 아니지만 집안에 계집종(赤脚)15) 하나 없어 나무하고 물 긷는 일조차 시킬 수 없게 되면, 나는 지금부터 천인賤人이 되는 것입니다' 하니, 사신이 '내가 어찌 공이 이렇게 어려운 처지인줄 알았겠습니까' 하며 바로 진행하던 일을 그만두고 다시는 소송을 일으키지 않았다고 하네."

11일. 신곡申谷16) 사람이 왔는데 집에서 온 서신을 받을 수 있었다. 부친께서 거듭 해를 넘겨 머물 생각을 하라고 명하셨다. 천옥天玉이 청량산에서 와서 선생을 뵈었다. 상사上舍 형17)의 서신에 의하면 을사년18)

이유로 사직하였다. 1595년 翊贊에 제수되었으나 나가지 않았다. 李滉의 문하에서 수학하였으며, 忠信篤敬과 躬行實踐에 힘썼다. 특히, 『心經』과 『近思錄』의 공부를 중시하였으며, 저서로는 『日休集』이 있다.(『한국민족문화대백과』, 한국학중앙연구원)

15) 赤脚: 여자 종을 달리 이르는 말.(국어사전)

16) 申谷: 납실. 현재 경상북도 안동시 임동면 갈전리. 칡넝쿨이 무성한 곳을 개척하여 이루어진 마을이라는 데서 갈밭 또는 葛田이라 하였다. 조선시대 임하현에 속했던 지역으로, 1895년 지방 관제 개혁으로 안동군 임동면에 편입되었고, 1914년 행정구역 개편으로 임동면의 추곡과 신곡이 통합되어 갈전리로 개편되었다. 1934년 행정구역 변경에 따라 안동군 임동면에 편입되었다가, 1995년 안동군이 안동시와 통합되면서 안동시 임동면 갈전리가 되었다. 갈전 1리・갈전 2리 두 개 행정리로 이루어졌으며, 자연마을로는 못밑・조산마・금마・납실・가랫골・대수리 등이 있다.(한국향토문화전자대전, 한국학중앙연구원)

17) 上舍 兄: 이때가 1565년 겨울이므로 '상사 형'이라 하면 아마도 1558년에 향시에 합격하는 鄒峰 金守一을 말하는 것으로 여겨진다.

에 귀양을 갔던 여러 사람 중에 방면된 사람도 있고, 가까운 지역으로 배소를 옮긴 사람도 있다고 하였다.

13일. 분천汾川[19]의 김문경金文卿이 술을 보내왔다. 이날 밤 달빛이 대낮처럼 밝았으므로 여러 친우들과 더불어 천연대天淵臺[20]로 산보를 나갔는데 강이 온통 눈과 얼음으로 뒤덮여 끝 간 데가 없었다. 천연대 아래로 내려가 눈밭을 밟고 놀다가 흥취가 도도하여져서 돌아왔다.

21일. 계상溪上[21]으로 나아가 설강하시는 것을 듣고 의문 나는 것에 대해 여쭈었다. 선생께서는 오두烏頭[22]의 힘이 떨어졌다는 것이 어떤 의미인지 넓게 말씀하여 주셨다. "사상채謝上蔡[23]가 정선생程先生[24]에게 와

---

18) 乙巳年: 乙巳士禍. 1545년(명종 즉위) 尹元衡 일파 小尹이 尹任 일파 大尹을 숙청하면서 사림이 크게 화를 입은 사건.(『두산백과』)

19) 靈芝山: 경상북도 안동시의 도산면 의일리에 있는 산이다.(고도: 444m) 동쪽으로 낙동강이 흐른다. 예전에 이곳의 낙동강 유역을 따로 汾川 혹은 汾江이라고 하였다. 산 남쪽의 분천리 명칭도 여기서 비롯되었다. 영지산은 이 분천리의 주산 역할을 하는 산이다. 분천리는 聾巖 李賢輔(1467~1555)의 고향으로 유명하다. 그래서 그런지 옛 문헌에 영지산 기록이 자주 등장한다. 『신증동국여지승람』(예안)에 "靈芝山은 현 북쪽 5리에 있고, 龍頭山 남쪽 줄기가 뻗어온 것이다"라는 기사가 있다.(『한국지명유래집—경상편 지명』, 2011.12., 국토지리정보원)

20) 도산서원 앞 강가의 건물 없는 대좌. 동쪽이 天淵臺.

21) 도산서원으로부터 뒷산인 도산을 넘어가면 건너편 산기슭에 兎溪 가에 위치하는 퇴계선생의 거처를 의미함.

22) 烏頭: '천오'와 '부자'의 약명은 최초로 『神農本草經』에 하품으로 기재되었다. 역대의 본초서적에 많은 기록이 있으며 『中國藥典』(2015년판)에 수록된 이 종은 중약 천오와 부자의 법정기원식물이다. 生品은 습관적으로 泥附子라고 부른다. 주요 유통품종은 가공방법의 차이에 따라 鹽附子, 黑順片, 白附片 등으로 나뉜다. 주요 산지는 중국의 사천, 섬서 등지이다. 『대한민국약전외한약(생약)규격집』(제4개정판)에는 천오를 "오두(Aconitum carmichaeli Debeaux, 미나리아재비과)의 모근의 덩이뿌리"로, 『대한민국약전』(11개정판)에는 부자를 "오두의 子根을 가공하여 만든 염부자, 附子片 및 炮附子"로 등재하고 있다. 약리연구를 통하여 천오에는 強心, 항염, 진통 등의 작용이 있는 것으로 알려져 있다. 한의학에서 천오는 祛風除濕, 溫經止痛의 효능이 있으며, 부자는 回陽救逆, 補火助陽, 祛除寒濕의 효능이 있다.(『세계 약용식물 백과사전』 1, 2016.11.11., 한국학술정보 주)

23) 謝上蔡: 1050~1103. 중국 北宋의 유학자. 程顥·정이 형제에게서 학문을 수학하였고,

서 배웠는데, 돌아갈 것을 아뢴 날 친구들에게 말하였네. 등등. 사상채가 돌아간 후에 선생은 문인들에게 물으셨지. '상채가 가면서 무슨 말을 하였는가?' 문인이 말하였네. '어느 날 오두의 힘이 떨어지면 어찌하나라고 하였습니다.' 선생이 말씀하셨지. '보탬이 될 친구로군.' 오두라는 것은 약의 이름인데 그것을 복용하면 사람의 병을 낫게 한다네. 사람이 어진 스승 옆에 있으면 언제나 좋은 말을 듣고 아름다운 가르침을 받으면서 마음의 병을 다스리는 것은 이 약이 그 몸의 병을 고쳐 주는 것과 같아. 지금 스승을 떠나 멀리 가면 다시 가르쳐 주는 말씀을 들을 수 없으니 전날 가지고 있었던 마음의 병이 다시 도지게 되어도 그것을 다스릴 수 있는 약이 없게 되지. 이것이 바로 오두의 힘이 떨어지는 것을 걱정하게 되는 까닭일세."

25일. 송익창弘益昌과 우경선禹景善이 떠나면서 찾아와 시 한 수를 읊고 경선과 이별하였다. 【시25)는 위의 詩卷에 있다.】

27일. 아침에 중씨仲氏26)께서 청량산으로부터 와서 선생에게 나아가

특히 정호의 학풍을 존숭하여 一家를 이루었다. 그의 사상은 제자들이 편집한 『上蔡先生語錄』에서 볼 수 있다. 송대의 신유학 형성에 큰 힘이 되었다. 이름 良佐. 자 顯道. 시호 文肅. 河南省 上蔡縣 출신. 1085년 진사에 급제. 성품이 강직한 탓으로 관직은 州縣의 知事를 오랫동안 역임하였으나 후에 口禍 때문에 서민이 되었다. 두 程子인 程顥·정이 형제에게서 학문을 수학하였고, 특히 정호의 학풍을 존숭하여 一家를 이루었으며, 游酢·呂大臨·楊時와 함께 四先生으로 일컬어졌다. 저서에 『論語說』이 있어 세상에 널리 행해졌다고 하나 현재는 전하지 않는다. 그의 설은 朱子의 集註에 많이 인용되었고 그의 사상은 제자들이 편집한 『上蔡先生語錄』(3권)에서밖에 볼 수 없으나 宋代의 신유학 형성을 위하여 큰 힘이 되었다.(『두산백과』)

24) 程顥·정이 형제.

25) 「우경선과 송별하다」(送別禹景善), "계상 아래서 겨울동안 강학에 전심했지/ 돌아가는 짐 속엔 무한한 감흥일세/ 마땅히 오늘은 오두의 힘 강하리니/ 공부에 쉼이 없게 만들어 주리라//"("溪下三冬講學專/ 歸時稇載興無邊/ 須將此日烏頭力/ 莫使工夫間斷然//", 金明一, 『雲巖先生逸稿』, 안동대학교 부설 퇴계학연구소, 『退溪學資料叢書』 三, 403쪽)

뵈었다. 집의 노비가 말을 타고 돌아오라는 가친의 명을 가지고 왔다.
서쪽으로 태학에 공부하러 가게 하려는 것이었다. 부득이 절하고 스승
께 말씀드렸다. 식사를 마치고 나서 둘째 형과 같이 움직였다. 사순士
純27)만 혼자 남았다. 슬프다는 생각이 사라지지 않았다. 도중에 조사경
趙士敬28)을 월천月川29)에서 보았다. 금문원琴聞遠30)이 술병을 차고 와 기

---

26) 仲氏: 仲兄. 둘째 형. 龜峰 金守一.

27) 土純: 金誠一. 1538(중종 33)~1593(선조 26). 조선 중기의 문신·학자. 경상북도 안동
    출신. 본관은 義城. 자는 士純, 호는 鶴峰. 아버지는 金璡이며, 어머니는 驪興閔氏이다.
    李滉의 문인이다.(『한국민족문화대백과』, 한국학중앙연구원)

28) 趙士敬: 趙穆. 1524(중종 19)~1606(선조 39). 조선 중기의 문신·학자. 경상북도 예안
    출신. 본관은 橫城. 자는 士敬, 호는 月川. 아버지는 참판 趙大春이며, 어머니는 安東權
    氏로 權受益의 딸이다. 李滉의 문인이다. 1552년(명종 7) 생원시에 합격했으나 大科를
    포기하고 학문과 수양에만 전념하였다. 1566년 공릉참봉에 임명되었으나 학덕이 부
    족하다는 이유로 사양하고, 이황을 가까이에서 모시며 경전 연구에 주력하였다. 이
    후 成均館首薦·集慶殿參奉·동몽교관·종부시주부·造紙署司紙·공조좌랑 등에 제수
    되었으나 모두 부임하지 않았다. 1576년(선조 9) 봉화현감에 제수되자 사직소를 냈
    으나 허락되지 않아 봉직하면서 향교를 중수하였다. 1580년 이후 전라도도사·경상
    도도사·충청도도사·형조좌랑·신녕현감·영덕현령·전생서주부·공조정랑·상
    서원판관·금산군수·단양군수·합천군수·장원서장원 등에 제수되었으나 모두 부
    임하지 않았다. 1594년 군자감주부로 잠시 있으면서 일본과의 강화를 강력하게 반
    대하였다. 이후 장악원정·사재감정·예빈시정·공조참의·공조참판 등에 제수되
    었으나 모두 재덕과 노병을 이유로 사직소를 내고 사퇴하였다. 조목은 일찍이 이황
    의 문하생이 된 후 평생 동안 가장 가까이에서 이황을 모신 八高弟의 한 사람이다.
    조목의 문집에는 이황에 관계된 글이 대부분을 이루고 있으며, 주된 업적은 이황에
    대한 연구와 소개이다. 이황이 세상을 떠난 뒤 문집의 편간, 祠院의 건립 및 봉안
    등에 힘썼으며, 마침내 도산서원 尙德祠의 유일한 배향자가 되었다. 조목은 新民보다
    明德을 중시하여 벼슬을 사양하고 玄沙寺·廣興寺에 들어가 독서를 즐겼다. 이황을
    수행하며 명산대천을 주유하면서 심신을 수양했고, 경학을 연구하되 이기설보다는
    훈고에 관심이 많았다. 특히 心學에 심취하여 『心經』에 관한 논설이 많았다. 제자로
    는 金中淸·李光胤 등이 있으며, 저서로는 『月川集』과 『困知雜錄』이 있다.(『한국민족
    문화대백과』, 한국학중앙연구원)

29) 현재 안동시 도산면 동부리 다래마을.

30) 琴蘭秀: 1530(중종 25)~1604(선조 37). 조선 중기의 문신·학자·의병장. 본관은 奉
    化. 자는 聞遠, 호는 惺齋 또는 孤山主人. 경상북도 봉화 출생. 아버지는 첨지중추부사
    琴憲이며, 어머니는 英陽南氏로 교수 南軾의 딸이다. 처음 金進에게 글을 배웠고, 뒤
    에 李滉의 문하에 들어가서 수학하였다. 1561년(명종 16) 사마시에 합격하였다. 1577

다리고 있었다. 날이 어두워져서 사월천沙月川 마을에서 투숙하였다.

28일. 아침에 천전川前[31]에 이르렀다.

병인년丙寅年[32] 정월 8일, 집에 있다가 감흥이 일어 근체시[33] 3수를

년(선조 10) 齊陵의 참봉을 비롯하여 集慶殿과 敬陵의 참봉을 지내고, 1585년 長興庫
奉事가 되었다. 그 뒤 直長・장례원사평을 지냈으나, 1592년 임진왜란이 일어나자
노모의 봉양을 위해 고향에 은거하다가 정유재란 때 고향에서 의병을 일으키니 많
은 선비들이 호응해서 참가하고 지방민들은 군량미를 헌납했다. 그 해 성주판관에
임명되었으나 부임하지 않았고, 1599년 고향인 봉화의 현감에 임명되어 1년 만에
사임하고 집에 돌아왔다. 좌승지에 추증되고 禮安의 東溪精舍에 제향되었다. 저서로
는 『惺齋集』이 있다.(『한국민족문화대백과』, 한국학중앙연구원)

31) 川前: 안동시 임하면 천전리. 경상북도 안동시 임하면에 있는 법정리. 마을 앞으로
半邊川이 흐르고 있어 내앞 또는 川前이라 하였다. 내앞이라는 지명은 주로 천전 1리
를 지칭한다. 조선시대에 안동군 臨縣內面에 속하였고, 1914년 행정구역 개편에 따라
지금의 천전 2리 지역인 盤市洞 일부를 병합하여 川前里가 되었다. 1931년 행정구역
변경에 따라 안동군 臨河面에 편입되었다. 1995년 안동시와 안동군 통합됨에 따라
안동시 임하면 천전리가 되었다. 마을 뒤쪽으로 지내산이 솟아 있고, 주변은 산줄기
가 서로 이어진 산간 지대이다. 능선과 능선이 만나는 지점에 비리실골・모실골・바
른골・방자골 등 긴 골짜기가 형성되어 있고, 이곳을 따라 밭지대가 펼쳐져 있다.
마을 남쪽으로 반변천이 동에서 서로 굽이쳐 흐르고, 남쪽 천변에는 내앞숲・開湖松
숲이라 불리는 솔숲으로 이루어진 인공 섬이 있다. 의성김씨 靑溪派의 동성마을이
다. 마을 남쪽으로 국도 34호선이 지나며, 경북독립운동기념관이 있다. 문화 유적으
로 보물 제450호인 安東 義城金氏宗宅, 보물 제484호인 『雲川扈從日記』, 보물 제1221
호인 「靑溪金璡影幀」, 경상북도 기념물 제137호인 白下舊廬, 경상북도 민속자료 제35
호인 安東 龜峯宗宅, 경상북도 민속자료 제129호인 安東 霧山宗宅(愚谷草堂), 경상북도
문화재자료 제43호인 耻軒, 경상북도 문화재자료 제432호인 安東 川前里 楸坡古宅 등
이 있다.(한국향토문화전자대전, 한국학중앙연구원)

32) 丙寅年: 1566.

33) 近體詩: 한시체의 하나. 古體詩에 대한 새로운 漢詩體를 가리키며, 今體詩라고도 한다.
고체시가 형식에 있어 비교적 자유로운 데 반해 근체시는 일정한 格律과 엄격한 규
범을 갖고 있다. 근체시는 押韻과, 글자의 平仄(한자음의 높낮이에 따라 平・上・去・
入으로 나누는데, 평성을 제외한 나머지가 측성임)에 맞게 배열을 해야 하며, 자수나
구수를 엄격히 지켜야 한다. 근체시의 정형화된 형식은 중국 육조시대 梁나라의 沈
約이 四聲(한자음을 높낮이에 따라 넷으로 나눈 것 곧, 평・상・거・입성)과 八病(소
리의 조화를 위하여 반드시 피해야 할 聲音上의 8가지 규칙. 곧, 平頭・上尾・蜂腰・
鶴膝・大韻・小韻・旁紐・正紐)의 학설을 제창한 것에서 비롯되었다. 당나라 때에는
四對・六對・八對 등 대구법이 정비되었고, 宋之問・沈佺期에 이르러 근체시의 모습
을 갖추게 되었다. 근체시도 초기에는 고체시와 마찬가지로 오언을 중심으로 성행
하다가 나중에 칠언이 정립되어 병행하였다. 근체시의 종류는 律詩・絶句・排律로

지었다.

30년 좋은 세월을 등에 지고 살았는데/
해가 저물매 서러운 마음만 깊어지네/
책장을 열면 어자魚字·노자魯字조차 구분 못하는데/
어찌 닦고 갈아 성현 마음 알게 될까/
말갛게 솟은 샘물 진흙으로 돌아가 뒤섞이려 하고/
막 닦아낸 옛 거울엔 티끌이 다시 침범하네/
어찌 닦아야 사업을 마칠 수 있나 물어보세/
오늘 한 일을 좇아 힘써 찾아볼까//

영재는 이익과 명예의 덫에 쉽게 빠져들지/
세상에 누가 혼자 고삐에서 벗어났나/
한번 기운 마음은 투기를 쏟아내지/
조금 얻은 명예가 눈썹을 치뜨게 하네/
성인의 사업은 어떤 물건인가/
성리의 연원은 열어도 빛이 없네/
홀로 시내 머리를 보면 생각나는 게 있어라/
미인의 옥 같은 모습 잊기가 어렵구나/
　【다음과 같이 쓰여 있는 곳도 있다.
　홀로 우뚝 선 하늘과 땅 생각되는 바가 있네/
　미인이 고개 돌리는 그곳이 바로 서방이지】//

내 품성이 진실한 것에 감탄하여 보네/

3가지이다. 율시는 1편이 반드시 8구로 이루어져 있고 글자의 수에 따라 오언과 칠언으로 나뉜다.(『한국민족문화대백과』, 한국학중앙연구원)

어떻게 욕심에 빠져 스스로 자신을 죽이는가/
구슬은 흐린 물에 빠져도 빛이 오히려 광채를 내고/
거울에 티끌이 가려도 광택은 더욱 새로워지네/
잃은 것을 거둬들이면 밖을 볼 것 아님을 바로 알리/
인자함을 얻는 것이 다른 이가 주는 것 아님을 깨닫기를/
내일 아침 또다시 어두운 길 떠나누나/
온몸에 검은 칠 하고 돌아옴은 마지막 방법인 걸 탄식하네//
【원점의 일로 서쪽을 향해 나아가는 것이므로 이렇게 읊은 것이다.】 34)

또 3수를 지어 노래했다.

잃어도 빠지는 것 없고 얻어도 보태지는 것 없네/
기장 밥을 지어 먹으니 공명과 본래 관계없어라/
어찌하여 진실한 즐거움 있는 곳 찾지 않는가/
이 몸은 도의 길 위에서 헛되이 늙어가네//

궁하고 통하는 건 운수소관이라 구해도 이익 없네/
양민과 귀인, 모든 사람이 하늘이라/
모든 것 자기 속에 있는 걸 생각 않는 것이 애석하다/
여윈 말 채찍질하여 구름 밖으로 달려가네//

---

34) 金明一, 『雲巖先生逸稿』(안동대학교 부설 퇴계학연구소, 『退溪學資料叢書』三), 424~
425쪽, "卅年徒負好光陰/ 歲晩從遊感慨深/ 開卷未分魚魯字/ 硏精何識聖賢心/ 蒙泉欲達泥
還混/ 古鏡將磨塵復侵/ 爲問何修終事業/ 試從今日强推尋// 英才多汨利名場/ 擧世何人獨脫
繮/ 斜令一頒爭氣吐/ 譽聲纔得便眉揚/ 聖賢事業看何物/ 性理淵源闢不彰/ 獨向溪頭有所思/
美人如玉愛難忘//(一作. 獨立乾坤有所思/美人回首彼西方/)// 歎息吾生裏性眞/ 如何汨欲自
戕身/ 珠沉濁水光猶炯/ 鏡掩塵泥色逾新/ 收放何知非在外/ 求仁眞覺不由人/ 明朝又向迷途去
/ 沐漆還嗟解末因/ (以圓點事將西行, 故及之.)"

한겨울 시내 아래서 의지하며 지냈는데/
이별하고 돌아오니 소식 듣기 어려워라/
계시는 곳 소식 물었더니 신명이 서로 이끌었나/
꿈속에 즐겁게 뵈었는데 깨어 보니 안 계시네//
【꿈속에 계상에서 선생을 뵙고 감동하여 지었다.】 35)

9일. 도산에 사람을 보내 침구를 가져오게 하면서 선생을 배알하고
서신과 6수의 시를 올리게 하였다.

18일. 사순士純이 계상에서 돌아와 선생이 소명을 받으셨다는 소식
을 들려주었고, 덧붙여 선생이 주신 시 2수를 건네주었다.

그대는 산 남쪽에 살고 나는 북쪽에 있네/
한겨울 헛되이 오고 감만 일삼았지/
이별한 뒤 그리는 마음 시를 통해 보았어라/
바른 뜻은 아주 아름다워 글로 담지 못하여라//

바른 뜻은 진실로 글로 담아내지 못한다네/
도는 밖에 있지 않으니 어찌 알기 어려울까/
지금 세상은 다만 명성과 이익만 가르치네/
문묘(芹宮)36)만 바라보면 향기 더럽히게 되느니//37)

---

35) 金明一,『雲巖先生逸稿』(안동대학교 부설 퇴계학연구소,『退溪學資料叢書』三), 425쪽,
"失無所損得無益/ 炊黍功名本不關/ 何事不求眞樂在/此身空老道途間// 窮通有數求無益/良
貴人人本一天/ 可惜不思皆有己/ 强鞭羸馬五雲過// 三冬溪下得依歸/ 一別還山音信稀/ 爲問
幽居神相來/ 夢中欣接覺猶非// (夢中拜先生於溪上感而作)"

36) 芹宮: 文廟를 달리 이르는 말.(한자사전)

37) 金明一,『雲巖先生逸稿』(안동대학교 부설 퇴계학연구소,『退溪學資料叢書』三), 426쪽,
"君住山南我山北/ 一冬空愧往來勤/ 別來肝膽因詩見/ 雅志深嘉不在文// 雅志誠能不在文/ 道
非身外豈難聞/ 秖今教養皆聲利/ 莫向芹宮誤染薰//"

8월 26일. 계상에 이르러 선생을 뵈었다. 밤에 봉원逢原[38]과 동숙하며 한성시漢城試[39]가 공정하지 못하다는 이야기를 하였다.

27일. 아침에 선생을 뵈었는데, 요즈음 선비들의 좋지 못한 기풍에 대해 말씀하셨다.

정묘년丁卯年 6월 6일. 계상을 향해 가다 날이 저물어 금문원의 성성재惺惺齋[40]에서 숙박하였다.

7일. 선생을 계상에서 뵙고 모시면서 조용히 대화하였다. 선생이 잠

---

38) 逢原: 李安道. 1541(중종 36)~1584(선조 17). 조선 중기의 학자. 본관은 眞城. 자는 逢原, 호는 蒙齋. 李滉의 장손으로, 軍器寺僉正 李寯의 아들이며, 어머니는 奉化琴氏로 훈도 琴梓의 딸이다. 할아버지에게 학문을 배워 성리학에 조예가 깊었으며, 퇴계 문하의 名儒들과 교유하였다. 1561년(명종 16) 생원시에 합격하였고, 1574년(선조 7)이황의 적손이라 하여 蔭敍로 穆淸殿參奉에 임명되고, 그 뒤 儲倉副奉事와 尙書院副直長을 거쳐 司醞直長에 올랐다. 아버지의 병으로 귀향하였다가 상을 당한 뒤 다음 해 44세로 죽었다. 예안의 東溪書院에 제향되었다. 저서로 『蒙齋文集』 2권이 있다.(『한국민족문화대백과』, 한국학중앙연구원)

39) 漢城試: 조선시대 과거 중 한성부에서 실시한 생원진사초시와 식년문과의 제1차 시험. 생원진사초시는 監試初試·초시·生進試라고도 불렀는데, 선비들이 처음으로 응시하는 과거의 첫 관문이었다. 이는 식년 바로 전년의 가을에 한성부와 8도에서 각각 실시되었는데, 한성부에서 실시된 것을 한성시라고 한다. 한성시는 생원초시와 진사초시로 나누어 실시하였다. 생원초시에서는 5경의 義 1편과 사서의 疑 1편을 짓게 하고, 진사초시에서는 賦 1편과 古詩·銘·箴 가운데 1편을 짓게 하였다. 여기에서 선발된 200인은 式年生員進士覆試에 응시할 수 있는 자격을 주었다. 또 식년문과초시는 크게 製述試와 明經試로 구분했으며, 제술시는 初場·中場·終場의 3단계로 나누어 실시하였다. 제술시는 초장에서 오경·사서의 義·疑, 또는 論 중에서 2편을, 중장에서 부·명·잠·頌·記 中 1편과 表·箋 中 1편을, 종장에서 對策 1편을 짓게 하였다. 명경시는 오경·사서의 9서에서 略 이상을 받은 자를 뽑았으나 뒤에 폐지하였다. 여기에서 선발된 40인은 式年文科覆試에 응시할 수 있었다. 위의 두 경우 모두 試官은 정3품 이하의 관리 3인이 差定되었고, 監察 1인에게 이를 감독하게 하였다. 시험 장소는 예조·성균관·금위영·三軍府 등에 1소·2소·3소를 지정하였다. 이와 같은 시험 장소의 분할로 인한 평가 점수인 分數 차이를 해결하기 위해 1소에서 14명, 2소·3소에서 각각 13인을 선발하였다. 식년시 외에 別試와 같은 특별 시험이 실시될 경우 한성시도 별도로 실시되었는데, 그 선발 인원수에도 차이가 있었다.(『한국민족문화대백과』, 한국학중앙연구원)

40) 琴蘭秀의 호가 惺齋 또는 惺惺齋이다.

명銘을 써 주셨다.

무진년 정월 29일. 새벽에 퇴계선생에게 나아가 뵙기 위해 선성宣
城[41]을 향해 출발하였다. 사월천沙月川에 이르러 사순士純을 만나 같이 나
아갔다. 도산정사陶山精舍에 이르니 서울에 머물던 기백起伯 조진趙振[42],
굉중宏仲 이덕홍李德弘[43], 경인景仁 김사원金士元[44] 등이 같이 학업에 노력

---

41) 宣城: 禮安縣. 경상북도 안동시 예안면 일대의 옛 행정 구역이며, 1914년 府郡面 통폐합
으로 예천군에 편입되기도 했다. 고호는 買谷·善谷·宣城임. 본래 고구려의 매곡현인
데 신라에서 선곡으로 이름을 고쳐 내령군의 영현을 삼았다. 고려에서 예안군으로 고쳐
현종 무오년에 길주 임내에 붙였으며 공민왕 18년 기유년에 안덕현을 승격시켜 지도보
부곡을 붙여서 의인현을 삼아 안동 임내에 붙였다. 공양왕 경오년에 비로소 예안 감무
를 두고 의인현을 이에 붙였다.(『한국고전용어사전』, 2001.3.30., 세종대왕기념사업회)
42) 趙振: 1543(중종 43)~1625(인조 3). 조선 중기의 문신. 본관은 楊州. 자는 起伯. 趙忠
秀의 아들이며, 우의정 趙挺의 형이다. 李滉의 문인이다. 1576년(선조 9) 생원이 되
고, 1579년 천거로 王子師傅가 되었고, 1596년(선조 29) 용강현령, 1599년 성천부사를
역임하였다. 1605년 좌의정 奇自獻의 受賂사실을 폭로하였다가 삭출당하였다. 1608
년 광해군이 즉위하자 潛邸시절에 세자를 보도한 공으로 복관되고 총애를 받는 한
편, 동생 정을 이조의 요직에 앉히고 자신은 공신이 되어 漢山君에 봉하여졌다. 1610
년 삭주군수, 1614년 개성유수·판결사를 거쳐, 1618년 공조판서, 1622년 판중추부
사가 된 뒤 80세에 耆老所에 들어갔다. 광해군은 그에 대하여 특별한 은총을 베풀어,
그가 상을 당하였을 때에는 경기관찰사에게 명하여 그 상을 호송하게 하기도 하였
다. 1623년 인조반정으로 삭직되었다. 편서로 『喪祭禮問答』 2권이 있다.(『한국민족문
화대백과』, 한국학중앙연구원)
43) 李德弘: 1541(중종 36)~1596(선조 29). 조선 중기의 학자. 예안 출생. 본관은 永川.
자는 宏仲, 호는 艮齋. 할아버지는 習讀 李賢佑이고, 아버지는 증참판 李忠樑이다. 어머
니는 나주박씨로 부사직 朴承張의 딸이다. 형조참판 李賢輔의 종손자이다. 10여 세에
李滉의 문하에 들어가, 오로지 학문에 열중하여 스승으로부터 자식처럼 사랑을 받았
다. 모든 학문에 뛰어났으나 특히 역학에 밝았다. 1578년(선조 11) 조정에서 이름난
선비 아홉 사람을 천거할 때 제4위로 뽑혀 集慶殿參奉이 되고, 이어 宗廟署直長·世子
翊衛司副率를 역임하였으며, 1592년(선조 25) 임진왜란이 일어나자, 세자를 따라 성천
까지 호종하였다. 이때 상소문에 龜船圖를 첨가하여 바다에는 거북선과 육지에는 거
북거(龜車)를 사용할 것을 진언하였다. 다음 해 봄에 영춘현감으로 나아가 난리 중에
굶주리는 백성을 구제하는 데 온 힘을 기울였다. 『논어』·『中庸』·『心經』·『古文前後
集』·『家禮』 등을 주석하였으며, 후에 호종의 공으로 이조참판에 추증되었다. 영주
의 迂溪書院에 제향되었다. 저서로는 『周易質疑』·『四書質疑』·『溪山記善錄』·『朱子書
節要講錄』·『간재집』 등이 있다.(『한국민족문화대백과』, 한국학중앙연구원)
44) 金士元: 1539(중종 34)~1601(선조 34). 조선 전기의 문신. 본관은 安東. 자는 景仁,

을 기울이고 있었다. 계상으로 나아갔는데, 대문을 들어서니 선생이 소
명을 받고 계셨다. 물러나 계정溪亭으로 나가서 성산星山45)의 도가道可 정
구鄭逑46)와 같이 앉아서 담화하였다. 잠시 있으니 선생이 들어오라고 하
셔서 나아가 뵈었다. 선생은 소명 받은 것이 편치 않은 기색이었다. 성
상 유지諭旨의 대체적인 의미는, "경卿은 여러 조정을 거친 오래된 관료
로서 덕이 높고 학문이 바르게 갖추어져 있으니 비록 거리의 백성이라
하더라도 모르는 사람이 없다. 나 역시 명망을 들어온 지 오래이다. 예
부터 비록 어질고 밝은 군주라 하더라도 반드시 어진 신하를 만난 이후
에 그 덕을 완성시킬 수 있다고 하였다. 하물며 나는 어려서부터 엄격한

호는 晩翠堂. 경상도 의성 點谷·沙村에 살았다. 증조부는 逸士 金光粹이다. 1560년(명
종 15) 李滉에게 나가 음양오행설을 배웠다. 타고난 성품이 인자하여 개인의 재산을
털어 많은 굶주린 백성들 賑恤하여 지방민의 추앙을 받았고, 이로 인해 임진왜란
때에는 의병을 규합하여 整齊將으로 추대되었다. 後山祠에 제향되었다.(『한국민족문
화대백과』, 한국학중앙연구원)

45) 鄭逑의 출신지가 星州.

46) 鄭逑: 1543~1620. 조선 중기 문신 겸 학자로서, 본관 淸州, 자 道可, 호 寒岡, 시호
文穆이다. 종이모부인 吳健에게 수학하였고 曺植과 李滉에게 性理學을 배웠다. 1573
년(선조 6) 遺逸로 천거되어 禮賓寺 참봉이 되고, 1578년 司畜署주부를 거쳐 三嘉·義
興·知禮 등지의 현감에 임명되었다. 하지만 관직에 나가지 않다가 1580년 昌寧縣監
으로 임명되었다. 현감으로 선정을 펼쳤으며 生祠堂이 세워졌다. 1581년에 지평이
되고 1585년 校正郞이 되어 『經書訓解』 간행에 참여하고 그 후 通川郡守·우승지·강
원도관찰사·成川府使·忠州牧使·공조참판 등을 지냈다. 1608년(광해군 즉위) 대사
헌이 되었으나 臨海君의 옥사가 일어나자 관련자를 모두 용서하지는 상소를 올리고
고향으로 내려갔다. 1613년 癸丑禍獄이 일어나자 다시 상소를 올려 永昌大君을 구하
려 하였고, 향리에 百梅園을 만들어 유생들을 가르쳤다. 經學을 비롯하여 算數·兵
陣·醫藥·風水에 이르기까지 정통하였고 특히 禮學에 밝았으며 당대의 명문장가로
서 글씨도 뛰어났다. 그의 학맥은 남명 조식의 문하로 분류되나 정치적 입장에서는
퇴계 이황의 문인으로 분류된다. 특히 南冥集의 발간을 앞두고 鄭仁弘이 발문을 작성
하는 것에 반대하여 그와 절교하였으며 이로 인해 남명학파 문인들과는 더욱 멀어
지게 된다. 仁祖反正 뒤 이조판서에 추증되고, 효종 때는 영의정에 추증되었다. 성주
의 檜淵·川谷서원, 충주의 雲谷서원, 창녕의 冠山서원 등과 通川의 景德祠에 제향되
었다. 문집에 『寒岡文集』이 있고, 편저로 『聖賢風』, 『太極問辨』, 『臥龍誌』, 『歷代紀年』,
『冠儀』, 『婚儀』, 『葬儀』, 『稧儀』, 『羹墻錄』 등이 있다.(『두산백과』)

스승의 가르침을 받으며 자라지는 못했음에랴. 선왕 말년에 경은 잠시 조정으로 나왔다가 서둘러 돌아갔다. 이는 필시 새로운 정치가 무도하고 현자를 존숭하는 데 성실하지 못했던 탓일 것이다. 자전慈殿께서도 역시 다음과 같이 말씀하셨다. '나는 아는 것이 없고 또 병이 깊으니, 어찌 임금을 가르치고 이끌어 가는 일을 할 수 있겠소. 이모李某라면 할 수 있을 것이오.' 조정에 덕이 높은 신하가 없으면 어찌 되겠는가? 경을 북두성같이 우러러보고 있으니, 경은 진퇴를 어렵게 하여야 한다고 하지 말고 급히 올라오라. 빨리 와서 조정에 머물며 어리석은 나를 보필하기 바란다. 운운." 지극한 정성에서 나온 말이었다. 성군의 배움이 고명하다는 것을 알 수 있었다. 도산으로 돌아와 여러 벗들과 같이 밤새워 대화를 나누었다.

30일. 도가道可는 성산星山으로 돌아갔다. 식사 후 여러 벗들과 이별하고 사순士純과 함께 집으로 돌아왔다. 월천에 이르러 조사경趙士敬을 방문하고 하나하나 다 이야기를 하였다. 금문원琴聞遠도 와서 대화에 참여하였다. 중도에서 길을 나누어 사순은 신곡申谷으로 갔고, 나는 밤의 어둠을 무릅쓰고 집으로 돌아왔다.

5월 20일. 두 형을 모시고 선성으로 향하였다. 퇴계선생을 뵙고 문후를 여쭙기 위해서였다.

21일. 오후에 오천烏川에 이르러 김신중金愼仲[47] 가에서 유숙하였다.

---

47) 金愼仲: 金富儀. 조선 중기 안동 출신의 유생. 본관은 光山. 자는 愼仲, 호는 挹淸亭. 아버지는 대사헌 金緣, 어머니는 昌寧曺氏로 曺致唐의 딸이다. 형이 金富弼이다. 김부의는 안동부 예안현(현 경상북도 안동시 예안면)에서 태어났다. 일찍부터 형 김부필과 함께 退溪 李滉의 문하에서 수학하였다. 이황의 신뢰를 입어 易東書院 초대 원장으로 추대되었을 뿐만 아니라 이황이 덕성의 함양을 목적으로 艮齋 李德弘에게 제작하

22일. 금협지琴夾之[48] 가에서 아침을 먹고 김신중, 자후子厚와 함께 계상으로 나아가 종일 모시고 담론하다가 저녁 무렵에 물러났다. 자리에 앉아 선생의 말씀을 기록하였다. "도는 자신 속에 있는데 사람들은 스스로 살피지 못한다. 어찌 일용사물의 밖에 따로 일종의 다른 도리가 있는 것이겠는가?"

2. 「성균생원운암김공묘표成均生員雲巖金公墓表」[49]

공의 이름은 김명일金明一, 자는 언순彦純, 성은 김씨, 의성인이며, 고

도록 했던 渾天儀와 璇璣玉衡의 수리와 보완 작업을 맡았다. 1555년(명종 10) 생원시에 합격하였으며 이듬해에 모친상을 당했으므로 탈상을 마치고 나서 성균관에 유학하였는데 이때 省庵 金孝元, 坡谷 李誠中과 교유하였다. 1575년 司贍寺郎官에 제수되었으나 형 김부필이 눈병을 앓고 있어서 부임하지 않았고, 1577년에 다시 集慶殿參奉에 제수되었으나 風痺로 부임하지 못하였다. 김부의는 修身과 操行에 있어 모두 힘을 기울이는 모습을 보였다. 『退溪門人錄』에는 김부의의 수업 태도에 관해서 '돈독히 하고 힘써 행하였다'고 기록하고 있다. 인품은 전반적으로 소박하고 단정한 것으로 평가되었으며, 평소 남을 대할 때에도 공손한 자세를 견지하며 圭角을 드러내지 않았다. 문집인 『挹淸亭遺稿』가 『烏川世稿』 안에 포함되어 전한다. 『오천세고』는 김부의 집안의 문집으로 아버지 金緣의 『雲巖逸稿』, 형 金富弼의 『後彫堂先生文集』, 「읍청정유고」, 이들 金垓의 『近始齋先生文集』, 김해의 장자 金光繼의 『梅園遺稿』, 김광계의 손자 金純義의 『果軒逸稿』로 구성되어 있다.(한국향토문화전자대전, 한국학중앙연구원)

48) 琴夾之: 琴應夾. 1526~1596. 본관은 奉化. 자는 夾之, 호는 日休堂. 예안 출신. 아버지는 禮安訓導 琴梓이며, 어머니는 金孝盧의 딸이다. 1555년(명종 10) 사마시에 합격하고, 1574년(선조 7) 行義가 조정에 알려져 集慶殿參奉을 제수받았다. 다시 敬陵·昌陵의 참봉, 王子師傅에 제수되었으나 모두 취임하지 않았다. 1587년 조정에서는 遺逸로 뽑아서 6품직을 超授하고 河陽縣監을 제수하였으나, 얼마 되지 않아서 부모의 봉양을 이유로 사직하였다. 1595년 翊贊에 제수되었으나 나가지 않았다. 李滉의 문하에서 수학하였으며, 忠信篤敬과 躬行實踐에 힘썼다. 특히 『心經』과 『近思錄』의 공부를 중시하였으며, 저서로는 『日休集』이 있다.

49) 金明一, 『雲巖先生逸稿』(안동대학교 부설 퇴계학연구소, 『退溪學資料叢書』三), 434쪽.

려시대로 가서 벼슬이 태자첨사太子詹事에 이르렀던 김용비金龍庇 공이 그
위 조상이다.…… 성균생원으로 여러 번 증직을 받아 자헌대부 이조판
서 겸 지의금부사를 부여받은 김진金璡이 부친이다. 좌정승 여흥부원군
민제閔霽의 5대손인 민세경閔世卿의 여식을 취해 다섯 아들을 두었는데
과거급제를 거듭하여 문장과 행의가 세상을 뒤덮었다. 공은 세 번째 아
들인데, 가정 갑오년 8월 임인壬寅에 임하현 천전리에서 출생하였다. 품
성이 온화하고 아름다우며, 효성과 우애가 아주 드높았다. 힘써 공부하
고 경전의 의리를 밝혀 명성을 떨쳤다. 일찍이 퇴계 이 선생의 문하에
종유하여 즐거이 그 가르침을 이었으므로 취향이 더욱 바르게 되었다.
갑자년에 사마시에 합격하고, 기사년 가을에 중형, 막내아우와 같이 동
당東堂[50)]에 합격하여 해시解試를 보러 경성으로 올라갔다. 불행히 병이
심하여 중형은 막내아우에게 말하였다. "너는 잘 익혀서 가친의 바람에
부응하도록 하여라. 나는 아우의 병이 위급하니 객관에서 죽어 나가게
할 수는 없으므로 데리고 고향으로 돌아가겠다." 김량역金良驛[51)]에 이르

---

50) 東堂: 고려·조선시대 科擧의 본시험에 대한 별칭. 본래는 중국 진나라의 宮殿 이름
으로서, 郤詵이라는 사람이 그곳에서 과거급제한 고사에서 유래하여 시험장을 뜻하
는 말이 되었음. 이와 달리, 우리나라에서는 과거의 본고시를 의미하는 용어로 계속
사용되어, 고려시대에는 禮部試가, 조선시대에는 文科가 東堂試로 불리었음.(『한국고
전용어사전』, 2001.3.30., 세종대왕기념사업회)

51) 金良驛: 『조선지형도』의 중앙동(김량장리) 일대. 경기도 용인시 처인구의 중앙에 위
치한 동이다. 명지대학교 용인캠퍼스가 있다. 1996년 시 승격 때 그 위치가 시의
중앙에 위치한다 하여 중앙동이라 하였다. 현재 金良場洞과 그 남부에 위치한 南洞을
포함하여 2개의 법정동을 관할하고 있다. 본래 김량장동은 조선시대 용인현의 水餘
面에 속했던 巢鶴洞과 虎洞 일부, 그리고 良才都察訪 관할 하에 있던 金嶺驛·金良驛
지역이 합쳐져 1914년 행정구역 개편 때 金良場里로 개칭되었던 것이다. 『여지도서』
와 『호구총수』에서는 소학동·호동 등의 지명을 확인할 수 있고, 금령역은 『신증동
국여지승람』에서 "현 동쪽 30리에 있다"라는 기록이 처음 보이는데, 이후 『용인현읍
지』와 『용인군읍지』에는 '金良驛'으로 그 명칭이 바뀌기도 한다.(『한국지명유래집—
중부편 지명』, 2008.12., 국토지리정보원)

러 타계하니 경오년 3월 16일이었다. 곡하고 염하고 장사를 준비하고 있어서 돌아와 빈소를 차릴 수 있었다. 중형공은 김수일金守一이니, 바로 나의 돌아가신 부친이시다. 10월 어느 날 아니산亞尼山 곤좌坤坐52)의 구릉에 장례하였는데, 경출산景出山 선영으로부터 약간 떨어진 곳이었다. 배위는 영양남씨英陽南氏이다. 당나라 천보天寶 연간53)에 여남汝南54) 사람으로 성이 김金이고 이름이 충忠인 사람이 있었는데, 사신을 모시고 일본으로 갔다가 돌아갈 때 풍랑을 만나 동해 바닷가에 표류해 와서 영양부英陽府에 살게 되었다. 신라에서 성명을 내려 주었으니 남민南敏55)이었다. 영의공英毅公에 봉하였는데, 이 사람이 영양남씨의 시조이다. 예빈경禮賓卿 남숙손南淑孫에 이르러 대광찬성사大匡贊成事 남군보南君輔를 낳았다. 이 후 문과 급제자가 이어져 높은 공경의 지위에 이른 사람이 8대나 되었다. 증조는 남회南淮인데 어모禦侮 장군이고, 조부는 남세유南世瑜인데 병절교위秉節校尉, 부친은 남두南斗인데 배위는 영해박씨이다. 의인宜人은 가정 계사년56) 11월 신축辛丑에 출생하여 만력 무신년戊申年57) 12월

---

52) 坤坐: 陰陽五行說에서 말하는 方位. 묏자리나 집터가 坤方을 등지고 앉은 좌향. 흔히 坤坐艮向이라고 하여 남서쪽에서 북동쪽을 향한 위치를 일컫는다.(『두산백과』)
53) 天寶: 당나라 玄宗의 연호. 현종 29년이 천보 1년. 742~755년간.
54) 汝南: 漢시대에 현재 汝南현 동쪽 平興縣을 중심으로 설치되었던 군의 이름.(『세계인문지리사전』)
55) 南敏: 생졸년 미상. 본관은 英陽. 본래는 당나라 鳳陽府 汝南 사람 金忠이다. 755년(신라 경덕왕 14)에 당나라의 按廉使로서 일본에 사신 갔다가 돌아가는 길에 태풍을 만나 경상북도 盈德의 竹島 혹은 丑山島에 표류하게 되었는데, 신라에서 살기를 원하였다. 이에 경덕왕이 이러한 사실을 당나라 玄宗에 알리고 허락하였다. 경덕왕은 그가 여남에서 왔다고 하여 南氏를 내리고 이름을 敏으로 고쳐 부르게 하였으며 英陽縣을 식읍으로 내렸다. 이로써 南氏의 시조가 되었다. 남씨라는 姓은 그가 남쪽으로부터 왔다고 해서 붙여졌다고도 한다.(한국역대인물종합정보시스템)
56) 명나라 世宗 12, 중종 28, 1533.
57) 명나라 神宗 36, 선조 41, 1608.

신해辛亥에 타계하였다. 향년 76세이다. 다음 해 2월 경오庚午에 공의 묘소 앞에 부장하였는데, 봉분을 앞뒤로 배치하였다. 의인은 자태가 단아하고 지행이 밝고 곧았다. 애통하게도 천운이 틀어져서 일찍 부군을 여의게 되었으나, 곡하고 제를 지냄에 있어서 예에 맞게 상을 치렀으며, 자신의 손으로 직접 제물을 만들어 올리면서 조금치도 나태함을 보이지 않았다. 고아가 된 어린아이들을 잘 어루만지며 훈육하였고, 때에 맞게 혼인을 시켰다. 직접 누에를 치고 농사일을 관장하였으며, 집안을 다스리는 데에도 질서가 있어서 향리에서 칭송이 자자하였다. 아들 하나가 있는데 김약金瀹이다. 딸 하나가 있는데, 권욱權旭에게 출가하였다. 경인庚寅 진사로 장흥고長興庫 봉사奉事로 보임된 사람이다. 김약은 현감 김기보金箕報의 여식에게 장가가서 3남을 낳았다. 장자는 김시경金是檠, 차남은 김시평金是枰, 셋째는 김시구金是榘인데, 모두 유학 공부 중이다. 또 2녀를 두었는데, 장녀는 기유己酉생원 권상달權尙達에게 시집가고, 차녀는 배익겸裵益謙에게 출가하였다. 아아! 우리 숙부는 덕과 문장을 갖추었으나 장수하지 못하였다. 숙모는 절개 있는 행의가 이와 같은데도 어렵게 혼자되어서 살았다. 하늘이 어찌 이와 같이 행한단 말인가? 나는 그 자신을 낭비하지 않은 사람에게는 훗날이 주어진다고 들었다. 아! 장차 후손이 크게 잘되리라. 만력 38년 5월 망일 조카(猶子)[58] 통훈대부 전 행사헌부집의 지제교 김용金涌 삼가 쓰다.

---

58) 猶子: 조카. 便紙에서 나이 많은 三寸에게 自己를 일컫는 말.(한자사전)

운암종택 전면

운암종택 사랑채

‖ 남악선생일고南嶽[1]先生逸稿[2]

1. 「여강서원정문廬江書院[3]呈文[4]」

도가 천하에 있는 모습은 사라지는 법이 없습니다. 오직 그 사람에게 기탁된 것에 있어서는 끊어지기도 하고 이어지기도 하는 것이고, 그

---

1) 南嶽 金復一: 1541(중종 36)~1591(선조 24). 조선 중기의 문신. 본관은 義城. 자는 季純, 호는 南嶽. 金萬謹의 증손으로, 할아버지는 증 좌승지 金禮範이고, 아버지는 생원 金璡이며, 어머니는 驪興閔氏로 閔世卿의 딸이다. 병마절도사 金誠一의 아우이다. 李滉의 문인이다. 1564년(명종 19) 사마시에 합격하고, 1570년(선조 3) 식년 문과에 병과로 급제하여 學諭·典籍을 역임하고, 형조·호조·공조의 낭관을 지냈다. 그 뒤 전라도어사로 나가 탐학한 관리들을 숙청하였다. 1587년 울산군수에 이어 창원부사가 되어 폐단이 심한 그곳을 잘 다스렸다. 이어 慶州敎授가 되어 학생들을 경학으로써 인도하여 도의를 크게 일으켰으며, 성균관의 司藝·사성 및 풍기군수 등을 지냈다. 안동의 泗濱書院에 제향되었다.(『한국민족문화대백과』, 한국학중앙연구원)
2) 金復一, 『南嶽先生逸稿』(안동대학교 부설 퇴계학연구소, 『退溪學資料叢書』三), 485~538쪽.
3) 廬江書院: 虎溪書院. 경상북도 안동시 임하면 임하리에 있는 서원. 1573년(선조 6)에 지방유림의 공의로 李滉의 학문과 덕행을 추모하기 위하여 월곡면 도곡동에 창건하여 위패를 모셨으며, 이때에는 廬江書院이라고 하였다. 1620년(광해군 12)에 金誠一과 柳成龍을 추가 배향하였으며, 1676년(숙종 2)에 '虎溪'라 사액되었다. 그 뒤 이황은 도산서원, 김성일은 임천서원, 유성룡은 병산서원에서 主享함에 따라 호계서원은 강당만 남게 되었다. 그 뒤 1973년 안동댐 건설로 수몰하게 되어 현재의 위치로 이건하였다. 강당은 경상북도 유형문화재 제35호로 지정되어 있다. 정면 5칸, 측면 3칸으로 중앙의 마루와 양쪽 협실로 되어 있으며, 평면상으로는 一자집이나 지붕 양쪽 끝만이 정면을 보고 있는 맞배지붕으로서 날개집 지붕과 비슷한 매우 특이한 형태를 보이고 있다. 전체형태는 ㄷ자형으로 겹처마집이다.(『한국민족문화대백과』, 한국학중앙연구원)
4) 呈文: 한문 문제의 하나. 아랫사람이 윗사람에게 올리는 公文의 하나. 申文·詳文 또는 고라고도 한다. 쓰는 양식은 한 페이지에 다섯 줄(五行)로 쓰는 것이 특징이라 할 것이다.(『국어국문학자료사전』, 1998, 한국사전연구사)

세상에 유행한 것에 있어서는 밝게 있는 것도 있고 흐려져 버린 것도 있는 법입니다. 이런 까닭에 요·순·우·탕·문·무·주공이 생겨나면서 도가 비로소 행하여지고, 공자·안자·증자·자사·맹자 등이 생겨나면서 도가 밝혀지고, 주염계·정씨 형제·장횡거·주희 등이 이어지면서 도가 다시 밝혀진 것이니, 이 도가 사람에게 기탁된 것은 아주 오랜 역사 속에서 살펴볼 수 있는 것입니다. 앞으로는 수천 수백의 역사 전에서나, 후로는 수천 수백의 역사 뒤에서나, 도가 오늘날과 옛날 속에서 유행하는 것에 있어서는 중국이라 하여서 홀로 그 도를 갖추고 있는 것도 아니고, 바다 귀퉁이라 하여서 그 도가 전해지지 않는 것도 아니니, 이 도는 없는 때가 없고, 이 도를 밝게 알고 행하는 사람 역시 없을 때가 없는 것입니다. 반드시 그 도를 가진 사람을 드러내서 존숭하고, 스승과 모범으로 삼아야 할 것의 소재를 밝혀 놓은 연후에야, 한 시대의 지향은 이것으로 정하여지고, 사람 마음의 똑같이 그러한 바는 이것으로 뒤섞이는 법이 없게 되는 것입니다. 옛날에 주부자朱夫子는 이에 죽림정사竹林精舍에 선사先師나 선성先聖을 모셔 놓고 제향하였으며, 또 여산廬山 언덕에 따로 사우祠宇를 지어놓고 염계濂溪와 낙수洛水 지역의 여러 선생들을 제향하였으니, 그 표창하여 존숭하고, 이 세상의 모범으로 만들어 내는 일이 어떠해야 하는 것이겠습니까? 무이無夷와 고정考亭, 자양紫陽, 회암晦庵, 건양建安, 운곡雲谷, 독봉獨峰 등 총 20여 군데의 서원에 이르러서는 모두 우리 문공文公께서 도를 강설한 인연이 있는 곳에 세워진 것이니, 그 스승을 존숭하고 그 도를 중히 여기며, 그것으로 천하를 밝은 쪽으로 끌고 나가고 후학을 지도하고 가르치기 위한 것입니다. 그러므로 사람들은 나아갈 바를 알게 되고, 선비들은 숭상할 것을 알게 되며, 인륜은 위에서 밝혀지고, 교화는 아래에서 행해지기에 이른 것이니, 그 인심을 바르게 하고 세상의 도리를 부양하여 나감에 있어서 세운 공이 어찌 바르지 않다고 할 것이겠습니까? 오직 우리 동방만은 비록 바다 한쪽에 치우쳐 있긴 하여도 우리 도를 널리 밝히는 전통을 가지고 있었습니다. 이미 동방은 기자箕子가 가르침을 펼쳐 낸 날 이래 바로 문명의 다스림과 예의와 겸양의 행의가 그로부터 있어 왔습니다. 그러나 서원을 세우고 현자를 존숭하는 일은 위아래 수천 년 기간 동안 거의 들어 본 바가 없고 지금의 태평성대에 와서 처음으로 보게 되는 것입니다. 그 현판을 내려 주고 책을 나누어 주며 아름다움을 표창하고 영광을 내려 주는 법은 송나라 태종太宗이 백록동白鹿洞에 대해 한 일이나 이종理宗이 고정考亭에 대해 그렇게 한 일인 것만은 아닙니다. 이렇게 함으로써 사방의 사람들은 기꺼이 앙모하고 많은 선비들은 법으로 본받아서 그 선정先正이 남긴 흔적이 흩어져 있는 곳이라면 서원이 세워지지 않는 법이 없게 되었습니다. 혹은 조정에 청원하고, 혹은 사재를 출연하여 머물러 공부할 곳을 삼으니, 지난 시기 유자들이 스승을 존숭하고 도를 중시하였던 뜻이 천 년을 흘러내리며 하나로 관통되는 것입니다. 그러니 성조聖朝의 문장을 숭상하여 교화를 이루어 나가는 것과 즐겁게 인재를 길러서 흥성한 시대를 이루어 내는 것이 중국에 비할 바가 아니게 되었습니다. 영광스러운 일이 아니겠습니까? 생각하여 보건대 퇴도退陶 이 선생은 천품이 도에 가깝고 깨달음이 다른 사람들보다 출중한 분이셨습니다. 어려서부터 학문에 뜻을 두었고 나아가 성현을 앙모하여서 뛰어나게 홀로 높은 경지에 이르셨습니다. 스승을 이어 갈 수가 없었으므로 그 공부하는 것이 리를 궁구하여 앎에 이르고, 되돌아 자기 스스로 실천하는 것이었습니다. 먼저 가까운 데에서 시작하여 먼 곳에 까지 이르렀으며, 아래로부터 출발하여 위에까지 도달하였습니다. 덕을 가꾸어 나가려는 뜻은 금석같이 굳건하였고, 성찰에 힘쓰는 공력은 일상적인 일을 행함에 있어서 뚜렷하였으며, 널리 배우는 것과 요약하여 정리하는 두 가지를 다 지극하게 수행하고, 경건함과 의로움을 같이 구현하셨습니다. 정밀하고 순일하며 온화하고 아름다운 것이 모난 구석을 보이지 않았고, 함양하는 것을 충만하게 갖추어 낸 것이 이미 오래이며 빼어나게 이루어낸 덕성은 날로 뚜렷하여지기만 했습니다. 그 사람을 가르침에 있어서는 격물치지로부터 시작하여 성의정심에 이르기까지, 수신에서부터 제가와 치국평천하에까지, 쇄소응대灑掃應對하는 데에서부터 궁리진성하는 데까지, 차근차근 질서가 있어서, 자질과 품성에 바탕하여 성취하지 않는 사람이 없었습니다. 스스로 행동함에 있어서는, 움직일 때나 고요히 있을 때나 항상 변함이 없었고, 안과 밖이 일치하여, 항상 상제가 옆에 임어하여 있는 듯, 부형과 스승이 앞에 자리하고 있는 것처럼 하였습니다. 몸가짐을 바로 하고 조용히 있는 것에 있어서는 어려서부터 늙었을 때까지, 추울 때에나 더울 때에나, 아주 갑자기 엎어지고 넘어지는 경우에도 조금치의 차이도 드러내는 법이 없었습니다. 마치 봄의 햇빛이 따사로이 감싸 주는 것처럼 만물을 대하고, 때에 맞추어 내리는 비가 온 세상을 윤택하게 하여 주는 것처럼 사람을 감동시키며, 일을 함에 있어서 만 가지 변화가 앞에서 다투어 일어난다 하여도 밝게 밝혀서 터럭 끄트머리조차 놓치는 법이 없었으며, 만사를 저울질함에 있어서 그 가볍고 무거움을 잘못 헤아리는 경우가 없었습니다. 빈부, 귀천, 사생 등의 어느 것에도 마음이 움직이는 법이 없었으며, 백성들을 자신의 상처처럼 돌아보아 병에 더하여지는 것을 아파하고 통증에 괴로워하는 것을 마치 자신의 몸에서 일어나는 것처럼 절실하게 받아들였습니다. 군왕을 사랑하고 나라를 걱정하는 마음은 비록 물러나 한가로움을 즐기고 있는 경우에라도 하루도 잊어 본 적이 없었습니다. 성인의 학문을 이끌어 나가는 데에 힘을 쏟고, 군왕의 덕을 길러 주는 것을 치세에 이르는 커다란 근본으로 여겼습니다. 10도十圖를 올려 다스림의 근원으로 나아가는 실마리로 삼았고, 6조六條의 소를 올려 절실한 시대의 사무를 개진하였습니다. 말씀하시는 것이 모두 지극히 성실하고 불쌍히 여기어 아파하는 마음에서 나온 것이고, 도리에 맞게 행하는 것을 즐기고 도리에 어그러지는 것을 걱정하는 모양이 옛사람과 똑같았습니다. 벼슬을 사양하거나 받아들이는 것, 관리로 나아가는 것이나 물러나는 것이 오직 의리에 맞게 처신하는 것이었습니다. 비록 오랫동안 조정의 높은 자리에 나아가 있긴 하였으나, 백성들은 항상 그 나아가고 물러나는 것을 가지고 우리 도가 세상 속에서 흥성되느냐 쇠퇴하느냐 하는 것, 나라의 안위를 측량하여 보곤 하였습니다. 만년에 도를 완성하고 덕을 세운 시기에 이르러서는 의리는 무궁한데 세월은 유한하기 때문에 항상 부족한 듯 아쉬운 마음을 드러내곤 하였습니다. 선생은 도에 있어서 이른바 자강불식自强不息하는 사람이었습니다. 그 『천명도설天命圖說』을 짓는 데 있어서는 성리의 근원을 천명하셨고, 『리학통록理學通錄』을 찬술함에 있어서는 이 도의 전승양상을 밝혔고, 『계몽전의啓蒙傳疑』에서는 역학易學의 정치하고 미세한 영역을 드러냈고, 『주서절요朱書節要』에 있어서는 앞선 시기 유학자들이 일상적으로 힘썼던 곳을 보여 주었습니다. 경전을 가르치고 해석함에 있어서는 여러 가지를 서로 견주어서 바로잡아 주었고, 그것으로 세속의 유학자들이 갖는 잘못된 생각을 고쳐 주었습니다. 앞선 시기의 스승들의 학설을 강론하는 데 있어서는 낱낱이 나누어서 가닥가닥 분석함으로써 후학들이 도를 향해 나아가는 방향을 통일시켰습니다. 리기의 선후를 논하고, 주희와 육상산의 차이를 분별함에 있어서는 반듯한 돌기둥이 물 흐름 속에 있는 것처럼 우뚝하였고, 해와 별이 하늘 위에 떠 있는 것처럼 환하게 빛을 내어서, 해동 사람들의 숭앙을 받았습니다. 태산泰山과 오악(喬嶽)처럼 우뚝하여서, 모두가 이 학문의 요체를 듣고 이 도의 바른 모습을 알 수 있었으니, 그 밝게 강설하고 도를 향해 나아갈 수 있게 날개를 달아 준 공은 크다 할 것입니다. 해동의 역사가 있어온 이래 문장과 절의를 갖춘 선비는 대대로 모자란 적이 없었고, 혹 도학道學으로 세상에 이름이 높았던 사람도 한둘이 아니었지만, 그 표리정조表裏精粗가 한가지로 바른 데서 나오고, 수사洙泗의 적통을 이었으며, 정주程朱의 종파를 이는 사람으로는 오직 우리 선생 한 사람이 있을 따름입니다. 사문斯文의 불행으로 산과 들보가 갑자기 무너져 내리게 되니 우리 도의 애통함이 극에 달하였습니다. 돌아보건대 안동은 영남의 큰 고을이고 여산廬山은 한 고을의 절경인데, 실로 선생이 소싯적에 독서하던 곳입니다. 골짜기는 깊고 그윽하며, 구름계곡이 널리 펼쳐져 있는데, 강물은 끊임없이 그 사이를 흘러 내려갑니다. 선생의 자태는 완연히 그 물속에 담겨 있고, 그 모래밭에서는 그 사셨던 땅이 보이고 그 사람을 생각하게 되어, 그것으로 높은 산을 공경하며 우러러보고자 하는 사람들을 끌어들이게 되니, 이런 사람들의 대열이 어찌 끝날 날이 있겠습니까? 하물며 선생의 선조들은 이 땅에 누대를 세거하였고, 특별히 한두 세대 동안 예안에 옮겨 살게 되었다고 하더라도 그 조상들의 여러 무덤은 여전이 우리 지역에 있으니, 선생은 바로 우리 지역의 사람인 것입니다. 그 넘치는 덕과 빛나는 모습은 사람들의 눈과 귀에 남아 있어서, 지역 사람들의 추모하는 정성은 그칠 수가 없습니다. 비록 세월이 흘러 천여 년 뒤가 된다 하더라도, 지역이 천 리 이상 서로 떨어져 있다 하더라도, 그 풍모에 대해 들으면서 감동을 불러 일으킬 것입니다. 다행스럽게 지금은 선생이 살았던 때와 시대가 같고 이웃 고을에서 가까이 모셨으며, 스승으로 받들면서 괴롭히기까지 하였고, 오래 봄바람을 쐬듯 그 향기에 훈습되며 몸소 가르침을 내려 주는 은혜를 입기까지 하였으니, 눈으로 무엇을 보든 생각하게 되고 마음이 어떻게 움직이든 떠올리게 마련이어서, 그 가슴 속에 이는 감흥이 더욱 심해지고 절실하여 집니다. 서로 더불어 묻고 계획하여 만세토록 종사로 삼아 우러러볼 수 있는 땅으로 만들어야 합니다. 한 고을의 사문이 이 계획을 후원하고, 동지와 사우士友들의 의론도 아주 합치되어 있으므로, 이런 사정을 다 갖추어 부사 앞에 아룁니다. 인심이 같다고 하여도 진실로 합치되기를 꾀할 수는 없으니, 상사上舍와 수재秀才 10여 사람을 뽑아 그 일을 주관하게 하고, 이에 여산의 아래 낙수의 가에 그 위치를 정하여 재목을 모으고 장인을 부리기로 하였습니다. 필요한 경비를 제공하고 역부를 동원하는 일은 전적으로 지역 사람들이 감당하나 관에서 도와주기도 하였습니다. 작년 가을 7월에 공사를 시작하여 먼저 묘당의 기초를 다졌고, 다음으로 강당의 기초를 만들었으며, 좌우의 재사 기초도 차례로 정비되었습니다. 묘우와 강당 동서 양재 역시 각자 그 차례에 따라 이루어졌고, 최후로 누각이 비로소 완성되어, 금년 여름 5월에 공사가 끝났습니다. 더불어 새 건물에 올라 앞을 바라보니 높고 깨끗한 곳에 자리 잡고 있어서 더러운 티끌로 혼탁하여진 것을 말갛게 씻어 낸 경치이고, 청명한 기운을 밝고 아름답게 모아 갖추고 있는 청정한 곳이어서, 이 집의 빼어난 풍광이라면 족히 선생의 영혼이 안정을 취할 수 있고 지역 사람들의 사모하는 마음을 위무하여 줄 만한 곳이라는 것을 믿어 의심치 않게 되었습니다. 또 산천의 뛰어난 모습은 반드시 그 사람으로 말미암아 흐릿한 것을 걷어 내고 밝게 드러나는 법입니다. 무이武夷의 9곡이 세상에서 이름을 얻은 것은 주자의 남은 흔적이 있었기 때문입니다. 지금 이 여산은 비록 한 구석의 기이한 절경이지만 진실로 선생이 여기에서 노닐며 관상하지 않았다고 한다면 사람들이 그것을 본다고 하여도 언제나 쉽게 만날 수 있는 하나의 산골짜기에 지나지 않을 것입니다. 향기로운 발자취가 한 번 스쳐 지나가면 그 정미한 광채는 백배나 더하여지고 만세토록 우러러보게 마련이니, 이곳은 그 싣고 있는 명예의 저울대가 무이와 명성과 아름다움을 같이하게 되고, 무릇 풀 한 포기 나무 한 그루까지 모두 다 도덕의 광휘에 휩싸여 있는 곳이라 하겠습니다. 하물며 영명함을 갖추어 사람으로 태어났고, 빼어남이 주어져서 선비가 된 이들의 경우에는 어떠하겠습니까? 아! 하늘은 그 어떤 사람이라도 이 서원으로 말미암아 동쪽 지역에서 밝게 바른 학문을 하게 하여서, 요·순·우·탕·문·무·주공·공자·안연·증자·자사·맹자·주염계·장횡거·주희의 도가 오늘날의 세상에서 밝게 행하여져 어둑하여지지 않게 만들려고 하는 것입니다. 비록 그렇지만 가르침이라는 것은 반드시 위로부터 시작하여 아래에까지 이르러야 하는 것입니다. 그런 후에야 그 가르침은 근본과 원인을 갖추어서 멀리까지 길게 갈 수 있겠지요. 그렇지 않다면 근원이 없는 물, 뿌리가 없는 나무처럼 아침에 가득 찼다가도 저녁이면 다 없어지고, 잠시 영달을 누리다가 시들어 버리고야 말 것이니, 어찌 능히 길게 멀리 갈 수 있는 것이겠습니까? 지금 서원을 세운 것은 비록 사람들이 마음을 모아 같이 이룬 것이라 말할 수는 있어도, 일이 임금의 명령에 의한 것이 아니고, 이름이 나라에 적혀 올라간 것이 아니라, 다만 한 명의 고을 수령, 한 고을의 사람들의 손에서 시작된 것이므로, 한 시기에 보고 들은 영향력이 미치는 범위를 뚫고 나가 많은 사람들의 마음과 뜻을 흔들어 놓고 그들의 생각과 행동을 이끌고 도와나가서 영원하게 사라지지 않게 하지 못하나 않을까 걱정입니다. 어리석음을 무릅쓰고 미천한 사람이 망령되이 위에 소를 올려 말하는 것은, 아주 조그만 행운이라도 얻기를 바라서입니다. 궁궐은 9중으로 둘러싸여 있고, 아랫사람은 천 리나 떨어져 있으니, 조정의 높은 관원들을 모아 서로 논의하시는 것에 대해서는 속수무책일 따름입니다. 크게 두려운 것은 유림이 자랑으로 여기는 땅이 쇠락하여 져서 기운을 떨쳐내지 못하는 지경에 이르는 것입니다. 엎드려 생각하여 보면, 합하는 한 지역의 책임을 맡고 있으면서 교화의 근본을 숭상하고, 한 지역의 이해에 관련되는 일이라면 감사에게 거듭 보고하여서 마땅하게 처리되게 하는 것이 임무일 것입니다. 항차 이와 같이 성인의 세상을 넓혀 나가는 임무와 연관되어 있는 일의 경우에 있어서이겠습니까? 우리 도의 흐림과 밝음, 인심이 나아가는 방향 같은 것들은 모두 오늘의 이 일에서 결정되는 것이니, 그 떨쳐 나가게 하고 분발하게 하고 장려하는 방도는 마땅히 미진한 점이 없어야만 합니다. 아아! 서원의 건립은 앞으로의 풍습입니다. 송나라 초기에는 다만 4개의 서원밖에 없었으니, 백록白鹿, 숭양嵩陽,

악록岳麓, 휴양睢陽이라 하는 것들이 이른바 특히 세상에서 저명한 것이 었습니다. 송나라가 강을 넘어 남쪽으로 물러난 이후, 비록 혼란하고 어지러운 시기였어도 뜻있는 선비는 도리어 서로 본받고 앙모하여 서원을 새로 창설하였고, 사라진 것이 있으면 복구하지 않음이 없었으니, 장남헌張南軒이나 여동래呂東萊 같은 선생은 분주하게, 그리고 힘을 다하여, 그 전말을 기록하여 후학들을 가르쳐 주었습니다. 그리고 그 밖에도 주동朱洞은 앞장서서 법제화를 하였고, 윤측尹則은 조정에 청원을 하였고, 반송潘宋은 증수增修를 하였고, 유공劉珙은 재건을 하였는데, 모두 다 우리 문공文公에게서 시작된 일입니다. 지금 『일통지一統志』에 기록된 것을 보면, 천하에 서원은 총 3백여가 있는데, 그 기록되지 않은 것은 얼마쯤인지 알 수조차 없습니다. 무릇 안으로는 국학이 있고, 밖으로는 각 지역마다(州府郡縣) 향교가 있으니, 그 규모가 광대하고 제도가 상세하게 갖추어져 실로 서원을 세우는 일에 일삼을 필요가 없을 것만 같습니다. 그런데 옛것을 좋아하는 군자가 홀로 이 일에 힘을 다 쏟는 것은, 그 뜻이 어디에 있는 것이겠습니까? 진실로 학교는 조정과 시가, 성곽 속에 있어 말과 마차가 몰려들고, 선비와 여인이 뒤섞여 있어서, 그 마음과 정신이 흔들리고, 그 눈과 귀가 어지럽혀지며, 앞으로는 학령으로 구속되고 뒤로는 공부 외의 것들이 어지럽게 모여들게 됩니다. 서원은 은거하여 뜻을 구하는 선비나 재주를 품고 덕을 끌어안은 선비들이 여러 가지 것들을 가지고 경쟁을 치르는 세속의 마을을 싫어하고, 한가로이 넓고 고요한 산속을 좋아하여 선왕의 도를 노래하고 선사의 학문을 강설하는 곳입니다. 요순시대의 군왕과 백성의 뜻과 천자를 빗어 낸 방책을 한 마음 안에 수렴하여 한가로이 그 도를 즐기며, 안으로 얻는 것이 있으면서 밖으로 앙모하는 것이 없으니, 그 공력을 통해 얻어 내는 것이 어찌 우연한 것이겠습니까? 이것으로부터 말하여 보자면, 선비가 공부를 함에 있어서 서원으로부터 힘을 얻어 나가는 것이 많은 것일 뿐만 아니라 나라가 현자를 얻는 것 역시 반드시 서원 속에서 많아질 수 있는 것입니다. 그러므로 오늘의 서원 건립이 어찌 한 고을, 한 지방의 학문을 위한 것이겠습니까? 이것은 한 나라의 공공의 학문과 우리 도를 맡기는 일이고, 풍교風敎와 연관되어 있는 것이니, 이것보다 중대한 일은 없습니다. 이것은 각하가 마땅히 우선적 임무로 삼아야 할 일이니, 이것보다 더 큰 것이 어디 있겠습니까? 만약 각하의 생각과 아주 멀리 어긋난 것이 아니라면, 이 말을 채택하시어 생각을 바르게 만들어 갖추셔서, 방백께 정중히 아뢰어 주시어 대궐(楓宸)로 말씀이 전해지게 하여 주시기 바랍니다. 바라건대 앞선 왕조의 고사를 좇아 서적을 내려 주고 편액을 하사하여 주고, 아울러 토지와 하인들을 보내주셨으면 합니다. 이것으로 그 힘을 도와주시고, 무릇 여러 중식의 은전과 원대한 미래를 경영하는 방책 역시 빠짐이 없게 해 주신다면, 가르침의 근원이 위의 군왕에게 있게 되어 선비들은 즐거이 와서 노닐게 되어 천만 년 이어 내리며 바뀌는 법이 없게 될 것입니다. 거문고를 타면서 시를 읊는 문화가 흘러넘치는 것이 오늘로부터 시작되지 않겠습니까? 그 진작시키는 방법과 격려하는 기술 또한 반드시 조정에서 강설하면서 밝혀 가는 것이니, 장차 우리 동방에서 크게 도가 행하여져서 추로염민鄒魯濂閩의 학문이 꽃무리처럼 화려하게 피어나고 선사의 도는 반드시 이것으로부터 시작되어 후세를 크게 밝혀 줄 것입니다. 선비 되는 사람은 어진 임금의 왕조에서 연비어약(鳶飛魚躍5)의 교화를 이루어 내는 것을 책임

져야 한다는 평일의 교조를 받들어 원규院規로 삼았습니다. 오늘날의 사우士友를 불러 모아 더불어 강습하는 것은 도덕을 함영하며 의리를 곱씹는 것입니다. 여산을 우뚝하게 우러러보고, 높은 산이 그림자를 드리우며 나아가는 것을 생각하는 것에서 흥취를 돋우고, 낙강의 물길이 쉬지 않는 것과 같이하는 것은 '가는 것이 이와 같다'(逝者如斯)[6]는 의미를 깨닫는 일입니다. 듣고 행동하는 것으로부터 배운 것을 존숭하면 선사의 유훈을 배신하지 않게 될 것이고, 또 합하의 정성스러운 뜻에 빛을 지지 않을 수 있을 것입니다.[7]

2. 「봉정대부수성균관사성겸춘추관편수관남악선생김공행장

奉正大夫守成均館司成兼春秋館編修官南嶽先生金公行狀」[8]

공의 이름은 김복일이고, 자는 계순季純, 자호는 남악南嶽이다. 신라 경순왕 김부金傅의 아들 김석金錫이 의성군義城君에 봉하여지니 자손들은

---

5) 鳶飛魚躍: 하늘에 솔개가 날고 물속에 고기가 뛰어노는 것이 自然스럽고 調和로운데, 이는 솔개와 물고기가 저마다 나름대로의 타고난 길을 가기 때문이다 라는 뜻으로, 萬物이 저마다 法則에 따라 自然스럽게 살아가면, 全體的으로 天地의 調和를 이루게 되는 것이 自然의 奧妙한 道임을 말함.(한자사전)

6) 『논어』, 「子罕」.

7) 이 글은 惟一齋 金彦機 부분에 가져다 놓은 「부사 초간 권문해에게 올리는 글」(上府伯權草㵎[文海])과 내용상 흡사하다. 유일재 김언기 부분에도 이 글은 중요하고, 남악 김복일 부분에서도 이 글은 중요하다. 이 글의 필자가 누군지에 대한 다툼이 있는 것이다. 나로서는 그것에 대해 결론을 내릴 만한 식견을 갖추고 있지 못하므로, 두 군데에 다 가져다 놓고, 각각의 표현양상에 따라 그대로 옮겨 놓기로 하였다. 이 점 양해 있기를 바란다.

8) 金復一, 『南嶽先生逸稿』(안동대학교 부설 퇴계학연구소, 『退溪學資料叢書』三), 528쪽.

여기에 거주하게 되고, 의성김씨가 되었다.…… 부친의 이름은 김진金璡이니 성균생원 중 자헌대부이조판서 겸 지의금부사이다. 모친은 중 정부인 여흥민씨 민세경의 여식이며, 문도공文度公 민제閔霽의 후손이다. 판서공은 5남을 두었는데, 공은 그 다섯 번째이다. 3대가 추은推恩을 받은 것은 공의 제4형 학봉선생 김성일이 귀하여졌기 때문이다. 가정 신축년에 공은 안동 임하현 천전리 집에서 태어났다. 겨우 6세에 모친은 돌아가셨다. 판서공은 어린 나이에 믿고 의지할 사람을 잃게 된 것을 애석하게 여겨 가르치긴 하였으나 단속하지는 않으셨다. 조금 장성하게 되어서 비로소 독서에 분발하게 되니, 공력이 다른 사람과 나란히 할 수 있게 되었다. 몇 년 사이에 사장詞章이 뛰어나게 되어 갑자년 사마시司馬試에 합격하고, 경오년庚午年 문과에 급제하였다. 명망이 아주 드높았으나 시샘하는 사람이 배척하여 성균관에 배속되었다. 을해년에 학유學諭로 보임되어 조정으로 나아갔다. 시를 쓴 것이 있다.

성찰하고 돌아감은 어찌 이리 늦는 건가/
경륜을 펴려는 계획은 이미 어그러졌네//[9]

이에 관직을 내놓고 귀향하였다. 기묘년에 박사博士, 전적典籍으로 승차하였다. 경진년庚辰年에 형조 좌랑으로 옮겼는데, 4월에 판서공이 타계하였다. 복상기간이 끝난 후 공조 호조 좌랑으로 추천되었다. 전적典籍으로 옮겼다. 공은 누차 머리를 조아리며 사직하였는데, 의리상 편안하

---

9) 金復一, 『南嶽先生逸稿』(안동대학교 부설 퇴계학연구소, 『退溪學資料叢書』三), 530쪽, "定省歸何晚/ 經綸計已乖//"

지 못하여 억지로 빨리 나아가 직책을 받았다. 잠시 후 함경도 도사都事가 되었으나 부임하지 않았다. 계미년에 호조정랑에 제수되었는데, 이조가 으름장을 놓아 직책을 받들었다. 가을에 경기도 재상경차관災傷敬差官에 보임되었고, 또 전라도 어사로 제수되었다. 바르다는 명성이 드높아서 탐관오리들이 소문을 듣고 벼슬을 내놓고 떠나가기도 하였다. 갑신년 형조를 거쳐 강원도 도사로 나아갔다. 감사 정곤수鄭崑壽가 아주 경애하였으므로, 큰일이 있을 때마다 반드시 자문을 하고 결정하였다. 정해년에 울산군수에 제수되었는데, 다스린 성적이 도 안의 최상이었다. 어사繡衣가 장계를 올려 창원부사로 승진시키라는 명이 내려왔다. 부근의 여러 군진節鎭들에 폐단이 아주 심하였는데, 공은 바르게 행하여 흔들림이 없었다. 백성들이 고통당하는 일이 생기면 모든 아픔을 단숨에 쓸어 냈으며, 종당에는 거스르는 방백을 파직하여 돌려보내기도 하였다. 가을, 경주 교수에 제수되었다. 공은 탄식하여 말하였다. "조정에서 비록 나에게 변방의 장수 지위를 준다 하여도 마음을 다하여 일할 터인데, 하물며 유학을 배우는 사람의 스승 역할임에야!" 여러 학생들을 가르치고 인도하여 경학經學으로 권면하고 도의로써 여러 선비들의 기풍을 격려하였 다. 경인년에 단양군수에 배임되었으나 병으로 나아가지 못하였다. 성균관 사예司藝에 제수되었다가 사성司成으로 승차하였다. 다시 풍기군수에 제수되었다. 관아에 자리 잡은 지 3개월 만에 전 지역이 다 크게 다스려졌다. 오래 맡고 있다가 병으로 귀향하였다. 신묘년 8월 17일 정침에서 임종하였다. 향년 51세였다. 같은 해 아무 날 예천군 북쪽 용문산 간좌艮坐의 구릉에 장례하였다. 오호! 공은 성품이 효성스러웠다. 이빨을 가는 나이가 되기 전에 상을 당하였는데, 해조류를 먹지 않으면서 '그것이 일찍이 바다의 물고기 중에 같이 있었던 것' 이기 때문이라고 말하였다. 판서공이 돌아가셨을 때에는 여묘살이를 3 년 동안 하였는데, 하루도 집으로 내려오지 않았다. 애통함이 병으로 발전하여 위태로운 지경을 맞았으나 겨우 소생하였었는데, 끝내 목숨이 다하는 근심거리가 되었다. 어려서부터 세운 뜻이 범상치 않았다. 19세 에 학봉선생과 더불어 백운동에 가서 독서하였고, 그대로 같이 퇴도문 하退陶門下로 나아가 지결旨訣을 듣고 스스로 공부에 매진하였다. 평소에 생활할 때 언제나 옷과 띠를 갖추어 입고 앉아 책상 앞에서 책을 보았 다. 『주서절요朱書節要』, 『대학연의大學衍義』, 『심경心經』, 『근사록近思錄』 같 은 책은 손에서 놓아 본 적이 없었다. 공부결과가 쌓여 나갈수록 조예 는 더욱 깊어졌다. 학봉선생은 공의 「제문」에서 말하였다. "책 속의 가 르침에 침잠하였고 마음속에 간직하여 잃어버리는 법이 없었네. 심성 을 잘 다스렸고 기질을 부드럽게 바꾸었지. 전날에는 굳건하게 탁마하 더니, 지금은 평화로워졌구나. 처음에는 우둔 노둔하였으나 나중에는 명민하여졌고, 마음을 곧고 바르게 보존하였으며, 자기를 다스러서 깨 끗하여졌지. 집 안에서는 예로 살아가고, 향리에서는 의로 살아갔네. 갖 춘 덕성으로 세상에 노닐면서 안과 밖이 일치하였어라." 그 학문에 힘 써 얻은 모습이 이러하였다. 일찍이 예천 금곡琴谷에 우거하였는데 문장 으로 노인들에게 권하여 덕진동德進洞에 같이 서당을 세우고 여러 선비 가 공부하는 곳으로 삼았다. 후에 정산鼎山으로 옮겨 서원이 되었다. 공 부를 부흥시키고 가르침을 밝혔으니 그 공이 크기만 하다. 안동에 여강 서원廬江書院을 세우고 묘당에 퇴계선생을 향사하려고 사림이 본부本府에 정문呈文을 올려 사액 청원을 할 때, 공에게 문장을 쓰도록 맡겼는데,

수천 글자에 이르렀다. 본 사람들이 다 도를 알지 못하는 사람은 이와 같이 성덕盛德을 형용할 수 없다고 감탄하였다. 고고한 절개를 맑게 닦으니 많은 사람들이 경복하였다. 그릇된 행동을 하던 사람이 있었는데, 길가에 아주 호화로운 정자를 세웠다가, 공이 그 정자 아래로 지나갈 것이라는 소문을 듣고 바로 철거하여 버렸다. 초계草溪 권동보權東輔의 이부자리와 베개는 아주 호화로웠다. 일찍이 공과 같이 잠을 자면서 공이 베 이불과 헤진 베개를 쓰는 것을 보고는 마음으로 부끄러워져 다시는 감히 자신의 침구를 깔지 않았다. 조정에 받아들여지지 않다가 나이가 들어서 하읍下邑을 맡게 되었을 때에도 그 백성들을 낮추어 보지 않고, 날마다 관대를 갖추어 입고 일을 처결하였으며, 전적으로 문교文教를 숭상하여 고을을 다스렸는데, 윤리를 앞세우고 문예를 뒤따르게 하면서 지성으로 인도하여 게으름을 피우는 법이 없었다. 여러 임무를 조리 있게 처리하고, 숨겨진 사정까지 빈틈없이 돌아보았다. 1년이 지나지 않아 다스림의 교화는 널리 통달하여 선비는 배움에 힘쓰고 무사는 무예에 힘쓰고 백성은 농사에 힘써서, 한 고을의 모든 백성들이 감히 놀러 다니면서 태만하게 지내지 않게 되었다. 선비는 공부를 하는 방향을 알게 되고, 무인의 무예는 재주를 갖추게 되고, 백성들은 곡물이 남게 되어 공덕을 기리는 소리들이 지어졌다. 백성의 무리를 어루만져 주는 것이 다만 어린아이를 돌보듯 하는 것만은 아니었다. 그 죄과가 있는 사람은 엄격하게 다스리니 백성들은 스스로 마음으로 복종하여 신명처럼 공경하고 부모처럼 사랑하였다. 울산군수에서 창원부사로 옮겨 갈 때에는 한 군의 노소가 놀라 말고삐에 매달리고 바퀴 앞에 누우며 길을 막았고 창원의 이졸을 쫓아내기까지 하였다. 창원에서 물러날 때에는 선비들이 상소를 품고 문에서 부르짖으며 방백을 공격하였고, 백성들은 일제히 순영巡營으로 나아갔는데, 돌려보내면 원망하고 괴로워하였다. 비록 갇히고 형을 받더라도 후회함이 없었다. 고을수령으로 와서 수개월 정도 다스렸는데도 백성이 비석을 끌어안고 울게 된 것은 실로 고금에 들어보지 못한 일이었다. 덕으로 다스린 것이 다른 사람보다 크게 넘치고 다른 사람을 크게 감동시키지 않았다면 이와 같을 수 있겠는가? 그 스스로 한사寒士와 같이 받들어지고, 깨끗한 나무 그루터기 같은 사람이라는 명성이 원근에 떨쳐지고, 세상을 떠난 다음까지도 여전히 칭송을 듣는 경우는 다른 데서는 볼 수 없는 특별한 것이다. 어찌 공에게만 이렇게 많은 칭송이 주어질 수 있었던 것인가? 오직 그 소박한 품성으로 대쪽같이 높은 강직함을 갖추어서 시속에 따라 쉽게 움직이는 법이 없었으며, 무리와 같이 벼슬길에 쏠려 들어가서도 절대로 넘치는 것에 붙좇지 않았다. 일찍이 학봉선생과 같은 집에 머물렀을 때에도 한 시대의 명망 높은 사람들이 그 문정으로 모여들었지만 물러나 피하고 보려하지 않았다. 명을 받들어 경기지방으로 나아갔을 때에는 강화江華 수령이 중신인데도 쫓겨 나갔고, 호남을 안찰하러 갔을 때엔 전주부윤이 귀척인데도 쫓겨났는데, 듣는 사람이 혀를 내두를 정도였다. 울산에 있을 때에는 해변 경계를 하였는데, 공은 병선을 영도하여 먼저 올랐는데 병사兵使는 뒤를 따라왔다. 공이 의리를 들어 책하니 병사는 크게 부끄러워 하였다. 일찍이 순사巡使를 경계까지 나아가 기다린 적이 있는데 순사가 이르는 곳마다에서 술독에 빠져서 기한이 되었는데도 오지 않았다. 공은 마침내 돌아가며 말하였다. "나는 백성들이 거듭 고통을 당하는 것은 참을 수 없다." 방백方伯은 또 귀척에게 관련되는 것은 절제하면서 힘없는 백성들에게는 횡포를 부렸다. 공이 보고하여 말하였다. "가난한 원헌原憲[10]에게서 빼앗아 부유한 계씨季氏[11]에게 재물로 준다." 방백은 부끄러워하며 백성들에게 횡포부리는 것을 그만두었다. 자칭 감영의 비장이라고 하는 자가 부府에 와서 명령이라며 제수를 거두었다. 공은 분노하여 감옥에 가두고 사유를 갖추어 감영에 알렸다. 방백은 힘써 따르기는 하였으나 마음으로는 분노를 삭이지 못하여 전최殿最[12] 장계를 되찾아서 '최'를 '전'으로 바꾸어 올렸다. 그 도를 바르게 행하여 굽힘이 없는 모습이 대체로 이와 같았다. 공을 잘 모르는 세상 사람들은 본디 말할 것도 없지만, 공을 잘 아는 사람들조차도 역시 그 지나치게 강한 모습이 쓰이기 어렵게 하는 것이니, 필경 세상에서 버려지거나 세상과 갈등할 것이라고 걱정하곤 하였다. 말년에 선비들이 절개를 다하여 시비곡직을 따져보는 의론을 하지만 그 또한 공을 등용하도록 하는 것이 되지는 못하였으니, 공은 이미 병이 깊었던 것이다. 아아! 어찌 하늘이 정한 일이 아니겠는가? 상국相國인 완평完平 이원

---

10) 原憲: 춘추시대 송나라(지금의 허난성 商丘시) 사람으로 자는 子思이다. 공자의 제자로 孔門七十二賢 중의 한 사람이다. 원헌의 집안은 가난하여 睢陽城 안의 작은 골목 안에 살았고, 방도 매우 비좁았다. 초가집이었는데 쑥갓을 엮어 문을 삼았고, 파손된 독으로 창을 만들었다. 지붕에서는 비가 새고 바닥은 습기가 찰 정도였다. 하지만 자신이 가난하다는 것을 부끄럽게 여기지 않았고, 하루 종일 집 안에 단정하게 앉아 금을 켜면서 노래를 부르며 즐거워했다.(『중국인물사전』, 한국인문고전연구소)

11) 季氏: 노나라의 대부 季孫氏. 노나라 국정을 좌지우지 하였다.

12) 殿最: 고려 · 조선시대 京外官員의 근무 상태를 여러 면에서 조사해 성적을 매기는 考課 또는 그렇게 하던 기준. 殿은 근무평정 고과에서 최하등의 등급을 말하고 最는 최상등을 말하는데, 주로 합칭해 고과평정의 뜻으로 사용되었다. 그런데 본래 최는 田野의 개간, 호구의 증가, 부역의 균등, 학교의 흥성, 司訟의 간결 등이 잘되었을 때의 성적을 말하였다. 그리고 殿은 전야의 황폐, 호구의 감소, 부역의 번다, 학교의 부진, 시송의 지체와 같은 경우의 성적을 뜻하였다.(『한국민족문화대백과』, 한국학중앙연구원)

익李元翼[13]), 한강寒岡 정구鄭逑[14]) 선생은 일찍이 공을 '절개와 행의가 드높은 사람으로 오늘날 이런 사람이 없다'고 칭송하였다. 이것이 어찌 아부해서 좋은 말을 해 준 것이겠는가? 공의 전 부인은 숙인 예천권씨인데, 증직 참의인 권지權祉의 여식이다. 후 부인은 숙인 안동권씨이니, 현감 권심언權審言의 여식이다. 전 부인인 숙인은 2남 2녀를 낳았다. 장자는 김지金漬이니 선교랑이다. 차자는 김숙金潚이니 뛰어난 재주를 타고 났으나 일찍 죽었다. 장녀는 감사 최현崔晛에게 출가하였는데, 완흥군完興君에 추봉된 인물이다. 차녀는 정언 최정호崔挺豪에게 출가하였다. 선교랑은 2남을 두었는데, 선원전참봉璿源殿參奉 김시진金是振과 김시각金是桷이 있다. 딸들은 좌통례 김업金謀, 박경현朴景賢, 이질李晊, 박시화朴時華에게 시집갔다. 감사는 1남을 두었는데 최산휘崔山輝[15])이고, 청송부사를 지냈

---

13) 李元翼: 1547(명종 2)~1634(인조 12). 조선 중기의 문신. 본관은 全州. 자는 公勵, 호는 梧里. 한성부 출신. 태종의 아들 益寧君 李袳의 4세손이며, 秀泉君 李貞恩의 증손으로, 할아버지는 靑杞守 李彪이다. 아버지는 咸川正 李億載이며, 어머니는 감찰 鄭錙의 딸이다. 姜緖·趙忠男 등과 교유하였다. 키가 작아 키 작은 재상으로 널리 불렸다.(『한국민족문화대백과』, 한국학중앙연구원)

14) 鄭逑: 1543(중종 38)~1620(광해군 12). 조선 중기의 문신·학자. 본관은 淸州. 자는 道可, 호는 寒岡. 철산군수 鄭胤曾의 종손으로, 할아버지는 사헌부감찰 鄭應祥이고, 아버지는 金宏弼의 외증손으로 忠佐衛 副司孟 鄭思中이며, 어머니는 星州李氏로 李煥의 딸이다. 6대조 鄭摠과 그 아우인 鄭擢이 개국공신에 책봉되는 등 본래 공신가문으로 대체로 한양에서 살았으나 부친이 성주이씨와 혼인하면서 성주에 정착하였다. 둘째 형인 鄭崑壽는 문과에 급제해 병·형조 참판, 의정부좌찬성 등 주요 관직을 지낸 관리였다.(『한국민족문화대백과』, 한국학중앙연구원)

15) 崔山輝: 1585(선조 18)~1637(인조 15). 조선 후기의 문신. 본관은 全州. 자는 伯玉, 호는 洛南. 증좌승지 崔致雲의 증손으로, 할아버지는 증좌참찬 崔深이고, 아버지는 관찰사 崔晛이며, 어머니는 義城金氏로 창원부사 復一의 딸이다. 재예가 숙성하여 명망이 높았다. 1628년(인조 6) 堤川에 귀양 가 있던 柳孝立이 역모하고 仁城君(선조의 7남)도 관여하고 있다고 고변하였다. 그 공으로 寧社功臣 3등에 책록되고 平完君에 봉하여졌고, 司贍寺主簿를 제수받았다. 뒤에 通政大夫에 올라 하사받은 전토와 노비를 반환하였다. 관이 청송부사에 이르러 53세로 죽었다. 시호는 孝憲이다.(『한국민족문화대백과』, 한국학중앙연구원)

으며 완산군完山君에 추봉되었다. 정언은 2남을 두었는데, 최충망崔忠望과 최충량崔忠亮이며, 여식은 금양원琴養元, 생원 남자南磁, 김려金礪에게 각각 시집갔다. 내외 증손과 현손이 남녀 합하여 약간 된다. 뒤의 부인인 숙인에게서는 자식이 없다. 아아 공의 죽음이여! 지금 67년이 되었으나 묘도에 비석이 없으므로 공의 증손인 진사 김빈金賓이 그 선대인 참봉군이 지은 행록을 뽑아 가지고 와서 말해줄 만한 사람에게 명銘을 지어 달라 하여 세상의 모든 땅에 널리 빛을 드리우려 하니, 이른바 좋은 자손이다. 문장이 졸렬한 나는 붓을 쥔 자로서 믿음을 주기에는 부족하므로 그 잘못 위촉받은 일에 겨우 문장을 채워 넣었을 따름이다. 정유년 3월 열흘. 풍산 김응조金應祖[16] 삼가 씀.

---

16) 金應祖: 1587(선조 20)~1667(현종 8). 조선 후기의 문신. 본관은 豊山. 자는 孝徵, 호는 鶴沙 또는 啞軒. 안동 출신. 할아버지는 장례원사의 金農이고, 아버지는 산음현감 金大賢이며, 어머니는 守義副尉 李續金의 딸이다.(『한국민족문화대백과』, 한국학중앙연구원)

입구에서 본
남악종택 전경

남악종택 가학루 현판

남악종택
가학루 측면

제2장

매헌선생문집
춘당선생문집

전성건

【해제】

『매헌선생문집』은 매헌 금보의 문집으로 그의 일생과 철학의 전모를 살펴볼 수 있는 자료이다. 비록 임진왜란 등으로 「심근강의心近講義」, 「사례기문四禮記問」, 「사례정변四禮正變」, 「가선휘편嘉善彙編」 등의 저술과 많은 시문이 소실되었기는 하였지만, 그가 퇴계 문하에서 공부하며 실천적 수양, 즉 위기지학에 힘쓰던 그의 학자적 모습을 여실히 살펴볼 수 있는 유일한 자료인 것이다.

『매헌선생문집』은 모두 4권 2책으로 이루어져 있다. 1책은 이휘녕李彙寧의 서문과 함께 「연보年譜」와 「목록目錄」, 1권에 29제題 55수首의 시, 그리고 부賦 1편이 실려 있고, 2권에는 퇴계에게 『계몽啓蒙』에 대해 물은 편지를 시작으로 7편의 편지와 제문祭文, 갈문碣文, 「조진론趙晋論」, 「향교중수입약서鄕校重修立約序」, 「도산기고증陶山記考證」, 「정존재고증靜存齋箴考證」, 「역동서원기사易東書院記事」 등이 실려 있다. 2책은 3권에 「사서질의四書質疑」가 실려 있고, 부록으로 사우들이 기증한

『매헌집』

시와 「가장家狀」, 「행장行狀」, 「발문跋文」 및 금보의 후사인 금윤고琴胤古의 묘갈명墓碣銘이 실려 있다.

금보의 시는 퇴계 선생과 관련된 것, 동문수학한 제현들과의 교유를 담고 있는 것, 자기 수양의 실천적 유학사상이 잘 나타나 있는 시 등으로 이루어져 있다. 특히 이들 작품에는 스승인 퇴계에 대한 숭모의 정과 급문제자 사이의 친밀한 교유가 다양한 시각과 알찬 내용으로 가득 채워져 있다. 또한 자기수양의 면모를 유감없이 발휘하고 있다는 점에서 성리학자로서의 전형적인 모습 또한 살펴볼 수 있다.

또한 예안향교를 중수한 경위에 대한 서술과 20항목의 조문이 부기되어 있는 「향교중수입약서」와 역동서원의 창건공사에 대한 기록을 담고 있는 「역동서원기사」 등은 당시 향교의 입약 조문과 역동서원의 창건과 관련한 사실적 기록을 담고 있다는 점에서 자료적 가치가 있는 글들이다.

예안향교

도산서원 전경

도산서원 현판

그리고 도산서원의 건립과정을 고증한 「도산기고증」과 「정존재고증」 등은 스승인 퇴계의 글에 주석 작업을 한 것으로, 퇴계의 학문방법을 계승하여 지속적인 성과를 낼 수 있었던 것이라고 할 수 있다. 이와 유사한 학문적 저술로 『사서질의』가 있다. 이것은 퇴계의 『경전석의經傳釋義』와 관련을 맺는데, 퇴계학파의 사서 주석 가운데 가장 이른 시기에 완성되었으며, 후일 금응훈琴應熏이 『사서석의四書釋義』를 편찬할 때 수록 내용의 상당 부분이 반영되었다.

1. 「가장」 속에 보이는 금보

1) 매헌 금보의 가문

금보의 휘는 보輔이고, 자는 사임士任이며, 호는 매헌梅軒 또는 백률당栢栗堂이다. 금씨琴氏 중 봉성鳳城을 관향으로 쓴 분은 고려에서 비로소 나타났다. 한림학사翰林學士 휘 의儀는 문하시랑門下侍郞 평장사平章事를 마지막으로 벼슬을 그만두었는데, 시호는 영렬英烈이다. 그 후로도 벼슬이 끊어지지 않았다.

고조할아버지 용화用和는 비순위備巡衛 영중랑장領中郞將을 지내셨으며, 대사성大司成 연안송씨延安宋氏 광언光彦의 따님에게 장가드셨다. 증조할아버지 휘 회淮는 은진현감恩津縣監을 지내셨으며, 지평주사知平州事 남원양씨南原梁氏 도樂의 따님에게 장가드셨다. 할아버지 휘 계啓는 군위현감軍威縣監을 지내셨으며, 대사헌大司憲 월성이씨月城李氏 승직繩直의 아들

생원 시민時敏의 따님에게 장가드셨다.

아버지 휘 원수元壽는 사도시첨정司䆃寺僉正을 지내셨는데, 노인을 우대하는 은전을 입어 첨지중추부사僉知中樞府事에 올랐으며, 어머니는 안동김씨安東金氏 장령掌令 영수永銖의 따님이시다. 정덕正德 16년 신사(1521) 4월 어느 날, 부군을 괴촌리塊村里의 집에서 낳으셨다.

2) 매헌의 어린 시절

매헌은 어려서부터 영민하여 보통 아이들과는 남달랐다. 나이 겨우 일곱 살에 과정을 세워서 엄격하게 공부했으며, 독촉하지 않았으나 스스로 책을 읽고 글씨를 쓸 줄 알았다. 숙부 군수공郡守公께서 일찍이 배와 밤을 주면서 말하기를, "절을 하고 받아야 한다" 하니, 금보는 "배나 밤은 아이들의 울음이나 그치게 하는 물건입니다. 만약 붓, 벼루, 종이, 먹을 주신다면 마땅히 절하고 받겠습니다"라고 말했다. 군수공께서 기특히 여겨 마침내 문방文房에서 쓰는 여러 도구들을 상으로 주니, 금보는 과연 절하고 받았다. 문예와 필법이 일취월장하니, 명예가 약관의 나이 이전에 벌써 성대해졌다. 자라서는 퇴계 이황 선생의 문하에서 수업하여 마음을 가라앉히고 책을 외우며 반복하여 묻고 변론하니, 선생께서 말씀하시기를, "세월을 두고 공부가 더해지면 그의 진취는 쉽게 헤아릴 수 없을 것이다" 하였다.

3) 성균관 유학과 퇴계와의 만남

매헌은 가정 병오년(1546), 사마시에 입격하여 5년 동안 성균관에서
유학하며 청직淸職으로 스스로를 지켰고, 시론時論에 마음을 빼앗기거나
흔들리지 않았다. 당시 당화黨禍가 일어나 많은 어진 이들이 쫓겨나거나
귀양을 가니, 부군께서 마침내 마음을 정하고 향리로 돌아와 다시는 과
거에 응하지 않았다. "과거에 급제하는 일은 선비에게 있어서 여사餘事
일 뿐이다. 명리名利에 빠져 날마다 더러운 곳으로 쫓아가는 것이 어찌
뜻과 일을 향상시켜 사람이 되는 것만 하겠는가?" 첨정공僉正公께서 기
뻐하며 말하기를, "네가 좋아하는 대로 하는 것이 좋겠다" 하였다.

병진년(1556) 여름, 한서암寒栖菴 남쪽 시냇가에 집을 지었다. 퇴계 선
생께서 시를 지어주셨다.[1]

해와 별처럼 밝은 가르침 책에 실려 있으니	日星明訓載前書
이 엄한 스승을 대하면 저절로 여유가 있네	對此嚴師自有餘
바닷가에서 체취 따라감은 참 이상한 일	逐臭海濱良異事
이웃에 집 지은 자네의 고생에 감탄하네	歎君辛苦築隣廬

이때부터 날마다 선생을 모시었다. 퇴계 선생께서 일상으로 하시는
말씀과 행동 사이에서 묵묵히 알고 마음속으로 이해했다. 매일 주자의
글 두세 장씩 읽어 사서四書의 이해를 도우는 공부로 삼았다. 선생께서
말씀하시기를, "이러한 생각은 매우 좋네. 다만 날마다 과정만 일삼고

---

1) 『梅軒先生文集附錄』, 「題琴士任溪齋〔退溪先生〕」.

푹 잠기어 무젖으려는 의사가 없으면 급박하게 구하려는 병통이 있게 되네" 하시니, 매헌은 선생의 가르침을 마음에 새겨 두었다. 질문하는 대로 적어 두어서 『사서질의四書質疑』와 『심근강의心近講義』를 남겼다.

달마다 어버이를 찾아뵙고 정성定省[2])하는 여가에 형 송계공松溪公과 선생에게 수업 받은 것을 강론하면서 부지런히 힘써 멈추지 않았다. 만년에 살고 있던 집이 불어난 시냇물에 부서져서 온계溫溪의 송내촌松內村으로 이주하니, 계당溪堂과의 거리가 또 몇 리나 가까워졌다. 때때로 늘 왕래하며 직접 지결旨訣을 받고 물러나서는 동문의 여러 벗들과 도의를 강마하니, 견문이 날로 더욱 넓어지고 조예가 날로 더욱 깊어졌다. 월천月川 조공趙公이 금보의 시에 차운했다.[3])

사임이 처음에는 봉성에서 와서   士任初自鳳城臨
계상에 집 짓는다고 괴로웠는데   溪上營居最苦心
만년에는 온계의 집에서 벗과 술 즐기며   晩歲家溫朋酒樂
이전의 가르침을 책 속에서 찾으려 하네   且將前訓卷中尋

퇴계 선생께서 노재魯齋 왕씨王氏(1197~1274)[4])의 「인심도심도人心道心圖」의 모양을 본떠 「경재잠敬齋箴」을 직접 써 주신 적이 있었다. 부근께서 족자로 만들어 벽에 걸어 두고 아침저녁으로 엄숙하게 말하기를, "엄한 선생님께서 바로 여기에 계신다" 하였다. 부군께서는 또 「사물잠四勿箴」

---

2) 昏定晨省의 줄임말로, 저녁에는 잠자리를 보아 드리고 아침에는 문안을 드리는 일을 말한다.
3) 『梅軒先生文集附錄』, 「次琴士任韻 [月川趙穆]」.
4) 남송시대의 학자. 南宋 婺州 金華 사람이다. 자는 會之·伯會이고 호는 長嘯·노재이다.

을 써서, 보고 듣고 말하고 행동하는 사이에 반드시 자세히 살피고 힘써 실천했다.

퇴계 선생께서 우禑 좨주祭酒(1262~1342)⁵⁾가 주역을 우리나라로 가져온 공을 사모하여 오담鰲潭에 서원을 짓자, 부군께서 재물을 출연하고 공사를 감독하여 도학을 강론하고 학업을 익히는 장소로 삼았다. 향교를 중수하고는 선생께 아뢰어 입약立約할 조목을 정했다. 도산서원을 창건할 적에는 처음부터 끝까지 감독하며 비바람을 피하지 않았다. 이와 같이 사문斯文(유학)의 일에 온 힘을 다했다.

신미년(1571) 봄, 구성龜城으로 나갔다가 아직 돌아오지 않았는데, 우연히 집에 불이 나서 서실에 보관되어 있던 퇴계 선생께서 손수 쓴 잠명箴銘과 간찰簡札 및 부군께서 손수 쓰신 서책들이 흔적도 없이 재가되고 말았고, 『사서질의四書質疑』와 퇴계 선생께서 써 주신 「경재잠도敬齋箴圖」만이 겨우 불길을 피했다. 부군께서 말하기를, "나의 필적은 아까울 것이 없으나, 한번 잃어버린 선사先師의 보배로운 묵적墨跡을 어떻게 다시 얻을 수 있겠는가?" 하였다. 이어서 통곡하며 「감음感吟」이란 시를 지었다.⁶⁾

---

5) 역동 우탁을 말한다. 자는 天章·卓甫이고 호는 白雲·丹巖이며 시호는 文僖이다. 易東先生이라 불렸다. 고려 말기의 학자 우탁의 학문과 덕행을 추모하기 위해 1570년 (선조 3) 퇴계 이황 선생의 발의로 인근의 사족과 수령들의 협조를 받아 예안을 포함한 안동지역에서 최초로 건립된 서원이다. 1684년(숙종 10)에 사액을 받은 후 대원군의 서원철폐 때 훼철되었다가, 1969년 현 위치에 이건 복원되었고, 1991년에는 이곳으로 옮겨온 안동대학교에 기부되었다.

6) 『梅軒先生文集』, 권1, 「辛未二月, 出龜城, 家偶失火, 先生手筆箴銘簡札及所書諸, 盡入灰爐, 惟「敬齋箴圖」『四書質疑』僅免, 因感吟一絶」.

경건하게 필적 대하면 덕용을 뵙는 듯하여　　　　　盥薇對筆德容臨

열 겹 싸서 간직하니 옥구슬 안는 심정이네　　　　十襲珍藏拱璧心

무슨 일로 불길이 이리 가혹히 시기하여　　　　　底事鬱攸猜戲劇

선생님 잃은 슬픈 심정 더욱 깊게 하는가?　　　　槱摧哀臆轉增深

　　퇴계 선생께서 돌아가시고 나서 배우는 자들이 오로지 학문만을 숭상하는 폐습이 있어 부군께서 일휴당日休堂(1526~1596)[7] 공에게 편지를 보내, "덕성을 높이는 일과 학문을 탐구하는 일은 어느 한쪽도 폐할 수 없습니다. 근자에 우리들의 한담閑談이 구이口耳의 습성이 되어 말학末學의 폐단을 열게 될까 염려됩니다. 큰 요체는 경敬에 머물러 그 근본을 세우며, 이치를 궁구하여 그 앎을 지극하게 하며, 몸에 돌이켜 그 실제를 실천하는 것입니다. 이는 바로 우리 학문의 종지宗旨입니다" 하니, 일휴당 공이 "저 역시 후생이 되어 근심하고 있습니다. 공의 말씀이 참으로 옳습니다" 하였다.

퇴계의 묘비명

　　또 「도산기陶山記」 한 질을 손수 써서 책상 위에 두고 "때로 한 번씩 소리 내어 읽으면 마치 선생님을 천연대天淵臺와 농운정사隴雲精舍 사이에서 직접 모시는 듯하구나!" 하였다. 천성이 산수山水를 좋아하여 퇴계 선생께서 청량산淸凉山을 유람할 적에는 반드시 모시고 따랐다. 모시고 시를 읊음에 운율이 맑고 낭랑하였으니, 퇴계 선생의 시

---

7) 조선 중기의 문신 琴應夾(1526~1586)의 자는 夾之이고 호는 日休堂이며 본관은 奉化이다. 퇴계 이황의 문하에서 受學하였으며, 忠信篤敬과 躬行實踐에 힘썼다. 『心經』과 『近思錄』 공부를 중시하였으며, 저서로는 『日休集』이 있다.

에서 다음과 같이 말씀하셨다.[8]

같이 유람하는 이 모두 뛰어나고	同遊盡英英
일찍 온 사람 또한 많고 많네	曾到亦濟濟
어찌 수창의 시 없으리요	那無唱與酬
선현에게 참으로 선례가 있는데	前賢固有例

매번 좋은 때와 아름다운 풍경을 만날 적마다 맑은 물과 빼어난 돌 사이에서, 때로는 흥을 타고 혼자 가거나, 때로는 동지들과 마냥 읊조리니, 깨끗하게 티끌세상을 벗어나려는 생각이 있었다. 이를테면 청음대淸 吟臺의 수석은 봄가을로 늘 유람하던 곳인데 매번 동문의 여러 벗들을 불러 온종일 청음대 주변을 맴돌며 말하기를, "우리 선사先師의 자취와 향기가 시냇가 돌 위에도 남아 있어 이곳에 오면 복잡한 마음을 저절로 씻을 수 있습니다. 어찌 다만 경물이나 사랑하고 흥이나 즐길 뿐이겠습니까?" 하니, 이매암李梅巖(1519~1592)[9]이 "그대는 요임금을 국과 담장에서 본 사람과 같다고 할 수 있습니다"라고 했다.

4) 매헌의 필법

매헌의 필법이 또한 신묘하였으니, 매암梅庵 이숙량李叔樑, 춘당春塘

---

8) 『梅軒先生文集』, 권1, 「淸凉蓮臺寺, 敬次退溪先生韻[幷序]」; 『退溪先生文集』, 권3, 「蓮臺寺」.
9) 梅巖 李叔樑으로 퇴계의 제자. 자는 大用이고 호는 梅巖이며 본관은 永川이다. 아버지가 聾巖 李賢輔이다. 일찍부터 이황의 문하에 나아가 학문을 닦았다. 1543년 진사시에 합격했으나 科擧에 뜻을 두지 않고 성리학 연구에 치중했다.

오수영吳守盈[10]과 함께 삼필三筆로 일컬어졌다. 선생께서 일찍이 말씀하시기를, "여러 필적이 모두 아름다우나 아무개의 글씨가 더욱 아름답네. 글씨를 쓰는 일이 비록 작은 기예이기는 하지만 이 사람의 글씨에서는 조금도 왜곡된 의사가 없음을 충분히 볼 수 있네" 하였다. 선생의 아버지 찬성공贊成公의 비문과 선생께서 세상을 떠난 뒤 묘소의 비문 및 도산의 신판神版 글씨를 쓰도록 명한 적이 있으니, 또한 모두 매헌을 추중推重한 것이다.

청담淸潭 이희득李希得(1525~1604)[11]이 하동군河東君의 묘비 글씨를 써줄 것을 청하며 "금매헌琴梅軒의 글씨를 받지 못하면 불효자이다"라고 했다. 관찰사 이청공李淸公이 황해도에 있을 때 부군의 필적을 수양관首陽館에 판각하여 서북의 선비들에게 본받도록 했다.

5) 매헌의 효성과 가풍

부군께서는 천성이 효성스럽고 우애로웠으며 몸가짐이 정갈했다. 어버이를 섬기고 형을 따르며 사랑과 공경을 다했다. 초상을 당해 피눈물을 흘리며 삼년상을 마치고 『문공가례文公家禮』[12]를 한결같이 따랐다.

---

10) 조선 중기의 학자. 자는 謙仲이고 호는 春塘·桃巖이며 본관은 高敞이다. 松齋 李堣의 외손으로 외조부에게 학문을 배우다가 이우의 조카 퇴계 이황의 문하에서 학문을 닦았으며, 진사시에 합격한 후 출사하지 않았다.

11) 조선 중기의 문신. 자는 德甫이고 호는 荷潭이며 본관은 全州이다. 1572년(선조 5) 春塘臺文科에 병과로 급제하여 사간을 거쳐, 1592년 임진왜란 때 북도순검사를 지낸 뒤 1594년 함경도관찰사를 역임하였다. 그 뒤 이조참판을 거쳐 1597년 대사간을 역임한 뒤, 1604년 지중추부사가 되어 기로소에 들어갔다.

12) 주희가 지은 『가례』를 말하는데, 『가례』는 『朱文公家禮』라고도 한다. 중국 송나라 주자가 가정에서 지켜야 할 예의범절에 관해 저술한 책. 관혼상제에 관하여 자세히

기일忌日이 되면 종일토록 슬픔으로 즐거워하지 않았으며 반드시 살아 계신 듯한 정성을 다했다. 숙부 군수공께서 돌아가시자, 여러 아이들이 모두 어려서 부군께서 초상과 장례를 직접 치르며 정리情理와 예의禮儀에 부족함이 없었다. 숙부의 일생을 대략 써서 퇴계 선생께 묘비명을 청하고, 이를 직접 묘비에 써서 새겼다.

종족을 대함에 매우 우애롭고 화목했다. 자질들을 반드시 공손과 삼감으로 가르치고 항상 "칠정七情 중에 오직 욕欲이 가장 제어하기 어렵다. 욕을 성찰하면 마음은 저절로 차분해지고 일은 저절로 간이簡易해진다"고 했다. 또 "마음을 다스림에는 하나의 '경敬'자를 얻었으며, 사물에 접함에는 하나의 '성誠'자를 얻었으며, 집안을 다스림에는 하나의 '화和'자를 얻었으니, 이는 내가 띠에 쓰는 삼자부三字符이다"라고 했다.

예안현감禮安縣監 곽황郭趪(1530~1569)[13]이 부군을 박학博學과 독행篤行으로 천거하려고 하자 부군께서 편지를 보내 만류하시기를, "저는 젊어서부터 어버이를 떠나 선생님을 따랐으나, 수십 년 동안 아직 이름을 이룬 것이 없습니다. 어버이께 효행을 어겼고 스승께 학문을 저버렸으니 자신을 돌아보며 두려워할 겨를도 없는데, 어떻게 감히 명예를 훔쳐 벼슬을 차지할 계책을 꾸미겠습니까? 설령 취할 만한 것이 있다고 하더라도 참으로 사람이 스스로 당연히 해야 할 도리를 했을 뿐입니다. 원래 벼슬을 위한 것이 아니라 배움을 위한 것이었습니다" 하였다. 월천月川 조목趙穆(1524~1606)[14]과 일휴당日休堂 등의 여러 공이 이를 듣고, "우리

수록한 책이다. 궁궐에서부터 일반 서민에 이르기까지 지켜야 할 덕목을 잘 정리해 놓았다. 16세기 사람은 예학을 강조하여 이 책을 중요시하였다.
13) 조선 중기의 학자. 자는 景靜이고 호는 濯淸軒이며 본관은 玄風이다.
14) 조선 중기의 학자. 자는 士敬이고 호는 月川·東皐이며 본관은 橫城이다. 이황의 문인

들은 공이 부끄러워하는 일을 하지는 않았는가? 공의 말씀은 참으로 명예를 구하는 사람이 깊이 경계하고 두려워할 만한 것이다"라고 했다. 세상 사람들 또한 첨정공이 벼슬하기를 부끄러워한 가풍家風이 남아 있어서라고 했다. 【첨정공께서 젊었을 적에 공을 위해 권력자와 통하여 벼슬자리를 구해 주려는 사람이 있었다. 공께서 사양하면서 "몸소 실천한 실제도 없으면서 구차하게 나아가기를 구하는 것은 내가 매우 부끄러워하는 일입니다" 하였다.】

6) 매헌의 죽음과 유훈

만력 12년 갑신(1584) 3월 7일, 질병으로 집에서 세상을 떠나시니, 향년 64세였다. 그해 9월 20일, 예안현禮安縣 북쪽 용두산龍頭山 동쪽 기슭 대흥당大興堂 묘향卯向의 터에 장사했다. 배配 의인宜人 진성이씨眞城李氏는 바로 퇴계 선생의 종질宗姪로, 장사랑將仕郎 인寅의 따님이시다. 부군의 묘소에 부장附葬했다. 아들이 없어 조카 중훈대부中訓大夫 수守 군자감정軍資監正 윤고胤古를 양자로 들였다. 손자는 여섯인데, 봉사奉事 시문是文, 호군護軍 시무是武, 진사進士 시정是正, 시양是養, 양자 나간 시율是律과 시려是呂이며, 두 손녀는 사인士人 김광부金光溥와 생원生員 류형립柳亨立에게 각각 시집갔다.

아! 부군께서는 덕성이 근후하며 용모가 단정하시니, 옛날 일컬었던 바 바탕이 아름다운 군자였다. 어려서부터 공명功名의 길에 대한 생각을 버리고 반드시 퇴계 선생을 목표로 삼았으니, 배운 것은 몸소 행해 실천

으로, 평생 학문에만 뜻을 두어서 대학자로 존경을 받았다.

하는 일이고, 익힌 것은 심성과 도의의 말이었다. 만년에는 임천林泉에 터를 잡아 여러 칸의 정사를 온계 주변에 지어서 장수藏修하고 양식養息하는 장소로 삼았다. 날마다 문생門生들과 반복하여 강론하고 토의하여, 흥기시키고 장려하는 것으로 자신의 책무를 삼지 않은 적이 없었다.

비록 여러 사람들과 자리하여 어수선한 자리에 있더라도 옷깃을 여미고 단정히 앉아 종일토록 열심히 했다. 자질들 중 가까이에서 모시는 이가 부군의 기력이 손상될 것을 염려하여 멈추기를 청하면 바로 "내가 스스로 이 일이 즐거워서 날로 보탬을 추구하는데, 어찌 잘못이 있겠는가?"라고 했다. 진덕수업進德修業의 공부가 늙을수록 더욱 독실해졌다. 이 때문에 자취는 비록 숨겼으나 명성은 더욱 높아졌으며, 세도世道는 비록 어두웠으나 지조는 더욱 굳건해졌다. 이는 모두 퇴계 선생께 도학 강론을 전수받은 힘이나, 독실하게 믿고 배우기를 좋아하여 확고하게 스스로 지키는 분이 아니었다면 이와 같이 할 수 있었겠는가?

『사서질의』, 『심근강의』, 『가선휘편』, 『사례정변』, 『사례기문』 등의 저술과 시문詩文 약간 권이 집에 보관되어 있었으나, 화재를 겪은 뒤에 또 전란 속에서 대부분 잃어버리고 남의 집에 더러 남아 있는 것은 거의 태산泰山의 작은 티끌과 같다. 자손 된 자의 통렬한 한이 어찌 끝이 있겠는가? 남기신 말씀과 아름다운 행실이 오래 갈수록 더 없어질 것이 염려스러워 선군자께서 기술하신 것을 수습하여 가장家狀 한 편을 우선 지었다. 그러나 문장이 졸렬하여 문장가가 채택하기에 부족할까 염려스럽다.

손자 시양是養이 삼가 쓰다.

2. 「조보론」[15]

조한왕趙韓王은 송태조宋太祖를 도와 천하를 안정시켰으며, 송태종宋太宗을 도와 태평성대를 이루었다. 두 조정에서 재상을 지내며 천하의 중임을 맡아 30년 동안 정치를 하였으니, 참으로 한 시대의 명신이라고 할 만하다. 그러나 행적의 대절大節을 살펴보면 군자들이 재능의 넉넉함은 치하하지 않고 심술心術의 부정함을 안타까워하지 않은 적이 없었으니, 무엇 때문인가? 묘당廟堂에 앉아 백관들을 진퇴시키고 법을 창안하며, 옳은 것은 올리고 그른 것은 버렸으며, 도모함이 치밀하고 처리함이 적절하여 당년에는 제업帝業(제왕의 사업)을 도우고 후세에는 큰 계획을 남겼으니, 재능이 넉넉하다고 칭송하기에 충분하다.

개국원로로서 태후의 고명顧命(임금의 유언)을 받들고 천하의 큰일을 맡아서 사직社稷의 무거운 책임이 있는 만큼, 대신이 된 사람으로서 시종한 마음으로 남긴 뜻을 삼가 준수하여 평탄하거나 험난하거나 지조를 바꾸지 않고, 죽으나 사나 절개를 지켜서, 위로는 부탁하신 명을 저버리지 않고 아래로는 본연의 내 마음을 속이지 않은 연후에야 내려다보나 올려보나 부끄럽지 않으며, 저승에서나 이승에서나 부끄럽지 않을 수가 있다.

위태롭고 의심스러운 즈음에 함부로 총애를 훔칠 궁리만 하여 왕릉王陵처럼 정쟁廷爭을 하지 못하면서 도리어 이적李勣이 아첨한 일을 본받아서, 태제太弟는 애매한 죄를 쓰도록 하고, 황제는 동생을 죽였다는 이름을 남기도록 하였다. 무덤의 흙이 겨우 말랐는데, 고명의 부탁이 어디에 있는 것인가? 맹세를 변질시키는 대악大惡은 사람들이 어려워하는 일이나 조금도 망설임이 없었으며, 군주를 저버리는 불의는 사람들이 부끄러워하는 일이나 또한 거리낌이 없었다. 이를 차마 할 수 있

15) 『梅軒先生文集』, 권2, 「趙普論」.

었으니, 무슨 일인들 차마 할 수 없었겠는가?

가령 두후杜后의 뜻이 삼대의 대를 이어온 의리에 어긋남이 있어 말세에 시행하기 어렵고 속임수 많은 술책이라서 영원토록 폐단이 없을 도리는 아니더라도, 저 조보라는 자가 당시 대상大相의 임무를 맡아 국사를 의논하였고 보면, 당연히 의리상 잘못된 것을 극력 간하고 숨김없이 할 말을 다하여 후일의 폐단을 막는 것이 그의 직분이다. 이미 그렇게 할 생각이 없었으나, 스스로 맹세문을 쓰고 부추겨 일을 성사시켜서 태종으로 하여금 황통을 잇게 하였고, 시우석柴禹錫이 변고를 알리자 도리어 몰래 사주하고 도와서 황제의 마음을 움직여 마침내 조정미趙廷美가 폄척貶斥을 당하도록 만들었다.

아! 태조 때에는 그의 잘못을 모르다가 태종 때에 와서 그의 잘못을 알았다는 말인가? 태조 때에는 그의 잘못을 말하지 않다가 태종 때에 와서 그의 잘못을 말할 수 있었다는 것인가? 다 같이 우리 군주라고 하면서도 섬기는 도리가 더러 같지 않은 것은 반드시 그 마음에 무엇이 있어서일 것이다. 전후로 한 일을 가만히 살펴보면, 얻음과 잃음을 근심하는 사람에 불과하다. 왜냐하면 태조가 천하를 공정하게 다스리는 데 마음을 두었을 때에 조보 또한 이로써 태조에게 권면한 것은 그의 속마음이 태조의 뜻을 잘 따르지 않으면 태조의 총애를 굳히지 못할 것으로 여겨서이다.

태종이 천하를 사사로이 다스리는 데 마음을 두었을 때에 조보 또한 이로써 도운 것은 그의 속마음이 태종의 뜻을 잘 따르지 않으면 태종의 총애를 얻지 못할 것으로 여겨서이다. 그렇다면 태조에게 말하지 않은 것은 권력과 지위가 이미 높아서 잃어버릴 것을 염려하는 마음이 우세해서이고, 모의하여 태종을 도운 것은 여러 해 동안 지위를 잃어서 얻을 것을 근심하는 마음이 우세해서이다.

아! 처음 고명을 받아 금궤에 간직한 자는 누구이며, 뒤에 약속을 어기고 집안 법통을 어지럽힌 자는 누구인가? 지난날에는 총애를 굳히기 위해서 사직의 계책을 함께 세우고, 오늘날에는 총애를 바라서 형제간의 은혜를 이간질했다. 남의 신하 된 자의 마음 씀이 마땅히 이와 같아야 하는가?

한 사람이면서도 시종 마음이 다르며 한 몸이면서도 전후 행위가 다르다. 아! 저는 어떤 사람인가? 공자께서 말씀하시기를, "비루한 자와 함께 임금을 섬길 수 있겠는가? 얻기 전에는 얻을 것을 걱정하고, 이미 얻고 나서는 잃을 것을 걱정하니, 만일 잃을 것을 걱정한다면 못할 짓이 없다"고 했다. 얻음과 잃음을 근심하는 사람을 어떻게 재상으로 등용하였는가? 이 때문에 군자는 심술을 삼가지 않을 수 없다.

3. 「향교중수입약서」와 「역동서원기사」

1) 「향교중수입약서」[16)

우리 고장은 작으나 예전부터 문헌文獻의 고장으로 일컬어졌다. 인재의 풍성함과 훌륭한 어른의 많음은 실로 큰 고을에 뒤지 않으나 학궁學宮의 비좁고 누추함은 우리 고을과 같은 곳이 없다. 이는 고을이 작고 백성이 적어서 역량이 미치지 못하여서이니, 형세가 참으로 그러하다. 다행히도 어제 어진 손영제孫英濟[17) 현감께서 임지에 도착한 지 오래지 않아 먼저 향교를 수리할 것을 생각하였다. 그래서 먼저 퇴계 선생께 여쭙고, 동시에 사문의 여러 선비들에게 물어보아 관官과 민民이 협력하여 예전의 건물을 새롭게 수리했으니, 어찌 작은 고을의 하나의 큰

---

16) 『梅軒先生文集』 권2, 「鄕校重修立約序 [附約條]」.
17) 조선 중기의 문신. 자는 德裕이고 호는 鄒川이며 본관은 密陽이다. 아버지는 참봉 孫凝이며 어머니는 趙光遠의 딸이다. 퇴계 이황의 문인이다.

다행이 아니겠는가?

공사를 마치고 나서 향인들이 서로 의논하기를, "옛사람들이 '새로 머리 감은 자는 반드시 관을 털어서 쓰고, 새로 몸을 씻은 사람은 옷을 털어서 입는다'고 했다. 이제 집을 빛나게 다시 수리했으니, 이미 목욕한 자가 몸을 깨끗하게 한 것과 같고 보면, 인사人事의 오랜 폐습을 어찌 의관을 터는 것처럼 고치지 않겠는가?" 하였다.

예컨대, 문묘에 향사를 지내는 법식과 제생들을 강습하는 방법이라면 저대로 국전國典이 있어서 현판에 분명히 명시되어 있으니, 그저 두려운 마음으로 받들어 행해야 할 뿐이다. 규모나 절목의 자세함이나 수호함에 폐단이 없게 하는 대책의 경우는 사람마다 논의가 각각 다르다. 아직도 예전의 좁은 규모에 연연해서 법칙으로 삼자고 고집할 수가 없으므로 별도로 약간의 조목을 세워서 항구恒久한 조약으로 삼고자 한다. 이는 다만 우리 당(吾黨)의 억견臆見에서 나온 것이 아니라, 실로 향선생鄕先生께서 남긴 뜻을 본받는 것이다. 바라건대, 훗날 군자들은 한때의 보잘 것 없는 말이라고 여겨 소홀히 하지 말라.

융경 6년 임신(1572) 7월 향인鄕人 금보琴輔가 쓰다.

입약 조목(約條)

1. 사마시司馬試[18]에 입격한 두 사람이 돌아가며 유사를 맡아 향교 안의 모든 일을 결정한다. 【서로 바꿀 때에는 傳掌[19]을 하되, 빠지는 것이 있도록 하지 말라. 빠진 것이 있더라도 바꾸지 못한다.】

2. 제향祭享하는 절차는 습속을 구차하게 따르지 말라. 희생犧牲을 살피고 제기를 씻는 일은 한결같이 예문禮文을 따른다. 음복은 향교 문밖으로 나가지 못한다. 【예문이 이 두 조목만은 아니나, 당시에 더욱 지켜지지 않았기 때문에 특별히 뽑았다.】

---

18) 生員과 進士를 선발하는 과거 시험을 말한다.
19) 전임자가 후임자에게 맡아보던 사무나 물건을 인계하는 것을 말한다.

3. 제물은 석전일釋奠日 한 달 전 관청에 고하여 미리 준비한다. 【희생,
식혜, 침채, 과일 등은 대용하지 말라. 만약 지역에서 생산되지 않아 준비하기 어려
운 물건이라면, 정결하며 서로 비슷한 물건으로 채운다. 또한 한 물건으로 여러 品數
를 채우지 못한다.】

4. 헌관을 차정差定20)할 때에는 석전일 10일 전 향교로 들어와 망기望
記21)로 알린다.

5. 헌관이 사정을 핑계로 참여하지 않으면, 모두가 의논하여 벌을 정한다.

6. 매번 석전 뒤에는 사문과 고을의 어른들을 청하여 함께 음복을 한
다. 【모일 때마다 和議를 서로 받아들이며 과실을 서로 바로잡는다. 자제들에게는
더욱 노력하여 학문에 힘쓸 것을 요구한다.】

7. 모든 모임의 술이나 찬거리는 간편하게 마련한다.

8. 전우殿宇와 여러 곳은 매년 봄가을로 하나하나 돌아보고 살펴서 조
금이라도 지저분하거나 무너진 곳이 있으면 관청에 보고하여 수리
하되, 미적이며 미루다가 보수하기 어려운 지경에 이르는 일은 절대
로 만들지 말라. 【풀을 베고 눈을 쓰는 일은 시기를 놓치지 않아야 한다. 조금이
라도 게을리하면 下典을 다스려 벌을 준다.】

9. 제복과 제기 및 서책과 집기는 같은 날 점검한다. 서책을 말리는
일에 빠뜨림이 있다면 관청에 고발한다. 서책을 다시 장만한다면
교생校生22)이나 전수典守23)하는 이가 살펴보아야 하며 외부로 빌려
주지 말라.

10. 전殿에 있는 지의地衣24)는 5년에 한 번씩 다시 장만한다.

11. 훼손된 지의는 당堂과 재루齋樓에서 사용하고 다른 곳에 함부로 쓰
지 말라. 【지의만이 아니라, 깨진 제기 같은 것은 바로 명하여 구석진 곳에 묻고

---

20) 임명하여 사무를 맡기는 것을 말한다.
21) 그 직임에 합당한 자를 적은 문서를 말하는데, 후보자들을 적은 문서이다.
22) 조선시대 각 고을의 향교에 등록된 학생을 말한다.
23) 어떠한 일을 맡아 지키고 관리하는 것이나, 이를 맡은 사람을 말한다.
24) 가장자리를 헝겊으로 꾸민 제사 때에 쓰는 돗자리를 말한다.

제복은 태운다.】

12. 학전學田25)에서 얻은 것은 공적인 사용 이외에 사적으로 쓰지 말라.

13. 보자(寶上)에 본곡本穀은 남겨 두고 이자를 모으는 일은 영원토록 그
만두지 않는다. 【원곡의 수는 100石으로 한정하고, 그 나머지 수는 지의 구입
경비와 유생을 맞이하여 음식을 제공하는 경비 및 봄과 가을 거행하는 大祭 때 교생
들이 3일 동안 먹을 양식구입비로 사용한다. 남는 것이 있다면 집기를 비치한다.
매번 봄과 가을 결산하여 원곡의 수 이외에 남은 것은 장부에 기록하여 뒷날의 참고
에 대비한다.】

14. 전殿 안은 아무 때나 출입하지 못하게 항상 빗장을 질러 둔다. 【만약
일 때문에 들어가면 반드시 冠服을 차려 입는다.】

15. 교생들은 당에 오르면 반드시 유건을 쓴다.

16. 관가에서 교관校官26)을 만나면 반드시 인사한다. 【祿俸과 支供27) 같은
경우는 모두 살펴보아 약소하지 않게 한다. 만일 가르침을 일삼지 않고 비루한 짓
을 많이 하면 간절하게 깨우쳐서 반드시 고칠 것을 기약한다.】

17. 교생이 맡은 일이 아니면 관청에서 교생을 마음대로 부리지 말라.

18. 교생의 정원은 제때 충원하여 항상 여유 있게 하며, 집사를 겸해
맡기지 말라. 【제향을 올릴 적에 더러 有故가 있어 집사를 충원하지 못하면 지
방의 유생 중에서 모두 차출한다.】

19. 당 및 재루 등에서는 미색을 가까이하지 말며, 먹고 마실 때에는
절대로 시끄럽게 떠들거나 예의를 잃지 말라.

20. 유사가 맡은 일을 삼가지 않으면, 향중이 모두 모여 벌을 논의한다.

---

25) 조선시대 유학을 가르쳤던 각 교육 기관의 경비에 충당하기 위해 지급된 토지로
학교전이라고도 한다.

26) 성균관·四學·宗學의 학생을 가르치는 관원은 學官, 각급 지방관에 속하는 鄕校의
생도들을 가르치는 敎職인 敎授·訓導·敎導 등의 관원은 敎官이라고 불렀지만 구별
없이 敎官이라고 통칭하기도 했다.

27) 조선시대 官備物品의 지급을 뜻하는 말이다.

2) 「역동서원기사」[28]

퇴계 선생께서 일찍이 우리 고장의 선정先正 좨주祭酒 우탁禹倬의 도의道義와 풍절風節이 후학들의 사표가 되어 백세토록 묘우廟宇에서 제향 할 만하다고 생각하셨다. 이제 가정嘉靖 무오년(1588) 4월, 선생께서 조목趙穆, 금난수琴蘭秀(1530~1604)[29]와 함께 오담鼇潭의 가에 터를 보아 두었다. 계해년(1563) 봄, 현풍玄風 사람 곽황郭趙 현감이 우리 고을에 부임하여 고을의 온 경내가 잘 다스려져서 관청과 민가가 넉넉해졌다. 고장 사람 김부필金富弼,[30] 조목, 금난수, 금응협琴應夾 등 제군이 서원을 세우자는 의론을 현감에게 아뢰니, 현감이 또한 기꺼이 허락하고 계획을 세웠다.

병인년(1566) 봄, 현감께서 관사官舍를 수리하고 남은 기와 9,000장을 여러 생원들에게 부탁하여 주관하도록 했다. 김군 등이 여러 동지들과 함께 선생께 여쭈어 서원 짓는 일을 결정하니, 온 고장의 사대부가에서 크게 감격하지 않는 이가 없었다. 재물을 내놓아 돕는 자가 무려 160여 집이었다.

이 해 가을, 재목을 모으며 나무를 베니 낭생郎生과 산후山候가 창고 안 곡식 40석과 베 15필을 내놓아 일을 도왔다. 안동부사 윤복尹復(1512~1577)[31] 공도 곡식 10석과 큰 나무 10여 그루를 보내왔다.

정묘년(1567) 봄, 공사를 시작했다. 김부필, 금응상琴應商, 조목, 금응협,

---

28) 『梅軒先生文集』, 권2, 「易東書院記事」.
29) 조선 중기의 의병장. 자는 閨遠이고 호는 惺齋·孤山主人이며 본관은 奉化이다. 1592년 임진왜란이 일어나자 노모의 봉양을 위해 고향에 은거하다가 정유재란 때 고향에서 의병을 일으키니 많은 선비들이 호응해서 참가하고 지방민들은 군량미를 헌납했다.
30) 자는 彦遇이고 호는 後彫堂이며 본관은 光山이다. 1537년(중종 32) 진사시에 합격하여 성균관에 유학하면서 金麟厚와 교유하였다. 1570년 이황이 易東書院을 건립할 때 적극적으로 협조하였으며, 1574년에는 趙穆과 함께 도산서원 건립을 주도하였다.
31) 조선 중기의 문신. 자는 元禮이고 호는 石門·杏堂이며 본관은 海南이다. 1565년 안동 대도호부사로 부임하였는데, 예안에 거주하던 퇴계 이황과 교유하였다.

금난수, 우극창禹克昌과 내가 그 일을 맡아 감독을 가장 부지런히 했다. 때에 따라 번갈아 와서 살펴본 사람은 오천烏川의 김부의金富儀[32]와 김부륜, 온계溫溪의 이녕李寗과 월천月川의 채운경蔡雲慶과 지사池沙의 우치무禹致武와 분천汾川의 이숙량李叔樑과 서촌西村의 류빈柳贇[33]과 부포浮浦의 신흡申洽과 손흥효孫興孝이다. 와서 공사를 도와준 다른 군郡의 아전 및 여러 사찰의 승려들은 이루 다 기록하지 못한다.

여름 5월, 기와를 운반하는 일을 퇴계 선생께 여쭈었더니, 선생께서 답장을 보내왔다. "말한 대로 공사를 물리기 어려움은 생각해 보지 않은 것은 아니나, 다만 농사철에 공사를 시작하지 않는 것은 고인들의 지극한 경계이네. 우리들이 평생토록 이러한 이야기를 외우고 익혔으니, 당연히 이와 같이 해야 한다고 생각하네. 이제 겨우 한 가지 일을 착수하면서 그 이야기를 따르지 않는다는 것은 본래의 취지가 아니네. 생각하건대, 7월까지 기다려서 공사를 시작한다면 비록 나무색이 변하는 아쉬움은 면하지 못하겠지만, 썩는 데까지 이르지는 않을 것이네. 변한 색은 단청을 칠하면 없앨 수 있네. 그러므로 종전에 사경士敬에게 보낸 편지에 미흡하나마 밝힌 것이네."

가을, 사당 및 정당正堂과 재실을 준공했다. 선생께 편호扁號를 정해 줄 것을 청했다. 사당은 '상현尙賢'이라고 했고, 정당은 '명교明敎'라고 했으며, 좌우의 방은 '정일精一'과 '직방直方'이라고 했으며, 동재東齋와 서재西齋는 '사물四勿'과 '삼성三省'이라고 했다. 북쪽에 있는 서실은 '광명실光明室'이라고 했으며, 남쪽에 있는 대문은 '입도문入道門'이라고 했다. 전체를 '역동서원易東書院'이라고 이름 했다. 역동易東은 "주역周易이 동쪽으로 왔다"는 뜻에서 취한 것이다.

---

32) 조선 중기 안동 출신의 유생. 자는 愼仲이고 호는 挹淸亭이며 본관은 光山이다. 아버지는 대사헌 金緣이고 어머니는 昌寧曺氏로 曺致唐의 딸이다. 형이 金富弼이다.

33) 조선 중기의 유학자. 자는 美叔이고 호는 倦翁이며 본관은 豊山이다. 1554년(명종 9)에 생원초시, 1561년 진사초시에 합격하였으나 벼슬에 뜻을 두지 아니하고 학문에만 전념하였다.

역동서원 전경

역동서원 풍경

겨울, 현감이 임기를 마치고 돌아가면서, 또 사사寺社[34]의 토지 200여
부負 및 양인良人과 천인賤人 약간 명을 서원에 귀속시켰다. 우리들 중
에도 각자 서원에 들여놓은 것이 있었다. 전토田土를 들여놓은 사람은
김부필, 이완李完, 금응협, 김부륜, 김부의 그리고 나였다. 곡식으로 대
신 들여놓은 사람은 박사희朴士熹,[35] 김생명金生溟이다. 조군趙君이 고장

---

34) 불교의 寺院과 信仰結社를 통틀어 이르는 말이다.
35) 조선 중기의 학자. 자는 德明이고 호는 默齋이며 본관은 咸陽이다. 퇴계 이황의 문인

사람의 뜻으로 서원 건립의 전말顚末을 적어서 퇴계 선생께 기문記文을
청했다.

무진년(1568) 봄, 동래부사 정유일鄭惟一36)과 경상감사 박계현朴啓賢이 또
정성스러운 마음을 다해 끝내지 못한 공사를 마쳤다. 2월, 제군들과 서
원에 모여 제사지내는 의식과 규약 등을 정했다. 선생께서 편지로 "죽
계서원竹溪書院에서 문성공文成公의 향사를 치른 의식의 예전 등본이 있
으니, 함께 보며 취사선택하여 다른 날 우공禹公을 제사지내는 의식으
로 하는 것은 어떠한가?"라고 하였으며, 또 "이산서원伊山書院의 규약이
자못 상세하고 엄밀하니, 의논하여 새로 정할 규약의 기준으로 삼을
만하네"라고 하였다. 4월, 선생께서 편액의 글씨를 쓰고 서원의 기문記
文을 지어 나에게 쓸 것을 명하셨다.

4. 「도산기고증」과 「정존재잠고증」

1) 「도산기고증」37)

【기문】바위 기슭이 그윽하고도 선명하여[巖麓悄蒨]

【고증】초천悄蒨은 그윽하고 깊으며 선명한 모양이다.[悄蒨, 幽深蔥蘢之貌]

이다. 8세에 아버지로부터 『소학』을 배우기 시작, 14, 15세에 이미 經史를 통달하였
다. 효성이 극진하였으며, 盤龍山 아래에 우거하며 盤溪라 자호하고, 성리학에 침잠,
실천궁행에 힘썼다.

36) 조선 중기의 문신이자 학자. 자는 子中이고 호는 文峯이며 본관은 東萊이다. 퇴계
이황의 문하에서 수학하였다. 1558년 문과에 병과로 급제하여 진보·예안의 현감을
거쳐 영천군수 등을 지냈다.

37) 『梅軒先生文集』, 권2, 「陶山記考證」.

【기문】 산을 좋아하고 물을 좋아하는 일은 하나라도 빠지면 안 된
다.[樂山樂水. 闕一不可]

【고증】 초본에는 "무이를 천하의 절승지라고 한 것은 중간에 아홉 구
비의 물이 있기 때문이다"라고 되어 있다.[初本作"武夷所以爲天下
絶勝者, 以中有九曲水也."]

【기문】 늙어서의 바람[卒歲之願]

【고증】 회암의 「산을 읊다」라는 시에 "1년 내내 애오라지 스스로 즐
긴다"라고 했다.[晦菴「詠山」詩, "卒歲聊自娛."]

【기문】 기인畸人

【고증】 기는 고독하다는 의미이다.[畸, 孤獨之意.]

【기문】 도산서당陶山書堂

【고증】 선생의 본주는 다음과 같다. "도의 의미는 기문에 보인다. 지
금 이 시 속에서 혹 사事자나 성姓자로 도陶자를 점철하였으니,
우의寓意(일종의 비유)로 세상 밖에서 세상일을 비춘다는 뜻을 담
았을 뿐이다."[先生本註, "陶義見記. 今詩中或事或姓點綴陶字, 乃事外暎事
以寓意耳."]

【기문】 「암서헌」이란 시에서 "증자가 안자를 칭찬하면서 '실한 듯
비어 있는 듯하다'고 했는데, 병산[柳子翬]이 회암의 처음을 이
끌어 발휘하였네. 늙어서 바위에 사는 재미를 알았으니!"라
고 했다.[「巖栖軒」詩, "曾氏稱顏實若虛', 屏山引發晦翁初. 暮年窺得巖栖意."]

【고증】 선생의 본주는 다음과 같다. "증자가 안연을 칭찬하면서 '있어
도 없는 것 같고, 실한 듯 비어 있는 듯하다'고 했다. 병산이
회암에게 자字를 지어 주며 이로 축원했다. 회암이 '스스로 믿
는 것이 오래가지 못하기에 바위에 살면서 조금의 효과를 바
란다네'라는 시를 짓고, 헌軒의 이름으로 스스로를 권면했다."
[先生本註. "曾子稱顏淵, '有若無實若虛.' 屛山字晦菴, 以是祝之. 晦菴詩,'自信
久未能, 巖栖冀微效', 名軒以自勖."]

【기문】 완락재翫樂齋

【고증】 선생의 본주는 다음과 같다. "주자朱子가 「명당실기」에서 '경
을 견지하고 의를 밝혀 동정이 순환하는 공부로 주자周子의 태
극론太極論에 합하면 완락하며 부귀공명은 잊을 수 있게 된다'
고 하였다. 이제 재를 완락이라 명명하여 날로 경계를 더한
다."[先生本註. "朱子「名堂室記」, '以持敬明義, 動靜循環之功, 爲合乎周子太
極之論, 足以翫樂而忘外慕.' 今以名齋而日加警焉."]

【기문】 「완락재」란 시에서 "경을 주장해도 반드시 의의 공부를 쌓
아야 한다"라고 했다.[「翫樂齋」詩, "主敬還須集義功."]

【고증】 주경主敬은 왼쪽 재의 명칭이고, 명의明義는 오른쪽 재의 명칭
이니, 동動과 정靜이 순환하는 공부가 태극과 유사한 점이 있
다.[主敬左齋, 明義右齋, 動靜循環之功, 有似於太極也.]

【기문】 「유정문」이란 시에서 "한공이 큰 거북을 빌리다"라고 했다.
[幽貞門詩, "韓公假大龜."]

【고증】 창려 한유의 「복지부」에서 "큰 거북이를 빌려 조짐을 봄이여!

조용하고 정결한 오두막을 구한다네"라고 했다.[韓昌黎「復志賦」, "假大龜而視兆兮! 求幽貞之所廬."]

【기문】정우당淨友塘

【고증】선생의 본주는 다음과 같다. "염계는「애련설」에서 연꽃의 아름다움이 하나가 아님을 칭찬했으나, 증단백은 유독 정우라고 불렀으니, 미진한 듯하다."[先生本註. "濂溪「愛蓮說」稱蓮美非一, 而曾端伯獨呼爲淨友, 恐未盡也."]

【기문】절우사節友社

【고증】선생의 본주는 다음과 같다. "도공의 삼경에 유독 매화가 버림을 당했으니, 대개『이소』만이 흠전欠典이 되는 것은 아니다."
[先生本註. "陶公三徑, 梅獨見遺, 蓋不但『離騷』爲欠典也."]

【기문】「시습제」란 시에서 "명과 성을 함께 진전시킴에는 삭비를 본받으니"라고 했다.[「時習齋」詩, "兩進明誠效數飛."]

【고증】명明은 선善을 밝힘이요, 성誠은 몸을 성실하게 함이다.[明明善, 誠誠身.]

【기문】곡구문谷口門

【고증】선생의 본주는 다음과 같다. "곡구에 은거한 정자진은 그 뜻을 굽히지 않았고, 암석 사이에서 밭 갈며 지내니 명성이 서울을 떨쳤다. 양자운의『법언』의 말이다."[先生本註. "谷口鄭子眞. 不屈其志, 耕于巖石之間, 而名振京師. 楊子雲『法言』之語."]

【기문】「동취병산」이란 시에서 "아마도 영구의 붓끝에서 생긴 것인 듯하다"고 했다.[「東翠屛山」詩, "疑是營丘筆下生."]

【고증】영구는 바로 이성이 살던 곳이다. 그는 산수화를 잘 그렸는데, 사는 곳을 따라 이영구라고 불렀다.[營丘, 卽李成所居也. 工畫山水, 因號李營丘.]

【기문】「서취병산」이란 시에서 "가운데 절이 있고 아래는 원정이 있네"라고 했다.[「西翠屛山」詩, "中藏蘭若下園亭."]

【고증】난야는 깨끗한 곳이다.[蘭若, 蕭灑之處.]

【기문】"뜬구름에 일임하니 오래도록 푸르네."[一任浮雲萬古靑.]

【고증】회암의 시에 "뜬구름에 일임하니 한가로이 끼었다 걷혔다 하고, 오래도록 청산은 푸르기만 하네"라고 했다.[晦菴詩, "浮雲一任閒舒卷, 萬古靑山只麽靑."]

【기문】「부용봉」이란 시에서 "주인도 연하에 고질병이 있으나"[「芙蓉峯」詩, "主人亦有烟霞癖."]

【고증】주인은 바로 상사 조사경이다. 연하벽은 당나라 고종이 전유암이 사는 곳에 들러 "무엇을 즐기는가?" 하고 물으니, "천석을 좋아하여 불치병이 되었고, 연하를 사랑하여 고질병이 되었습니다"라고 답했다.[主人, 卽趙上舍士敬也. 烟霞癖, 唐高宗過田遊巖所居, "問曰何所樂耶?", "曰有泉石膏肓, 烟霞痼疾."]

【기문】「몽천」이란 시에서 "더욱 과육할 것을 생각해야 하네."[「蒙泉」詩, "尤當思果育."]

【고증】 선생의 본주는 다음과 같다. "과육은 바로 『주역』의 말이다. 몽
    괘의 대상에 '군자가 본받아서 과감히 행동하여 덕을 기른다
    는 말이다."[先生本註, "果育, 卽易辭. 蒙卦象曰君子以, 果行育德之語也."]

【기문】 「열정」이란 시에서 "저대로 있으니, 어찌 마음이 슬프랴."[「冽
    井」詩, "自在寧心惻."]

【고증】 유자징이 스스로 호를 열헌이라 하고 시를 지어 "마음 너무
    슬프게 할 일이 없네"라고 했다.[劉子澄自號冽軒, 詩云"無勞劇心惻."]

【기문】 「정초」란 시에서 "생각이 향기와 같다"고 했다.[「庭草」詩, "意思
    如馨."]

【고증】 여형은 영형寧馨과 같은 말이다. 진왕연이 풍채가 아름다웠는
    데, 산도가 감탄하여 말했다. "어떤 늙은 아낙네가 이러한 아이
    를 낳았는가?" 일설에 형은 향인데, 이와 같이 말한 것이다. ○
    왕약허가 말했다. "영은 '이와 같이'와 같은 말이고, 형은 어조
    사이다" 하였다.[如馨, 猶言寧馨. 晉王衍美丰姿, 山濤嗟歎曰, "何物老嫗, 生
    此寧馨兒?" 一云馨香也, 言恁地也. ○王若虛曰, "寧, 猶言如此, 馨, 語助也."]

【기문】 「간류」란 시에서 "천고의 두 절옹"이라고 했다.[「磵柳」詩, "千載
    兩節翁兩節."]

【고증】 두 절옹은 도정절과 소강절이다.[陶靖節 · 邵康節.]

【기문】 깨끗한 풍도[濯濯風度]

【고증】 진왕공이 미모가 있어 사람들이 '봄바람 속 버들과 같이 깨끗
    하다'고 했다.[晉王恭有美貌, 人云濯濯如春風之柳.]

【기문】 「서록」이란 시에서 "이중이야 어찌 없으랴마는, 내가 장경이 아니어서 부끄럽네"라고 했다.[西麓詩, "二仲豈無有, 愧余非蔣卿."]

【고증】 선생의 본주는 다음과 같다. "장은 바로 장후이고, 이중은 바로 양중과 구중이다. 두 사람은 장경과 이웃하여 살면서 날마다 서로 어울렸기에 이것을 언급한 것이다"[先生本註, "蔣, 卽蔣詡也, 二仲, 卽羊仲裘仲. 二人居蔣卿之隣, 逐日相從故及此."]

【기문】 구름과 노을이 어울렸네.[雲霞之交.]

【고증】 범태가 어떤 고상한 사람과 함께 물외의 경계를 노니니, 당시 사람들이 구름과 노을이 어울렸다고 했다.[范泰與一高人爲物外遊, 時人以爲雲霞之交.]

【기문】 「취미」란 시에서 "구일에 술병을 잡으니"라고 했다.[「翠微」詩, "九日攜壺酒."]

【고증】 두목의 시에서 "구일에 술병을 잡고 산기슭을 오른다"라고 했다.[杜牧之詩, "九日攜壺上翠微."]

【기문】 국화만 쓸데없이 손에 가득한 것보다는[菊花空滿手]

【고증】 고시에서 "9월 9일에 국화만 쓸데없이 손에 가득하네"라고 했는데, 이는 술이 없음을 비웃은 것이다.[古詩, "九月九日菊花空滿手", 笑無酒也.]

【기문】 「요랑」이란 시에서 "우러러보고 구부려 봄이여"라고 했다.[「寥朗」詩, "仰眺俯瞰."]

【고증】 고시에 "푸른 하늘가를 우러러보고, 맑은 물가를 굽어보네. 고

요하고 탁 트여 끝없이 바라보니, 눈길 머문 곳에 절로 이치가
열리네"라고 했다.[古詩, "仰眺碧天際, 俯瞰綠水濱, 寥朗無涯觀, 寓目理自
陳."]

【기문】「월정」이란 시에서 "구곡에서 양구를 읊조리고"라고 했다.

[月艇詩, "九曲羊裘詠."]

【고증】회암 주희가 무이에서 지내면서 유정춘에게 답하며 「양구」란
시를 보냈다. "누가 양구와 취피를 보내왔나, 고인의 심사와
다르지 않네. 이 밤에 광노는 어디에 있을까? 싸늘한 달 차가
운 바람에도 돌아가기 싫네." 광노는 엄광의 어릴 적 이름이
다. 후패가 맞으러가니, 엄광이 눈을 부라리며 대답하지 않다
가 한참 만에 말했다. "인을 품고 의를 보배롭게 여기면 국가
는 흥하고, 아첨하고 순종하면 허리와 목이 꺾인다." 후패가
광무제에게 고하니, 광무제가 웃으면서 "광노의 예전 버릇이
아직도 남아 있구나" 하였다.[晦菴在武夷, 答劉靜春寄「羊裘」詩. "誰遣
羊裘與醉披, 故人心事不相違. 狂奴今夜知何處? 月冷風凄未肯歸." 狂奴, 嚴光
之小字也. 侯霸邀之, 光瞋目不答, 久之乃曰. "懷仁寶義國家興, 阿諛順從腰領
折." 霸以白帝, 帝笑曰, "狂奴舊態尙存."]

【기문】「칠원」이란 시에서 "베인다는 경계의 말이 있고", "옻나무는
세상에 쓰임이 있으니"라고 했다.[漆園詩, "見割有警言", 止"漆有世用".]

【고증】장자가 옻나무는 쓰임이 있어서 베여진다는 경계의 말을 했
고, 또 "어제는 참나무가 벌목을 면한 것을 보았고, 오늘은 거
위가 삶아지는 것을 보았다. 참나무는 재목이 아니기 때문에
그 수명을 온전히 누리고, 거위는 잘 우는 것 때문에 그 몸을
보전하지 못했다. 나는 장차 재목과 재목 아님의 사이에 처하

겠다"고 했으니, 이는 경계의 말이다.[莊子樗以有用見割警言, 莊子 "昨見櫟之免伐, 今見鴈之見". 木以不材全其天年, 鴈以善鳴不保其身. 將處材與 不材之間", 此警言也.]

【기문】「어량」이란 시에서 "병혈에서 공납하니"라고 했다.[「魚梁」詩, "丙穴底貢."]

【고증】한수의 근원에 병혈이 잇는데, 이 구멍에서 나는 물고기가 매우 맛이 있다. 은어[銀脣]를 가리킨다.[漢水之源有丙穴, 此穴之魚有至味. 指銀脣.]

【기문】「원수」란 시에서 "눈썹 같고 비녀 같으며"라고 했다.[「遠岫」詩, "如黛如簪."]

【고증】조비연의 누이 합덕의 눈썹이 가늘어서 "먼 산의 눈썹"이라고 불렀다. 한유의 시에서 "벽옥의 비녀 같은 산이 허공에 긴 눈썹처럼 떠 있네"라고 했다.[趙飛燕妹合德爲薄眉, "號遠山黛." 韓詩云, "山如碧玉簪, 天空浮脩眉."]

【기문】「농암」의 주석에서 "경물을 빌리다"라고 했다.[聾巖註借景.]

【고증】사관 아무개가 다른 사람의 정자 옆에 정자를 지었는데, 사관의 정자는 볼만한 경치가 없었고, 다른 사람의 정자는 볼만한 풍광이 있어 산곡이 '차경정'이라고 명명했다.[史某構亭於他亭之傍, 史亭無景而彼亭有致. 山谷命之曰借景亭.]

【기문】「분천」이란 시에서 "분천이 다른 물이 아니기에, 머리 돌려 오동나무 그늘을 상상하네"라고 했다.[「汾川」詩, "汾川非異水, 回首

想梧陰."]

【고증】 선생의 본주는 다음과 같다. "분천은 서취병의 남쪽에 있는데, 이대성이 사는 곳이다. 스스로 벽오라고 호했다."[先生本註, "汾川在西翠屛南, 李大成所居. 自號碧梧."]

【기문】 가을이 옴에 임 그리움 깊어라.[秋來戀主深.]

【고증】 이때 이공이 이곳을 떠나 임지에 있었기 때문에 언급한 것이다.[時李公去此在任故稱之.]

2) 「정존재잠[38]고증」[39]

【기문】 근본은 참되면서 고요하다.[本眞而靜.]

【고증】 이천의 「호학론」에서 "그 근본은 참되면서 고요하다"고 했다.
[伊川好學論曰, "其本也眞而靜."]

【기문】 어찌 태어나서 변한다고 하는가?[云胡末渝?]

【고증】 말末은 이미 태어난 이후를 말한다.[末謂已生之後也.]

---

38) 『退溪先生文集』, 권44, 「靜存齋箴」, "皇降吾衷, 本眞而靜, 云胡末渝, 斲喪其性, 外物膠擾, 日以心競, 情熾欲蕩, 百慮千歧, 顚冥不止, 老洫堪悲, 不求其本, 曷能存之, 其本伊何, 主靜爲則, 觀天之道, 元自貞發, 察地之用, 闢是翕力, 反躬艮背, 驗其一理, 外無妄接, 肅如軍壘, 內無妄念, 湛如止水, 靡有將迎, 恆存戒懼, 一體淵微, 萬理森具, 迨其應用, 游刃庶務, 由定而明, 曲當時措, 各止其止, 動亦靜爾, 非若老佛, 靜耽動鄙, 墮落一偏, 滅常淪法, 嗟維此義, 聖賢遺躅, 孔云主靜, 孟論夜氣, 周程益闡, 楊羅深味, 至于延平, 以詔考亭, 考亭始入, 由此門庭, 邃大用敬, 集厥大成, 在我後學, 寧不遵式, 靜以立本, 敬貫本末, 交致其功, 久乃有得, 直諒吾友, 力於古學, 有契于此, 揭之齋額, 執此明彼, 匪遺其一, 同我蘭臭, 惠我麗澤, 我用作箴, 于胥勖兮. 嘉靖癸亥仲春, 眞城李滉, 爲駒城李仲久甫作. ○契于之于, 一作於."
39) 『梅軒先生文集』, 권2, 「靜存齋箴考證」.

【기문】 외물이 어수선하다.[外物膠擾.]

【고증】 『장자』에 교요는 어수선하고 소란스러움을 말한다.[莊子膠擾言紛擾也.]

【기문】 늙어 탐냄을 서글퍼하네.[老洫堪悲.]

【고증】 『장자』「제물론」에서 말했다. "싫어함에 봉한 듯이 한다는 것은 노혁을 말한 것이다." 주석에 기심이 더욱 달아올라서 늙을수록 더욱 깊어진다. 그러므로 노혁이라고 하니, 사람이 물욕에 빠져 종신토록 빠져나오지 못하는 것이다.[莊子齊物論, "其厭也如緘, 以言其老洫." 註機心益熱, 愈老愈深. 故曰老洫, 言人陷於物欲, 終身不出者也.]

【기문】 보내거나 맞이함이 없다.[靡有將迎.]

【고증】 『장자』에서 "보내지도 않고 맞이하지도 않는다"고 했는데, 장은 보냄이니, 바로 『대학』 정심장에서 "막혀서 머무른다"고 하는 뜻이고, 영은 맞이함이니, 바로 기대하는 것이다.[莊子, "不將不迎, 將送也", 即正心章, "留滯也", 迎延, 即期待也.]

【기문】 안정을 통해 밝아진다.[由定而明.]

【고증】 안정은 고요함의 체를 가리키고, 밝음은 움직임의 용을 가리킨다.[定, 指靜之體, 明, 指動之用.]

【기문】 시의에 곡진하게 마땅하다.[曲當時措.]

【고증】 시의에 곡진하게 마땅하다는 것이다.[曲當於時措也.]

【기문】고요함에 즐거워지고 움직임에 비루해진다.[靜耽動鄙.]

【고증】오직 고요함으로 곧 즐겁고 오직 움직임으로 곧 비루하게 된다는 것이다.[惟靜是耽而惟動是鄙也.]

【기문】양구산과 나예장이 깊이 맛보았다.[楊羅深味.]

【고증】정[고요함]이란 글자는 양구산과 나예장이 서로 전한 지결이다.[靜字, 楊龜山 · 羅豫章相傳旨訣.]

【기문】이것을 잡아 저것을 밝힌다.[執此明彼.]

【고증】이것은 고요함을 가리키고 저것은 움직임을 가리킨다. 위 구절의 "움직임이 또한 고요함"이란 것은 무게가 여기에 있다는 것이다.[此指靜, 彼指動. 上句"動亦靜", 重在此耳.]

5. 「사서질의」[40]

1) 「사서질의 서문」

가정嘉靖 병진년丙辰年(1556) 여름, 내가 처음 한서암寒棲菴 옆에 거처하게 되었다. 생활하는 여가에 매번 수업을 받으면서 난해한 점을 물은 것 및 간혹 여러 벗들이 묻고 변론한 것을 함께 기록하고는 「사서질의」라고 명명했다. 바라는 것은 훗날 보는 사람들이 참고하고 바로잡아 주

---

40) 『梅軒先生文集』, 권3, 「四書質疑」.

었으면 한다.[41]

2)『논어』에 대한 문답

【문】『논어』「서설序說」의 "주하사柱下史"[42]는 무엇입니까?[序說柱下史?]

【답】국사國史나 문서文書를 맡아 관리하는 자리입니다.[掌國史文書之職.]

【문】주석에서 "옳게 여김을 받지 못하다"[不見是][43]는 무슨 말입니까?[註不見是.]

【답】시是는 시비是非의 시입니다. 남에게 옳게 여김을 받지 못하는 것은 남들이 모두 나를 그릇되게 여겨서입니다.[是, 是非之是. 不見是於人, 則人皆以我爲非也.]

【문】"행하지 못할 것이 있다"[有所不行][44]는 말은 화和가 행해지지 못하는 것입니까? 예禮가 행해지지 못하는 것입니까?[有所不行, 謂和不行, 禮不行歟?]

---

41)『梅軒先生文集』, 권3,「四書質疑序」, "嘉靖丙辰夏, 輔始居于寒栖菴之側. 灑掃之暇, 每講受而問難, 間因諸友問辨者而幷箚錄焉, 名之爲『四書質疑』. 後之覽者, 庶有以參攷證正云爾."

42)『논어』「서설」에서 "주나라로 가서 노자에게 예를 물었다"라고 한 부분의 小註에서 주자가 말했다. "노자는 일찍이 주하사가 되었다. 그러므로 예의 절문을 알았다. 그래서 공자께서 물으신 것이다."

43)『논어』「학이」에서 "사람이 알아주지 않아도 성내지 않으면 군자가 아니겠는가?'라고 한 부분의 소주에서 정자가 말했다. "비록 즐거움을 타인에게 미치려 하나 옳다고 여기지 않아도 근심하지 않아야 군자라고 할 수 있다."

44)『논어』「학이」에서 "有子가 말했다. '예의 쓰임은 和를 귀하게 여긴다"라고 한 부분에 나온다. "유소불행" 뒤에 "화를 알아서 화하지만 예로써 절제하지 않으면 또한 행할 수 없다"(知和而和, 不以禮節之, 亦不可行也)라는 구절을 참조해 볼 필요가 있다.

【답】 예가 행해지지 못하는 것입니다.[禮不行也.]

【문】 "화和를 알아서 화和한다"45)는 무슨 의미입니까?[知和而和?]

【답】 이 화和라는 글자는 예禮에 의한 화를 가리키니, 바로 즐거움이 말미암아 생기는 곳입니다. 아마도 바로 즐거움으로 볼 수는 없을 것입니다.[此和字, 指禮之和處. 乃樂之所由生, 恐未可便做樂看.]

【문】 "덕으로 정치를 행한다"46)는 것은 무슨 말입니까?[爲政以德?]

【답】 지금 살펴보건대, 이것은 소주의 "이以라는 글자에 구애될 필요는 없다"라는 말이 의도가 있을까 두려워했기 때문에 아래에 제2조목의 설명이 있는 것입니다. 그러나 비록 위의 첫 조목의 설을 따라 활간活看해서 보면, 어찌 의도가 있겠습니까? 주자의 뜻은 아마도 사람들이 너무 이 '이'라는 글자에 구애되어 실사實辭로 오해하여 보기 때문에 구애될 필요는 없다고 말한 것뿐입니다. '이'라는 글자의 어세語勢를 없애고자 한 것은 아닙니다. 대체로 '이'라는 글자는 본래 허사虛辭와 실사가 다릅니다. 여기에서의 '이'라는 글자는 문장에서 허사이지만, 그 어법에서 저절로 이루어져 바꾸지 못함이 있습니다. 지금 사

---

45) 『논어』『학이』에서 "有子가 말했다. '예의 쓰임은 和를 귀하게 여긴다. 선왕의 도는 이것을 아름답게 여기니, 크고 작은 일들이 이로 말미암는다. 화를 알아서 화하지만 예로써 절제하지 않으면 또한 행할 수 없다'고 했다."
46) 『논어』「위정」에서 공자가 말했다. "정치를 덕으로써 한다는 것은 비유하자면, 북극성이 자신의 자리를 지키고 있으면, 뭇 별들이 거기로 모여드는 것과 같다." 통치자가 덕으로써 다스리는 정치를 하면 신하와 백성들이 알아서 곁에 모여 든다는 말이다.

람들은 물리를 돌아보지 않고 지나치게 천착해서 설을 만들곤 합니다. 매번 이와 같으면 작은 병통이 아닙니다.[今按. 此因小註不必泥以字之言, 畏涉有心, 故有下二條之說. 然雖依上一條說, 若活看, 則豈涉於有心乎? 朱子之意, 恐人太拘以字, 誤認爲用之之實字看, 故云不必泥耳. 非欲遂廢以字語勢也. 蓋以字自有虛實不同, 此以字虛著爲文, 而其語法自有見成不易者, 今人不顧文理, 而曲爲鑿說每如此, 非小病也.]

【문】 "물러간 뒤에 사생활을 살펴보았다"[退而省其私[47]]는 것은 무슨 말입니까?

【답】 지금 살펴보건대, 소주에서 주자의 전설前說대로 "공자께서 물러나 안자의 사생활을 살펴보았다"고 한다면 마땅히 '물러나 그 사생활을 살펴보니'라고 해야 하며, 후설後說대로 "물러나는 것은 공자께서 물러나신 것이 아니라 바로 안자가 물러난 것이다"라고 한다면, '물러나거든 그 사생활을 살폈는데'라고 해야 합니다. 비록 퇴退란 글자에 대한 전후의 설명이 다르지만, 성省이란 글자는 모두 공자께서 살피는 것으로 보아야 합니다. 이 두 설은 전후가 도치되어 있을 뿐 아니라, 후설의 '사생활을 살펴서'라는 것은 바로 성省이란 글자를 안자의 성찰로 삼은 것이니, 잘못된 것입니다.[今按, 小註朱子前說, 夫子退而省察顔子之私, 則當云退 ㅣㅎ그 私 乙 省 ㅎ�ㅣ, 後說退非夫子之退, 乃顔子退也, 當云退 커ㅏ그 私

---

47) 『논어』 「위정」에서 "내가 안회와 종일토록 이야기 했지만 어리석은 사람처럼 내 생각을 거스르지 않았다. 물러나 그의 사생활을 살펴보니, 역시 내가 말한 것들을 충분히 발휘하며 살고 있었다. 안회는 어리석지 않다"는 구절에 대한 소주의 해석 문제이다.

乙省 ㅇ기大ㅏ, 蓋退字有前後之異, 而省字皆夫子省也. 此兩說非惟前後之倒置, 後說

私 ㄱ 省 ㅣㅂ 者, 乃以省字爲顏子之省察, 非也.]

【문】 주석에서 "또한 그 앎에 해가 되지 않는다"[48)[註亦不害其爲知]라고
한 것은 무슨 말입니까?

【답】 윗글에서 "비록 다 알지는 못하더라도 스스로를 속이는 폐단
은 없을 것이다"라고 했으니, 대개 폐단이 없으면 밝은 것입니
다. 그러므로 알지 못하는 것이 있더라도, 또 그 앎에 해가 되
지 않는 것입니다. 이는 비록 이 사람을 알고 있는 사람이라고
여기더라도 해롭지 않다고 말하는 것과 같은 말입니다.[上文云雖
或未能盡知, 而無自欺之蔽. 蓋無蔽則明矣, 故雖有所不知, 亦不害其爲知也. 猶言雖以
此人爲知, 亦無害云耳.]

【문】 주석에서 "예는 음식에서 시작되었다"[註禮始諸飮食]49)고 한 것은
무슨 뜻입니까?

【답】 오늘날 세상에서 마시고 먹는 예가 없지 않으니, 제사를 지내
고 빈객을 접대할 때의 부류가 그것입니다. 이로써 옛날의 예
가 반드시 여기에서 시작했음을 알 수가 있습니다. ○『예기』
「예운」의 주석은 다음과 같습니다. "이는 예의 처음을 말한다.
바야흐로 이때에 땅에서 곡식을 생산해서 기장이 있었다. 그

---

48) 『논어』 「위정」에서 "자로야, 너에게 안다고 하는 것을 가르쳐 주겠다"고 한 부분의
  소주에 나오는 앎에 대한 해석 문제이다.
49) 『논어』 「팔일」에서 "임방이 예의 근본을 물었다"고 한 주석에서 楊氏가 한 말이다.

러나 솥이나 시루가 없었기에 웅덩이에 담아 두었다. 【땅을 파서 구덩이를 만들어 물을 담아 놓았다.】 잔을 사용할 줄 몰랐기에 손으로 움켜 떠 마셨다. 【손으로 움켜 떠 마셨다.】 이는 모두 먹고 마시는 일에서 시작된 것이다.”[今之世, 未有無飮食之禮, 如祭享賓客之類是也. 可知古之有禮, 必始於此耳. ○『記』「禮運」註曰此言禮之初, 方是時地產之穀有黍. 然末有釜甑也, 故汙尊, 【掘地爲汙坎, 以盛水也.】 未知用爵也, 故抔飮. 【以手掬而飮之也.】 皆始諸飮食之事.]

【문】 주석에서 “그러므로 구덩이를 파서 담아 두었다가 손으로 떠 마셨다”고 했는데, 고故란 글자를 ‘예전에’라고 새기면 틀린 것입니까?[註故汙尊而抔飮, 故字若作故 □ 則非歟.]

【답】 무엇 때문에 ‘예전에’라고 새기려고 합니까? 생각해 보면, 반드시 고란 글자를 마실 음飮자 아래까지 이어서 끊으려고 하기 때문에 고자를 예전 고古자의 뜻으로 새기는 것이니, 잘못된 것입니다. 실제로 고자 위에 먼저 “예는 음식에서 시작하니”라고 한 것은 예의 말단에서 잃어버린 것이 있기 때문이요, 처음 예가 말미암아 일어난 곳을 소급해서 구한 것은 통합해서 한 말입니다. 그 아래, 바탕에서 시작해서 꾸밈에서 끝맺는다는 뜻으로 설명하려고 했기 때문에 하나의 고故자를 둔 것입니다. 그것으로 위로는 통합해서 설명한 뜻을 이었고, 아래로는 나누어 설명하는 단서를 열었습니다. 이러하다면, 고故자는 아래의 ‘꾸민다’까지 이어서 보아야만, 온전한 말뜻을 얻게 되는 것입니다. 반드시 다시 자세히 살펴보아야 합니다.[何以欲作故 □

讀耶? 想公必將故字意至飲字下載斷看, 所以欲把故字作古字義看, 誤矣. 其實故字上,
先說禮始諸飲食 ，ㅏ 者, 由禮之末失而遡求其初禮所由起者, 統言之也. 其下將說始質
而終文之意, 故著一故字, 以之上接統說之意, 而下開分說之端. 是則故字當下至文之也
處看, 方得其語意之全. 更須參詳.]

【문】 "제하에 없는 것보다는 못하다"50)[不如諸夏之亡]는 말은 무슨 뜻
입니까?

【답】 제하에 군장이 없어 생기는 혼란함이 도리어 이적에 군장이
있어서 생기는 혼란함에 미치지 못한다는 것입니다. 불여不如
는 '미치지 못한다'는 말과 같습니다.[諸夏亡君長, 反不及於夷狄之有君
長也. 不如, 猶不及也.]

【문】 주석에서 "가볍게 사람을 끊지 않고 자기의 마음을 다한다"51)
[不輕絶人, 盡己之心]는 것은 무슨 말입니까?

【답】 계씨季氏는 참람하고 망령되며, 염유冉有는 부화뇌동附和雷同하
였으므로 바로 마땅히 끊어서 가르치거나 경계하지 않는 것이
좋습니다. 이제 바로 염유를 구제할 수 없고, 계씨가 간하지

---

50) 『논어』「팔일」에서 공자가 말했다. "오랑캐들은 그들의 군주를 가지고 있으니, 이는
중원의 여러 나라들이 군주를 가지고 있지 않은 것과 다르다." 문화적으로 앞서 있
는 중원이 정치적으로 오히려 오랑캐만도 못하다고 탄식한 것이다.
51) 『논어』「팔일」에서 "계씨가 태산에 旅祭를 지냈다"는 주석에서 范氏가 한 말이다.
범씨가 말했다. "염유가 계씨를 따랐으니, 부자께서 어떻게 고할 수 없다는 것을
알지 못했겠는가? 그러나 성인은 가볍게 사람을 끊지 않고 자신의 마음을 다하고자
한 것이다. 어떻게 염유가 막을 수 없다는 것과 계씨가 간할 수 없는 사람임을 알았
겠는가? 이미 바르게 할 수 없다면 임방을 찬미함으로써 태산의 귀신을 속일 수 없
음을 밝혔으니, 이것도 또한 가르치는 방법이다."

못할 인물임을 어찌 알았겠는가 라고 생각하고, 마음에 두면서 염유에게 간諫하여 구하도록 가르쳤으니, 이것이 바로 사람을 가볍게 끊지 않은 것이며, 자기의 마음을 다한 것입니다. 염유를 구제할 수 없게 되자, 또 임방林放을 찬미하고52) 격려하였으니, 그가 가볍게 사람을 끊지 않고 자신의 마음을 다한 것을 더욱 볼 수 있는 것입니다.[以季氏之僭妄, 冉有之附從, 便當絶之, 而勿誨勿警可也. 今乃以爲安知冉有之不能救, 季氏之不可諫也, 拳拳敎冉有使之救諫, 是不輕絶人也, 亦盡己心也. 及其不能救而又美林放以激厲之, 益見其不輕絶人盡己心處.]

【문】 주석에서 "바로 읍하면 이기지 못한 자가 올라간다"53)고 했는데, 어떤 사람은 "이긴 자가 바로 이기지 못한 자에게 읍하고 올라간다"라고 했으며, 어떤 사람은 "이긴 자가 바로 읍하거든"이라고 했습니다. 이 두 가지 설명은 어떻습니까?[註乃揖不勝者升, 或云勝者乃揖不勝者ㅣ古升ㅣ也. 或勝者乃揖ㄴㅅㅎ. 二說何如?]

【답】 앞의 설명이 옳습니다. 만약 이기지 못한 사람이 홀로 올라간다면 뒤의 설명이 옳을 것입니다. 그러나 실제로는 이긴 사람이 이기지 못한 사람에게 읍을 하고 함께 오릅니다.[上說是也. 若

---

52) 『논어』「팔일」에서 계씨가 태산에 여제를 지내자 공자께서 염유에게 말했다. "네가 바로잡을 수 없었느냐?" 염유가 불가능하다고 답을 하니, 공자께서 말했다. "아, 내가 일찍이 말하지 않았더냐? 태산이 임방보다 못한 것이냐?"

53) 『논어』「팔일」에서 "공자께서 말했다. '군자는 다투는 것이 없지만 활쏘기에서는 반드시 경쟁을 한다. 짝을 지어 나아가 3번 읍한 후에 당에 오르고, 활쏘기를 마치고서 읍하고 내려와 모든 짝들이 모두 내려오기를 기다린 뒤에 이긴 자는 비로소 읍하고, 이기지 못한 자는 올라가 술잔을 취해 서서 마시니, 그 다툼은 군자다운 다툼이다"는 주석에 나오는 말이다.

不勝者獨升, 則後說是矣. 其實勝者揖不勝者而俱升.]

【문】 주석에서 "주공이 쇠하였다"[54][周公其衰]는 말은 무슨 뜻입니까?

【답】 옹철雍徹[55] 조목의 소주에서 호씨胡氏는 "주공이 섭정의 자리에 올라 제도를 경영하고 조그마한 차이에 대해서도 명분을 구분했다. 만세토록 행하여질 듯했지만 세상을 떠나자 침범을 당했으며, 천하에 행하여질 듯했으나 자손들이 어겼다. 그러니 어찌 주공이 쇠한 것이 아니겠는가?" 하였습니다.[雍徹註胡氏曰周公立爲經制, 辨名分於毫釐之間. 將行之萬世而身沒犯之, 將行之天下而子孫違之. 豈非周公之衰乎?]

【문】 주석에서 "한 마리의 양"[註特羊]이라고 한 것은 무엇입니까?

【답】 어떤 사람은 '들짐승의 수컷'이라고 했고, 어떤 사람은 '큰 것'이라고 했으며, 어떤 사람은 '특별한 문식'이라고 했습니다. 그러나 『서경書經』「순전舜典」의 "한 마리를 사용한다"는 주석에서[56] "특特은 홀로이니, 한 마리 소를 말한다"고 하였습니다.[或曰獸之特, 或曰大也, 或曰特文也. 「舜典」用特註曰特, 獨, 謂一牛云耳.]

---

54) 『논어』「팔일」에서 "공자께서 말했다. '禘제사에서 降神酒를 따르고 난 이후부터는 내가 더 이상 보고 싶지 않다'"는 주석에서 史氏가 한 말이다.
55) 雍章을 노래하면서 제사상을 치우는 것을 말한다.
56) 『서경』「순전」에서 "돌아와 藝祖의 사당에 도착해서 한 마리 소를 사용해서 제사를 지냈다"(歸格于藝祖, 用特)고 한 주석에서 "특은 특생이니 한 마리의 소를 말한다"고 했다.

【문】 "성사成事와 수사遂事57)"[成事遂事]는 무슨 차이가 있습니까?

【답】 '성사'는 바로 사社를 세운 본래의 뜻이며, '수사'는 당시 군주들의 살벌한 마음입니다.[成事乃立社之本意, 而遂事是時君殺伐之心也.]

【문】 "음악은 알 수 있다"58)[樂其可知]는 것은 무슨 말입니까?

【답】 음악의 쓰임새를 여전히 알 수 있다는 것을 말한 것입니다.[言樂之爲用, 猶可知也.]

【문】 "더한 것이 없다"59)[無以尙之]는 말은 무슨 뜻입니까?

【답】 상尙은 더한다는 뜻입니다. 유하혜柳下惠가 "네가 나를 어찌 더럽힐 수 있겠는가?"60)라고 말한 것과 같은 뜻입니다.[尙, 加也, 猶柳下惠爾焉能浼我之意.]

【문】 주석에서 "기운이 반드시 이른다"61)[註氣必至焉]고 했는데, 무슨

---

57) 『논어』 「팔일」에서 哀公이 社의 의미를 묻자, 宰我가 말했다. "백성들에게 戰慄을 느끼게 하기 위해서입니다." 공자께서 말했다. "완성된 일이라 말하지 않으며, 거의 이루어진 일이라 간하지 않는다."

58) 『논어』 「팔일」에서 공자께서 노나라 太師 樂에게 말했다. "음악은 알 수 있다. 처음에 시작할 때에 여러 소리라 합해지고, 이어서 소리가 풀려 나오면서 조화를 이루며, 음악이 분명해지면서 끊임없이 이어지다가 완성되는 것이다."

59) 『논어』 「이인」에서 공자께서 말했다. "나는 아직까지 仁을 좋아하거나 不仁을 미워하는 자를 본 적이 없다. 인을 좋아하는 사람에게 더 바랄 것은 없다. 불인을 미워하는 것도 실천함이다. 불인이 자신에게 미치지 못하게 하는 것이다. 그 누구나 하루라도 인에 힘을 쏟는다면 인이 실천될 것이다. 힘이 모자라 인을 실천하지 못했다는 사람을 나는 보지 못했다. 아마 있을 터인데, 아직 보지 못한 것이겠지."

60) 『맹자』 「公孫丑上」에서 유하혜가 말했다. "너는 너고 나는 난데, 비록 어깨를 드러내고 옷 벗은 채 내 옆에 누워 있다 한들, 네가 어찌 나를 더럽힐 수 있겠느냐?"

61) 『논어』 「이인」에서 "공자께서 말했다. '나는 仁을 좋아하는 자와 不仁을 미워하는

말입니까?

【답】기氣란 글자를 드러낸 것은 원문에서 "그 힘을 쓴다"62)는 글 때문에 말한 것 같습니다.[著氣字者, 疑因元文用其力而言.]

【문】주석에서 "모두 실리이다"63)라고 했는데, 여기에서의 개皆란 글자는 도道를 가리켜 어떤 일을 인정한 것입니까? 아니면 도를 가리켜서 총론總論해 말한 것입니까?[註皆實理也, 皆字指道與何事歟? 抑指道而總言之者耶?]

【답】도를 가리켜서 총론해 말한 것입니다.[指道而總言之.]

【문】주석에서 "자기로써 남에게 미친다는 것과 자기를 미루어서 남에게 미친다"64)는 말에서 이以란 글자와 추推란 글자로써 인仁과 서恕를 구별한 것은 무엇 때문입니까?[註以己及物, 推己及物, 以字推字, 爲仁恕之別者, 何也?]

【답】자신에게 고유한 것으로써 자연스럽게 남에게 미쳐가기 때문에 인이 되는 것이며, 자신이 바라고 미워하는 것을 미루어 남에게 미쳐가기 때문에 서가 되는 것입니다.[以己所固有而自然及物故爲仁, 推己所欲惡而要以及人故爲恕.]

자를 보지 못했다"는 조목에 나오는 말이다.
62)『논어』「이인」에서 "하루라도 仁에 그 힘을 쓴 자가 있는가? 나는 힘이 부족한 사람을 보지 못했다"는 조목에 나오는 말이다.
63)『논어』「이인」에서 "공자께서 말했다. '아침에 도를 들으면 저녁에 죽어도 좋다'"는 조목에서 程子가 한 말이다.
64)『논어』「이인」에서 "공자께서 말했다. '삼아, 우리 도는 한가지로 꿰뚫는다'"는 조목에 나오는 말이다.

【문】 주석에서 "자연스럽게 움직였을 뿐이다"65)[註動以天爾]라고 한 것은 무슨 말입니까?

【답】 이것은 단지 자연스럽게 한다는 뜻입니다.[此只是爲之自然之意.]

【문】 주석에서 "익숙히 간한다"66)[註孰諫]고 한 것은 무슨 말입니까?

【답】 『예기』 「내칙」의 주석에서 "익숙히 간한다는 것은 익숙하고 은근하게 간하는 것을 말하니, 사물이 성숙한 것과 같다"67)고 했습니다.[『記』 「內則」 註曰孰諫謂純孰殷勤而諫, 若物之成孰云.]

【문】 "들을 수 있다"68)[可得聞]는 것은 무슨 뜻입니까?

【답】 자공이 이미 들을 수 있었기 때문에 학자들이 아직 듣지 못했음을 알 수가 있어 이러한 탄식을 한 것입니다.[子貢惟能已得聞之, 故能知學者之未得而發此歎.]

【문】 주석에서 "이미 수고롭지 않다"[註已不勞]고 한 말은 무슨 뜻입니까?

【답】 여기서 이已란 글자는 천지天地로부터 말한 것입니다.[此已字自天

---

65) 『논어』 「이인」에서 "공자께서 말했다. '아침에 도를 들으면 저녁에 죽어도 좋다'"는 조목에서 程子가 한 말이다.

66) 『논어』 「이인」에서 "공자께서 말했다. '부모를 섬기되 은미하게 간해야 한다'"는 조목의 주석에 나오는 말이다.

67) 『예기』 「내칙」에서 "부모에게 허물이 있으면 기운을 낮추고 부드러운 낯빛으로 대한다"고 한 조목의 주석에 나오는 말이다.

68) 『논어』 「公冶長」에서 "자공이 말했다. '부자의 문장은 들을 수 있었지만, 부자께서 性과 天道에 대해서는 들을 수 없었다'"는 조목에 나오는 말이다. 『논어』 원문은 '可得而聞'으로 되어 있다.

地而言.]

【문】주석에서 "굴레와 고삐"[69]를 제시하고 있는데, 여기에서 이것을 가설하여 비유한 뜻이 아직 분명하지 않습니다.[註羈靮, 此設譬之意未分曉.]

【답】말 머리의 형태는 본래 굴레와 고삐의 이치가 갖추어져 있기 때문에 사람들이 그 형태로 굴레와 고삐를 만들어 말을 몹니다. 늙은 사람은 편안해져야 할 이치를 갖추고 있으니 성인께서 그것을 따라 편안하게 해 주려고 한 것이고, 젊은이는 품어 줘야 할 이치를 갖추고 있으니 성인께서 그것을 따라 품어 주시려고 한 것과 같습니다. ○『예기』「단궁檀弓」의 주석에서 "기羈는 말에게 연결하는 것이고, 적靮은 말에게 재갈을 물리는 것이다"[70]라고 했습니다.[馬首之形, 自具羈靮之理, 故人得因其形而作羈靮以馭之, 猶老者自具安之之理, 聖人因以安之, 少者自具懷之之理, 聖人因以懷之. ○『記』「檀弓」註曰羈所以絡馬, 靮所以輕馬.]

【문】"경에 있고 간략함을 행하여"[71][居敬而行簡]는 어떻게 해석해야 합니까?

---

69)『논어』「공야장」에서 "안연과 자로가 공자를 모시고 있었는데, 공자께서 말했다. '어찌 각자 너희들 뜻을 말하지 않는가?'"는 조목의 주석에서 정자가 한 말이다.
70)『예기』「단궁」에서 "위헌공이 망명을 갔다"는 조목의 주석에 나오는 말이다.
71)『논어』「雍也」에서 중궁이 말했다. "경함에 있으면서 간략하게 행동하여 백성들을 살핀다면 괜찮다고 할 수 있습니까? 그러나 간략함에 있으면서 간략하게 행동한다면, 너무 간략한 것은 아닙니까?"

【답】 지금 살펴보건대, 주석註에 있는 정자程子의 "마음에 경을 주장하면서"라는 말로써 말한다면, "경에 있다"가 어찌 불가하겠습니까? 주자처럼 경에 있는 것과 간략함을 행하는 일을 두 건의 공부로 여기는 측면에서 관찰하면, '있으면서'는 잘못 되었으며 '있고'라고 하는 것이 마땅합니다.[今按, 以程子內主於敬之語言之, 敬 居 ソ夕, 何不可乎? 以朱子居敬行簡兩件工夫觀之, 居 ソ也 非也. 當云居 ソ古.]

【문】 주석에서 "긴요하고 바르다"[註要直]고 한 말은 무슨 뜻입니까?
【답】 요약되면서도 간략하고 바르다는 뜻입니다.[要約而簡直.]

【문】 주석에서 "자기 마음에 부족하다"[72][註慊於己]고 한 말은 무슨 뜻입니까?
【답】 기己는 의심하는 마음입니다. 소주小註에서 주자께서 말하기를, "자기 마음에 부족함은 단지 마음에 부족한 것이 조금 있는 것이다" 하였으며, 또 말하기를, "'겸慊'자의 음과 뜻은 내가 무슨 부족함이 있겠는가의 '겸'자이다" 하였습니다. 이러한 학설을 보면 '기己'자를 '이以'의 음으로 읽는 것은 매우 잘못되었음을 알 수 있습니다.[己疑心也. 小註朱子曰慊於己, 只是略有些子不足於心, 又曰 慊字音義, 與吾何慊乎哉之慊. 看此說則可知己字以音讀之甚誤.]

【문】 주석에서 "정기를 쌓았다"[註儲精]고 한 말은 무슨 뜻입니까?

---

72) 『논어』 「옹야」에서 "애공이 물었다. '제자들 중에 누가 배움을 좋아합니까?'" 조목의 주에서 張子가 한 말이다. 아래의 일곱 항목은 이 편의 주에서 程子가 한 말이다.

【답】 『성리서해性理書解』에 "정미하고 빼어난 기운을 쌓았다" 하였으며, 『심경석의心經釋義』에 "정精은 「태극도설太極圖說」의 이른바 음양과 오행의 정이다"라고 했습니다. 정精을 말하면 무극의 진眞이 그 속에 있기 때문입니다. 저儲는 바로 「태극도설」에서 이른바 "묘하게 합하여 맺히는 것이다"를 말한 것입니다.[『性理書解』曰蘊精英之氣, 『心經釋義』曰精, 「太極圖說」所謂二五之精. 言精而無極之眞在其中故也. 儲卽所謂妙合而凝也.]

【문】 주석에서 "그 본체는"[註其本]이라고 한 말은 무엇입니까?

【답】 『성리서해』에서 "품부稟賦 받았을 처음"이라고 하였습니다.[性理書解曰稟賦之初.]

【문】 주석에서 "그 본체는 참되고 고요하다"[註其本也, 眞而靜]고 한 말은 무슨 뜻입니까?

【답】 『심경心經』에서 "본은 본체이다. 진眞은 인욕이 섞이지 않음이요, 정靜은 감응하지 않은 때이다. 오성五性은 바로 진이니, 발하지 않으면 고요하여진다" 하였습니다.[『心經』曰本, 本體也. 眞是不雜人欲, 靜是未感時. 五性卽眞, 未發便是靜.]

【문】 주석에서 "칠정73)이 나오니"에서 성이 발하여 정이되고 보면

---

73) 칠정은 사람이 가지고 있는 일곱 가지 감정을 말한다. 『禮記』 「禮運」의 "무엇을 인정이라고 하는가? 기쁨·성남·슬픔·두려움·사랑·미움·욕망이다. 이 일곱 가지는 배우지 않아도 할 수 있다"에서 유래한다. 두려움(懼) 대신에 즐거움(樂)을 넣기도 한다.

성은 다섯인데 정은 일곱이 되는 것은 왜입니까?[註七情出焉, 性發
爲情, 則性則五而情爲七何歟?]

【답】 사단[四端74)]의 정은 순수한 리理이기 때문에 오성五性을 통하면
서 가감이 없습니다. 칠정七情은 기를 겸하여 발하기 때문에 섞
여서 더함이 있습니다.[四端之情, 純理故通五性而無加減. 七情兼氣發,故雜而
有加.]

【문】 주석에서 "그 형체에 접촉되어"[註觸其形]라고 한 말은 무슨 뜻
입니까?

【답】 촉觸은 감응인 듯하며, 형形은 이목구비입니다.[觸, 疑是感也, 形, 耳
目口鼻.]

【문】 주석에서 "그 본성은 해롭게 된다"[註其性鑿]고 한 말은 어떻게
해석해야 합니까?

【답】『심경석의心經釋義』에 "착鑿은 끌과 같다. 정이 본성을 해침은
끌이 물건을 파내는 것과 같다" 하였습니다.[『心經釋義』曰鑿猶刳也.
情之鑿去其性, 猶刳之鑿物.]

【문】 주석에서 "정을 단속한다"[註約其情]고 한 말은 무슨 뜻입니까?

【답】『심경心經』 소주小註에서 진서산眞西山75)이 말하기를, "약約이라

---

74) 사단은 사람의 本性에서 우러나는 네 가지 마음씨를 말한다. 『孟子』「公孫丑上」의
"측은해 하는 마음은 인의 단서요, 수오하는 마음은 의의 단서요, 사양하는 마음은
예의 단서요, 시비하는 마음은 지의 단서이다"에서 유래한다.
75) 서산은 宋나라 성리학자인 眞德秀(1178~1235)의 호이다. 그의 자는 景元이고 시호는

는 말은 바로 『중용』의 신독愼獨하는 공부[76]이다" 하였습니다.

[『心經』小註眞西山曰約之爲言, 乃『中庸』愼獨之工夫.]

【문】주석에서 "며칠이 되지 않아 화한다"[註不日而化]고 한 말은 무슨 뜻입니까?

【답】『성리서해性理書解』에 "불일不日은 세월을 오래 기다리지 않는 것이다"라고 되어있으며, 화化는 『맹자』의 이른바 "대인이면서 저절로 화하는 것을 성인이라 한다"[77]라고 하였습니다.[『性理書解』曰不日, 不待歲月之久也, 化, 『孟子』所謂大而化之謂聖也.]

【문】주석에서 "기미가 자신에게 있지 않다"[註幾非在我]고 한 말은 무슨 뜻입니까?

【답】『혹문或問』에서 주자朱子께서 말하기를, "이러한 경지를 지났다면 반드시 덕이 절로 이루어지고 인이 절로 무르익어서[78] 내 힘이 관여할 수 있는 바가 아니다" 하였습니다. 이를 보면 '기幾'자가 거의[庶幾]의 '기'자가 아님을 알 수 있습니다. 이러한 경지를 지나면 기미가 자신에게 있지 않는 것입니다.[『或問』朱子曰

文忠이다. 參知政事를 지냈다. 그의 학문은 朱熹를 종주로 삼아 小朱子로 불렀다. 저서로는 『서산문집』·『大學衍義』·『唐書考疑』·『讀書記』·『文章正宗』·『正經』 등이 있다.

76) 『심경』에는 '功也'라고 되어 있다.

77) 『맹자』「盡心下」에서 맹자가 말했다. "사람들이 좋아할 만한 것을 선인이라 하고, 자기 몸에 선을 소유한 것을 신인이라 하고, 선을 충실히 보유한 것을 미인이라 하고, 충실하여 빛남이 있는 것을 대인이라 하고, 대인이면서 저절로 화한 것을 성인이라 하고, 성인이어서 측량할 수 없는 것을 신인이라 한다."

78) 『사서혹문』에는 '自熟' 다음에 '저절로 이르니'(而自至)가 나온다.

過此以往則必德自成仁自熟, 而非吾力之所能與也. 看此則幾字非庶幾之幾可知也. 過
此 ╲ 而 幾非在我者 ヒ ᄉ.]

【문】주석에서 "절충하였다"79)[註折衷]고 한 말은 무슨 뜻입니까?

【답】『서경』「탕고湯誥」의 소주小註에서 주자께서 말하기를, "육예六
藝를 중中에서 절충하는 것과 같으니, 부자께서 양쪽 끝을 기준
으로 잘라서 그 중간을 취한다는 뜻이다" 하였습니다.[『書』「湯誥」

小註朱子曰如六藝折衷於中, 夫子蓋是折兩頭而取其中之義.]

【문】주석에서 "힘써 (날마다) 부지런히 하여"80)[註俛焉 (日有)孶孶]라고
한 말은 무슨 뜻입니까?

【답】『예기』「표기表記」의 주註에 "면언俛焉은 다른 쪽을 생각하지 않
는다는 뜻이요, 자자孶孶는 부지런히 하는 모습이다"81) 하였습
니다. ○ 면俛은 '삼傪'【음은 삼이다.】자가 되어야 합니다.[『記』「表

記」註曰俛焉, 無他顧之意, 孶孶, 勤勉之貌. ○俛作傪【仕鑑反】字.]

【문】주석에서 "전체가 지극하여"[註全體至極]라고 한 말은 무슨 뜻입
니까?

---

79) 『논어』「술이」에서 "공자께서 말씀하셨다. '전술하기만 하고 창작하지 않는다'" 조
목에 나오는 말이다.
80) 『논어』「술이」에서 "섭공이 자로에게 공자에 대해 물었다" 조목의 주석에 나오는
말이다. 다음 질문도 출전이 같다.
81) 『예기』「표기」에서 "공자께서 말하였다. '마음속으로 인을 편안하게 여기는 자는
천하에 한 사람 뿐이다'" 조목의 주석에 나온 말이다.

【답】 전체의 지극함을 말한 것이 아니라, 이미 체를 온전히 할 수 있으면서 또 지극하다고 말한 것입니다.[非謂全體之至極也, 謂旣能全體而又至極也.]

【문】 "세 번 (천하를) 사양하였으나"[82][三(以天下)讓]라고 한 말은 어떤 경우입니까?

【답】 『혹문或問』에서 명도明道[83]께서 말하기를, "등극하지 않은 것이 첫 번째요, 도망한 것이 두 번째요, 몸에 문신한 것이 세 번째이다" 하였습니다.[或問明道曰不立一也, 逃之二也, 文身三也.]

【문】 "6척의 어린 군주를"[84][六尺之孤]이라고 한 말에서 군주의 나이는 얼마입니까?

【답】 『송사宋史』에서 삼척아三尺兒의 주註에 "아이가 2년 6개월이 되면 1척이 되니, 3척이면 7년 6개월이다" 하였습니다. 이로써 미루어 보면 6척이 15세가 되는 것은 의문이 없습니다.[『宋史』三尺兒註曰二歲半爲一尺, 三尺則七歲半也. 以此推之, 六尺爲十五歲無疑.]

---

82) 『논어』「태백」에서 "공자께서 말하였다. '태백은 지극한 덕이라고 할 만하다'"(子曰. 泰伯, 其可謂至德也已矣) 조목에 나온 말이다.

83) 明道는 程顥(1032~1085)의 호이다. 그의 자는 伯淳이고 河南 사람이다. 太子中允・太常丞 등을 역임하였다. 周茂叔의 학통을 이어받았다. 15, 6세 때부터 아우 程頤와 더불어 求道에 뜻을 두었다. 10여 년간 노자와 佛家의 문로에 출입한 적이 있다.

84) 『논어』「태백」에서 증자가 말하였다. "육척의 어린 임금을 맡길 만하고, 제후국의 명을 부탁할 만하며, 큰 절조를 세울 때를 당하여 굽히지 않는다면, 그가 바로 군자이다."

【문】 "시에서 흥기시키며"85)[興於詩]라고 한 말은 어떤 맥락입니까?

【답】 『혹문』에서 유씨遊氏가 말하기를 "「천보天保」86) 시를 살펴보면 군신간의 의리가 닦여지며, 「상체常棣」87) 시를 살펴보면 형제 간의 우애가 돈독하여지며, 「벌목伐木」88) 시를 살펴보면 친구 간의 사귐이 친하여진다" 하였습니다.[『或問』游氏曰觀「天保」之詩則君 臣之義修矣, 「觀常」棣之詩則兄弟之愛篤矣, 觀「伐木」之詩則朋友之交親矣.]

【문】 "(높고 큰 그) 성공이여, (찬란한 그) 문장이여!"89)[(巍巍乎其有)成 攻(也) (煥乎其有)文章]라고 한 말은 무슨 뜻입니까?

【답】 『혹문』에서 범씨范氏가 말하기를, "요堯임금의 성공은 사시四時 의 추위와 더위가 만물을 시작하고 끝나게 만드는 것과 같으 며, 그 문장은 일월日月과 성신星辰이 천하를 비추는 것과 같다" 하였습니다. 이 구절은 아마도 요임금의 성공과 문장이 천지 와 함께 기준이 된다는 것을 말한 듯합니다.[『或問』范氏曰堯之成功, 如四時寒暑之始終萬物, 其文章, 如日月星辰之照臨天下. 此一節疑是言堯之成功文章, 與天地準者也.]

---

85) 『논어』「태백」에서 공자께서 말하였다. "시를 배움으로 뜻을 일으키고, 예를 배움으 로 배움의 뜻을 굳건히 세우고, 음악으로 배움을 완성한다."
86) 天保는 『시경』「小雅」의 편명으로, 美德을 임금에게 돌리고, 임금에게 복록이 있기를 축원한 시이다.
87) 常棣는 『시경』「小雅」의 편명으로, 형제간의 즐거움을 노래한 시이다.
88) 伐木은 『시경』「小雅」의 편명으로, 친구간의 우정을 노래한 시이다.
89) 『논어』「태백」에서 공자께서 말하였다. "위대하시다, 요임금의 임금 노릇 하심이여! 높고 크다, 오직 하늘이 위대하시거늘 오직 요임금만이 그와 같으셨으니, 그 공덕이 넓고 넓어 백성들이 형용하지 못하는구나. 높고 큰 그 공이여, 찬란한 그 문장이여!"

【문】 "사사로운 뜻이 (없었으며), 기필함이 (없었으며), 집착함이 (없었으며), 이기심이 (없었다.)"90)[(毋)意 (毋)必 (毋)固 (毋)我]고 한 말은 무슨 뜻입니까?

【답】 『심경집록心經輯錄』에서 "비유하면 다음과 같다. 어떤 사람이 어떤 물건을 취하고자 하는 것은 '의意'이며, 얻고자 함을 기필하는 것은 '필必'이며 얻기를 기대하여 집착하는 마음은 '고固'이며, 끝내 얻어서는 사사로움이 되는 것은 바로 '아我'이다" 하였습니다.[『心經輯錄』曰譬猶. 一種之人, 欲取某物者, 意也, 期欲得之者必也, 固期得之心者固也, 終乃得之爲私, 是乃我也.]

【문】 "(우러러볼수록 더욱) 높고 (뚫을수록 더욱) 견고하며, (바라봄에) 앞에 (있더니 갑자기) 뒤에 (있다.)"91)[(仰之彌)高 (鑽之彌)堅 (瞻之在)前 (忽焉在)後]고 한 말은 무슨 뜻입니까?

【답】 『주서朱書』에서 문인門人92)에게 "'고高'는 의리의 근원으로 상달上達93)의 자리이며, '견堅'은 의리의 법도에 맞아서 고찰하기 어

---

90) 『논어』 「태백」에서 "공자께서 네 가지를 끊으시니" 조목에 나오는 말이다.
91) 『논어』 「태백」에서 안연이 탄식하며 말하였다. "夫子의 道는 우러러볼수록 더욱 높고 뚫을수록 더욱 견고하며, 바라볼 때 앞에 있더니 홀연히 뒤에 있도다. 부자께서는 차근차근히 사람을 잘 이끄시어 文으로써 나의 지식을 넓혀 주시고 禮로써 나의 행동을 요약해 주시므로 공부를 그만두고자 해도 그만둘 수 없어 나의 재주를 다하니, 부자의 도가 내 앞에 우뚝 서 있는 듯한지라, 그를 따라가고자 하나 어디로부터 시작해야 할지 모르겠다."
92) 門人은 송나라 유학자 陳淳(1159~1223)을 말한다. 자는 安卿이고 호는 北溪이다. 인용 글은 진순에게 보낸 편지에 보인다. 저서로는 『北溪大全集』·『字意詳講』 등이 있다.
93) 上達은 인간이 행해야 할 도리를 배우고 실천하면서 오묘한 天理를 통달하는 것을 말한다. 『論語』 「憲問」에서 "군자는 上達하고 소인은 下達한다"고 하였고, "아래로 인간의 일을 배우면서 위로 천리를 통달한다"고 하였다.

려운 자리이며, '전前'과 '후後'는 의리가 변화하여 자리에 머물러 있지 않는 것이다. '앙仰'이라는 것은 바라보며 미치기를 희망하는 모습이며, '찬鑽'이라는 것은 뚫어서 통하기를 구하는 뜻이다. '첨瞻'은 봄에 반드시 은밀히 보는 것이며 '홀忽'은 봄에 또 정해지지 않는 것이다" 답하였습니다. 전前이라는 것은 앞에 있어 뒤로 옮길 수 없음을 정확하게 본 것이며, 후後라는 것은 뒤에 있어 앞으로 옮길 수 없음을 정확하게 본 것입니다. 높음과 견고함 이외에 별도로 이른바 '우뚝함'이 있는 것은 아닙니다.[『朱書』答門人曰高是理義原頭上達處, 堅是理義節會難考處, 前後是理義變化不居處. 仰者望之而冀及之貌, 鑽者鑿之而求通之意. 瞻則視之必微見也, 忽則視之又未定也. 前者的見其在前, 不可移於後, 後者的見其在後, 不可移於前. 不是高堅之外, 別有所謂卓爾也.]

【문】 주석에서 "천덕이 (있어야) 왕도를 (말할 수 있으니)"94)[(有)天德(更可語)王道라고 한 말에서 천덕과 왕도는 어떤 관계입니까?

【답】 『심경』 소주小註에서 "천덕天德은 정심正心과 수신修身을 말하며, 왕도王道는 바로 제가齊家 · 치국治國 · 평천하平天下를 말한다" 하였습니다.[『心經』小註曰天德, 卽正心修身之謂, 王道, 卽齊家治國平天下之謂.]

【문】 주석에서 "손괘로써 권도를 행한다"95)는 말은, 『주역』「계사

---

94) 『논어』「子罕」에서 "공자께서 시냇가에 계시면서 말씀하셨다. '가는 것이 이와 같구나'" 조목의 주석에서 程子가 한 말이다. "천덕이 있어야 왕도를 말할 수 있으니, 그 요점은 근독에 있을 뿐이다."
95) 『논어』「자한」의 "공자께서 말씀하셨다. '함께 배울 수는 있어도 함께 도에 나아갈

전하繫辭傳下의 주석에서 "손巽은 넉넉하게 스며든다는 뜻이
있으며, 권權은 의義가 정미해지고 인仁이 익숙해져서 일을 처
리함에 넉넉하여 들어갈 수 있다는 뜻인지를 묻는 것"96) 입니
까?[註巽以行權, 『易』「繫辭下傳」註問巽有優游巽入之義, 權是義精仁熟, 於事能優游
以入之意歟?]

【답】 "맞다"고 하였으며, 또 "설說은 구괘九卦97)의 마지막 자리에 있
습니다. 앞자리의 팔괘의 일을 명확히 해야 겨우 권도權道를 행
할 수 있다"98)고 하였습니다.[曰是, 又曰說在九卦之後. 是這八卦事了, 方可
以行權.]

【문】 주석에서 "옷으로 갖옷 위에 덧입으니"99)【裼의 음은 先과 的의 반
절음이다.】[註衣以裼【先的反】裘]라고 한 말은 어떤 복식입니까?

【답】 옷의 색을 덧입는 갖옷의 색과 같이 해야 합니다. 예를 들어
치의緇衣는 윗도리인데, 그 색이 검기 때문에 이 옷을 덧입는
양 갖옷의 위에 착용합니다. 양 갖옷의 색이 검으니, 치의緇衣
와는 서로 걸맞습니다. 갖옷 위에 덧입는다는 것은 석의裼衣로
써 갖옷을 드러내는100) 것입니다.[衣之色 乙 與所裼之裘之色, 與同之也.

수는 없다" 조목의 주석에서 洪氏가 한 말이다. "시의에 손순한 다음에야 권도를
행할 수 있다."
96) 인용한 구절은 『주역』에는 보이지 않고, 『朱子語類』에 나온다.
97) 九卦는 『周易』「繫辭傳下」에서 憂患에 대처하는 道를 밝히기 위해 德과 관련이 있는
아홉 개의 괘를 말한다. 履·謙·復·恒·損·益·困·井·巽이다.
98) 인용한 구절은 『朱子語類』에 주자의 답변으로 나온다.
99) 『논어』「鄕黨」에서 "군자는 감색과 붉은 빛으로 꾸미지 않는다" 조목의 주석에 나오
는 말이다.
100) 홑옷을 갖옷 위에 덧입으면서 앞을 열어 갖옷이 보이도록 하는 것을 의미한다.

如緇衣衣也其色黑, 故以此衣著於所裼羔裘之上. 羔裘色黑, 與緇衣相稱也. 裼裘者, 裼
以見出之裘也.]

【문】 "길월에 반드시 (조복을 입고) 조회하였다"[吉月必(朝服而)朝]고 한
말은 무슨 뜻입니까?

【답】 『혹문』에서 사씨謝氏가 말하기를, "길월에 반드시 조회한다는
것은 비록 늙어 사직하였으나 오히려 달마다 군주에게 조회하
는 것이다. 달마다 군중에게 조회하는 것은 나라에 큰 일이 있
음에 우선 미리 들으려고 함이니, 진항陳恒을 토벌할 것을 청하
려고 목욕하고 조회101)한 일과 같다" 하였습니다.[『或問』謝氏曰吉
月必朝者, 雖告老猶月朝於君也. 月朝於君者, 國有大事, 猶將預聞, 如請討陳恒, 沐浴
而朝.]

【문】 "많이 먹지 않았다"102)는 위 문장을 함께 가리켜 말한 것이지,
생강 먹는 일만을 가리킨 것은 아닙니다.[不多食, 兼指上文而言, 非徒
指薑食.]

【답】 "생강을 먹는 일만을 가리킨 것이 아니다"라는 말은 매우 적
당합니다. 다만 앞 문장의 음식을 먹고 먹지 않는 것은 문세를
따라 이미 확실히 끊어져서, 이 문장과는 호응하지 않습니다.

---

101) 『논어』 「헌문」에서 나오는 조목으로 齊나라의의 陳成子가 簡公을 시해하자, 공자께
서 哀公에게 토벌할 것을 청한 일을 말한다.
102) 『논어』 「향당」에서 "술은 정해진 주량이 없었지만 취해서 흐트러지는 데까지는 이
르지 않으셨다. 사 온 술이나 사 온 脯는 드시지 않았고, 생강 드시는 것을 거르지
않으셨고, 어떤 음식이든 많이 드시지는 않았다."

그런데 다시 많이 먹지 않는다고 하였으니, 이는 바로 모든 음식을 대상으로 말한 것일 뿐입니다.[非徒指薑食者甚當. 但上文飮食食不食, 隨文已斷了, 不應於此. 更言不多食, 此正謂凡飮食耳.]

【문】"산 교량의 암꿩"103)[山梁雌雉]이라고 한 말은 무슨 뜻입니까?

【답】『혹문或問』에서 사씨謝氏가 말하길, "꿩이 산에 있으니 그 때를 얻었다. 사람이 어지러운 세상을 만나니 때를 얻지 못하였다" 하였으며, 여씨呂氏가 말하기를, "암꿩을 말한 것은 응할 대상을 보고도 부르지 못하기 때문이다" 하였습니다.[『或問』謝氏曰雉在山而得其時, 人逢亂世而不得時, 呂氏曰言雌者, 以見應而不倡.]

【문】주석에서 "석경"[註石經]이라고 한 것은 무엇입니까?

【답】동한東漢의 영제靈帝104)가 채옹蔡邕105)에게 명하여 예서隸書로 육경六經을 돌에 새겼습니다. 홍도문鴻都門 밖에 세워두고서 '석경石經'이라고 이름 하였습니다.[東漢靈帝令蔡邕隸書六經, 刻石. 立鴻都門外, 名曰石經.]

【문】"자취를 밟지 않는다"106)[不踐迹]는 말은 무슨 뜻입니까?

---

103) 『논어』 「향당」편에서 나온다. "산 교량의 암꿩이 때를 만났구나!"
104) 靈帝는 제11대의 황제인 劉宏의 묘호이다. 宦官과 外戚에게 實權을 빼앗긴 어리석은 황제이다.
105) 蔡邕의 자는 伯喈이다. 詩賦를 잘 지었다. 저서로는 『蔡仲郎全集』이 있다.
106) 『논어』 「선진」에서 子張이 선량한 사람들이 사는 방식에 대해 물었는데, 공자께서 말씀하셨다. "선량한 사람들은 옛사람들의 자취(법도)를 배우지는 못했지만 악에는 빠지지 않는 사람들이다. 그러나 배우지 못하였기에 또한 聖人의 경지에는 들어갈

【답】『혹문或問』에서 이천伊川[107]이 말하기를, "자취를 밟지 않는다는 것은 이전에 저지른 악의 자취를 밟지 않는 것이다" 하였습니다. 불천적不踐迹이라는 세 글자에 악惡을 행하지 않는다는 뜻이 본래 그 속에 포함되어 있습니다.[『或問』伊川曰不踐迹, 是不踐已前爲惡之迹也. 不踐迹三字, 自不爲惡之意, 包在其中.]

【문】"장보관"[108][章甫]은 무슨 뜻입니까?

【답】『예기』「유행儒行」의 주에 "장章은 밝음이니, 장부丈夫임을 밖으로 드러내므로 장章이라고 한다. 보甫는 치포관緇布冠이다" 하였습니다.[『記』「儒行」註曰章明也, 所以表明丈夫, 故謂之章也. 甫蓋緇布冠也.]

【문】"노래하면서 돌아오겠습니다"[109][詠而歸]라고 한 말은 무슨 뜻입니까?

【답】선왕先王의 도를 노래하며 부자夫子의 집으로 돌아온다는 것입니다.[詠先王之道, 歸夫子之室.]

수 없다."

107) 伊川은 송나라 성리학자인 程頤(1033~1107)의 호이다. 자는 正叔이고 시호는 正公이다. 그의 형 程顥와 함께 儒學을 부흥시켰다. 저서로는 『易傳』・『春秋傳』・『語錄』 등이 있다.
108) 『논어』「선진」에서 자로・증석・염유・공서화가 모시고 앉았는데, 공서화가 대답하였다. "잘할 수 있다는 말이 아니라 배우고자 해서 드리는 말입니다. 저는 宗廟의 제사나 혹은 제후들 회동에서 禮服과 禮冠을 갖추고 예식을 돕는 賛禮가 되기를 원합니다."
109) 『논어』「선진」에서 공자의 제자 증점이 공자에게 말했다. "늦은 봄에 봄옷이 만들어지면 관을 쓴 벗 대여섯 명과 아이들 예닐곱 명을 데리고 기수에 가서 목욕을 하고 기우제 드리는 무우에서 바람을 쏘인 뒤에 노래하며 돌아오겠습니다."

【문】 주석에서 "인심이 주장이 된다는 것"110)에서 인심人心을 위주로 한다는 것은 무엇입니까?[人心之所以爲主, 以人心爲主如何?]

【답】 인심은 해야 하지 않는 것을 위주로 삼습니다. 말하자면 예禮가 아니면 금지해서 하지 말아야 하니, 이 때문에 금지하는 것으로 마음에 주장을 삼는 것입니다.[人心以勿爲主也. 言非禮而禁止勿爲, 是以勿爲主於心也.]

【문】 주석에서 "지식이 유혹되어 외물에 동화되어"[註知誘物化]라고 한 말은 무슨 뜻입니까?

【답】 지知는 지식과 같습니다. 지식이 외물에 유혹되어 외물에 동화되는 것입니다. 『소학』 주석111)의 글을 따라 풀이한다면 "지식이 외물에 유혹되어 동화되어" 입니다.[知猶知識也. 知誘於外, 爲物所化. 『小學』註文釋則知 丶 物 厂 誘 ㄲ 也 化 ㄲ 也.]

【문】 소주小註에서 "'시視'는 '간看'·'견見'과 다르며, '청聽'은 '문聞'과 다르다"[小註視與看見不同 聽與聞不同]고 한 말은 어떤 의미상에서의 차이입니까?

【답】 『심경강록心經講錄』에 "간看 자와 견見 자는 무의식적으로 보는

110) 『논어』 「顔淵」에서 안연이 인을 묻자 공자께서 말했다. "극기복례는 인을 하는 것이니, 하루 동안이라도 극기복례하면 천하가 인을 허여하는 것이다. 인을 하는 것은 자기 몸에 달려 있으니, 남에게 달려 있는 것이겠는가?"

111) 주석(註)은 『소학』 「嘉言」에서 "이천 선생이 말하였다. '안연이 극기복례의 조목을 물었는데'" 조목에 나오는 "마음의 지식이 외물에게 유인당하여 그와 더불어 함께 화하여 正理가 마침내 망실된다"를 말한다.

것이요, 시視 자는 의식적으로 살펴보는 것이다. 문聞 자는 무
의식적으로 듣는 것이요, 청聽 자는 의식적으로 듣는 것이다"
라고 하였습니다.[『心經講錄』曰看字見字, 非有心而看見也, 視字有心而視也. 聞
字非有心而聞也, 聽字有心而聽也.]

【문】주석에서 "엄연히 생각할 때이다"[註儼若思時]라고 한 말은 무슨
뜻입니까?

【답】『심경석의心經釋義』에 "엄연히 생각할 때"라고 하였습니다. 『예
기』「단궁檀弓」의 "엄연히 상중喪中에 있다"의 주에 "엄연儼然은
단정하게 지키는 모습이다" 하였습니다.[『心經釋義』曰儼然 ᄀ也 思
ᄒᄂ석. 『記』「檀弓」儼然在憂服之中, 註曰儼然, 端靜持守之貌.]

【문】"사람은 믿음이 없으면 서지 못한다"112)[民無信不立]고 한 말은
무슨 뜻입니까?

【답】『논어』「양화陽貨」의 "믿음이 있으면 남들이 의지한다."113)의
주석註에 "임任은 의지하는 것이다"고 하였습니다. 이 장의 립

---

112) 『논어』「안연」에 "자공이 묻기를 '부득이해서 꼭 버려야 한다면 셋 중에서 무엇을
버려야 합니까?'라고 하니, 공자가 말하기를 '군대를 버려야 한다'라고 하였다. 자공
이 묻기를 '부득이해서 꼭 버려야 한다면 둘 중에서 무엇을 버려야 합니까?'라고
하니, 공자가 말하기를 '양식을 버려야 한다. 자고로 사람은 누구나 죽기 마련이지
만 백성이 믿지 않으면 나라는 존립하지 못하게 된다'라고 하였다."

113) 『논어』「양화」에서 자장이 공자에게 仁에 대해 물으니, 공자께서 말씀하셨다. "다섯
가지를 천하에 행할 수 있으면 仁이라 할 것이다." 자장이 그 내용을 물었는데, 말씀
하셨다. "공손함(恭)과 너그러움(寬)과 믿음(信)과 민첩함(敏)과 은혜로움(惠)이다.
공손하면 남이 업신여기지 않고, 너그러우면 민심을 얻게 되고, 미더우면 남들이
의지하게 되고, 민첩하면 功이 있게 되고, 은혜로우면 남들을 부릴 수 있게 된다."

立 자는 아마도 임任 자와 같을 것입니다. 사람이 의지하고 믿
으면서 살아가니, 늙은이의 지팡이와 같습니다. 「자장子張」의
"세우면 이에 선다"114)의 주註에 "세움은 그 생명을 심어 주는
것을 말한다" 하였습니다.[「陽貨篇」信則人任焉. 註曰任倚杖也. 此章立字,
疑猶任字. 民之倚信以生, 猶老者之杖. 「子張篇」立之斯立. 註曰立之, 謂植其生也.]

【문】 소주小註에서 "교갈은 어지러움이다"[小註轇轕, 肯綮]라고 한 말은
무슨 뜻입니까?

【답】 교갈轇轕의 앞 글자의 음은 교膠이고 뒤 글자의 음은 갈葛입니
다. 긍경肯綮은 어지러움이 교차하여 더해지는 것인데, 한편으
로는 하늘의 맑은 기운이 뒤섞여 있다고 합니다. 긍肯의 음은
고苦와 등等의 반절反切115)이며, 경綮의 음은 경警입니다. 근육이
모이는 곳을 긍肯이라고 합니다. 또 긍경肯綮은 맺힌 자리라고
하니, 『장자』의 포정해우庖丁解牛116)조에 보입니다.[轇轕, 上音膠下

---

114) 『논어』「자장」에서 陳子禽이 자공에게 말하였다. "그대가 공손해서 그렇지 중니가
어찌 그대보다 낫겠는가?' 자공이 말하였다. "군자는 한마디 말로 지혜롭게 되기도
하고 한마디 말로 지혜롭지 못하게도 되는 것이니, 말을 삼가지 않아서는 안 된다.
선생님을 따라갈 수 없는 것은 마치 하늘에 사다리를 놓고 오를 수 없는 것과 같다.
선생님께서 나라를 얻으시게 되면, 이른바 '백성을 세워 주니 이에 서고, 인도하니
이에 따르고, 편안하게 해 주니 이에 모여들고, 고무시키니 이에 和順하여, 그가 살
아 있을 때에는 영광으로 여기고, 돌아가시면 모두 슬퍼한다'는 말처럼 될 것인데,
어떻게 따라갈 수 있겠는가?'
115) 反切은 두 한자의 음을 반씩 따서 한 음으로 읽는 방법을 말한다. 두 한자 중에
앞의 한자는 초성을 뒤의 한자는 중성과 종성을 따온다.
116) 『장자』「양생주」에서 "포정은 푸줏간의 백정으로 일찍이 文惠君을 위해 소를 잡았
는데, 소 잡는 솜씨가 매우 뛰어나 문혜군을 감탄하게 하였다. 그는 소 잡는 道를
말하면서 "얇은 칼을 틈새가 있는 곳에 넣으니, 널찍하여 칼날을 움직임에 반드시
여유가 있습니다'고 했다."

音葛. 肯綮雜亂交加也, 一云上淸之氣肯綮. 肯苦等切, 綮音謦. 筋肉會處曰肯. 又云肯綮結處也, 見『莊子』庖丁解牛條.]

【문】 주석에서 "세금을 거두는 것이 법칙이 없고"[征斂無藝]에서 예藝는 무슨 뜻입니까?

【답】 『송사宋史』에서 "꾸짖고 상 줌이 항상 하지 못한다"의 주석에 "예藝는 항상의 뜻이다"고 하였습니다.[『宋史』誅賞無藝, 註曰藝常也.]

【문】 "이름 하면 반드시 말할 수 있다"117)[名之必可言也]고 한 말은 무슨 뜻입니까?

【답】 예를 들어 죽은 아비를 녜禰라 하고 조상을 조祖라고 하는 것이 이름 함이니, 이와 같다면 말하지 않을 수 없습니다. 지금 문득 조祖를 녜禰라고 하면 이름 하였으나 말할 수는 없습니다.[如以禰爲禰, 以祖爲祖, 名之也, 如此則無不可言也. 今輒以祖爲禰, 是名之而不可言者也.]

【문】 소주小註에서 "주나라로 달아나다"[小註孫於邾]에서 손孫은 무슨 뜻입니까?

【답】 『좌전左傳』에서는 달아남을 손孫이라 하였습니다. 손孫의 음은

117) 『논어』「자로」에서 공자가 말씀하셨다. "이름이 바르지 않으면 말이 순조롭지 아니하고, 말이 순조롭지 아니하면 일이 이루어지지 아니하고, 일이 이루어지지 아니하면 예악이 일어나지 아니하고, 예악이 일어나지 아니하면 형벌이 타당하지 아니하고, 형벌이 타당하지 아니하면 백성이 손발을 둘 곳이 없게 된다. 이 때문에 군자가 이름을 붙이면 반드시 말을 할 수 있으며, 말을 하면 반드시 행할 수 있는 것이다."

손遜입니다.[『左傳』奔謂之孫. 孫音遜.]

【문】 주석에서 "동맹국"118)[與國]이라고 한 말은 무슨 뜻입니까?

【답】 『맹자』 제6편119) 「고자하告子下」의 주에서 "화친和親하여 서로 동맹을 맺은 나라이다"라고 하였습니다.[『孟子』第七篇, 註曰和好相與 之國.]

【문】 주석에서 "하학상달下學上達"120)이라고 한 말은 무슨 뜻입니까?

【답】 설문청薛文淸121)이 『독서록讀書錄』에서 "군주를 섬기거나 어른을 가까이하는 것과 같은 일은 모두 인사人事이다. 섬기는 도리를 다할 수 있다면 인의仁義의 이치가 여기에서 벗어나지 않으니, 이른바 상달上達이다. 보고·듣고·말하고·움직이는 것과 음식·남녀의 부류는 모두 인사이다. 이러한 상황에 대처하면서 각각 그 마땅함을 얻는다면 천리天理이다. 아래로 인사를 배우는 것은 형이하形而下의 기器이며, 위로 천리를 통달하는 것은 형이상形而上의 도道이다. 이러한 일이 있으면 이러한 이치

---

118) 동맹국은 『논어』「헌문」의 "진성자가 간공을 시해하자" 조목의 주석에서 程子가 한 말이다.
119) 제6편은 『사서질의』에는 '제7편'으로 나온다. 제7편은 「盡心」장을 말한다. 하지만 인용 문구는 「고자하」편의, "맹자께서 말하였다. '지금 군주를 섬기는 자가 말하였다'" 조목의 주석에서 나온다. 그러므로 여기에서는 '제7편'을 '제6편'으로 고쳤다.
120) 『논어』「헌문」편에서 "공자께서 말하였다. '나를 알아주는 사람이 없구나'" 조목의 주석에서 程子가 한 말이다.
121) 文淸은 明나라 理學家인 薛宣(1389~1464)의 시호이다. 자는 德溫이고 호는 敬軒이다. 永樂 때에 진사시에 입격하여 禮部侍郎을 지냈다. 程朱를 宗으로 삼아, 理를 밝히어 性을 회복함을 주로 하고, 더욱 躬行實踐을 중히 여겼다. 저서로는 『讀書錄』·『從政名 言』 등이 있다.

가 있으며, 이러한 기器가 있으면 이러한 도道가 있다. 정추精粗
는 본래 둘이 아니다. 정자程子의 이른바, '뜻이 말 밖에 있다'
는 것은 사람이 인사를 연유하여 묵묵히 천리를 아는 것에 있
을 뿐이다"라고 하였습니다.[薛文淸『讀書錄』曰如事君親長, 皆人事也. 能盡
事之之道則仁義之理, 不外乎是, 所謂上達也. 以至視聽言動飮食男女之類, 皆人事也.
于是而處之各得其宜則天理也. 下學人事, 形而下之器也, 上達天理, 形而上之道也. 有
是事則有是理, 有是器則有是道. 精粗本無二致也. 程子所謂意在言表者, 在人因人事而
默識天理耳.]

【문】 주석에서 "뜻이 말 밖에 있다"122)[註意在言表]고 한 말은 무슨 뜻
입니까?

【답】 하학下學의 일은 단지 평상시에 기이하거나 특별하여 사람을
움직이게 하지 않는 자리입니다. 묘한 천리天理의 경우는 홀연
히 상달上達하여 가고, 또 잡아 베끼려 하여도 할 수 없으니,
이는 바로 형용하기 어려운 바를 말합니다. 그러므로 "뜻이 말
밖에 있다"고 한 것입니다.[下學之事, 只是平常無奇特聳動人處. 至其天理之
妙, 忽然上達去, 又捉模不得, 此乃言所難形容處. 故曰意在言表.]

【문】 주석에서 "채찍질하여"123)[註鞭辟]라고 한 말은 무슨 뜻입니까?

---

122) 『논어』 「헌문」 제37장 대주에 나오는 정자의 말이다.
123) 『논어』 「위령공」에서 "자장이 행해짐을 묻자" 조목의 주석에서 나오는 말이다. 『근
사록』 「爲學」에도 "학문이란 단지 채찍질하여 내면으로 접근해서 자기 몸에 붙게
하는 것일 뿐이다. 그러므로 간절히 묻고 가까이 생각하면 인이 그 가운데에 있다"
라는 程明道의 말이 나온다.

【답】 주자의 설이 이미 자세하니, 채찍질로 몰아 감독하고 요약하여 내면으로 들어온다는 것과 같은 뜻입니다.[朱子說已詳, 猶鞭驅督約向裏來耳.]

【문】 주석에서 "다 밝혀서 찌꺼기가 모두 변화하여"[註明得盡 査滓便渾化却]라고 한 말은 무슨 뜻입니까?

【답】 "밝음이 다함에 찌꺼기가 곧 모두 변하여"라고 번역하고, 각却자는 풀이하지 않습니다.[明ᄒᆞᆯ 盡ᄒᆞ매 査滓곧다化ᄒᆞᆯ也, 却字不釋.]

【문】 주석에서 "이를 발하여 단서로 삼았다"124)의 소주小註에서, "조兆는 준칙準則과 같다"고 하였는데, 이 설은 어떠합니까?[註發此以爲(之)兆. 小註兆猶準則也, 其說何如.]

【답】 말하지 않은 것은 말한 것을 기준으로 삼아 본받는 것이니, 이것이 조兆가 됩니다.[其所不言者, 以所言者, 爲準而則之, 是爲之兆.]

【문】 주석에서 "발을 용납하는 곳 이외에는 모두 쓸모없는 자리가 되지만 버릴 수 없다"125)[註容足之外 皆爲無用之地而不可廢]고 한 말은

---

124) 『논어』「위령공」에서 "안연이 나라 다스리는 것을 묻자" 조목의 주석에서 나오는 말이다. 정자가 말했다. "정치를 물은 것이 많지만 오직 안연에게 이렇게 알려줬다. 대개 三代의 제도는 다 때에 따라 좋아지고 나빠지기도 하여 오래됨에 이르러선 폐단이 없을 수 없었다. 주나라가 쇠퇴하여 성인이 나오지 않았기 때문에 공자는 선왕의 예를 짐작하여 만세에 항상 행해질 도를 세워 이것을 발언하여 조짐으로 삼으려 했다. 이것으로 말미암아 구하면 나머지도 다 상고할 수 있다."

125) 『논어』「위령공」에서 "공자께서 말하였다. '사람이 먼 생각이 없으면 반드시 가까운 근심이 있다'" 조목의 주석에 나오는 말이다. 蘇軾이 말했다. "사람이 밟는 곳은 발을 용납하는 곳 이외에 모두 쓸모없는 땅이 되더라도 없앨 순 없다. 그러므로 우려

무슨 뜻입니까?

【답】 발을 용납하는 곳은 가까운 자리입니다. 이 자리 이외에는 발이 밟지 않은 곳으로 쓸모없는 자리가 되니, 또한 모두 먼 자리입니다. 그러나 어찌 발이 밟지 않는 것으로 쓸모없다고 여겨서 마침내 그 자리를 버리고 우려하지 않겠습니까? 만약 관계될 것이 없다고 여겨 우려하지 않는다면 근심이 반드시 밟고 있는 가까운 자리에서 생겨날 것입니다.[容足之地, 近地也. 自此之外, 足所不履, 是爲無用之地, 且皆遠地也. 然豈可以足所不履爲無用, 遂廢其地而不憂慮乎? 若以爲非所關而慮不及, 則患生於所履之近地必矣.]

【문】 "갖고 싶다고 말하지 않으면서 굳이 변명하는 것을 미워한다"126)[病夫舍曰欲之 而必爲之辭]고 한 말은 무슨 뜻입니까?

【답】 '사왈舍曰'은 말하지 않는다와 같습니다. '욕지欲之'는 자신이 하고자 함이고, '필위지사必謂之辭'127)는 반드시 꾸미는 말을 하여 스스로 벗어남을 말합니다. 사람이 하고 싶어 하는 일에 자기가 하고 싶다고 말하지 않으면서 꾸미는 말을 하여 스스로 벗어나는 자를 군자가 미워한다고 말하였습니다.[舍曰, 猶不曰也欲之. 已欲之也, 而必謂之辭, 謂必爲之飾辭以自免也. 言人於其所欲之事, 不言其已欲之, 而爲之飾辭自免者, 君子憎疾之.]

가 천리 밖에 있지 않다면 근심은 앉은 자리 아래에 있는 것이다."
126) 『논어』「季氏」에서 "계씨가 전유를 치려고 하였는데" 조목에 나오는 말이다. 공자가 말했다. "求야, 군자는 하고자 한다고 말하지 않고 굳이 변명하는 것을 미워한다."
127) 必謂之辭는 인용문의 '爲'가 '謂'로 되어 있다.

【문】 주석에서 "보전되지 못함이 있더라도 적을 것이니"[128][註不在焉
者寡]라고 한 말은 무슨 뜻입니까?

【답】 비록 천리가 보존되지 못한 것이 있으나, 보존되지 못한 것이
반드시 적을 것입니다. 보존되지 못한 것이 적다면 보존한 것
은 많게 됩니다.[雖有天理之不存焉者, 其不存必少. 蓋不存者少則存者多矣.]

【문】 "습관으로 서로 멀어진다"[129][習相遠]는 어떻게 해석해야 합니까?

【답】 홍응길洪應吉이 말하기를, "'이원길李原吉의 습관으로'라고 설명
한 것은 잘못되었다. '습관이'라고 해야 한다"고 하였습니다.
지금 살피건대 '습관으로'라는 설명의 잘못된 점을 보지 못하
겠습니다. 원길공이 왜 '습관이'라고 하였는지 알지 못하겠습
니다.[洪應吉云李原吉以習 乙ㅅ 之說爲非. 當云習 ㅅ. 今按習 乙ㅅ 之說, 未見其非.
不知原吉公何云習ㅅ 耶.]

【문】 "덕의 적이다. 덕을 버림이다"[130][德之賊, 德之棄]라고 한 말은 무
슨 뜻입니까?

【답】 『통고通考』에서 주공천朱公遷이 말하기를, "덕지적德之賊에서 이

---

128) 『논어』 「계씨」에서 "공자께서 말하였다. '군자는 아홉 가지 생각하는 것이 있으니'"
   조목의 주석에서 나오는 말이다.
129) 『논어』 「陽貨」에서 "공자께서 말하였다. '性은 서로 가깝고 習은 서로 멀다'" 조목에
   나오는 말이다.
130) 德之賊은 「양화」에서 "공자께서 말하였다. '향원이 덕의 적이다' 조목에 보이며, 德
   之棄는 「양화」에서 "공자께서 말하였다. '길에서 듣고 길에서 말하면 덕을 버리는
   것이다" 조목에 보인다. 공자께서 말씀하셨다. "시골의 근후한 척하는 자들은 德을
   해치는 도적이다." 공자께서 말씀하셨다. "길에서 듣고 길에서 말해 버리면 德을
   버리는 것이다."

덕 자는 바로 덕이 있는 사람을 가리켜 한 말이며, 덕지기德之棄
에서 이 덕 자는 바로 인심의 덕을 가리켜 한 말이다" 하였습
니다. 이 설이 정미하고 온당합니다.[『通考』朱公遷曰德之賊此德字, 卽
指有德之人而言, 德之棄此德字, 卽指人心之德而言. 此說精當.]

【문】 "길에서 듣고 말하면"[道聽而塗說]이라고 한 말은 어떻게 해석해
야 합니까?

【답】 본래 길에서 듣고 바로 길에서 말하여 행동에 뜻이 없는 자는
스스로 그 덕德을 버리는 것임을 말하였습니다. 이 넉 자(道聽塗
說)는 반드시 당시의 속어俗語일텐데, 부자께서 언급을 하고는
"덕을 버림이다"라는 한 마디로 단언하니, 바로 격언이 되었을
뿐입니다. 만일 오늘날 속인들이 평소 이 넉 자를 말하면서 또
한 본의를 따라 일컬으면 절대로 어긋남이 없을 것입니다.
선유들의 억지로 만든 괴이한 학설이 무엇을 근거로 시작하였
는지 알지 못하겠습니다. 주문註文에 '선언善言'이 있음으로 마
침내 도道 자를 도리의 도에 붙여 인식하였습니다. 또 바로 길
에서 말하는 것이 마땅하지 않은 듯하다고 의심하여 바로 선善
을 들어도 행하지 않고 단지 부질없는 말이라는 뜻으로 의미
를 연결하였습니다. 마침내 도塗자를 호도糊塗한다의 도塗로 이
해하여, 단지 호도의 의미를 언설言說에 붙여서 주문에서 '자신
의 소유로 삼지 않으면'이라고 하였습니다. 이제 이 두 설 가
운데에 위의 설은 그릇됨이 도道자에 있으며, 아래의 설은 그
릇됨이 도塗자에 있습니다. 잘못 전하여 받고 그릇되게 전하여

서 굳어져 깨트릴 수 없음으로 후학들을 그르치고 있으니, 상심傷心하지 않을 수 있겠습니까?

주자朱子께서 조연도趙然道에게 답한 편지에 "세상에서 불교나 노자의 학설을 도청도설道聽塗說한 나머지 스스로 얻음이 있다고 생각하는 사람이 있다"고 한 말이 있습니다. 유자징劉子澄[131])에게 답한 편지에서 "집사執事는 남의 말을 길에서 듣는다"고 하였습니다. 의서醫書에 "오늘날에는 침법鍼法이 제대로 전해지지 않아 못난 의사들이 도청도설道聽塗說한 것으로 용감하게 시술하고 있다"라는 말이 있습니다. 이와 같이 인용한 자리가 비록 수백이더라도 모두 도道로써 도리道理라고 하며 도塗로써 발라 부친다는 뜻으로 한 것은 없습니다.

얼마 전 성균관에서 이것의 의미를 논의하였는데, 동지同知 주경유周景遊[132])는 보고 바로 그렇다고 믿었으며, 사예司藝인 허태휘許太輝[133])는 처음에는 그렇지 않다고 하다가 뒤에는 믿었다고 합니다.[本言在道而聽之, 卽塗而說之, 無意於行之者, 是自棄其德也. 此四字, 必當時俗語, 夫子擧之而以德之棄一言斷之, 便爲格言耳. 且如今世俗人尋常說此四字,

---

131) 子澄은 송나라 유학자 劉淸之(1134~1190)의 자이다. 그는 臨安人이다. 紹興 진사로 鄂州通判을 지냈다. 서실의 이름은 槐蔭精舍이다. 저서로는 『曾子內外雜篇』·『訓蒙新書』·『外書』·『祭儀』 등이 있다.

132) 景遊는 周世鵬(1495~1554)의 자이다. 그의 호는 愼齋이고 본관은 尙州이며 시호는 文敏이다. 1522년 문과에 급제하여 承文院正字·都承旨·黃海監司 등을 역임하였다. 1543년 한국 최초의 서원인 白雲洞書院을 창설하였다. 저서로는 『武陵雜稿』·『竹溪志』·『東國名臣言行錄』 등이 있다.

133) 太輝는 許曄(1517~1580)의 자이다. 그의 호는 草堂이고 본관은 陽川이다. 1546년 문과에 급제하여 弼善·同副承旨·慶尙道觀察使 등을 역임하였다. 저서로는 『초당집』·『前言往行錄』 등이 있다.

亦依其本意而稱之, 了無差誤. 不知自何先儒鑿成怪說. 因註文有善言, 遂貼認道字爲道理之道. 又疑卽塗而說之似非其事宜, 乃以聞善不行, 只付之空言之意. 遂傳會塗字, 爲糊塗之塗, 解作只糊付於言說, 以就註文不爲己有之云. 今此二說, 上說誤在道字, 下說誤在塗字, 傳訛襲謬, 牢不可破, 以誤後學, 豈不可傷哉? 朱子答趙然道書, 有云視世之道聽塗說於佛老之餘, 而自謂有得者. 答劉子澄書云執事道聽於人. 醫書有云今世鍼法不傳, 庸醫道聽塗說, 勇於嘗試, 此等引用處雖十百, 幷無以道爲道理, 以塗爲塗付之意. 頃在泮論此, 同知周景遊卽見信以爲然, 司藝許太輝初尙不然, 後乃信云.]

【문】 "반드시 무너진다"134)[必壞]고 한 말은 무슨 뜻입니까?

【답】 스스로 무너짐을 '훼毁'라고 하며, 남이 무너뜨림을 '괴壞'라고 합니다.[自毀曰毀, 人毀曰壞.]

【문】 주석에서 "고운 삼베로 옷을 지어 입으며"[註受以成布]라고 한 말은 무슨 뜻입니까?

【답】 초상이 나면 거친 삼베로 상복을 지어 입었다가, 장사를 지내면 고운 삼베로 상복을 지어 입습니다. 고운 삼베로 지은 상복을 거친 삼베의 상복 대신 받으니, 대개 거친 삼베와 고운 삼베가 서로 받았다고 말한 것이고 사람이 받았다고 하지 않은 것입니다.[初喪未成布爲服, 至是以成布爲服. 是成布代受於未成之布也, 蓋自兩布

---

134) 『논어』 「양화」에서 재아가 물었다. "부모의 3년상은 1주년만 하더라도 너무 오래하는 것 같습니다. 군자가 3년 동안 禮를 행하지 않으면 예가 반드시 무너질 것이며, 3년 동안 음악을 행하지 않으면 음악이 반드시 무너질 것입니다. 묵은 곡식이 다하고 햇곡식이 나오며, 불씨 만드는 나무도 새로 바뀌니, 1년으로 끝내는 것이 좋겠습니다."

交受言之, 非人受之也.]

【문】 "(3일을) 게을리하지 않고 (3개월을) 태만히 하지 않으며 1년을 슬퍼하고 3년을 근심하였다"135)[(三日)不怠 (三月)不解 期悲哀 三年憂]고 한 말은 어떤 경우입니까?

【답】 『예기』 「상복사제喪服四制」 주에 "죽게 되면 3일 동안 곡소리는 끊어지지 않으며 장류醬類를 입에 대지 않으니, 이는 3일 동안 게을리하지 않은 것이다. 장사를 치르지 않았다면 언제나 곡을 하는데 여막廬幕에서 지내며 잠자리에서 수질首経과 요대腰帶를 벗지 않으니, 이는 3개월 동안 태만히 하지 않는 것이다. 삼우三虞와 졸곡卒哭을 지내고 나면 아침저녁으로 곡哭을 하니, 이는 1년 동안 슬퍼하는 것이다. 1년이 지나서는 아침저녁으로 곡을 하지 않고 정해진 때 없이 곡을 하고 슬픔이 일어나면 곡을 하니, 이는 3년 동안 근심하는 것이다"136)라고 하였습니다.[『記』 「喪服四制」, 註曰始死哭不絕聲, 水醬不入口者三日, 此三日不怠也. 未葬哭

無時, 居倚廬, 寢不脫経帶, 此三月不解也. 既虞卒哭, 惟朝夕哭, 此期悲哀也. 既練不朝

---

135) 『논어』 「미자」편 "일민은 백이·숙제"(逸民 伯夷 叔弟)의 주석에서 인용한 내용인데, 『예기』 「雜記」에 나온다.

136) 「상복사제」에서 "죽게 되면 3일을 게을리하지 않는다" 조목의 주석에 孔氏가 한 말이다. 『예기』 「상복사제」에 나오는 말로, 옛사람이 居喪하는 절차를 제시한 것인데, 해설을 덧붙여서 소개하면 다음과 같다. "사람이 죽었을 때, 처음 사흘 동안은 물도 입에 대지 않고 계속 哭泣하는 일을 태만히 하지 않는다. 그 뒤 석 달 동안은 때때로 곡을 하며 奠을 올리는 일을 게을리하지 않는다. 그 뒤 卒哭을 마치고 期年이 되면 아침저녁에 전을 올릴 때에만 곡을 하면서 슬픔에 잠긴다. 그 뒤 3년이 되면 마음속으로 근심을 한다. 이것은 사람의 심리상 시간이 흐름에 따라 고인에 대한 감정도 감쇄하기 때문이다."

夕哭, 哭無時, 謂哀至則哭, 此三年憂也.]

【문】 주석에서 "벌거벗는 것【力과 果의 반절음이다.】으로 꾸밈을 삼았
다"[註裸【力果反】以爲飾]고 한 말은 무슨 경우입니까?

【답】 오랑캐의 풍속은 의관을 갖추지 않습니다. 태백泰伯137)이 그
풍속을 따라 꾸민 것이지, 몸을 완전히 드러내지는 않았습니
다.[蠻夷之俗, 不具衣冠. 泰伯循其俗而飾, 非全露其體也.]

【문】 주석에서 "이목구비와 같아서"138)[註猶耳目口鼻]라고 한 말은 무
슨 뜻입니까?

【답】 농부가 농사일에 밝으며 의사가 의술에 밝은 것은 귀가 듣는데
밝으며 눈이 보는데 밝은 것과 같아서 그 나머지에 모두 통하
는 것은 아닙니다.[農明於農, 醫明於醫, 猶耳明於聽, 目明於視, 而皆不通其餘.]

---

137) 泰伯은 周나라 太王의 장자이다. 『史記』 「吳泰伯世家」에서 태왕이 아우인 季歷을 세워
서 후에 文王이 되는 손자 昌에게 왕위를 전하려고 하였다. 이를 안 태백은 아우
仲雍과 함께 荊蠻, 곧 吳로 피신하여 그곳의 왕이 되었다고 나온다.
138) 『논어』 「子張」에서 "자하가 말하였다. '작은 도라도 반드시 볼만한 것이 있거니와'"
조목의 주석에 나오는 말이다. "비록 작은 도지만 반드시 볼만한 것이 있다"라는
구절의 집주에 "百家의 여러 가지 기예는 마치 이목구비와 같아 모두 밝은 바가
있으나 서로 통할 수는 없으니, 볼만한 것이 없지는 않다"라는 말이 있다. 『장자』
「천하」에 "천하가 크게 어지러워지자…… 비유하자면 이목구비가 각자 밝게 아는
부분이 있지만 서로 소통하지 못하는 것은 마치 제자백가의 여러 학술이 서로 소통
하지 못하는 것과 같다"라는 말이 있다.

3) 『맹자』에 대한 문답

【문】 "또한 장차"139)[亦將]라고 한 말은 어떤 의미입니까?

【답】 역亦자는 아마도 당시 소진蘇秦과 장의張儀의 무리가 합종合從·
연횡連橫140)의 술術로써 제후들에게 부국강병을 유세하였기 때
문에 양혜왕梁惠王이 맹자를 만나서, "또한 내 나라를 이롭게
함이 있겠습니까?"라고 말한 것입니다.[亦字疑當時蘇張之徒, 以縱橫之
術, 說諸侯富國強兵, 故惠王見孟子而亦將有以利吾國云.]

【문】 주석에서 "단서를 짓고 시작을 의탁하는"[註造端託始] 것이라고
한 말은 무슨 뜻입니까?

【답】 인의仁義의 단서를 짓고, 7편의 시작을 의탁하였습니다. 혹자
가, "왕정王政의 시작이다"라고 말한 이유는 알지 못하겠습니
다.[造仁義之端, 託七篇之始. 或曰王政之始, 未知所云.]

---

139) 『맹자』 「梁惠王上」에서 "맹자께서 양혜왕을 만나니" 조목에 나오는 말이다. 아래
질문도 출전이 같다. 맹자께서 양혜왕을 만나셨는데, 왕이 말하였다. "노인장께서
천리를 멀다 여기지 않고 오셨는데, 앞으로 우리나라를 이롭게 할 수 있겠습니까?"
맹자께서 대답하셨다. "왕은 하필 이익을 말씀하십니까? 仁義가 있을 뿐입니다. 왕
께서 어떻게 하면 우리나라를 이롭게 할까 하시면, 대부들은 어떻게 하면 우리 집안
을 이롭게 할까 할 것이며, 士와 서민들은 어떻게 하면 내 자신을 이롭게 할까 할
것이니, 이런 식으로 윗사람과 아랫사람이 서로 이익을 취하게 되면 나라가 위태롭
게 될 것입니다. 만승의 천자 나라에서 그 임금을 시해하는 자는 반드시 천승을
가진 公卿의 집안이고, 천승의 제후국에서 그 임금을 시해하는 자는 반드시 百乘을
가진 大夫의 집안입니다. 만승에서 천승을 갖고 천승에서 백승을 갖는 것이 많지
않은 게 아니지만, 진실로 의리를 하찮게 여기고 이익을 우선시하게 되면 모조리
빼앗지 않고는 만족하지 않을 것입니다."
140) 合從·連橫의 합종은 소진이 주장한 것으로, 趙·魏·韓·燕·齊·楚 여섯 나라가 남
북從으로 연합하여 진나라에 대항하자는 계책이다. 연횡은 장의가 주장한 것으로
여섯 나라가 서쪽의 진나라와 동서衡로 연합하여 진나라를 섬기자는 계책이다.

【문】 주석에서 "뿌리를 뽑고 근원을 막아서"141)[註拔本塞源]라고 한 말
　　은 무슨 뜻입니까?

【답】 인의人義의 근본을 뽑아내고 이욕利欲의 근원을 막는 것입니다.
　　혹자는 말하기를, "이욕의 근본이며 이욕의 근원이다"고 하였
　　습니다.[拔仁義之本, 塞利欲之源. 或曰利之本, 利之源.]

【문】 "큰 기러기를 돌아보고"142)[顧鴻鴈]라고 한 말은 어떤 경우입니
　　까?

【답】 아마도 현자가 온 것에는 마음이 없는 것이니, 위령공衛靈公이
　　날아가는 큰 기러기를 돌아보며 공자에게는 관심이 없었던
　　일143)과 같습니다.[疑無心於賢者之所到, 猶衛靈公顧飛鴻而色不在孔子.]

【문】 "종신토록 배부르고"144)[終身飽]라고 한 말은 무슨 뜻입니까?

【답】 혹자는 말하기를, "종終은 한 해를 마치도록 배부름이다"고 하

---

141) 『춘추』 소공 9년조에서 "나는 백부에게 있어서 마치 의복에 갓과 면류관이 있고,
　　나무와 물에 뿌리와 근원이 있으며, 백성들에게 지혜로운 군주가 있는 것과 같다.
　　백부께서 만약 갓을 찢고 면류관을 부수며, 뿌리를 뽑고 근원을 막고, 지혜로운 군주
　　를 버린다면 비록 오랑캐라고 한들 어찌 한 사람이라도 남아 있겠는가?"라고 했다.
142) 『맹자』 「양혜왕상」에서 "맹자가 왕을 만났는데. 왕이 못가에 서있더니" 조목에 나
　　오는 말이다.
143) 『사기』 「孔子世家」에서 "다음 날 공자와 함께 이야기하였다. 이야기 중에 날아가는
　　기러기를 올려보며 공자에게는 관심이 없었다"에서 유래한 내용이다.
144) 『논어』 「양혜왕상」에서 "제선왕이 물었다. '제환공과 진문공의 일을 들을 수 있겠습
　　니까?" 조목에 나오는 말이다. "그러므로 현명한 임금은 백성의 생업을 제정해 주
　　되, 반드시 위로는 부모를 섬길 수 있고 아래로는 처자식을 먹여 살릴 수 있게 함으
　　로써, 풍년에는 일 년 내내 배부르고 흉년이라도 죽음은 면할 수 있게 해 줍니다.
　　그런 뒤에 백성들을 가르쳐서 善으로 나아가게 하므로 백성들이 따르기가 쉬운 것
　　입니다."

였으며 혹자는 말하기를, "종은 다함인데, 지금 속어의 가지
끈이다"라고 하였습니다. 두 설의 옳고 그름은 알지 못하겠습
니다.[或曰終一歲身飽也, 或曰終極也, 今俗語ㄱ지ㄴ. 二說未知是否.]

【문】 주석145)에서 "대장과 함지와 소와 하"[大章咸池韶夏]는 무슨 의미
입니까?"

【답】 『예기』 「악기樂記」의 주석에서 "대장大章은 요堯임금의 덕을 천
하에 밝힘을 말한다. 함咸은 모두이며, 지池는 베푸는 것이다.
함지咸池는 황제皇帝의 음악 이름인데, 덕이 천하에 모두 베풀
어져서 두루 하지 않음이 없음을 말한다. 소韶는 계승하는 것
이니, 순임금의 도덕이 요에게서 이어졌음을 말한다. 하夏는
큼인데, 우임금 음악의 이름이다. 하夏는 요순의 덕을 빛내고
크게 할 수 있음을 말한다"고 하였습니다.[『記』 「樂記」 註曰大章者, 言
堯德章明於天下也. 咸皆也, 池施也. 咸池, 黃帝樂名, 言德皆施被於天下, 無不周徧矣.
韶繼也, 言舜之道德, 繼於堯也. 夏大也, 禹樂名. 夏者言能光大堯舜之德也.]

【문】 "명당明堂"146)은 무슨 뜻입니까?

【답】 『예기』 「명당明堂」147)에 "명당이라는 것은 제후들의 높고 낮음

---

145) 아래의 인용문은 「양혜왕하」에서 "장포가 맹자를 보고 말하였다" 조목의 小註에서
나오는 말이다.
146) 『맹자』 「양혜왕하」에서 제선왕이 물었다. "사람들이 다 나더러 明堂을 부수라고 하
는데, 부숴야 합니까, 말아야 합니까?" 맹자께서 대답하셨다. "명당이란 천자의 堂
이니, 왕께서 王道政治를 행하고자 하신다면 부수지 마십시오."
147) 『사서질의』에는 '明堂位'로 되어 있으나, 『예기』 제14권 「명당」편에 아래의 인용문
이 나온다. 그러므로 여기에서는 고쳐 번역하였다.

을 밝힌 것이다"라고 하였습니다. 당堂의 이름을 이러한 뜻에서 취하였습니다.[『記』「明堂」位曰明堂也者, 明諸侯之尊卑也. 堂名取是義也.]

【문】 "제나라 사람이 연나라를 정벌하여"[148]에서 제齊나라가 연燕나라를 정벌하였다고 말하지 않고, 인人자를 더한 것은 왜입니까?[齊人伐燕, 不言齊伐燕而加人字者何耶?]

【답】 혹자는 "무도無道한 군주를 인人이라고 한다"고 하였으며, 혹자는 "졸개나 장수 중에 약한 사람을 인人이라고 한다"고 하였습니다. 『춘추』에서 진인晉人·진인秦人이라고 한 것은 모두 폄하하는 말이니, 제인齊人이라고 한 것은 『춘추』의 기록법과 동일한 뜻입니다.[或曰無道之君曰人, 或曰卒小將弱曰人. 『春秋』晉人秦人云者, 皆爲貶辭, 則曰齊人, 與春秋書法同一義也.]

【문】 "문왕이 어찌 감당할 수 있으리오?"[149][文王何可當]를 어떻게 해

---

148) 『맹자』「양혜왕하」에서 "제나라 사람이 연나라를 쳐서 승리하였거늘" 조목에 나오는 말이다. 제나라가 연나라를 쳐서 이겼는데, 제선왕이 물었다. "어떤 사람은 과인에게 연나라를 취하지 말라고 하고, 어떤 사람은 과인에게 취하라고 합니다. 萬乘의 제나라가 만승의 연나라를 정벌하여 50일 만에 함락을 시켰으니, 사람의 힘만으로는 그렇게 될 수 없는 일입니다. 연나라를 취하지 않으면 반드시 하늘의 재앙이 있을 터이니, 취하는 것이 어떻겠습니까?" 맹자께서 대답하셨다. "취해서 연나라 백성들이 기뻐할 것 같으면 취하십시오. 옛사람 중에 그렇게 하신 분이 있는데, 武王이 바로 그런 분입니다. 취해서 연나라 백성들이 기뻐하지 않을 것 같으면 취하지 마십시오. 옛사람 중에 그렇게 하신 분이 있는데, 文王이 바로 그런 분입니다. 만승의 나라로 만승의 나라를 정벌하는데, 연나라 백성들이 바구니에 밥을 담고 병에 마실 것을 담아 왕의 군대를 환영한 것은 어찌 다른 이유가 있겠습니까. 물과 불 속에서 구해 주었기 때문입니다. 그런데 만약 물이 더욱 깊어지고 불이 더욱 뜨거워진다면 민심은 또 다른 데로 옮겨 갈 것입니다."

149) 『맹자』「公孫丑上」에서 "공손추가 물었다. '부자께서 제나라의 요직을 맡으신다면" 조목에 나오는 말이다.

석해야 합니까?

【답】 "문왕을 어찌 감당하리오?" 이제 이 설을 살펴보면 틀렸습니다. "문왕이 어찌 감당하리오?"라고 해야 합니다. 맹자는 상商나라의 선왕들이 후덕한 덕으로 오랫동안 다스려왔으므로 비록 문왕이 성스러운 덕을 지녔으나 천하에 왕 노릇하려는 마음을 품지 못하였음을 말하려고 한 것입니다. 그러므로 먼저 "어찌 감당하시리오?"라는 한 구句로써 말하니, 바로 이른바 도구법倒句法150)입니다. 『집주集注』에서 "당當은 맞섬과 같다" 하였으니, 또한 뜻이 분명합니다. 만약 『석의釋義』와 같다면 공손추公孫丑가 본래 문왕이 법 받을 만한지의 여부를 물은 것이 되는데, 맹자가 어찌 갑자기 대적함과 대적하지 못함으로 답하였겠습니까? 하물며 공손추의 뜻이 왕도가 이와 같이 쉽다면 성스러운 덕을 지는 문왕이 어찌 왕 노릇하지 못할 이치가 있겠습니까? 맹자는 문왕이 비록 성스러운 덕을 지녔으나 그 당시에 상商에 내린 천명을 거두지 않았으니, 문왕이 어떻게 천하를 소유할 수 있겠는가 라고 답한 것입니다. 그러므로 "이 때문에 어려웠다"라고 결론지었습니다. 어세와 문답이 기승전결 사이에서 호응하여 통합니다.[文王乙 엇지可 屛當 ヽ日五, 今按此說誤. 當云文王ㅣ 엇지可 屛當 ヽㅏ日五. 蓋孟子將言商先王德厚流長, 文王雖以聖德, 不能王天下之意. 故先以何可當一句發之, 正所謂倒句法也. 『集註』當, 猶敵也, 義亦曉然矣. 若如『釋意』則丑本問文王足法與否, 孟子何遽以敵不敵答之? 況丑意王道若易則

---

150) 倒句法은 뜻을 강조하기 위하여 구의 어순을 뒤바꾸는 문장 작법이다.

文王聖德, 豈有不王之理? 孟子答以文王雖聖德, 彼時商命未替, 文王何得以有天下乎. 故結之曰是以難也. 是其語勢問答起結之間, 通貫相應.]

【문】 "반드시 이에 종사하되"151)[必有事焉]라고 한 말은 무슨 뜻입니까?

【답】 『심경』 소주小註에서 진씨陳氏가 말하기를, "이른바 종사從事한다는 것은 의리와 정직152)을 가리켜 한 말이다" 하였습니다.[『心經』小註陳氏曰所謂事者, 指義直而言.]

【문】 주석에서 "나쁘게 하지 않으면서도 엄격하다"153)[不惡而嚴]에서 악惡은 무슨 뜻입니까?

【답】 살펴보니, 이는 『주역』「둔괘遯卦·대상大象」의 말입니다. 악惡은 본문에서 입성으로 발음합니다. 혹 음을 거성去聲으로 읽는 사람이 있는데, 매우 잘못된 것입니다.[按此『易』「遯卦大象」辭也. 惡本

---

151) 『맹자』「공손추상」에서 "공손추가 물었다. '부자께서 제나라 경상의 지위에 오르시어" 조목에 나오는 말이다. "호연지기를 기르는 사람은, 반드시 의를 쌓는 일을 행하되 미리 그 결과를 기대하지 말 것이며, 마음속에 항상 그것을 잊어버리지도 말고 억지로 조장하지도 말아서 저 어리석은 송나라 사람처럼 되지 않아야 할 것이다. 송나라 사람 중에, 벼 싹이 자라지 않는 것을 안타깝게 여겨 뽑아 올린 자가 있었다. 그러고는 멍청하게 돌아와서 집안사람들에게 '오늘 나는 몹시 피곤하다. 벼 싹이 자라는 걸 도와주고 왔다' 하였다. 그 아들이 달려가서 보았더니, 벼 싹이 다 말라 있었다. 이처럼 천하에는 벼 싹이 자라도록 억지로 조장하지 않는 자가 적다. 호연지기를 무익하다고 여겨 내버려두고 기르지 않는 자는, 이를테면 벼 싹을 김매지 않는 자이고, 호연지기를 억지로 기르려고 하는 자는 이를테면 벼 싹을 뽑아 올리는 자이다. 조장하게 되면 무익할 뿐만 아니라 도리어 그 근본을 해치게 되는 것이다."
152) 『맹자』「공손추상」에서 "이 호연지기는 의리를 많이 축적하여 생겨나는 것이다"의 義와 "정직함으로써 기르고 해침이 없으면"의 直을 의미한다.
153) 『맹자』「公孫丑下」에서 "맹자께서 제나라의 경이 되어 등나라로 조문 갈 적에" 조목의 주석에 나오는 말이다.

文音入聲. 或音去聲讀之者甚誤.]

【문】 "하후씨는 (50묘에 공법을 썼고) 은나라 사람은 (70묘에 조법
을 썼고) 주나라 사람은 (100묘에 철법을 썼으니)"154)[夏后氏(五十
而貢) 殷人(七十而助) 周人(百畝而徹)]에서 하후는 씨氏라 하고 은나라와
주나라는 사람人이라 한 것은 어떤 차이입니까?

【답】 하나라에는 씨氏라 하고 은나라와 주나라에는 인人이라고 한
것에 대하여 『성리서해性理書解』에서 "선양받았으므로 씨氏라고
하였으며, 정벌하였으므로 인人이라고 하였다"고 하였습니다.

[於夏曰氏, 於殷周曰人者,『性理書解』曰禪受曰氏征伐曰人.]

【문】 "돌아와 들것으로 흙을 담아 쏟아서"155)[歸反虆梩]라고 한 말은
무슨 뜻입니까?

【답】 "돌아와 삼태기와 들것의 흙을 쏟아서 가리니"입니다. 이 설

---

154) 『맹자』 「滕文公上」의 "등문공이 나라 다스림을 물었는데" 조목에 나오는 말이다.
"하나라는 세대당 전지 50묘를 주고 貢法을 행하였고, 은나라는 세대당 70묘를 주고
助法을 행하였으며, 주나라는 세대당 100묘를 주고 徹法을 행하였는데, 실제로는 모
두 10분의 1의 세금을 거둔 것입니다. 徹은 힘을 합해 함께 일하고 똑같이 나눈다는
뜻이고, 助는 힘을 빌려 公田을 경작한다는 뜻입니다."

155) 『맹자』 「등문공상」에서 "묵자인 이지가 서벽을 통하여 맹자에게 뵙기를 요구하자"
조목에 나오는 말이다. "상고시대에는 부모를 장사지내지 않는 풍속이 있었으므로,
어떤 사람이 부모가 죽자 들어다가 골짜기에 버렸다. 후일에 그곳을 지나다가 보니,
여우와 삵이 시체를 파먹고 파리와 모기떼가 달라붙어 빨아먹고 있었다. 이를 본
그 아들은 이마에 식은땀을 흘리면서 똑바로 쳐다보지 못하고 옆 눈질로 볼 뿐이었
다. 이 사람이 식은땀을 흘린 것은 남들이 볼까 봐 식은땀이 난 것이 아니라 부끄러
운 속마음이 얼굴에 드러난 것이다. 이에 그는 집으로 돌아와서 삼태기와 흙 수레에
흙을 담아 가지고 가서 시신을 가렸는데, 시신을 가린 것이 진실로 옳다면, 효자와
어진 사람이 부모의 시신을 가리는 데에도 또한 반드시 厚하게 하는 도리가 있을
것이다."

을 살펴보건대, 귀歸는 시신이 있는 곳으로 돌아오는 것이며 반反은 『집주集注』에 엎어 쏟는다고 하였습니다. 비록 복覆이 한 삼태기에 쏟을 물건을 쏟는 것이지만, 그릇에 흙을 가득 담아 엎어 땅에 쏟음을 말합니다. 이 뜻은 의심할 것 없이 명백합니다. 혹자는 천착하여 "귀歸라는 것은 그 집으로 돌아감이요, 반反이라는 것은 시신이 있는 곳으로 돌아감이다"고 하였습니다. 이를 근거로 집으로 돌아가 흙 담는 그릇을 취하여 시신이 있는 곳으로 돌아온다고 하니, 틀렸습니다.[歸 ヽ也 虆 ト 梩 乙 反 ヽ也 掩 ヽ匕. 今按此說是歸, 歸屍處也, 反, 『集註』覆也. 卽雖覆一貫之覆, 言盛土於器, 覆而寫之於地也. 此意明白無疑. 或爲鑿說曰歸者, 歸其家也, 反者, 反於屍處也. 以此爲歸家取土器而反於屍處, 誤也.]

【문】 "『춘추春秋』"156)는 무슨 뜻입니까?

【답】 책 이름입니다. 춘추라는 것은 8편 「이루하離婁下」의 『집주』에 "한 해에는 사시가 있으므로 번갈아 들어서【『左傳』「序文」에, 錯

---

156) 『맹자』「등문공하」에서 "공도자가 물었다. '외부 사람들이 모두 부자께서 변론하기를 좋아한다고 칭하니'" 조목에 나오는 말이다. 公都子가 말하였다. "외부 사람들이 모두 선생님더러 변론하기를 좋아한다고 하는데, 감히 여쭙겠습니다. 어째서입니까?' 맹자께서 말씀하셨다. "내 어찌 변론하기를 좋아하겠는가? 나는 부득이하여 이렇게 하는 것이다. 천하에 인간이 살아온 자가 오래되었는데, 그동안 이 세상은 한번 다스려지면 한번은 혼란스러운 과정이 반복되었다. 요임금 시대에는 물이 역류하여 나라 안에 범람한 결과, 뱀과 용이 득실거렸다. 그리하여 사람들이 정착할 수가 없어, 낮은 지역에 사는 자들은 나무 위에 집을 만들고, 높은 지역에 사는 사람들은 굴을 파고 살았다.…… 공자께서 이를 두려워하여 『춘추』를 지으셨지만, 사실, 道에 맞게 역사를 기록하는 것은 천자의 권한인 것이다. 이 때문에 공자께서 말씀하시기를, '나를 알아주는 것도 오직 『춘추』 때문이고, 나를 비난하는 것도 오직 『춘추』 때문일 것이다' 하셨다."

은 섞음이다. 春秋 두 시기를 섞어 들어서 사시를 포용하였다.】 기록한 바
의 책 이름으로 삼았다"157)고 하였습니다. 『통서通書』158)의 주
석에 "봄에 사물이 나는 것 같이 선善을 기록하고, 가을에 사물
이 죽는 것과 같이 악惡을 기록하였기 때문이다"고 하였습니
다.[書名. 春秋者, 八篇『集註』曰年有四時, 故錯擧【『左傳』「序文」, 錯, 雜也. 雜擧春
秋二時, 以該四時也.】以爲所記之名也.『通書』註曰錄一善, 如春之生物, 記一惡, 如
秋之殺物故也.]

【문】 주석에서 "편치 않다"(戚)고 했는데, 척戚자의 뜻이 자세하지
    않습니다.[註戚矣, 未審戚字之意.]

【답】 척戚은 아마도 마음이 움직여 편안하지 않다는 뜻일 겁니다.
    허미숙許美叔159)의 질문에 답한 것이 또한 옳습니다.[戚恐是心動不
    寧之意. 答許美叔問亦是.]

【문】 "인자에게는 많은 무리가 되지 못하니"160)[仁不可爲衆]는 어떻게

---

157) 『맹자』「離婁下」에서 "맹자가 말하였다. '왕의 자취가 사라지니『시경』이 없어 졌으
    니'" 조목의 주석에 나오는 말이다.
158) 通書는 宋나라 周敦頤가 지었다. 처음에는『易通』이라 이름 하였다가 나중에 고쳤다.
    「太極圖說」과 서로 표리가 되는 글로써,「태극도설」은 이론에 대하여 설명하고『통
    서』는 응용에 대하여 설명하였다.
159) 美叔은 許篈(1551~1588)의 자이다. 호는 荷谷이고 본관은 陽川이다. 1572년 문과에 급
    제하여 吏曹佐郎・昌原府使 등을 역임하였다. 저서로는 『하곡집』・『荷谷朝天記』・『海
    東野言』 등이 있다.
160) 『맹자』「離婁上」에서 "맹자가 말하였다. '천하의 도 있을 때에는'" 조목에 나오는
    말이다. "『시경』에 '상나라 후손들이 10만 명이 넘지만 천명이 바뀐지라 주나라를
    섬긴다네. 이걸 보면 천명은 정해진 게 아니로세. 뛰어난 은의 인사 서울 와서 제사
    돕네'라고 하였는데, 이에 대해 공자께서 말씀하시기를, '仁者에게는 사람이 아무리
    많아도 당해낼 수가 없다. 나라의 임금이 인을 좋아하면 천하무적이다'고 하셨다."

해석해야 합니까?

【답】 "무리가 되지 못하다 하시니"입니다. 이제 살펴보건대, 공자孔子의 말이 여기까지여서 "나라의 군주가" 이하는 맹자의 말이라고 하는 것은 틀렸습니다. "누가 감히 업신여기겠는가?"161)의 예와 마찬가지로 아래의 "천하에 대적할 이가 없다"까지가 모두 부자의 말이 되어야 합니다.[衆ᄉ 도외디 ᅟᅵᆺ. 今按此以 孔子之言止此而夫國君以下, 爲孟子之言, 非也. 當如誰敢侮之之例, 通下天下無敵, 皆 爲夫子之言也.]

【문】 주석에서 "반드시 성실히 하고 믿음 있어"162)[註必誠必信]라고 한 말은 무슨 뜻입니까?

【답】 『예기』「단궁檀弓」의 주석에서 "필성必誠은 죽은 이에게 속이는 것이 없으며, 필신必信은 산 이에게 의심받는 것이 없다" 하였습니다.[『記』「檀弓」註曰必誠, 謂於死者無所欺, 必信, 謂於生者無所疑.]

【문】 주석에서 "안배하고 배치하여"163)[註安排布置]라고 한 말은 무슨 뜻입니까?

---

161) 『맹자』「공손추상」의 "맹자가 말하였다. '인하면 영화롭고 불인하면 치욕을 받으니'" 조목에 나오는 말이다. 『시경』「빈풍豳風·치효鴟鴞」편을 해석한, "이 시를 지은 사람은 도를 알 것이다. 자신의 국가를 다스릴 수 있다면 누가 감히 업신여기겠는가?"를 공자의 말로 풀이하였듯이, '仁不可爲家' 또한 공자의 말이라고 하였다.
162) 『맹자』「이루하」에서 "맹자가 말하였다. '산자를 봉양함은 큰일에 해당하기 부족하고'" 조목에 나오는 말이다.
163) 『맹자』「이루하」에서 "맹자가 말하였다. '군자가 도로써 깊이 나아감은 스스로 얻고자 해서이다'" 조목의 주에서 程子가 한 말이다.

【답】『심경강록心經講錄』에 "안安은 안돈安頓의 안이며, 배排는 배포排布이다. 안돈시키고 배포하는 것은 의도적으로 조치함을 말한다. 포치布置는 베풀어 둠이니, 의리의 자연스러움을 따르지 않고 사사로운 뜻으로 헤아려 여러 방면으로 배치排置하는 것이다" 하였습니다.[『心經講錄』曰安是安頓之安, 排, 排布也. 安頓排布, 用意措處之謂. 布置베퍼놋타, 蓋不循義理之自然而以私意計較, 多方措置也.]

【문】 "인의를 따라 행한 것이요"164)[由仁義行]라고 한 말은 무슨 뜻입니까?

【답】『집주集註』의 "인의仁義는 마음속에 근본한다"는 것은 바로 성인의 마음에 인의仁義가 본래 갖추어져 있다는 뜻을 먼저 말한 것입니다. 이어서 말한 "행하는 바가 모두 이로부터 나온 것이요"에서 유차由此의 차此 자는 바로 인의를 가리켜 한 말입니다. 인의가 본래 마음에 갖추어져 있기 때문에 행하는 바가 모두 인의를 따라서 나온다는 것은 귀와 눈이 본래 몸에 갖추어져 있기 때문에 만나는 바가 모두 귀와 눈을 통해 보고 듣는 것과 같습니다.[『集註』仁義根於心云者, 乃先言聖人之心仁義本具之意, 而係之曰所行皆由此出, 是由此之此字, 正指仁義而言. 惟其仁義本具於心, 故所行皆由仁義而出, 猶耳目本具於身, 故所接皆由耳目而視聽也.]

---

164) 『맹자』 「이루하」에서 "맹자가 말하였다. '사람이 금수와 다른 것이 얼마 안 되나'" 조목에 나오는 말이다. 맹자께서 말씀하셨다. "사람이 금수와 다른 점이 몇 가지가 되지 않는데, 서민들은 그마저도 버리고 군자는 그것을 보존한다. 순임금은 온갖 사물의 이치에 밝으셨고 인륜에 특히 더 밝으셨기 때문에, 자연스럽게 인의를 따라 행하신 것이지, 의도적으로 인의를 행하신 것은 아니다."

【문】 "그 마음을 보존하기 때문이니"165)[以其存心]에서 존심存心은 어떻게 해석해야 합니까?

【답】 주자께서 감길보甘吉甫에게 답하기를, "존심存心은 마음을 가지는 것이다. 떠난 마음을 가지고 가서 인仁과 예禮166)에 두는 것이 아니며, 또 인과 예를 가지고 가서 마음 안에 두는 것이 아님을 반드시 알아야 한다" 하였습니다. 이를 근거로 하면 존심은 지금 우리말의 "마음을 가지다"와 뜻이 같습니다.[朱子答甘吉甫曰存心者, 處心也, 又須知不是將心去存在仁禮上, 亦不是將仁禮去存在心裏. 據此則存心, 如今俗語무 음가지다之意.]

---

165) 『맹자』 「이루하」에서 "맹자가 말하였다. '군자가 일반인과 다른 것은'" 조목에 나오는 말이다. 맹자께서 말씀하셨다. "군자가 일반인과 다른 점은 마음을 보존하고 있다는 것이다. 군자는 인을 마음에 보존하고 있고 예를 마음에 보존하고 있다. 仁者는 남을 사랑하고, 예의가 있는 자는 남을 공경하니, 남을 사랑하는 자는 남도 항상 그를 사랑하고, 남을 공경하는 자는 남도 항상 그를 공경한다. 여기에 어떤 사람이 있는데, 그가 나에게 횡포를 부린다면, 군자는 반드시 스스로를 반성하기를, '내가 필시 그에게 불인하게 대했을 것이며, 내가 필시 그에게 무례하게 대했을 것이다. 그렇지 않다면 이런 횡포가 어찌 나에게 올 수 있단 말인가?' 할 것이다. 스스로 반성해 보아도 인하게 대했고 스스로 반성해 보아도 예의가 있었는데, 그가 나에게 이렇게 횡포를 부린 것이라면, 군자는 반드시 스스로를 반성하기를, '내가 필시 성의를 다하지 않았을 것이다' 할 것이다. 스스로를 반성해 보아도 성의를 다하였는데, 그가 나에게 이렇게 횡포를 부린 것이라면, 그때서야 군자는 '이 사람은 망녕된 사람이다' 할 것이다. 이와 같다면 금수와 무엇이 다르겠는가. 금수를 상대로 다시 무엇을 논란한단 말인가? 이렇기 때문에 군자는 평생토록 하는 근심은 있어도 하루아침의 일시적인 걱정은 없는 것이다. 평생 하는 근심은 다음과 같으니, '순임금도 사람이고 나도 사람인데, 순임금은 천하의 본보기가 되어 후세에 도를 전하셨으나, 나는 아직도 시골 사람을 못 면하고 있다'는 것이다. 이런 것은 근심할 만한 일이니, 근심하면 어떻게 해야 되는가. 순임금처럼 하면 되는 것이다. 군자가 걱정할 만한 것은 없으니, 仁이 아니면 하지 않고 예가 아니면 행하지 않으면 되는 것이다. 설사 하루아침의 일시적인 걱정이 있더라도 군자는 그것을 걱정하지 않는다."

166) "군자는 인을 마음에 두며 예를 마음에 둔다"라고 하였기 때문에 언급하였다.

【문】 "하늘을 부르짖으며 울었으니"[167)][號泣于旻天]에서 민천旻天은 무엇입니까?

【답】 『이아爾雅』[168)]에서 "봄에는 창천蒼天이며 여름에는 호천昊天이며 가을에는 민천旻天이며 겨울에는 상천上天이다. 봄에는 색色을 말하며 여름에는 기氣를 말하며 가을에는 정情을 말하며 겨울에는 위位를 말한다" 하였습니다.[『爾雅』曰春爲蒼天, 夏爲昊天, 秋爲旻天, 冬爲上天. 於春言色, 於夏言氣, 於秋言情, 於冬言位.]

【문】 "장차 천하를 살펴보아"[將胥天下]에서 서胥는 어떻게 해석해야 합니까?

【답】 살펴보건대, 주석에서 "서胥는 살펴봄이다"라고 하였습니다. 아마도 아래 장의 "백성들에게 드러내니"[169)]와 뜻이 같을 것입니다.[按註曰胥, 相視也. 疑猶下章暴之於民之意也.]

---

167) 『맹자』「萬章上」에서 "만장이 물었다. '순임금이 밭에 가서'" 조목에 나오는 말이다. 만장이 물었다. "순이 밭에 나가 일하다가 하늘을 부르며 목 놓아 우셨다고 하는데, 어째서 그렇게 목 놓아 우신 것입니까?" 맹자께서 말씀하셨다. "부모에게 인정받지 못하는 자신이 원망스럽고 한편으로는 부모를 사모하였기 때문이다." 만장이 말하였다. "부모가 사랑하시면 기뻐하며 잊지 말고 부모가 미워하시면 괴롭더라도 원망해서는 안 되는데, 그렇다면 순은 원망했습니까?" 맹자께서 말씀하셨다. "장식이 스승인 공명고에게 묻기를, '순이 밭에 나가 농사지은 것에 대해서는 제가 이미 가르침을 들었지만, 하늘과 부모를 부르며 목 놓아 운 이유는 제가 잘 모르겠습니다' 하자, 공명고가 말하기를, '이것은 네가 알 바가 아니다' 하였으니, 저 공명고는 '효자의 마음에는 「나는 힘을 다해 밭을 갈아 삼가 자식된 직분을 행했을 뿐인데, 부모께서 나를 사랑하지 않는 건 나에게 무슨 죄가 있어서일까」 라는 이러한 근심이 없을 수 없다'고 생각한 것이다."

168) 『爾雅』는 十三經의 하나인 字書인데, 著者는 알 수 없다. 草木・鳥獸・蟲魚 등에 관한 문자들을 자세히 설명하고 있다.

169) 『맹자』「만장상」에서 "만장이 말하였다. '요임금이 천하를 순임금에게 주셨다고 하나'" 조목에 나오는 말이다.

【문】 "상이 근심하면 또한 근심하고"[象憂亦憂]170)라고 한 말은 무슨 뜻입니까?

【답】 동래東萊171) 여씨呂氏가 말하기를, "구름에 어린 햇살이 앞에서 변하여 태허太虛의 천진天眞은 그대로이며, 은원이 앞에서 교차하나 형제의 참된 정은 변함이 없다. 답답하게 순舜을 생각함은 바로 상象의 천진天眞이며, 창고를 태우고 사다리를 버림은 바로 상의 인정人情이다" 하였습니다.[東萊呂氏曰雲暘變於前而太虛之眞天自若, 恩怨交於前而兄弟之眞情不變. 鬱陶思舜, 乃象之天而焚廩捐階, 乃象之人.]

【문】 주석에서 "이윤이 (도를 행하여 훌륭한 인군을 만들고자 하였으나 방법이 없어, 마침내) 유신씨의 잉신이 되어"172)[註伊尹 (浴行道以致君而無由 乃)爲有莘之媵臣]라고 했는데, 이것은 어떤 경우입니까?

---

170) 만장이 말하였다. "전해들은 바에 따르면, 舜의 부모가 순에게 곳간을 수리하게 하였는데, 순이 곳간 위로 올라가자, 사다리를 치운 다음 고수가 곳간에 불을 지른 적도 있었습니다. 그리고 한번은 순에게 우물을 파게하고는, 순이 나올 때쯤 흙을 덮어 우물을 메워 버렸습니다. 그리고 나서 상은 순이 죽은 줄 알고 말하기를, '都君을 파묻을 꾀를 낸 것은 모두 나의 공로이다. 소와 양은 부모님께 드리고, 곳간도 부모님께 드리고, 방패와 창은 내가 갖고, 琴은 내가 갖고, 활은 내가 갖고, 두 형수는 나의 잠자리를 시중들게 하겠다' 하고는 상이 순의 집으로 들어갔는데, 순이 평상에 앉아 슬을 타고 있었습니다. 깜짝 놀란 상이 '형님이 너무 생각나서 왔습니다' 하고 둘러대며 부끄러워하자, 순은 말하기를, '내게 와서 이 백관들을 네가 다스리라'고 하였다고 합니다. 잘 모르겠습니다만, 순은 상이 자신을 죽이려 한다는 것을 몰랐습니까?" 맹자께서 말씀하셨다. "어찌 몰랐겠는가마는, 상이 근심하면 자기도 근심하고, 상이 기뻐하면 자기도 기뻐했던 것이다."
171) 東萊는 송나라 학자인 呂祖謙(1137~1181)의 호이다. 자는 伯恭이며 시호는 成이다. 朱熹·張栻과 東南三賢으로 일컬어졌다. 그로 인하여 婺學파가 만들어졌다. 저서로는 『古周易』·『東萊博議』·『春秋左氏傳說』 등이 있다.
172) 『맹자』 「만장상」에서 "만장이 말하였다. '사람들이 말하기를'" 조목의 주석에 나오는 말이다.

【답】 탕湯임금이 유신씨有莘氏에게 장가드니, 유신씨가 이윤을 잉신

媵臣으로 삼아 탕임금에게 보내었습니다. 『운법전서韻法全書』에

보입니다.[湯娶於有莘氏, 而有莘氏使伊尹爲媵臣, 送之于湯. 見『韻法全書』.]

【문】 "경대부卿大夫"[173])는 무엇입니까?

【답】 『백호통白虎通』[174])에 "경卿은 향함이니, 사람들이 돌아갈 곳을

말한다. 대부는 사람들을 크게 부축하여 나아가게 하는 사람

이다" 하였습니다.[『白虎通』曰卿, 嚮也, 言爲人之所歸向也. 大夫, 大扶進人者.]

【문】 "부용附庸"[175])이라고 한 말은 무슨 뜻입니까?

【답】 『예기』「왕제王制」의 주석에 "백성의 공功을 용庸이라 한다. 공

로功勞가 대국에 붙어서 천자에 이르기 때문에 '부용附庸'이라

한다" 하였습니다.[『記』「王制」註曰民功曰庸. 其功勞附大國而達於天子, 故曰

附庸.]

【문】 주석에서 "잘 회복하면 천지의 본성이 그대로 보존된다"[176)][註善

---

173) 『맹자』「告子上」에서 "맹자가 말하였다. '천작이 있으면 인작이 있으니'" 조목에 나
오는 말이다.
174) 『白虎通』은 班固가 撰集한 『白虎通議』를 말한다. 後漢의 章帝가 여러 학자를 白虎觀에
모아 놓고 五經의 同異를 辨正, 討論케 한 내용을 담고 있다.
175) 『맹자』「양혜왕하」에서 말했다. "그런데 지금은 그렇지 못하여 많은 무리를 거느리
고 순행하며 양식만 소비하고 있습니다. 그러다 보니 굶주린 자들은 더욱 먹지 못하
고 고생하는 자들은 잠시도 쉬지를 못하여, 눈을 흘기고 서로 쑥덕거리며 백성들이
원망을 하고 있는 실정입니다. 그러면서도 백성을 편안케 하라는 왕명을 거역하고
백성을 학대하면서 먹고 마시기를 물 쓰듯이 하며, 뱃놀이에, 사냥에, 술판이 벌어
지는 통에 이를 준비해야 하는 附庸國이나 고을 수령들의 근심이 이만저만이 아닙니
다."

反之則天地之性 存焉고 했는데, 선반善反은 어떻게 해석해야 합니까?

【답】 반反은 "탕임금과 무왕武王께서는 성性을 회복하였다"[177]의 반
자와 같을 것입니다. 반은 몸에 돌이켜 회복함을 말하니, 배워
서 맑지 않고 아름답지 않은 기질을 변화시킨다면 천지의 성性
이 혼연히 기질 속에 모두 갖추어집니다. 그러므로 "잘 회복하
면 천지의 본성이 보존된다" 하였습니다. 선반善反은 잘 변화
한다와 같은 말입니다.[反, 疑猶湯武反之之反也. 反謂反之於身而學焉, 以至
變化其不淸不美之氣質, 則天地之性, 渾然全備於氣質之中. 故曰善反之則天地之性存
焉也. 善反, 猶言善變也.]

【문】 주석에서 "사물에 있는 것을 '리'라 하고 사물에 대처하는 것을
'의'라 하니"[178][註在物爲理 處物爲義]라고 한 말은 무슨 뜻입니까?

【답】 설문청薛文淸의 『독서록讀書錄』에 "군주가 어질고 신하가 공경
하며 아비가 자애롭고 자식이 효도하는 것과 같은 부류는 모
두 물物의 이치에 달려 있다. 여기에서 처리하여 각자 그 마땅
함을 얻는 것이 바로 물物에 대처하는 의義이다" 하였습니다.[薛
文淸『讀書錄』曰如君之仁, 臣之敬, 父之慈, 子之孝之類, 皆在於物之理也. 於此處之各
得其宜, 乃處物之義也.]

---

176) 『맹자』 「고자상」에서 "공도자가 말하였다. '고자는 성은 선함도 없고 불선함도 없다
고 말하였고'" 조목의 주석에 나오는 말이다.
177) 『맹자』 「盡心下」에서 "맹자가 말하였다. '요 임금과 순 임금은 성대로 하셨고'" 조목
에 나오는 말이다.
178) 『맹자』 「고자상」에서 "맹자가 말하였다. '풍년에는 자제들이 의뢰함이 많고'" 조목
의 주석에 程子가 한 말이다.

【문】 "이른 새벽의 맑은 기운에"179)[平旦之氣]는 어떻게 해석해야 합니까?

【답】 이를 살펴보니 '기운이'는 틀렸고 '기운에'라고 해야 합니다. 대게 좋아하고 미워함이 남과 서로 가까운 것은 기氣의 작용이 아닙니다. 이른 새벽의 맑은 기운으로 인해 양심이 발현하기 때문에 좋아하고 미워함이 바름을 얻게 되는 것일 뿐입니다. 만약에 '기운이'라고 한다면 기운이 양심이라고 인식하는 것이니, 크게 본뜻을 잃어버린 것입니다.[按此氣 ﹨, 非也, 當云氣 匠. 蓋好惡與人相近, 非氣也. 因平旦氣淸而良心發見, 故好惡得其正耳. 若云氣 ﹨, 則是認氣爲良心, 大失本旨.]

【문】 "잃어버린 마음을 찾는다"180)[求放心]라고 한 말은 무슨 뜻입니까?

【답】 『대학혹문大學或問』에서 혹자가 묻기를, "마음을 잃는다는 것은

---

179) 『맹자』 「고자상」의 "맹자가 말하였다. '우산에 나무가 일찍이 아름다웠는데'" 조목에 나오는 말이다. "사람이 지닌 본성에도 어찌 인의의 마음이 없겠는가? 그런데도 그 양심을 잃어버리는 이유는 역시 도끼와 자귀로 산의 나무를 아침마다 베어 가는 것처럼 스스로가 양심의 싹을 자르기 때문이니, 어떻게 아름답게 될 수 있겠는가. 이렇게 해서 양심을 잃은 사람은, 밤낮으로 길러 주는 좋은 기운과 새벽녘의 맑고 깨끗한 기운에도 불구하고, 선을 좋아하고 악을 미워함에 있어 남들과 유사한 점이 많지 않은데, 그가 낮에 하는 소행이 다시 그나마 있는 것을 해치고 만다. 이렇게 하기를 반복하다 보면 夜氣가 仁義의 양심을 보존할 수 있게 해 주지 못하고, 야기가 양심을 보존할 수 있게 해 주지 못하면 금수와 별로 다를 바가 없게 된다. 그렇게 되면 사람들은 그의 금수 같은 행실만 보고는, 일찍이 재질이 있었던 적이 없다고 하는데, 이것이 어찌 사람의 원래 성정이겠는가?"

180) 『사서질의』에는 「고자상」에서 "맹자가 말하였다. '인은 사람의 마음이요, 의는 사람의 길이다'" 조목에 나오는 원문의 내용으로 보고 주석(註)이라고 표시하지 않았다. 하지만 『맹자』 본문의 문장은 "그 마음을 잃어버리고 찾을 줄을 모르니"로 되어 있다. 『사서질의』의 인용 문구는 해당 조목의 주석에서 朱子의 말로 나온다.

마음에 사념과 망념이 발생한 것입니다. 귀로 사특한 말을 들으며 눈으로 부정한 색色을 보며 입으로 도道가 아닌 것을 말하여 손과 발을 움직이고 고요할 적에 예禮로써 하지 않는 경우가 모두 잃어버리는 것입니다. 거둔다는 것은 바로 삿되고 망령된 생각의 자리를 끊어서 이어지지 않도록 하여, 귀와 눈·말과 움직임이 모두 그러하도록 하는 것입니다. 이를 거둔다고 말합니까?" 하니 주자朱子께서 "그렇다"고 말하였습니다.[『大學或問』曰放心者, 或心起邪思妄念. 耳聽邪言, 目視亂色, 口談不道之言, 以至乎手足動靜之不以禮, 皆是放也. 收者便於邪思妄念處, 截斷不續, 耳目言動皆然. 此謂之收? 朱子曰然.]

【문】 주석에서 말한 "삼재三才"181)는 무엇입니까?

【답】 『회남자淮南子』182)에서 "체體로써 말하면 천지이고 용用으로써 말하면 이의二儀[陰陽]이다. 이의를 재才라고 말하는데, 재라는 것은 용의 드러남이다. 그러므로 천天·지地·인人을 삼재라고 한다" 하였습니다.[『淮南子』曰以體言之則天地, 以用言之則二儀. 二儀謂之才, 才者用之著也. 故天地人, 謂三才.]

【문】 "격하여질 수 없으니"183)[不可磯]라고 한 말은 무슨 뜻입니까?

---

181) 『맹자』「고자상」에서 "공도자가 물었다. '똑같은 사람인데'" 조목의 주석들 중 范俊의 「心箴」에 나온다.
182) 『淮南子』는 前漢의 淮南王 劉安이 지은 책 이름이다. 道를 논한 內篇 21편, 雜說을 실은 外篇 33편, 도합 54편이었는데, 散佚되고 지금 전하는 것은 내편이라고 한다. 道教를 중심으로 세상일을 논한 백과전서류의 책이다.

【답】 부딪치는 것은 물가의 돌인데 튀는 것은 물이며, 잘못을 한 사람은 어버이인데 원망하는 사람은 아들입니다. 물가의 돌에 잔잔하게 부딪치는데도 물이 갑자기 튀는 것으로 어버이의 잘못이 적은데도 자식이 급히 원망하는 것을 비유하였습니다. 물가의 돌은 어버이를 가리키며 물은 자식을 가리킵니다.[蓋激 者磯而怨者水. 過者親而怨者子. 以磯微激而水遽怒, 比親小過而子輒怨. 磯指親也, 水 指子也.]

【문】 "음성"184)[聲音]이라고 한 말은 무슨 뜻입니까?

【답】 『운서韻書』에서 "단음單音은 성聲이라 하고 잡음雜音은 음音이라 고 한다"고 하였습니다.[『韻書』單出曰聲, 雜比曰音.]

---

183) 『맹자』 「고자하」에서 "공손추가 물었다. '고자는 소반시를 소인의 시라고 하였습니다'" 조목에 나오는 말이다. "맹자께서 말씀하셨다. '개풍장은 어버이의 과실이 작은 것이고 소반장은 어버이의 과실이 큰 것이다. 어버이의 과실이 큰 데도 원망하지 않는다면, 이는 더욱 관계가 소원한 것이고, 어버이의 과실이 작은 데도 원망한다면 이는 어버이의 과실을 용인하지 못하는 것이다. 관계가 더욱 소원해지는 것도 불효이고, 과실을 용인하지 못하는 것도 불효이다.'"

184) 『맹자』 「고자하」에서 "노나라가 악정자에게 다스리게 하려고 했는데" 조목에 나오는 말이다. "맹자께서 말씀하셨다. '왕의 큰 소원을 들어볼 수 있겠습니까? 왕이 웃으면서 말하지 않자, 맹자께서 말씀하셨다. '살지고 단 음식이 입에 부족하고, 가볍고 따뜻한 옷이 몸에 부족해서입니까? 아니면 화려한 채색이 눈으로 보기에 부족하고, 아름다운 음악이 귀로 듣기에 부족하며, 말 잘 듣고 총애하는 사람들을 앞에서 부리기에 부족해서입니까? 이런 것들이야 왕의 여러 신하들이 모두 충분히 공급을 해 주고 있으니, 왕께서 어찌 이런 이유 때문에 그러시겠습니까? '아닙니다. 나는 그 때문이 아닙니다.' '그렇다면 왕의 큰 소원을 알 만합니다. 영토를 개척하고 秦과 楚의 朝會를 받으며 중국에 군림하여 사방의 오랑캐들을 제압하시려는 것입니다. 그러나 이런 전쟁으로 그런 소원을 이루려 하신다면, 이는 나무에 올라가서 물고기를 찾는 것과 같습니다.'"

【문】 "(바다를 구경한 자에겐) 큰물이 되기 어렵고 (성인의 문하에서 유학한 자에겐) 훌륭한 말이 되기 어렵다"185)[(觀於海者) 難爲水 (遊於聖人之門者) 難爲言]라고 한 말은 어떤 경우입니까?

【답】 『혹문或問』에서 여시강呂侍講186)이 말하기를, "천하의 물 중에 바다보다 넓은 것이 없어서 바다를 보고 수많은 시내를 살펴보면 수많은 시내가 모두 가는 지류支流가 되기 때문에 큰물이 되기 어려우며, 성인의 문하에 유학하여 요堯·순舜·주공周公·공자孔子의 도를 들으면 제자백가諸子百家의 설이 모두 좋아하기에 부족한 줄을 알기 때문에 훌륭한 말이 되기 어렵다" 하였습니다.[『或問』呂侍講曰天下之水, 莫大於海, 觀於海而視百川則百川皆細流, 故難爲水, 游於聖人之門, 聞堯舜周孔之道, 知諸子百家皆不足好, 故難爲言.]

【문】 "비록 보존되지 못함이 있더라도 적을 것이요"187)[雖有不存焉者寡] 라고 한 말은 무슨 뜻입니까?

---

185) 『맹자』 「盡心上」에서 "맹자가 말하였다. '공자께서 동산에 올라 노나라를 작게 여겼고'" 조목에 나오는 말이다. "맹자께서 말씀하셨다. '공자께서 노나라 東山에 올라가서서는 노나라를 작다고 여기셨고, 太山에 올라가서서는 천하를 작다고 여기셨다. 그러므로 바다를 구경한 자에게는 큰물로 보이기가 어렵고, 성인의 門下에서 공부한 자에게는 훌륭한 말 되기가 어렵다.'"

186) 呂侍講은 송나라 때 시강을 지낸 呂希哲(1039~1116)을 말한다. 자는 原明으로 汴京人이다. 范祖禹의 추천을 받아 崇政殿設書를 지냈다. 程頤와 나이가 서로 비슷하였지만, 정이의 학문을 깊이 존경하여 나중에는 스승으로 섬겼다. 저서로는 『榮陽公說』·『呂氏雜記』 등이 있다.

187) 『맹자』 「盡心下」에서 "맹자가 말하였다. '마음을 수양함은 욕심을 적게 하는 것보다 좋은 것이 없으니'" 조목에 나오는 말이다. "맹자께서 말씀하셨다. '마음을 수양하는 데에는 욕심을 줄이는 것보다 더 좋은 것이 없다. 그 사람됨이 욕심이 적으면 비록 선한 마음을 보존하지 못하는 일이 있더라도 그것이 적을 것이며, 그 사람됨이 욕심이 많으면 비록 선한 마음을 보존하고 있더라도 그것이 적을 것이다.'"

【답】 천리天理와 인욕人欲은 서로 소식消息합니다. 욕심이 줄어들면 천리가 비록 보존되지 못하더라도 보존되지 못함이 적으니 보존된 것이 많음을 말하며, 욕심이 많으면 천리가 비록 보존됨이 있더라도 보존됨이 적으니 보존되지 못한 것이 많음을 말합니다.[天理人欲, 相爲消息. 欲寡則天理雖有不存者, 不存者少, 言存者多也, 欲多則天理雖有存者, 存者少, 言不存者多也.]

4) 『중용』에 대한 문답

【문】 「서문序文」에서 말한 "인심과 인욕"[「序」人心人欲]은 어떤 차이입니까?

【답】 인심人心은 인욕의 근본이며 인욕人欲은 인심의 유행流行입니다. 형기形氣에 의하여 생겨나는 마음은 성인도 없을 수 없습니다. 그러므로 단지 인심이라고 말할 수 있지만 바로 인욕이 되지는 않습니다. 그런데 인욕의 일어남이 실로 인심에서 연유하기 때문에 "인욕의 근본이다"고 한 것입니다. 물욕物欲에 빠진 뒤에 바로 인욕이라 이름 하니, 인심을 다르게 부르는 것입니다.[人心者, 人欲之本, 人欲者, 人心之流. 夫生於形氣之心, 聖人亦不能無. 故只可謂人心而未遽爲人欲也. 然而人欲之作, 實由於此, 故曰人欲之本. 陷於物欲而後, 乃名爲人欲, 而變稱於人心也.]

【문】 「서문」의 "뒤섞어 참고하고"[188][「序」更互]는 무슨 뜻입니까?

【답】 살펴보니, 『사기史記』에서 "경更은 단서를 바꾸는 것이요, 호互

는 말을 섞는 것이다"고 하였습니다.[按『史記』更疑是更端也, 互疑是互言也.]

【문】 「서문」의 "문인이"[「序」門人]에서 문인은 어떤 집단입니까?

【답】 살펴보니, 모두 정자程子의 문인門人인 듯합니다.[按疑皆程子門人.]

【문】 "하늘이 명한 것을 성이라 (말하고)"[189][天命之(謂)性]라고 한 말은 무슨 뜻입니까?

【답】 『혹문或問』에 명命은 원元·형亨·이利·정貞이요, 성性은 인仁·의義·예禮·지智라고 하였습니다.[『或問』命元亨利貞, 性仁義禮智.]

【문】 "본성을 따르는 것을 도라 (말하고)"[率性之(謂)道]라고 한 말은 무슨 뜻입니까?

【답】 주석註[190]에서 주자朱子께서 말하기를 "솔성率性은 사람이 따르는 것이 아니다" 하였으며, 또 말하기를 "이 솔率 자는 힘을 쓴다는 글자가 아니다" 하였으며, 또 말하기를 "순循 자는 도道를 행하는 사람에 대하여 말하는 것이 아니다" 하였습니다. 그러므로 본성을 따른다는 설이 비록 지나친 듯하더라도 실제로는 옳습니다.[註朱子曰率性非人率之, 又曰此率字, 不是用力字, 又曰循字非就行

---

188) 「中庸章句序」에 "자사는 오래될수록 더욱 그 참됨을 잃을까 두려워하여 이에 요와 순 이래로 서로 전해 온 뜻을 미루어 근본하고, 평소 아버지와 스승에게 들은 말을 질정하여 다시 연역하고 이 책을 지어 후세의 배우는 사람을 가르쳤다" 하였다.
189) 『중용』 제1장에 나온다. 아래의 두 질문도 출전이 같다.
190) 인용한 내용은 『중용』의 小註에 나온다.

道人說. 故性사르之說, 雖似巧實是.]

【문】"도를 닦는 것을 교라 (말한다.)" 근세에 『중용中庸』의 첫 세 구를 체용體用·중화中和·비은費隱 및 지인용智仁勇으로 나누고, 또 첫 세 구를 『대학大學』의 삼강령三綱領에 분배하는데, 어떻습니까?{修道之(謂)敎. 近世以『中庸』首三句, 分體用中和費隱及智仁勇, 又以首三句分配『大學』三綱領如何?]

【답】지금 살펴보니, 이 몇 가지 학설들을 지금 사람들이 모두 조심스럽게 지키고 이설異說을 제기하지 않습니다. 그러나 성性을 체體, 중中, 은隱이라고 말하며, 도道를 용用, 화和, 비費라고 말하며, 교敎 역시 용用이고 또 비費라고 말한다면, 그렇습니다. 지智·인仁·용勇과 같은 것은 바로 덕행德行의 이름인데, 어찌 억지로 여기에 끌어다가 부치겠습니까?

성性이 마음을 단속함을 알지 못하고 인仁을 수행에 소속시키는데, 그렇다면 인을 성에 짝하게 되니 틀렸습니다. 주자께서 말하기를 "성을 따름은 도를 행하는 사람에 대하여 말한 것이 아니다" 하였으며, 또 말하기를, "솔率은 사람이 따르는 것이 아니다" 하였습니다. 이는 바로 인물이 각자 자연의 성을 따르는 것을 말합니다. 지智를 도道에 짝하게 하니, 또한 잘못된 것입니다.

교敎로써 지라고 한 경우는 비록 성물成物의 지智와 서로 비슷하나 그것은 성기成己와 인仁과 상대하여 말한 것이지, 이 뜻과는 같지 않습니다. 세 가지 모두 사람이 덕을 닦고 도를 행한다는 뜻이 아니니, 또 어찌 쉼 없는 용勇이 된다는 뜻이 있겠습니까?

또 이 세 가지를 삼강령三綱領에 분배하는 것은 더욱 이치에 없는 일입니다. 성이 명덕明德이 된다고 한 것은 비록 이치에 가까우나 성이라는 것은 인물이 받은 공공의 깊고 은미한 이치이며, 명덕은 바로 사람이 얻은 영험하고 밝아 모두 포괄하는 이름을 가리킨다고 한다면 이치는 비록 본래 같더라도 이름을 얻은 이유이니, 약간 다름이 없을 수 없습니다.

만약 솔성率性이라면 밝히는 공부가 있지 않으며, 도道를 닦는 교教도 새롭게 한다는 의미가 없습니다. 성性·도道·교教가 이름을 얻은 이유가 모두 의리義理라는 이름을 평평하게 편 것이라고 한다면 지선至善에 그쳐 지극함을 쓰지 않음이 없는 것과는 또한 뜻이 같지 않습니다.

또 존양存養을 인仁이라고 하며 성찰省察을 지智라고 하며 세 가지의 일에 스스로 힘써하는 것을 용勇이라 하는데, 이는 그러합니다. 다만 자사子思191)의 본래의 뜻에는 여기에 삼달덕三達德의 의사가 없었을 뿐입니다.

대체로 의리義理는 본래 동일한 하나의 근원이라서 만약 비슷하여 서로 가까운 것을 취하여서 합하여 말한다면 어떻게 합하여지지 않겠습니까? 다만 말을 한 본뜻과 글 뜻의 취지는 각자 마땅한 바가 있어서 터럭과 같은 은미한 부분에 같고 다

---

191) 子思: 伯魚의 아들이며 공자의 손자인 孔伋의 자이다. 공자의 뜻을 기술하여 『中庸』을 찬하였다고 전해진다.

름이 있습니다. 오늘날 사람들은 기필코 다른 것을 억지로 합하여 같게 하려고 합니다. 이 때문에 파고들수록 더욱 어긋나고 뒤섞이며 가려져서 도리어 대의大義를 잃어버립니다. 또 첫 세 구는 천도天道가 되며, 계신戒愼·공구恐懼와 신독愼獨은 인도人道가 됩니다. 여기 세 구에서 천도天道와 인도人道를 나누는 것은 마땅하지 않습니다.[今按此數說, 今人皆謹守之, 無異辭. 然謂性爲體爲中爲隱, 謂道爲用爲和爲費, 謂敎亦爲用亦爲費則然矣, 若智仁勇, 乃德行之名, 安可强牽而傳會於此乎? 性不知檢其心而仁則屬乎修行, 然則配仁於性, 非也. 朱子曰率性, 非就行道人說, 又曰率, 非人率之也. 是乃人物各隨自然之性之謂也, 而智則屬乎知, 乃擇乎中庸之事, 然則配智於道, 亦非也. 至於以敎爲智, 雖與成物之智相近, 然彼對成己之仁而言, 與此意不同. 而三者皆非人修德行道之義, 又安有不息爲勇之意乎? 且以此三者, 分配三綱領, 爲尤無理. 其謂性爲明德雖近, 然性者人物所稟公共淵微之理, 明德乃指人之所得靈昭該括之名, 則理雖本同, 而所以得名者則不無小異. 若率性則非有明之之功, 修道之敎, 又非有新之之意, 性道敎之所以得名, 皆平鋪地義理之名, 則與止至善無所不用其極者, 義亦不同焉. 又以存養爲仁, 省察爲智, 自强於三者爲勇, 此則然矣. 但子思本意於此未有三達德意思耳. 大抵義理本同一原, 若取其依俙相近者而說合之則何所不合? 第其所以立言本意文義旨趣, 各有攸當, 毫釐之微, 有同有異. 今人必欲强其異者, 合而同之. 是以愈鑿愈乖, 紛拏晦蝕, 而反失大義也. 又以首三句爲天道, 戒懼愼獨爲人道. 於此不當分天道人道也.]

【문】 주석에서 "건순·오상의 덕"192)이라고 한 것은 사람에게 있어

192) 『중용』 제1장에서 "하늘이 명한 것을 성이라 말하고" 조목의 주석에 나오는 말이다. 『중용장구』 제1장의 주에서 "사람과 物이 태어날 때 각기 부여받은 理를 얻음으로

서는 맞지만 물物에 있어서도 또한 병칭할 수 있습니까?[註健順 五常之德, 在人則可, 在物亦可幷言之否?]

【답】 만물이 체를 달리하는 측면에서 살펴본다면 물物은 치우치고 막혀서 온전한 건순健順·오상五常의 덕을 갖추지 못하며, 한 이치를 고르게 부여받은 측면에서 말한다면 물物마다 천연히 성이 본래 있지 않음이 없습니다. 대개 기가 비록 물에 막혀 있더라도 리는 기에 의하여 사로잡히지 않습니다. 그러므로 말하기를, "만물萬物은 각각의 한 태극太極을 갖추고 있다" 하였습니다. 또 말하기를, "리理로써 말하면 온전하지 않음이 없으며, 기氣로써 말하면 치우치지 않을 수 없다"고 하였습니다. 『장구』의 이 자리에서는 하늘이 명한 성性을 설명하였기 때문에 통체統體193)의 자리에서 말하였을 뿐입니다.[觀萬物之異體則物之偏塞, 固不具健順五常之全, 言一理之均賦則物物之中, 莫不有天然自在之性. 蓋氣雖自隔於物而理不爲氣所囿. 故曰萬物各具一太極. 又曰以理言之則無不全, 以氣言之則不能無偏, 『章句』此處說天命之性, 故就統體之同處而言之耳.]

【문】 소주小註의 "『대학』은 덕에 들어가는 책이니 배우는 자의 일이며, 『중용』은 도를 밝히는 책이니 가르치는 자의 일이다" 하였습니다. 그렇다면 배우는 자는 『중용』의 덕에 능할 수 없으며, 가르치는 자는 『대학』의 도를 익히지 못합니까? 『중용』과 『대학』이 겉과 속이 되는 이유는 어디에 있습니까?[小註『大學』入德之

인하여 健順과 五常의 德을 삼으니, 이른바 性이라는 것이다"라고 하였다.

193) 자연세계 전체의 보편의 원리를 統體太極이라고 한다. 理를 달리 부르는 말이다.

書, 學者事也, 『中庸』明道之書, 敎者事也. 然則學者不能於『中庸』之道, 敎者不事於『大
學』之道乎? 『庸』『學』之表裏, 果安在歟?]

【답】『대학』은 몸을 닦는 근본이고 덕德에 들어가는 문이므로 "배
우는 자의 일이다" 하였으며, 『중용』은 도를 밝히는 책이고 마
음을 전하는 법이므로 "가르치는 자의 일이다" 하였습니다.
그러나 몸을 닦아 덕에 들어가는 학문이 아니면 도를 밝히고
마음을 전하는 가르침을 펼 길이 없으며, 도를 밝히고 마음을
전하는 가르침이 아니면 몸을 닦아 도에 들어가는 학문을 궁
구하지 못합니다. 이는 『중용』과 『대학』이 서로 겉과 속이 되
는 이유입니다.[『大學』, 修身之本入德之門, 故曰學者事也, 『中庸』, 明道之書傳
心之法, 故曰敎者事也. 然非修身入德之學, 無以施明道傳心之敎, 非明道傳心之敎, 無
以究修身入德之學. 此『庸』『學』之相爲表裏也.]

【문】 "도라는 것은 잠시도 떠날 수 없다"[道也者 不可須臾離]라고 한 말
은 무슨 뜻입니까?

【답】 여기서 도道자는 바로 윗글의 '성을 따르는 것을 도라 말하고'
의 '도'자입니다. 떠날 수 없음은 도를 행하는 사람에게 나아가
말한 것이 아닙니다.[蓋此道字, 卽上文率性之道. 不可離, 非就行道人說.]

【문】 "홀로를 삼간다"[愼其獨]는 것을 설명할 때, 필必자가 왜 『중용』
에는 없고 『대학』에는 있습니까?

【답】 어떤 사람이 말하기를 "『중용』은 가르치는 자의 일이므로 필
必자가 없으며, 『대학』은 배우는 자의 일이므로 '필'자를 더하

였다" 하였습니다.[或云『中庸』敎者事, 故無必字, 『大學』學者事, 故加必字.]

【문】 "기뻐하고 노하고 슬퍼하고 즐거워함"에서 칠정七情 가운데 단지 기뻐함·노함·슬퍼함·즐거워함만을 말한 것은 생략된 문장입니까? 기뻐함과 즐거워함은 서로 겹치지 않습니까? 『중용』에서는 기뻐함·노함·슬퍼함·즐거워함을 말하였으며, 『대학』에서는 성냄·두려워함·좋아함·걱정함만을 말하였는데, 같지 않은 것은 왜입니까?[喜怒哀樂, 七情之中, 只言喜怒哀樂者, 省文否? 喜樂其不相疊乎? 『中庸』言喜怒哀樂, 『大學』言忿懥恐懼好樂憂患, 其不同何也?]

【답】 공자께서 인의를 말하면서 사덕四德을 갖추어 거론하지 않았으나 맹자에게 와서 비로소 말하였으며, 자사는 사정四情을 말하면서 칠정을 모두 거론하지 않았으나 『예기』에 와서 비로소 말하였습니다. 이는 생략된 문장이 아니라 의리義理가 그 속에서 혼연하기 때문입니다. 기뻐함은 노함과는 대對가 되지만 슬퍼함과는 대가 될 수 없으니, 기뻐함과 즐거워함이 겹치지 않는 것을 알 수 있습니다. 『중용』의 기뻐함·노함·슬퍼함·즐거워함과 『대학』의 성냄·두려워함·좋아함·걱정함은 적당한 것을 각각 들어서 말한 것이지, 특별히 깊은 뜻이 그 사이에 있는 것은 아닙니다. 굳이 같지 않음을 논하려 한다면 억측입니다.[孔子言仁義而不備擧四德, 至孟子而始言, 子思言四情而不備擧七情, 至『禮記』而始言之. 非省文也, 義理渾然於其中故也. 喜對怒而不可以對哀, 樂對哀而不可以對怒, 則喜樂之不爲重疊可知矣. 『中庸』之喜怒哀樂, 『大學』之忿懼好憂, 適然各擧而言, 非別有深意於其間. 必欲論其不同則鑿矣.]

【문】 "중니께서 말하였다"194)[仲尼曰]에서 공자의 본명을 말하는 것은 어떤 이유입니까?

【답】 예전에는 살아서 작위가 없고 죽어서 시호가 없으면 자손들이 할아버지에게 또한 이름으로 불렀을 뿐입니다. 주나라 사람들은 관례冠禮를 치르면 자字를 지어서 그 이름을 높였으며 죽으면 시호를 지어서 그 이름을 피하였으니, 이는 이미 높이는 말입니다. 그러나 그의 자를 피한 일은 없었습니다. 만약 '공자'라고 한다면 도외시하는 말이 되며, 또 공이라는 성은 통칭通稱입니다. 만약 '부자'라고 한다면 또 당시 뭇사람들이 서로 부르는 통칭입니다. '중니'라고 하지 않고 무엇이라고 하겠습니까? 중니라고 부름은 높이면서 가까이한 것입니다.[古者生無爵死無諡則子孫之於祖考亦名之而已. 周人冠則字而尊其名, 死則諡而諱其名, 則固已彌文矣. 然未有諱其字者也. 若曰孔子則外之之詞, 而又孔姓之通稱. 若曰夫子則又當時衆人相呼之通稱. 不曰仲尼而何? 稱仲尼者, 尊之親之也.]

【문】 "중용을 가린다"195)고 했는데, 중용을 어떻게 가릴 수 있습니까? 가리는 것은 어떻게 하는 것입니까?[擇乎中庸, 中庸豈可擇哉, 擇之何如?]

【답】 여기서 가린다고 한 것은 널리 배우며 자세히 물으며 독실히

---

194) 『중용』 제2장 첫 구절에 나오는 말이다.
195) 『중용』 제7장에서 "공자께서 말하였다. '사람들은 모두 내가 지혜롭다고 하지만'" 조목에 나오는 말이다. "공자께서 말씀하셨다. '사람들은 다들 자신이 지혜롭다 말하지만 덫이나 함정 속으로 자신을 몰아넣으면서 피할 줄을 모르고, 사람들은 다들 자신이 지혜롭다 말하지만 中庸의 도를 택하여 한 달도 제대로 지키지 못한다.'"

행하며 생각하여 얻는 것과 같습니다. 그러므로 "중용을 가려서"라고 하였습니다.[此云擇者, 如博學之審問之, 篤而行思而得之者. 故曰擇乎中庸.]

【문】 "중용은 능할 수 없다"[196][中庸不可能也]고 한 말은 무슨 뜻입니까?

【답】 혹설或說에 "관중管仲이 천하를 한 번 바로 잡음이 고르게 다스릴 수 있을 듯하였으나 인의仁義로 위장하였으니, 중中이 아니다. 신문晨門[197])과 하조荷蓧[198])가 사양할 수 있을 듯하였으나 과감함에 오로지하였으니, 중이 아니다. 소홀召忽[199])의 죽음이 밟을 수 있을 듯하였으나 바르지 않음을 섬겼으니, 중이 아니다" 하였습니다.[或說云管仲之一匡天下似可均, 而假仁義則非中矣. 晨門荷蓧似可辭, 而一於果則非中矣. 召忽之死似可踏, 而所事非正則非中矣.]

【문】 "군자의 도"[200)][君子之道]라는 것은 도道와 어떤 차이가 있습니까?

---

196) 『중용』 제9장에서 "공자께서 말하였다. '천하를 고르게 다스릴 수 있으며'" 조목에 나오는 말이다.

197) 晨門은 『논어』「헌문」의 "새벽에 성문을 열어 주는 일을 맡은 사람으로, 은자를 말한다. 子路가 石門에서 유숙하였는데, 문을 지키던 자가 자로에게 어디서 왔냐고 물었다. 이에 자로가 孔氏에게서 왔다고 하니, 문을 지키던 자가 조롱하며 말하기를, '불가능한 줄을 알면서도 하는 자를 말하는가?'"에서 유래한다.

198) 荷蓧는 『논어』「미자」의 "지팡이로 삼태기를 메고 있는 사람으로, 은자를 말한다. 뒤처진 자로가 지팡이로 삼태기를 맨 어른을 만나 공자의 행방을 물었다. 그러자 어른이 조롱하며 말하기를, '사지를 움직이지 않고 오곡을 분별하지 못하니 누구를 부자라고 하는가?'"에서 유래한다.

199) 召忽은 『春秋左氏傳』「莊公九年」에서 "齊나라 襄公이 無道하자, 鮑叔牙는 公子 小白을 모시고 莒나라로 망명하였으며, 管仲과 召忽은 공자 糾를 모시고 魯나라로 망명하였다. 이후 규가 정치적으로 패배를 하게 되자, 소홀은 규를 위하여 죽었다"고 밝히고 있다.

【답】『혹문或問』에 "도道가 비록 천하가 공유하는 것이더라도 군자가 아니면 제대로 알고 제대로 행하지 못한다"고 하였습니다. 그러므로 특별히 "군자의 도"라고 하였습니다.[『或問』道雖天下之共由, 而非君子不能知能行. 故特曰君子之道.]

【문】"큰 것을 말할진대 (천하가 싣지 못하며) 작은 것을 말할진대 (천하가 깨트리지 못한다.)"[201][語大 (天下莫能載焉) 語小 (天下莫能破焉)]라고 한 말은 무슨 뜻입니까?

【답】제27장에서 "성대하게 (만물을) 발육發育하여"는 바로 큰 것을 말한 것이며, "넉넉히 크도다. 예의禮儀가 300가지요, 위의威儀가 3000가지이다"는 바로 작은 것을 말한 것입니다. 요씨饒氏[202]의 설에 보입니다.[二十七章洋洋發育, 乃所以語大也, 優優大哉禮義三百威儀三千, 乃所以語小也. 見饒氏說.]

【문】"(큰 것을 말할진대 천하가) 싣지 못하며 (작은 것을 말할진대 천하가) 깨트리지 못한다."[(語大 天下)莫能載焉 (語小 天下)莫能破焉]고

---

200) 『중용』 제14장 첫 구절에 나온다. "군자의 도는 그 작용은 廣大無邊하지만 그 본체는 隱微하여 알기 어렵다. 어리석은 보통의 부부도 도를 알 수 있지만 그 지극한 데에 이르면 성인도 모르는 것이 있으며, 어질지 못한 보통의 부부도 도를 행할 수 있지만 그 지극한 데에 이르면 성인도 할 수 없는 것이 있다. 그리고 만물을 생육하는 천지의 위대한 일에 대해서도 오히려 사람들이 서운해 하는 바가 있는 것이다. 그러므로 군자의 도는 크기로 말하면 천하도 이를 실을 수 없고, 작기로 말하면 천하도 이를 깨뜨릴 수 없다."

201) 『중용』 제27장에서 나온다.

202) 饒氏는 송나라 경학자인 饒魯(1193~1264)를 말한다. 자는 伯興이고 호는 雙峯이며 餘干 사람이다. 黃幹의 제자로, 經學에 조예가 깊었다. 저서로는 『五經講義』・『論孟紀聞』・『春秋節傳』・『學庸纂述』・『近思錄註』 등이 있다.

한 말은 무슨 뜻입니까?

【답】도道는 한정된 양이 없기 때문에 실을 수 없으며, 도는 틈이 없기 때문에 깨트릴 수 없습니다. "천하의 힘을 다하여도 싣지 못하며 천하의 앎을 다하여도 깨트리지 못한다" 하였습니다. 다만 틈이 없다고 말한 것은 모양이 없다는 말과는 같지 않습니다.[道無限量故不可載, 道無罅隙故不可破也. 一云極天下之力, 莫能載, 極天下之知, 莫能破也. 但云無罅隙, 不若云無形樣耳.]

【문】 "솔개는 날아 하늘에 이르거늘 물고기는 연못에 뛰논다"203)에서 솔개가 날고 물고기가 뛰는 것은 반드시 리理와 기氣가 그렇게 만드는 것입니다. 그런데 소주小註에서 주자는 말하기를, "날게 하는 것과 뛰게 하는 것은 리이다" 하였습니다. 그렇다면 기는 관여하지 않습니까?[鳶飛戾天, 魚躍于淵, 鳶飛魚躍, 必理與氣之使然. 而小註朱子曰所以飛所以躍者理也. 然則氣不與耶?]

【답】 나는 것과 뛰는 것은 참으로 이 기氣이지만 날게 하는 것과 뛰게 하는 것은 바로 리理입니다. 그러나 자사子思가 이 시를 인용한 뜻은 본래 기에 있지 않습니다. 단지 이 두 가지 일에서 이 리理의 본체本體가 드러나 보이고 묘용妙用이 드러나 운행하는 묘한 현상의 생동감 넘치는 자리를 관찰한 것일 뿐입니다. 그러므로 『장구章句』에서, "이 리理의 용이 아님이 없다" 하였

---

203) 『중용』 제12장에서 인용한 『시경』 「大雅·旱麓」편의 내용이다. 『시경』에서 "솔개는 높이 날아 하늘에 이르는데, 물고기는 연못에서 뛰어노누나" 하였는데, 군자의 도가 위아래로 밝게 드러나 있음을 말한 것이다. 군자의 도는 부부 생활에서 단초가 이루어지나, 그 지극한 데에 이르면 천지에 밝게 드러나는 것이다.

습니다. 어떻게 기氣가 관여하였는지 관여하지 않았는지를 물을 수 있겠습니까?[其飛其躍固是氣, 而所以飛所以躍者乃是理也. 然子思引此詩之意, 本不在氣上. 只爲就二物觀此理本體呈露妙用顯行之妙活潑潑地耳. 故『章句』只曰莫非此理之用. 何可問氣之與不與也?]

【문】 "상하에 드러난다"[上下察]에서 상上과 하下는 무엇입니까?

【답】 인도人道의 측면에서 말한다면 상上은 군주와 부모·지아비와 형일 것이며, 하下는 신하와 자식·아우와 아내일 것입니다.[以人道言之則上疑君父夫兄也, 下疑臣子弟婦也.]

【문】 "귀신"204). 천지天地·상제上帝·귀신鬼神이 이름은 비록 다르더라도 실지는 같습니까?[鬼神. 天地上帝鬼神, 名雖異而實則同歟?]

【답】 『정전程傳』에서 건괘乾卦를 풀며, "천天은 오로지 도를 말하였다. 형체形體로써 말하면 천天이며, 성정性情으로써 말하면 건乾이며, 주재主宰로써 말하면 제帝이며 공용功用으로써 말하면 귀鬼이며, 묘용妙用으로써 말하면 신神이다" 하였습니다. 지금 살펴보니, 단지 음양陰陽의 조화인데 다만 가리키는 바를 따라 말이 달라졌을 뿐입니다.[『程傳』釋乾卦曰夫天專言之道也. 以形體謂之天, 以性情謂之乾, 以主宰謂之帝, 以功用謂之鬼, 以妙用謂之神. 今按只是陰陽造化, 但所指而言有異耳.]

---

204) 『중용』 제16장의 첫 구절에서 나온다.

【문】 "순임금은 대효이시다"205)[舜 其大孝]에서 순임금을 든 것은 왜입니까?

【답】 혹설或說에, "특별히 순임금을 말한 것은 순임금이 인도의 극이 되고 인륜의 변고를 대처함에 중용의 도를 다할 수 있어서이다" 하였습니다.[或說云特言舜者, 舜爲人道之極, 處人倫之變而能盡中庸之道.]

【문】 "근심이 없는 사람은 오직 문왕이시다"206)[無憂者 其惟文王]라고 한 말은 어떤 이유입니까?

【답】 혹설에 "특별히 주나라를 거론한 것은 주나라가 왕제王制를 갖추어 만세토록 이어가니, 바꿀 수 없어서이다. 문왕은 평소 부자父子의 자리에서 중용의 도를 다할 수 있었으며, 무왕은 변화하는 군신君臣의 자리에서 중용의 도를 다할 수 있었으며, 주공은 아름다운 제도를 정하면서 중용의 도를 다할 수 있었다"고 하였습니다.[或說云特擧周者, 周爲王制之備, 萬世由之不能易也. 文王處父子之常而能盡中庸之道, 武王處君臣之變而能盡中庸之道, 周公定制度之美而能盡中庸之道.]

---

205) 『중용』 제17장의 첫 구절에서 나온다. 공자께서 말씀하셨다. "순임금은 참으로 대단한 효자시다. 덕으로는 성인이 되셨고, 존귀함으로는 천자가 되셨으며, 부유함으로는 四海 안을 모두 소유하시어, 대대로 종묘의 제사를 받으시고 길이 자손을 보전하셨다. 그러므로 大德은 반드시 그에 맞는 지위를 얻으며, 반드시 그에 맞는 복록을 얻으며, 반드시 그에 맞는 명성을 얻으며, 반드시 그에 맞는 장수를 누린다. 그러므로 하늘이 만물을 생육할 때에는 반드시 그 자질에 맞추어 영향을 미치는 법이다. 따라서 뿌리를 잘 내리는 것은 더욱 북돋아 주고, 스스로 기울어 가는 것은 엎어 버린다."

206) 『중용』 제18장의 첫 구절에서 나온다. "공자께서 말씀하셨다. '근심이 없으신 분은 오직 문왕이실 것이다. 王季를 아버지로 삼고 武王을 아들로 두셨으니, 아버지가 基業을 일으키자 아들이 이를 계승하였다.'"

【문】 "부모의 뜻을 잘 계승하며"207)[善繼人之志]라고 한 말은 무슨 뜻입니까?

【답】 혹설에 "아버지라 하지 않고 사람이라 말한 것은 나의 효도만이 아니라, 바로 천하 사람들이 함께 그러하기 때문이다" 하였습니다.[或說云不曰父而曰人者, 非獨我之孝, 乃天下之人同然故也.]

【문】 "문왕과 무왕의 정사"208)에서 요순堯舜의 도로 대답하지 않고 단지 문무의 정사를 거론한 것은 왜입니까?[文武之政, 不對堯舜之道, 而只擧文武之政者何也?]

【답】 단지 정사만을 묻고 도를 묻지 않았느니, 도로써 답하지 않고 정사로 한 것을 어찌 의심할 수 있겠습니까? 하물며 주나라의 정사가 도에 가깝고 또 구비되어 있으니, 어떻겠습니까?[只問政而不問道, 對不以道而以政? 何足疑乎, 況周政近且備歟?]

【문】 "도 닦음을 인으로써 해야 한다"[修道以仁]에서 도道와 인仁의 차이는 무엇입니까?

【답】 소주에 주자께서 말하기를 "도는 의리라서 공공의 이름이요, 인은 인심이라서 친절함의 묘함이다" 하였으며, 진씨가 말하

---

207) 『중용』 제19장에서 "공자께서 말하였다. '무왕과 주공은 통용되는 효도이다'" 조목에 나오는 말이다. "공자께서 말씀하셨다. '무왕과 주공은 누구나 다 칭찬하는 효자이시다. 효는 先人의 뜻을 잘 계승하고 선인이 하던 일을 잘 따르는 것이다. 그중 중요한 것이 봄가을로 선조의 사당을 수리하고 종묘의 기물을 진열하고 선조의 의상을 尸童에게 입히고 제철음식을 올려 제사를 지내는 것이다.'"

208) 『중용』 제20장에서 "애공이 정치를 물었다"(哀公, 問政) 조목에 나오는 말이다.

기를 "도에 뜻을 두었으면서도 저들은 향할 바를 알지 못한다. 인이고 보면 바로 돌아가 머무는 자리이고 용공用功의 친절한 곳이다. 만약 도 닦음만을 말한다면 공공의 의리가 넓어 경계가 없어서 붙여 둘 곳이 없다. 그러므로 '인으로써'라고 했으니, 인심人心의 친절한 묘함과 용공用功의 돌아가 머무는 자리를 바로 지적하여 도를 닦는 첫머리로 여긴 것이다. 그렇다면 인은 도를 닦아 얻게 되는 효험이 아니요, 바로 도는 인을 행함으로 인하여 밝아지는 것이다" 하였습니다. 진씨陳氏209)가 『장구章句』의 "그 몸을 인하게 한다"(仁其身)는 세 글자의 정묘함을 찬미하며, "도로써 몸을 닦고 인으로써 도를 닦는다"(修身以道修道以仁)는 여덟 글자의 뜻을 포괄한다고 여긴 것에서 또한 볼 수 있습니다.[小註朱子曰道是義理公共之名, 仁是人心親切之妙. 眞氏曰志乎道而弗他, 知所向矣. 仁則其歸宿之地而用功之親切處也. 若但言修道則公共義理. 浩無涯畔, 無所著落. 故曰以仁則是直指人心親切之妙, 用功歸宿之處, 以爲修道地頭. 然則仁非修道之效, 乃道因行仁而得明矣. 陳氏贊『章句』仁其身三字之精妙, 以爲包括修身以道修道以仁八字, 意亦可見.]

【문】"붕우간의 사귐"[朋友之交]210)은 여타의 인간관계와 어떻게 다릅

---

209) 陳氏는 元나라 陳櫟(1252~1334)을 말한다. 자는 壽翁이고 호는 新安으로 休寧人이다. 주자의 학통을 존숭하였는데, 송나라가 망하자 은거하여 저술에 힘썼다. 저서로는 『尙書集傳纂疏』·『歷代通略』·『勤有堂隨錄』·『定宇集』 등이 있다.

210) 『중용』 20장에 "천하 공통의 도(達道)가 다섯 가지인데, 이것을 행할 수 있는 것은 세 가지입니다. 군신과 부자와 부부와 형제와 붕우의 사귐, 이 다섯 가지는 천하 공통의 도이고, 智, 仁, 勇, 세 가지는 천하 공통의 덕(達德)입니다. 이 덕으로 이 도를 행하기 위해서는 하나가 있어야 하는데, 바로 誠입니다."

니까?

【답】부자간에 선을 요구함에 은혜를 크게 해침은 군신간의 간쟁이
의義를 기르는 톱이며, 부부간에 서로 헐뜯음이 집안을 가르는
칼이며, 형제간에 서로 비난함이 가정을 문란하게 하는 방법
입니다. 그러나 오직 붕우 간에 사귀는 것은 어려움을 요구하
는 것으로 말할 수 있습니다. 그러므로 붕우의 아래에 특별히
한 교交자를 두었을 뿐입니다.[父子責善, 賊恩之大者, 君臣諫諍, 割義之鉅
也, 夫婦交譏, 斬閫之刀也, 兄弟相非, 紊家之道也. 而惟朋友之交者, 可以責難言之. 故
朋友之下, 特著一交字耳.]

【문】"(천지의) 화육을 도운다"·"(천지의) 화육을 안다". 제22장에
서 이미 '천지의 화육化育을 도운다' 하였는데, 제33장에서 또
'천지의 화육을 안다' 하였습니다. 도우는 일과 아는 일이 경중
輕重과 천심淺深의 차이가 있습니까?[贊(天地之)化育, 知(天地之)化育, 二
十二章旣曰贊天地之化育, 三十二章又曰知天地之化育. 贊與知, 有輕重淺深耶?]

【답】화육을 도움은 행의 입장에서 말한 것이니 지극히 성실한 공
이 조화에 도움이 있음이요, 화육을 앎은 지의 입장에서 말한
것이니 지극히 성실한 마음이 천지의 이치와 차이가 없습니
다. 말이 각각 지적하는 것은 있어도 경중輕重과 천심淺深의 차
이는 없습니다.[贊化育, 以行言, 至誠之功, 有補於造化, 知化育, 以知言, 至誠之
心, 無間於天地. 語各有指, 無輕重淺深耳.]

【문】"내외를 합한다"211)[合內外]는 말은 무슨 뜻입니까?

【답】 지금 이 설說의 뜻을 살펴보니, 자신을 이루고 남을 이루는 극
치는 닦음을 빌리지 않는다고 여겼기 때문에 "내외內外가 합하
여서는"이라고 하였습니다. 『장구』의 "내외의 분별이 없
다"[212]는 말을 근거로 하여 또한 성실을 알았다는 설이 될 듯
하니, 이 설이 합당한 듯합니다. 그러나 소주小註에서 주자朱子
께서 "능히 내외의 도를 합한다" 하였으며 쌍봉요씨雙峯饒氏가
"내외를 합하여 하나의 도리로 삼는다" 하였습니다. 신안진씨
新安陳氏가 또 말하기를, "내외를 합한다는 설이 여럿인데, 살펴
보면 어찌 모두 닦음을 빌리지 않고 내외가 저절로 합해짐을
말하는 것이겠는가? 하물며 이 장에서 인도人道가 참으로 밝음
에서부터 성실해지는 일임을 말하고 있다는 데에 있어서는 어
떻겠는가?" 하였으며, 또 "내외가 합하여져서 내외를 합한다"
고 말하지 않았습니까? 당연히 "내외를 합한 도이다"라고 해
야 하니, 다시 무슨 의문을 가지겠습니까?[今按此說之意, 以爲成己成
物之極致, 不假修爲, 故曰內外 ㅣ 合 ㅼ . 據『章句』無內外之殊之言, 亦似作見誠說
則此說似當. 然小註朱子有能合內外之道之云, 饒雙峯有合內外而爲一底道理之言. 陳
新安亦曰合內與外, 幷是數說而觀之, 豈都不假修爲而內外自合之謂乎? 況此章言人道,
固是自明而誠者之事? 且不曰內外合, 而合內外耶? 當云內外 를 合 ㅼㅸ 道 ㅣ ㅅ, 復
何疑乎?]

---

211) 『중용』 제25장에서 "誠이라는 것은 자신을 이룰 뿐만이 아니라" 조목에 나오는 말
이다. "성실함은 스스로 자신을 완성할 뿐만 아니라 만물을 완성해 준다. 자신을
완성함은 仁이고 만물을 완성함은 知이다. 이는 본성의 德이며 內外를 합하는 도이
다. 그러므로 어느 때에 행하든 상황에 맞게 된다."
212) 주석 181)에서 인용한 조목의 주석에 나오는 말이다.

【문】 "나는 밝은 덕이 음성과 낯빛을 대단하게 여기지 않음을 생각한다"【옛날에는 以자와 與자를 통용하였다.】 [予懷明德 不大聲以色【古以與字通用】]고 한 말은 무슨 뜻입니까?

【답】 명덕은 바로 덕을 밝힌 사람입니다. 大는 '귀하다'·'주장하다'와 뜻이 같습니다.[明德乃明德之人也. 大, 猶貴也主也.]

「체용도體用圖」를 붙여 둔다.(附體用圖)

			心				
恕	費和	情	用	體	性	隱中	忠
達道	喜怒哀樂					仁義禮智	大本
動	人道					天道	靜
省察	發育萬物					無聲無臭	存養
小德川流	致和					致中	大德敦化
	萬物育					天地位	
			誠				

5) 『대학』에 대한 문답

【문】「서문序文」에서 "억조의 군주와 선생으로 삼아서 그에게 다스리고 가르치도록 하여"213)라고 했는데, 신농씨神農氏 · 황제씨皇帝氏의 시대이니, 군주의 다스림은 지극한데, 선생의 가르침이 알려지지 않은 것은 왜입니까?[「序」以爲億兆之君師, 使之治而敎之, 神農黃帝之時則君治至極, 師敎不聞者, 何耶?]

【답】상고시대에는 풍속이 섞이지 않고 백성들의 성품이 순후하여 말하지 않아도 믿고 하지 않아도 다스려졌으니, 선생의 가르치는 방도를 후세와 같이 갖출 필요가 없었습니다. 또 '관리를 두어 가르침을 베푸는 일이 더러 있었는데, 빠트려져서 전해지지 않은 것인가?' 하고 굳이 의문을 가지고 캐물을 필요는 없습니다.[上古風氣未醨, 民性醇厚, 不言而信, 無爲而治, 師敎之道, 未必如後世之備. 亦或有設官立敎, 而逸落無傳也歟? 不必深加疑究也.]

【문】「서문」에서 "일체"[「序」一切]라고 한 말은 무슨 뜻입니까?

【답】일체一切는 '한결같이'와 같은 말입니다. 말하자면, 권모술수權謀術數하는 자들은 모두 시비是非를 돌아보지 않고 의리義利를 가리지 않아 반드시 공명功名을 이룬 후에야 그만 둡니다. 그러므로 '일체'라고 말하였습니다. 만약 우리 유자儒者라면 그렇지

---

213) 「대학장구서문」에서 "한 사람이라도 총명과 예지를 갖추어 능히 그 본성을 다하는 자가 그 사이에 나오면, 하늘이 반드시 그에게 명하시어 억조 만백성의 군사로 삼아 그로 하여금 백성을 다스리고 가르쳐서 그 본성을 회복하게 한다"고 하였다.

않으니, 도道에 맞지 않다면 바로 스스로 그만둘 뿐입니다.[一切,

猶言壹是. 言此權謀術數者, 類皆不顧是非, 不擇義利, 必就功名而後已焉. 故云一切.

若吾儒則不然, 不合於道則便自止耳.]

【문】 "사물의 이치가 이름"214)[格物]이라고 한 말은 무슨 뜻입니까?

【답】 "사물의 이치의 지극한 곳이 이르지 않음이 없다"215)를 낙봉駱

峯216) 신공申公이 "사물의 이치에 지극한 곳이 이르지 않음이

없다"라고 해석하였습니다. 이어서 살펴보니, '전10장'의 마지

막217) 장을 지적하며 "말하자면 이 책을 읽는데, 권의 처음부터

이곳까지 다하지 않음이 없다와 같다"218)고 하였습니다. 참으

로 이러한 뜻을 안다면 비록 '지극한 곳에'라고 번역하여도 괜

찮습니다. 또 말하기를, "지극한 곳에 이른다는 것은 궁구함이

지극하여 이곳에 이를 뿐이네. 일찍이 이복고李復古의 설을 살

펴보니 '마음이 지극한 곳에 이른다'고 하였는데, 이 설은 잘못

되었네. 만약 마음이 이른다고 한다면 '그침을 아는' 일에 포함

될 것이요, '사물의 이치에 이르는' 일은 아니다" 하였습니다.

---

214) 『대학』 경1장에서 나온다.
215) 『대학』 경1장에서 物格의 의미를 설명한 朱子의 말이다.
216) 駱峯은 申光漢(1484~1555)의 호이다. 자는 漢之이고 다른 호는 企齋이며 본관은 高靈
   이다. 1510년 문과에 급제하여 承文院博士 · 大司成 · 左贊成 등을 역임하였다. 문장에
   능하고 필력이 뛰어났다. 저서로는 『기재집』이 있다.
217) '전10장'은 『대학』을 말한다. 마지막은 극처를 말한다. 『퇴계선생문집』의 「格物物格
   俗說辯疑」에는 「堯曰」의 마지막을 『논어』의 극처라고 하며 「盡心」장의 마지막을 『맹
   자』의 극처라는 표현이 나온다.
218) 『퇴계선생문집』의 「格物物格俗說辯疑」를 살펴보면, 『사서질의』의 '無不盡也' 아래에
   '어찌 불가하리요?'가 신광한이 한 말로 나온다. 이곳에서 다르게 기록한 이유를 알
   수 없어 다만 밝혀 둔다.

지금 신공申公의 이 설을 살펴보니, 매우 정미합니다. 내가 젊어서 성균관에 입학하였을 때, 윤탁尹倬219) 공이 대사성大司成으로 있었습니다. 일찍이 '사물의 이치가 이른다'는 조목의 주석에서 '지극한 곳'의 토에 대하여 물었더니, 윤공尹公이 말하기를, "'이'라고 해야 한다" 하였습니다. 다시 "이치의 지극한 곳이 저절로 내 마음에 이르는 것입니까?"라고 물었더니, 공은 "아니다"라고만 하고 아닌 이유를 말하지는 않았기 때문에 매번 자세히 물어보지 못하였던 것을 한스러워합니다.[物理之極處無不到, 駱峯申公釋云物理ㅅ丶 極處無不到. 仍按指傳十章之末曰假如言讀此書, 自卷初至此處ㅣ 無不盡也. 苟知此意則雖釋云極處ㅅ丶 亦無妨. 又曰極處到者, 竆極到此耳. 嘗見李復古說心到極處, 此說非也. 若謂心到則是屬知止, 非格物也. 今按申公此說甚精微. 余少時入成均時, 尹公倬爲大司成. 嘗問物格註極處吐, 尹公曰當云ㅣ. 問是謂理之極處自到吾心否? 公但曰非也. 不言其所以非之故, 每以不能審問爲恨耳.]

【문】 "마음을 바르게 함과 뜻을 성실하게 함"[正心誠意]은 어떻게 해석해야 합니까?

【답】 지금 살펴보니 "그 마음을 바르게 해오고 그 뜻을 성실하게 해오다"라고 한다면 이쪽에서 저쪽을 부린다는 의미가 있는 듯합니다. "바르게 하고 성실하게 하고"라고 해야 합니다.[今按그心乙 正 히죠古 그意乙 誠 히죠夕ㅅ, 則似有以此使彼之意. 當云正 ㅅ古 誠 ㅅ古.]

---

219) 尹倬(1472~1534)의 자는 彦明이고 호는 平窩이며 본관은 坡平이다. 1501년 문과에 급제하여 史官·大司成·成均館同知事 등을 역임하였다. 학문이 높아 趙光祖 등 여러 대신들에게 道學을 가르쳤고 宋麟壽·李滉 등이 그의 가르침을 받았다.

【문】 "능히 밝은 덕을 밝힌다"·"능히 큰 덕을 밝힌다"220)에서 성인의 덕은 본래 광명한데, 왜 능히 밝힘을 기다려야 합니까?[克明德, 克明峻德, 聖人之德, 本自光明, 何待於克明乎?]

【답】 천도가 그침이 없으니, 문왕의 순수 또한 그침이 없었습니다. 대개 비록 성인이더라도 조금의 틈이 생겨 더러 게으르게 된다면 공부를 계속하지 못하여 바로 미치광이가 되어221) 버립니다. 그러므로 조심하고 두려워하여222) 조금의 끊어짐도 없어야 합니다. 이 '능히 밝히다'(克明) 두 글자를 제요帝堯와 문왕文王에게 더한 것은 그러한 이유에서 입니다.[天道不已, 文王純亦不已. 蓋雖聖人, 少間或怠則其所以明之之功不能繼之, 便是作狂. 故兢兢業業, 無少間斷. 此以克明二字, 加於帝堯文王者然也.]

【문】 "새로워지는 백성을 진작하라"223)[作新民]는 어떻게 해석해야 합니까?

【답】 "새로워진 백성을 진작하라하며" ○ "새로워지는 백성을"이라고 해야 옳습니다.[新 ㅣㅏ 民 乙 作 ㅣㅅ소ㅊ. ○新 ㅣㄱㅏ 民 乙 此是.]

【문】 "즐겁게 해 주심을 즐거워하고 이롭게 해 주심을 이롭게 여기

---

220) 전1장에 나오는 「太甲」과 「帝典」의 말이다.
221) 『書經』 「周書·多方」편의 "오직 성인도 생각이 없으면 미치광이가 되고 미치광이어도 능히 생각하면 성인이 된다"는 말에서 유래한다.
222) 『서경』 「皐陶謨」에서 경계하고 조심하면서 위태롭게 여겨 두려워함을 말한다. 夏나라 禹王에게 皐陶와 건의한 말이다.
223) 전2장에 나오는 「康誥」의 말이다.

니"224)[樂其樂(而)利其利]는 어떻게 해석합니까?

【답】 "즐겁게 해주셔서는" · "이롭게 해주셔서는"입니다. 살펴보건
대, 두 설이 모두 옳습니다.[樂게 ᄼ쇼ㄆ 利게 ᄼ쇼ㄆ. 按兩說皆是.]

【문】 주석에서 "후현과 후왕을"이라고 했는데, 먼저 현자를 말한 뒤
에 왕자를 말한 것은 왜입니까?[註後賢後王, 先言賢而後言王者何歟?]

【답】 대개 사랑하고 그리워하는 마음을 오직 현자가 독실하게 하기
때문에 먼저 현자를 말하였습니다.[蓋有愛慕之心, 惟賢者爲篤, 故先言賢
也.]

【문】 "백성의 마음을 크게 두렵게 하니"225)[大畏民志]에서 마음[志]을
어떻게 해석해야 합니까?

【답】 지금 살펴보니, 만약 '마음을'이라고 한다면 의도적으로 위엄
있게 행동하여 백성들이 두려워하도록 만든다는 혐의가 있게
되는 듯합니다. 그러므로 차라리 문세를 돌아보지 않고 반드
시 '마음이'라고 하였습니다. 근세에 여러 선생들이 이러한 문
자文字를 예에 따라 이러한 뜻으로 풀이하였습니다. 비록 의도
적인 것을 피한다하더라도 의도적이지 않은 곳으로 나간다고
한다면 그럴 듯합니다. 문세文勢와 어맥語脈226)이 서로 응하지
않으니 어떻게 하겠습니까? '마음을 두렵게 하나니'라고 해야

---

224) 전3장에 나오는 『詩經』 「周頌 · 烈文」의 말이다.
225) 전4장에 나온다.
226) 語脈은 말과 말의 유기적인 관계를 말한다.

합니다. 예전에도 이러한 설이 있었습니다.[今按若作志乙 則似涉有心作威, 使民畏之. 故寧不顧文勢, 而必云志ㅣ. 近世諸先生於此等文字, 例以此意釋之, 雖避有心以就無心則似矣. 奈文勢語脉不相應何? 當作志乙 畏게ᅴ며ᄂ. 古亦有此說.]

【문】 "성낼 바가 있으면"[227)][有所忿懥]을 어떻게 해석해야 합니까?

【답】 "성낼 바가 있으면" 지금 살펴보니, 이 설은 엉성합니다. 세유世儒들이 풀이한 것을 따라야 합니다. 기대한다는 의미이면 '할 것을'이라고 하며, 편벽되어 매인다는 의미이면 '하는 것을'이라고 하며, 머물러 막힌다는 의미이면 '한 것을'이라고 해야 합니다. 유有 자는 또한 모두 '두면'이라고 해야 한다고 하니, 이 말이 정밀합니다.[忿懥ᄒᆞ욜배이시면, 今按此說疎. 當從世儒所釋. 期待曰ᄒᆞ욜바ᄃ을, 偏繫曰ᄒᆞᄂᆞᆫ바ᄃ을, 留滯曰ᄒᆞᆫ바ᄅ을. 有字亦當皆曰두면, 此語精密.]

【문】 "성냄·두려움·좋음·걱정"에서 네 가지는 칠정七情입니까?[忿懥恐懼好樂憂患, 四者, 是七情否?]

【답】 네 가지 중에 세 가지는 칠정에서 온 것이지만, 이른바 걱정한다는 것은 없습니다. 그러나 이것 역시 칠정의 밖에 있는 것은 아닙니다.[四者就七情而得其三, 惟無所謂憂患者. 然亦非在七情之外也.]

【문】 "마음이 있지 않으면"[心不在焉]이라고 한 말은 무슨 뜻입니까?

---

227) 전7장에 나온다.

【답】 '있다'는 몸속에 있는 것인데, 혹 몸 안이라 하고 혹 보고 듣는 데에 있다고도 합니다. 지금 살펴보니, 이 두 설은 통하여 보아야 합니다. 대개 마음이 몸 안에 있어야 바야흐로 보고 듣는 곳에 있을 수 있습니다. 이는 마음에 주장해서 밖으로 응함이니, 두 곳에 있는 것은 아닙니다. 만약 마음이 몸속에 없다면 보고 듣는 곳에 있을 수 있는 이치가 없어서 마음이 물物을 쫓아가서 주재主宰하지 못하기 때문입니다. 그러므로 명도明道 선생께서 말하기를, "내면을 옳다하고 외면을 그르다하기 보다는 내외를 모두 잊어버리는 것이 낫다" 하였습니다. 이는 마음이 주재함을 잃어버렸을 때를 바로 지적하여 그 병통을 말한 것입니다.

애초에 사람이 마음을 잡지 못하여 이러한 병통이 생기는 것을 경계한 것이 아닙니다. 그러므로 『장구章句』에서는 단지 "마음이 보존되지 않음이 있다면 그 몸을 검속檢束할 수 없다"228)고 직해直解하여 뜻을 바루었으며, 이어서 "이 때문에 군자는 반드시 이를 살펴서 경건함으로 마음을 곧게 한 연후에"라고 하였습니다. 여기에서 바야흐로 본 『장구章句』의 말 밖의 의미를 미루어 설명하여 사람에게 성찰省察·조존操存하는 공부를 하도록 하여 마음이 주재主宰의 지위를 잃어버리는 병통을 구하였습니다. 『장구』의 정밀하고 자세함이 이와 같으니, 섣불리 조존操存의 설에 마음을 두지 않고서 해석할 수는 없습

---

228) 전7장의 주자의 주에 나온다.

니다.

○ '몸속에 있다'를 『통고通考』[229]에 거듭 살펴보니, 오계자吳季子[230]가 말하기를, "금을 훔쳐 들었을 때 시장 사람들을 보지 못하는 것은 마음이 사람들에게 있지 않아서이고, 밥을 먹다가 수저를 놓치는 것은 마음이 수저에 있지 않아서이다. 이를 말미암아 살펴보면, 몸을 닦고자 하는 자가 이 마음을 거두지 않고서 내 가슴의 사이에 있도록 할 수 있겠는가?" 하였습니다. 이로써 증명하면, 위의 이른바 "마음에 주장하여 밖으로 응한다"는 설이 더욱 믿을 만합니다.[在卽在腔子中, 或云軀殼內, 或云在視聽上. 今按此兩說通看. 蓋心在軀殼, 方能在視聽上, 乃主於內而應於外, 非兩在也. 若心不在軀殼則未有能在視聽上之理, 心已逐物而不能主宰故也. 故明道先生曰與其是內而非外, 不若內外之兩忘也. 蓋此乃直指心失主宰之時而言其病耳. 初非戒人不能操心而致此病也. 故『章句』只以心有不存則無以檢其身, 直解正義而繼之曰是以君子必察乎此而敬以直之然後云云. 至是方推說本『章』言外之意, 使人加省察操存之功, 以救夫心失主宰之病. 『章句』之精審如此, 不可徑以不著意操存之說解之也. ○在軀殼, 再按『通考』吳季子曰攫金而不見市人, 心不在市人也, 當食而失匙箸, 心不在匙箸也. 由是觀之, 欲修身者, 其可不收斂此心而使之在吾方寸間乎云云. 以此證之, 上所謂主於內應於外之說, 益信矣.]

---

229) 『通考』는 元나라 馬端臨이 편찬한 『文獻通考』 384권을 말한다. 마단림의 자는 貴與이다. 이 책은 중국 역대의 전장제도를 서술한 책이다.

230) 吳季子는 춘추시대 吳나라의 季札이다. 『사기』 「오태백세가」에서 上國에 두루 朝聘하면서 당시의 어진 사대부들과 사귀었는데, 노나라에 갔을 적에는 각국의 음악 소리를 듣고 열국의 치란 흥망을 알았다고 전하여진다.

【문】 “이것을 일러 몸이 닦이지 않으면 그 집을 가지런히 하지 못한다는 것이다”[此謂身不修, 不可以齊其家]라고 한 말은 무슨 뜻입니까?

【답】 양촌陽村[231]의 「입학도설入學圖說」에 “이는 경문經文의 뜻을 받아 역으로 결론지었다” 하였는데, 경문經文[232]은 바로 “그 근본이 어지럽히고서 지엽이 다스려지는 경우가 없으며”이니, 이 말은 이 의미를 근본으로 하고 있습니다. 대개 수신修身은 몸으로 행하는 것이고 제가齊家는 미루어 행하는 것입니다. 만약 몸으로 행하지 않으면 무엇으로 미루어 행할 수 있겠습니까? 여기서는 몸으로 행함을 미루어 행하는 일의 대對로 말하였으니, 역으로 활용하는 법이 있습니다. 이렇게 역으로 결론지은 것은 호소력이 있기 때문입니다. 닦지 않는다면 가지런히 할 수 없음은 반드시 닦은 연후에 가지런히 할 수 있음을 보여 줍니다.[陽村 「入學圖」 說云此承經文反結云云, 經文卽其本亂而末治者否矣, 此語本此意也. 蓋修身卽躬行, 齊家卽推行. 若不躬行, 何以能推行? 此以躬行對推行言, 有翻傳活法. 此反結所以有力焉. 不修則不可齊, 以見必修然後可齊.]

【문】 “부자와 형제된 자가 법 받기에 충분하다고”[233][其爲父子兄弟足法]는 어떻게 해석해야 합니까?

---

231) 陽村은 權近(1352~1409)의 호이다. 자는 可遠이고 시호는 文忠이며 본관은 안동이다. 1368년 문과에 급제하여 藝文館應敎·知申事 등을 지냈다. 조선이 개국하자 政堂文學·議政府贊成事 등을 지냈다. 문장과 경학에 모두 밝았다. 저서로는 『陽村集』·『五經淺見錄』·『四書五經口訣』·『東賢事略』 등이 있다.
232) 經文은 『대학』 경1장을 말한다.
233) 전9장에 나오는 『시경』 「曹風·鳲鳩」편의 말이다.

【답】 "그 부자와 형제가 족히 법 받은 후에 백성이 법 받느니라."
한편으로는 "법 받은 후에 백성이 법하나니라"라고 하였습니
다. 위爲자는 어조사입니다.

○ 주자께서 어떤 사람의 물음에 답하며, "요임금과 순임금이
그 자식을 교회시키지 못하였으며, 주공이 그 형제와 잘 어울
리지 못하였다는 설에서 또한 볼 수 있다" 하였습니다. 어떤
이유로 지금 사람들이 억지로 생각을 만들어 이설異說에 힘을
쏟는지요?[其父子兄弟. 足히法바단後 匡, 民丶 法밧 ㄱㅌㅅ. 一云法 ᄀㄱ 後
匡 民丶 法 ㄱㅌㅅ. 爲字語辭. ○觀朱子答或人所問堯舜不能化其子, 周公不能和
兄弟之說, 亦可見矣. 何故, 今人鑿生意見, 務爲異說?]

【문】 "국가의 어른이 되어"234)[長國家]에서 장長은 어떤 의미로 해석
해야 합니까?

【답】 지금 『통고』를 살펴보니 오계자가 말하기를, "경대부卿大夫와
사士는 한 집안의 어른이고 천자天子와 제후諸侯는 한 나라의 어
른이다" 하였습니다. 일설에는 "국가를 오래도록 이익 있게
하려 하여"라고 하는데, 이 설은 잘못되었습니다. 그러나 어떤
한 고서古書에 '장국가長國家'라는 세 글자가 있는 것을 본 적이
있는데, 그 해석에서 바로 '오래도록 이익이 있게'라고 풀이하
였습니다. 마침 무슨 책인지 잊어버려 우선 이곳에 적어 둡니
다.[今按『通考』, 吳季子曰卿大夫士, 一家之長也, 天子諸侯, 一國之長也. 又一說國家,

---

234) 전10장에 나온다.

ᄐ乙 長益호려▣也, 此說誤. 然嘗見有一古書有長國家三字, 而其解正以長益解之. 適
忘記何書, 姑識於此.]

【문】 "이利를 이익으로 여기지 않고"[不以利爲利]라는 말은 무슨 뜻입
니까?

【답】 이 두 장章의 설을 살펴보면, 위의 장은 주로 의義를 말하여 이
익으로 여기는 뜻의 이유를 순리대로 결론지었으며, 아래의
장은 이익으로 여겨서 생기는 해를 주로 말하였으나 반드시
의義를 이익으로 여겨야 하는 뜻으로 역으로 결론지었습니다.
말이 따르거나 뒤집음이 있으나 뜻으로 보면 한 가지입니다.
풀이하는 자가 아래 장만을 보고 윗글에서 말한 바가 "의를
이익으로 여기다"는 뜻이 아니라고 여겨서 마침내 결어結語가
옳지 않다고 의심하여 바로 억견臆見을 만들어 위 구의 '불不'자
를 아래의 "의를 이익으로 여기다"의 뜻에 합하였습니다. 풀
이하여 말하는 것이 이 설과 같다면 그 글은 마땅히 "이것을
일러 나라는 이利를 이익으로 여기지 의義를 이익으로 여기지
않는다"라고 해야 합니다. 어떤 이유로 '불不'자가 이리以利 앞
에 있어야 합니까? 이는 완전히 문리文理에 맞지 않으니, 웃을
만합니다. 이제 위의 장에서 풀이한 바를 따라야 합니다.[按此兩
章之說, 上章主言義而順結所以爲利之意, 下章主言爲利之害而反結必須以義爲利之意.
語有順反, 意則一也. 釋者徒見下章上文所言非以義爲利之意, 遂疑其結語不類, 乃曲生
臆見, 抉取上句不字, 下合於以義爲利之意. 釋曰云云, 苟如此說, 其文當曰此謂國以利
爲利, 不以義爲利也. 何故不字在於以利之上乎? 此全不成文理可笑. 今當依上章所釋.]

6. 「진정부」: 매헌과 퇴계의 사우의 정

1) 「진정부」235)

아! 받은 운명이 기구하고 천박하나	嗟賦命之奇薄
살아온 지 이미 52년이나 되었네	歷歲元兮五十一
젊어서부터 남다른 명성 없었고	自少壯而無異聞
속절없이 늙어서 질병만 안고 있네	空潦倒而抱疾
학해를 바라보니 하늘 오름과 같아서	望學海有若登天
재주와 식견이 용렬하여 부끄럽고	愧才鈍而識劣
병오년 봄 소과 선발에 입격하여	屬丙午之春選
외람되이 200명 중 참여하였네	試叨參於二百
5년 동안 성균관에서 국록 먹으며	歲周五兮竊廩
취우하며 함께 함을 부끄러워하였네	混吹竽兮靦顏
집이 가난하고 어버이 늙음 생각하면	念家貧而親老
따뜻하고 배부른들 무슨 관심 있으랴	縱溫飽兮何關
물러나 스스로 나의 몸을 살피니	退自省夫吾身
농사에 묻히는 일만한 것이 없네	曷若投分於農畝
홀로 따로 떨어져서 무리 짓지 않고	判獨離兮不羣
밤낮으로 두려워하며 허물을 없애리라	日夕惕而無咎
골몰한 내가 미치지 못할 것만 같으니	汩余若將不及
겨우 저장하여 겨울을 대비해야 하네	聊可旨蓄而御冬
일찍부터 어버이 떠나 스승을 따라서	蚤辭親而從師
자식의 도리 못한 것이 개탄스럽네	慨子職之未供
어찌하여 풍수의 탄식 멈추지 않아	何風樹之不止

---

235) 『梅軒先生文集』, 권1, 「陳情賦」.

참혹하게 호시께서 연이어 돌아가셨네 　　　　　慘怙恃之繼禍

통곡하며 부르짖어도 어쩔 수 없고 　　　　　痛號踊而無逮

스스로 죽으려 해도 그러지 못했네 　　　　　欲自滅又不果

세상 일이 못난 나에게 부여되어 　　　　　付世故於蓍非

향화를 영원히 받들기로 기약했네 　　　　　永奉乎香火

【원문 빠짐】 　　　　　【缺】

아, 슬퍼라! 　　　　　嗚呼噫嘻

질박한 도 이미 사라지고 보니 　　　　　大樸已散

순박한 풍속 사라져 버렸네 　　　　　淳風不復

인정은 반복하여 무상하고 　　　　　人情兮飜覆

세도는 어지럽고 각박하네 　　　　　世道兮淆薄

생명이 있으면 욕심이 있으니 　　　　　覽有生之有欲

부귀와 안일이 있게 되네 　　　　　在富貴與安佚

누가 부귀를 거절하고 가난에 거할 것이며 　　　　　孰辭富而居貧

누가 재물 앞에서 욕심을 끊겠는가? 　　　　　孰臨財而截欲

고인 물이 쉽게 마름을 잊어버리고 　　　　　忘潦深之易渴

어리석게도 이곳에 엎드려 있네 　　　　　昧倚伏之在是

원헌의 가난을 지키고자 함이여 　　　　　欲守原憲之貧兮

즐거움이 안자만 못하여 부끄럽네 　　　　　愧所樂不如顏子

옛사람을 흉내 낼 줄만 알았지 　　　　　惟知效嚬於古人

군자의 지학에는 이르지 못했네 　　　　　未達君子之志學

번수가 농사일 배운 것 뒤따르고 　　　　　踵樊須之學稼

자공이 재물 늘인 것 모방하니 　　　　　倣子貢之貨殖

염구처럼 부를 도운 것이 아니고 　　　　　非冉求之爲富

그저 가난 대비하여 급할 때 구제함이네 　　　　　聊備荒而救急

만약 석서가 야유하여 지붕을 뚫는다면 　　　　　若有碩鼠揶揄而穿屋

어느 한 사내가 감히 구휼하랴 　　　　　孰一夫之敢恤

곁에 있는 한 사람이	旁有一人
거듭 나를 꾸짖어 말하네	申申其詈余曰
어디인들 유독 방초가 없겠는가?	何所獨無芳草
자네는 어찌하여 가난하게 지내는가?	爾胡爲乎窘步
접역 전 지역을 살아보면	洞相觀乎鰈域
살 만한 곳이 허다하네	有可居者幾許
골짜기에서는 고반의 즐거움을 읊고	澗谷詠考槃之樂
형문에서는 느긋이 머무를 곳이 있다네	衡門有棲遲之處
자네가 참으로 가서 머문다면	子苟往而居之
또 장소 없음을 걱정하지 않아도 되네	又不患其無所
어찌 일찍 도모하여 농장으로 물러나지 않는가?	何不蚤圖而退莊
진실로 한탄스럽고 괴이한 일이네	誠可歎而可怪
아, 도도한 세상 사람들이여!	嗟世人之滔滔
모두 옻으로 머리 감고 풀리기를 구하네"	總沐榛而求解
문득 이 말을 듣고 마음속으로 깨달으니	忽聞言而心寤
우리 객의 깊은 경계에 감동했네	感吾客之深戒
【원문 빠짐】	【缺】
결어에 이르니 그만이구나!	誶曰已矣
백년의 절반이 지나도록	百年強半
어려움 헤친 적 없으니	未曾涉難
머리는 이미 서리 내렸으나	頭雖已白
계획은 진작 세우지 못했네	計不宿筭
우러를 만한 것은	所可仰者
선생님 문하에서	函丈門下
인자한 보살핌 많이도 받았지	濫荷仁眷
정성스럽게 가르쳐 주시고	諄諄誨奬
끊임없이 바로잡아 주셨지	針砭不倦

아낌이 이 몸에 사무쳤으니	愛澈微軀
진실로 잊기 어렵네	誠所難忘
맹세컨대 위급해도 변절하지 않고	矢顚沛而不渝
일심으로 끝없이 받들고자 하네	奉一心於無疆
대들보 서둘러 꺾일 줄 어찌 알았으랴?	何知櫟木之遽摧
말씀을 듣지 못한 지가 여러 달이네	曠馨欬於屢月
진실로 이 도 밝히기 어려우니	誠此道之難明
비록 통곡한다고 한들 어찌 따라잡겠는가?	縱啜泣兮何及
우러러 공자의 훌륭한 말씀 중에	仰宣聖之至言
덕은 덕으로 보답하라는 말씀 있네	有德報以德恩
바라건대, 마음에 새겨 잃지 말아서	庶佩服而勿失
성문에 저버림이 없기를 기약하네	期無負於聖門

2) 「퇴계선생에게 올리는 제문」[236]

아! 원기가 모여 큰 덕을 낳았으니, 자질은 순수하였으며 학문은 중정

---

236) 『梅軒先生文集』, 권2, 「祭退溪先生文[辛未]」, "嗚呼! 元氣之會, 篤生大德. 純粹之質, 中正
之學. 淵源洙泗, 羹牆濂洛. 續千載緖, 爲百世師. 士瞻喬嶽, 國有蓍龜. 卓立東荒, 考槃在阿.
退水活活, 靈芝莪莪. 爰結三椽, 命曰寒栖. 仰思俯讀, 左圖右書. 肅然對越, 終日乾乾. 力踐心
得, 不由師傳. 紬繹四子, 硏窮易學. 無微不燭, 無物不格. 不言而信, 不怒而威. 曝之秋陽, 藹
然春輝. 風光月霽, 山立淵澄. 接應事物, 氣平神凝. 卽之也溫, 朘之也莊. 翊贊義理, 爵祿是
忘. 先王側席, 恩命屢至. 出處有道, 霄行潦止. 自家而國, 準平繩直. 際會文明, 雍容經幄. 道
揭十圖, 誠殫六條. 七進七退, 顯揚三朝. 軒輖孔卓, 自視闇闇. 歲暮丘林, 酒修初服. 白首謝
恩, 歸帆三宿. 酌彼漢水, 臨分寫愁. 天不欲平, 人將何尤. 河海量深, 衆瀆所聚. 近遠鴻碩, 立
雪軒右. 從容講討, 窈窕陶丘. 書疏溢篋, 手答如流. 疑膺冰解, 義利毫析. 繼往開來, 昔賢同
烈. 小子弱冠, 幸窺門牆. 獎掖諄至, 粗知義方. 脫我坑塹, 道我坦夷. 自顧駑庸, 坐成不移. 中
年遊泮, 顚沛是虞. 于時先生, 被召入都. 叨陪南爲, 執策前之. 歸來補過, 築室溪湄. 日星明
訓, 詩以勉爲, 杜門求志. 抱卷質疑, 得免小人. 此外何求, 居必薰炙. 駕輶陪遊, 佳山勝水. 杖
屨周流, 蓮臺夜闌. 龜潭月明, 暢我心志. 悟我神精, 庶奉周旋. 無或墜失, 欲報之恩. 天地罔
極, 嗚呼哀哉, 豈意一疾, 爲斯道擘. 邦國之瘁, 士林之戚. 神龍其逝, 鱗介靡依. 儒宗其亡, 吾
黨誰師. 運旣極矣, 痛哭何追. 終天永隔, 此恨未涯. 薦此非素. 庶冀格思, 嗚呼哀哉!"

하였습니다. 수사를 연원으로 하고 염락을 사모하여 천년의 서업을 이으셨으니 백세의 스승이 되었습니다. 선비는 교악처럼 우러렀고 나라엔 시귀가 있었습니다. 영남에 우뚝 서니 고반이 언덕에 있었습니다. 퇴수는 넘실거리고 영지는 우뚝한데 세 칸의 집 여고서 한서라 이름하였습니다. 우러러 생각하고 머리 숙여 읽으며 서책을 가까이 하였습니다. 엄숙하게 마주하고 종일토록 부지런하였습니다. 힘써 실천하고 마음으로 얻어 스승에게 전해 받지 않았습니다. 사서를 연구하고 역학을 탐구하였습니다. 환히 밝히지 않음이 없었고 이르지 않음이 없었습니다. 말하지 않아도 믿음이 있었고 노하지 않아도 위엄이 있었습니다. 가을 햇살 같이 따뜻하였고 봄빛과 같이 온화했습니다. 맑은 바람 개인 달 같았으며 우뚝한 산 맑은 연못 같았습니다. 사물을 응접할 때에는 기운은 편안하고 정신은 모아졌습니다. 나아가면 따뜻하고 바라보면 장중했습니다. 의리를 추환처럼 여기셨기에 작록을 잊었어도 선왕께서 예우하시어 은명이 자주 내려졌습니다. 출처에 도리가 있어 개이면 가고 비오면 멈췄습니다. 집안에서 나라까지 고르고 곧게 하였습니다. 문명의 시대를 만나 경연에서 차분히 아뢰었습니다. 『성학십도』를 걸게 하시고 「무진육조소」로 말씀하셨습니다. 일곱 번 나아가고 일곱 번 물러나니 세 조정에 드러났습니다. 벼슬하며 윤택할 때에는 스스로 대단치 않게 여기시더니 나이 들어 산림으로 돌아와서는 바로 처음 옷을 손질하셨습니다. 흰머리로 성은에 사례하고 돌아오는 배에서는 머뭇거렸습니다. 저 한수에서 수작하며 작별의 아쉬움을 시에 담았습니다. 하늘이 고르게 하지 않으니 사람을 장차 어찌 탓하겠습니까? 강과 바다는 깊고 깊어 모든 도랑물이 모이듯이 원근각지의 큰 선비들이 제자가 되어 모셨습니다. 가만히 강론하고 토론하니 그윽하던 도산 골짜기에 편지가 상자에 넘쳐났지만 물 흐르듯 손수 답하셨습니다. 의심은 얼음 녹듯 풀리고 의리와 이익은 자세히 갈라졌습니다. 선학을 잇고 후학을 열어주시니 옛 현인과 공을 같이하셨습니다. 제가 약관의 나이로 다행히 문하를 엿볼 수 있게 되었을 때, 매우 다정히 장려하시어 거칠게나마 의리의 방향을 알게 되었습니다. 저를 구덩이에서 벗어나게 하시고 저를 평탄한 길로 인도하셨습니다. 용렬함을 스스로 돌아보면 그냥 어리석은 사람이 되었을 것입니다. 중년에 성균관에 유학하며 갈피를 잡지 못하고 근심하였는데 이때 선생님께서 부름을 받아 서울에 오시게 되었습니다. 남행길을 모시며 채찍을 잡고 앞에 섰습니다. 돌아와 잘못을 보완하려고 서재를 남계 가에 지었습니다. 해와 별처럼 밝게 가르치시며 시로써 면려하셨습니다. 문을 닫고 뜻을 구하며 책을 안고 의문을 질정 받았습니다. 소인배는 벗어났으니 이 밖에 무엇을 구하겠습니까? 집에서는 반드시 친히 가르침을 받고 나가서는 빈번이 모셨습니다. 아름다운 산수에서 두루 모시고 다녔습니다. 연대에서 밤을 보내고 오담에서 밝은 달을 보고 저의 심지를 터주셨고 저의 정신을 깨워주셨습니다. 자못 받들어 주선함에 더러 실추함은 없었습니다. 은혜를 갚고자 해도 천지처럼 다할 수가 없습니다. 아, 슬픕니다! 어찌 생각했겠습니까? 한 병이 사도의 재앙이 될 줄을. 나라가 병들게 되고 사림이 슬퍼했습니다. 신령한 용이 떠나가니 어리석은 우리들은 의지할 곳을 잃게 되었습니다. 유종이 돌아가시니 우리는 누구를 스승으로 모셔야 하나요? 운수가 이미 다했으니 통곡한들 무엇 하겠습니까? 하늘 끝은 영원히 막혔으니 이 한은 끝이 없습니다. 초라한 제물을 올리니 바라건대, 강림해 주십시오. 아, 슬픕니다!

‖춘당선생문집春塘先生文集

【해제】

『춘당선생문집』은 춘당春塘 오수영吳守盈(1521~1606)의 시문집으로 그의 문학과 사상을 살펴볼 수 있는 매우 귀중한 자료이다. 그의 저술이 비록 국가적 병란과 집안의 화재로 상당수가 사라지고 시문을 중심으로 구성되어 있지만, 그렇다고 하여 그의 인생과 철학을 전혀 알 수 없는 것은 아니다. 그의 삶은 퇴계 이황을 비롯하여 친우들과 교환했던 시문을 통해 확인할 수 있다.

춘당은 송재松齋 이우李堣의 외손으로 외조부에게 학문을 배우다가 이우의 조카 퇴계 이황의 문하에서 학문을 닦았으며, 진사시에 합격한 후 출사하지 않았다. 이숙량李叔樑, 금보琴輔와 '선성삼필宣城三筆'로 칭해질 만큼 글씨에 뛰어났다.

『춘당선생문집』은 모두 4권 2책으로 구성되어 있다. 권1은 147제의 시문이 실려 있는데, 대체적으로 연대순으로 실려 있다. 스승과 친우들의 시를 차운한 시 등이 대

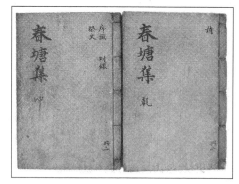

『춘당집』

부분이고, 만시로 류중엄柳仲淹, 이수지李秀枝, 이황李滉 등이 있다. 권2는 144제의 시문이 실려 있는데, 이숙량李叔樑, 서천일徐千一 등에게 준 것 및 사미정의 경관과 명나라 원군이 평양성 전투에서 승리한 일을 듣고 지은 시 등이 실려 있다. 권3은 72제의 시와, 서序, 지識, 제문祭文 등이 실려 있다. 제문은 퇴계의 장례식에서 지은 것 및 이충李沖과 이빙李憑에 대한 것이다.

권4는 「퇴계선생이력초기退溪先生履歷草記」와 부록으로 구성되어 있다. 「퇴계선생이력초기」는 1501년 퇴계가 태어난 해부터 1596년 고봉 기대승이 지은 지석誌石을 묻은 것까지를 연보의 형식으로 기록한 것이다. 부록에는 퇴계가 용수사龍壽寺에서 지어준 시, 낙모봉落帽峯에서 차운한 시 등 4수가 실려 있고, 류규柳湋가 지은 행장, 김굉金㙆이 지은 묘갈명, 가장, 김희주金熙周가 1809년에 지은 「남계사봉안문南溪祠奉安文」, 성언즙成彦檝이 지은 「상향축문常享祝文」 등이 실려 있다. 권말에는 1898년에 허훈許薰, 이만유李晚由, 금우열琴佑烈이 지은 발이 실려 있다.

저자의 6대손 오상흡吳尙潝이 유집을 가지고 류규에게 교정을 부탁하고 1804년 류규에게 행장을, 1806년 김굉에게 묘갈명을 부탁했으나, 간행으로 이어지지는 못하였다. 저자의 11대손 오정락吳鼎洛이 이만인李晚寅의 산정刪定을 받아 2책으로 만들고 1898년 허훈許薰, 이만유李晚由, 금우열琴佑烈에게 발문跋文을 받아 목활자木活字로 인행하였는데, 이때 후손 오상락吳相洛, 오중규吳秉奎, 오병린吳秉麟, 오병덕吳秉德이 같이 참여했다.

1. 「가장」속에 보이는 오수영

1) 춘당 오수영의 가문

공은 전라도 고창高敞 사람이다. 오씨吳氏의 원조遠祖는 휘 학린學麟이 문장과 학행으로 고려시대에 현명顯名하여 벼슬이 한림학사翰林學士에 이르렀다. 재전再傳하여 휘 세문世文은 동각학사東閣學士가 되었는데, 호는 복양濮陽이다. 휘 신세臣世는 민부전서民部典書를 지냈으며, 휘 계유季儒는 찬성사贊成事로서 묘양군牟陽君에 봉해졌다. 본조(朝鮮)에 넘어와서 휘 육화六和는 예의판서禮儀判書가 되었으며, 휘 엄淹을 낳았는데, 그는 숙천부사肅川府使를 역임했고, 휘 형滎을 낳았는데, 나주판관羅州判官이 되었다. 이들이 공의 고조와 증조 이상이다.

조부의 휘는 석복碩福이니, 의령현감宜寧縣監으로 통례원좌통례通禮院左通禮를 증직贈職받았고 호는 삼우대三友臺다. 만년에 한성에서 함안으로 퇴거하였으며 풍류가 매우 두텁고 시문이 창건하였다. 이때에 퇴계 선생이 공보다 나이가 적었으나, 대현大賢이 될 것을 알고 함께 수창酬唱하여 드디어 망년지교忘年之交[1]를 맺었다. 아버지의 휘는 언의彦毅니 전의현감全義縣監을 지냈으며 승정원좌승지承政院左承旨를 증직 받았으며 호는 죽오竹塢이다. 천성이 효성이 지극했으며 졸하니 퇴계 선생이 그의 묘갈墓碣을 찬했다. 어머니는 숙부인淑夫人 진성이씨眞城李氏이니 송재松齋 선생 휘 우堣의 따님이시다. 정정貞靜하고 단숙端淑하여 부녀자의 법도(內則)에

---

1) 망년지교는 나이를 가리지 않고 벗으로 사귀는 것을 말한다.

는 견줄 사람이 드물었다. 집안에서는 퇴계 선생과 흡사하다고 하여 남자로 태어나지 않았음을 유감으로 여겼다고 한다.

2) 춘당의 어린 시절

정덕正德 신사辛巳 9월 23일에 공이 함안咸安 모곡리茅谷里 본가에서 태어났다. 공의 휘는 수영守盈이고 자는 겸중謙仲이니 타고난 자질이 아름다웠다. 어려서부터 노는 모습이 이미 성인의 거동이 있었다. 일찍 문자를 알았는데, 겨우 5~6세에 선성宣城 온혜溫惠에 의탁하니, 온혜는 외왕부外王父 송재 선생의 고향이다. 14세에 몸소 『효경』 1부를 써서 품안에 간수하여 잠시도 놓지 않았다. 16세에 퇴계 선생에게 나아가 수업하니, 선생이 심히 사랑하여 시詩를 지어 주었다.[2]

「오겸중에게 주다」

힘 있게 우뚝 솟은 오생 얼굴 담백하고 정숙하니	屹屹吳生淡靜容
시를 배우는데 자못 우리 가풍을 많이 닮았네	學詩頗得我家風
초나라 구슬을 준다 해도 보배스러울 것 없고	三呈楚璞難爲寶
쇠는 아무리 달궈도 다시 물에 담그네	百鍊棠金更淬鋒
젊은이는 모름지기 눈을 부릅뜨고 바르게 익히고	年少正須張膽日
늙은이는 괴롭게 쌓은 공을 모두 폐하려네	老夫全廢苦心功
용산에는 그 옛날 내가 글 읽던 책상 있으니	龍山舊有攻書榻
그대를 일만권 책 속으로 보내고 싶네	秖欲輸君萬卷中

---

2) 『春塘先生文集』, 권4, 「贈吳謙仲 [守盈] [退溪先生]」.

「용수사에서 글 읽는 오생에게」3)

내가 고요한 절을 좋아해서	我愛山寺靜
베개 높이 베고 빈 방에 눕네	高枕臥一室
푸른 이끼 문간에 가득하고	蒼苔滿洞門
온종일 찾아오는 이도 없네	終日無來客
뜰 앞에 작약꽃 붉게 물들고	庭前芍藥紅
담장 뒤엔 승검초 푸르네	牆後薛荔碧
슬쩍 보아도 서로 마음이 맞고	睍睆相和音
무성한 풀 서로 빛을 나누네	悄蒨分翠色
그윽한 곳 사니 도의 참 맛을 알겠고	幽居稍味道
높은 걸음 세상을 놀라게 한다네	高步恐駭俗
신선이 어찌 없다고 할 것인가?	神仙豈本無
세월은 가는데 고칠 약은 없네	歲晚乏大藥
시와 술에 의지해 괴로워하다	苦被詩酒汩
지난 날 괴로운 병에 걸렸다네	從前嬰苦疾
임금의 은혜는 태산처럼 무겁고	君恩若山岳
신하의 품성은 쓸모없는 나무 같으니	臣性如樗櫟
용산의 절간 글 읽던 곳에서	龍山讀書處
목탁소리 들리지 않네	來逐木魚粥
오생 또한 크게 잘못되어	吳生亦太乖
기호가 세상과는 다르네	嗜好與世別
오래된 편지 속에 글자를 물어보고	蠹簡時問字
서신을 보낼 때 글씨를 빌렸지	華牋且徵筆
눈먼 장님이 감히 길을 가르치겠나	盲者敢喩塗
졸렬한 사람 오히려 쪼갤까 걱정이네	拙者猶强斷
청컨대 그대는 허랑한 말 전하지 말게나	請子勿浪傳

---

3) 『春塘先生文集』, 권4, 「贈吳生〔守盈〕龍壽寺作」.

사람들의 웃음거리가 되기 십상이네	人將笑頤脫
오래된 편지 속에 때로 글자를 물어보고	蠹簡時問字
서찰을 보낼 때는 또한 글씨를 빌렸지	華牋且徵筆

　『이정전서二程全書』한 권을 써서 주었는데, 책 끝에 사실을 기록하였다. 공은 월천月川 조목趙穆(1524~1606)[4]과 면진勉進 금응훈琴應壎(1540~1616)[5]과 함께 청량산에 들어가 글을 읽었는데 서찰을 보내 힘쓰도록 권장하기도 하였다.

3) 오수영의 학문생활

　가정 을묘년에 진사에 올랐는데 과거장에 들어가 고권考卷을 쓰는데 석봉石峯 한호韓濩(1543~1605)[6]가 그 글씨가 힘이 있는 것을 보고 칭찬하여 마지않았다. 고권이 나오니 글씨 태반을 사람들이 뜯어가 버렸다. 이때에 공이 매헌梅軒 금보琴輔(1521~1584)[7]와 매암梅巖 이숙량李叔樑(1519~1592)[8]과 함께 세상에서 '선성삼필宣城三筆'이라 불렸다. 만년에 과거공부

---

4) 조선 중기의 학자. 자는 士敬이고 호는 月川·東臯이며 본관은 橫城이다. 이황의 문인으로, 평생 학문에만 뜻을 두어서 대학자로 존경을 받았다.

5) 조선 중기 안동 출신의 문신이자 의병장. 자는 壎之이고 호는 勉進齋이다. 친형인 琴應夾과 함께 이황의 문하에서 수학했으며, 서애 류성룡의 천거로 宗廟署副奉事에 제수되었다.

6) 조선의 문신이자 서예가. 자는 景洪이고 호는 石峯·淸沙이며 본관은 三和이다. 명나라 명필가인 朱之蕃이 한호를 가리켜 "王羲之 및 顏眞卿과 우열을 가리기가 매우 어렵다"라고 비유할 정도로 글솜씨가 뛰어났다고 한다.

7) 퇴계의 제자. 자는 士任이고 호는 梅軒·柏栗堂이며 본관은 奉化이다. 1546년 사마시에 합격했으나, 인종이 죽고 간당들의 화가 일어나자 대과에 응시할 뜻을 버리고 낙향해서 이황에게 수학했다. 글씨가 뛰어나 李叔樑·吳守盈과 三絶로 불렸다.

8) 퇴계의 제자. 자는 大用이고 호는 梅巖이며 본관은 永川이다. 아버지가 聾巖 李賢輔이

를 그만두었다.

매양 온계溫溪 이해李瀣(1496~1550)[9]와 퇴계退溪 이황李滉(1501~1570)[10] 두 선생의 문하에서 성리학性理學의 근본 학설을 들어서 배워 익혔다. '경敬'은 잠시도 떠나서는 안 되며, 마땅히 깊이 새겨서 자세히 살펴 힘써 실행해야 한다고 말씀하였다. 『대학』, 『논어』, 『중용』 및 『심경心經』과 『근사록近思錄』 같은 책을 읽어 그 몸에 절실한 뜻을 얻으면, 반드시 마음에 새겨 잊어버리지 않았으며, 또 산수의 경치를 즐겨 임학林壑의 깊은 곳과 천석泉石의 아름다운 곳이 있으면 간혹 벗을 불러 모아 이야기하여 진심을 털어놓았다. 때로는 홀로 나아가 거닐고 읊으며 돌아오곤 했다.

온혜 양지바른 곳에 터를 잡아 집을 짓고 말년의 계책을 삼았다. 당 앞에 작은 연못을 파고 춘당春塘이라 자호自號하고 또 도목검암桃木劍巖의 승경을 좋아하여 일찍 거주하려 했기에, 또 도암桃巖으로 호를 삼기도 했다. 병인년 겨울 승지공承旨公의 상喪을 당했는데, 이때는 예안禮安에 거주하고 있었기 때문에 공이 백형伯兄 참찬관參贊官과 함께 함안 고택에서 빈소를 지켜 애통을 하며 까무러쳤으며, 삼년 동안 상복의 띠를 풀지 않았다. 집안일은 돌보지 않고 오직 예전의 예법을 지켜 행했다.

경오년 겨울, 퇴계 선생이 세상을 버리셨는데, 공이 그때 남쪽 함안에 있어서 부음을 듣고 돌아와서 집촉執燭의 대열에 서지 못한 것을 매

___

다. 일찍부터 이황의 문하에 나아가 학문을 닦았다. 1543년 진사시에 합격했으나 科學에 뜻을 두지 않고 성리학 연구에 치중했다.

9) 퇴계의 형이다. 자는 景明이고 호는 溫溪이며 본관은 眞寶이다. 權臣 李芑를 우의정에 발탁해서 등용하려는 것을 반대하고 탄핵했다. 이후 갑산에 귀양 가는 도중 양주에서 병사했다.

10) 조선 중기 대학자. 자는 景浩이고, 호는 退溪이며 본관은 眞寶이다. 퇴계학파를 열었으며, 조선왕조의 理學과 禮學을 한 단계 도약시킨 성리학자이다.

우 통탄하였다. 선생에게 올린 제문을 살펴보면, 그가 평일에 가르침의 은혜와 권면하고 칭찬받은 사실을 알 수가 있다.

계유년, 숙부인淑夫人 상을 당해 애통함이 지나치고 평생토록 깊이 사모했다. 고향 선영에 대한 일념을 조금도 잊지 못하여 때로 함안에 내려가서 선산을 찾아 전소奠掃하기를 한 해도 빠뜨리지 않았다.

4) 춘당과 전란의 모습

임진년(1592) 여름, 왜구가 제멋대로 날뛰며 쳐들어와 임금의 수레가 서울을 떠나게 되었다. 이때 공의 연세가 72세였다. 의병을 일으켜 국난을 막는 데는 힘이 모자라서 임금을 사랑하고 나라를 걱정하는 충정이 시에 넘쳐흘렀으니, 월천 조목에게 보낸 시11)는 다음과 같다.

「조사경에게 부치다」

만리 관하 길에	萬里關河路
풍상에 병든 늙은 몸이구나	風霜老病身
나라에 몸 바치는 일 어찌 잊으랴	致身寧忘國
국난을 생각하니 다시 마음 상하네	念亂更傷神
귀밑머리 이내 더 희었는데	鬢髮仍添雪
강산은 그대를 저버리지 않았네	江山不負人
언제 술잔을 마주잡고	何當對樽酒
한바탕 웃어 근심어린 얼굴을 펼고	一笑展愁顰

---

11) 『春塘先生文集』, 권2, 「寄趙士敬 [時趙君除歙谷倅, 歸京謝恩, 因辭還]」.

「당나라 장군 제독提督 이여송李如松(1549~1598)[12]에게 차운하여 말하다」[13]

빛나는 정절의 깃발 강가에 뻔쩍거리니	煌煌旌節閃江干
동방의 만백성 편안케 하기 위해서라네	欲使東方萬姓安
신인이 모두 분통해하는 천고의 수치요	憤極神人千古恥
하해와 같은 깊은 은혜 온 나라가 환영하네	恩深河海一邦歡
성주는 여러 해 침식을 잊었으니	聖主經年忘寢食
소신들 어느 틈에 기한을 생각하랴	小臣何暇念飢寒
가련하다 노쇠한 이 몸 쓸모가 없어	可憐衰老身無用
그대 뒤에 말을 타고 따르지 못함이 한이로다	恨不從君一據鞍

종자 운漢이 학봉鶴峯 김성일金誠一(1538~1593)[14]과 홍의紅衣 곽재우郭再祐(1552~1617)[15]와 함께 의병을 모아 왜적을 토벌하는데 공이 시를 써서 격려했다.[16]

「판교가 또 내첩으로 서울로 떠나려는데 다시 합천을 제수 받다」

멀리 강양으로 향하는데	遠向江陽去
떠나가니 두둑이 트이네	棲棲阮始平

---

12) 중국 명나라 장수. 임진왜란 당시 명나라의 2차 원병을 이끌고 참전했다. 자는 子茂
이고 호는 仰成이며 鐵嶺(지금의 요녕성 철령) 출신이다. 조선 출신의 李英의 후손이
며 遼東總兵으로 요동지역의 방위에 큰 공을 세운 李成梁의 長子이다.
13) 『春塘先生文集』, 권2, 「次唐將李提督如松贈柳西厓韻示徐君」.
14) 학봉 김성일의 자는 士純이고 호는 鶴峰이며 본관은 宜城이다. 1568년(선조 1) 문과
에 급제하여, 1590년 통신부사로 일본에 파견되었으며, 임진왜란이 일어나자 경상우
도순찰사로서 항전을 독려하다가 병으로 사망하였다.
15) 임진왜란을 극복하는 데 공헌한 장수. 곽재우의 자는 季綏이고 호는 忘憂堂이며 시호
는 忠翼이다. 그는 여러 의병들 중에서 가장 먼저 의병을 일으켰고, 여러 전투에서
紅衣를 입고 지휘해 뛰어난 무공을 세웠다.
16) 『春塘先生文集』, 권2, 「判校又以內贍正將向京, 旋除陜川」.

여러 사람이 난중에서 풀려남을 바라는데　　　　解懸羣望切
나라에 바친 한 몸 무엇이 아까울까　　　　　　許國一身輕
바닷가 전쟁의 먼지 자욱한데　　　　　　　　　海徼兵塵暗
조정은 자세히도 가려 뽑았네　　　　　　　　　朝廷簡選精
응당 구중궁궐의 생각을 받들어　　　　　　　　應分九重念
한 곳에서 신음하는 백성을 구제하게나　　　　　蕘濟一方氓
눈을 들어보니 산과 물은 낯설고　　　　　　　　擧目山河異
달 밝은 밤 이 맘 상하네　　　　　　　　　　　傷心夜月明
두 고향 모두 터전을 잃었으니　　　　　　　　　兩鄕皆失業
두 귀밑머리 흰 줄기만 더해가네　　　　　　　　雙鬢欲添莖
무너진 축에는 귀뚜라미 울어대고　　　　　　　廢砌蛬啼露
차가운 강가에는 기러기 타작을 하네　　　　　　寒江鴈打粳
행장을 꾸려 북쪽으로 가려는데　　　　　　　　束裝臨北去
깃발 돌려 다시 남쪽으로 내려가네　　　　　　　旋旆復南征
친구 뉘가 있어 서로를 문안하며　　　　　　　　親舊誰相問
바람과 이내에 홀로 처참함을 생각하네　　　　　風烟獨慘情
시냇가에 홀로 우두커니 서서　　　　　　　　　溪邊空佇立
떠나는 깃발 향해 눈물만 흘리네　　　　　　　　揮淚望行旄

　이는 모두 강호에서 우국충정이 발로된 것이다. 정유년(1597), 왜구가
다시 침범하여 바다 해변에 가까운 사대부 집안의 분묘墳墓가 모두 도굴
당했다. 공의 조부모와 고비考妣[17]의 묘가 함안에 있었는데, 또한 모두
화를 당했다. 공이 황급히 놀라 마음이 상해 오장이 찢어지는 듯했는데,
난중에 사람들은 모두 흩어져 없어서 겨우 흙만 덮고 예에 따른 개장을

---

17) 고비는 돌아가신 아버지와 어머니를 말한다.

하지 못해 항상 주야로 근심하여 눈물이 베개를 적시었다. 매일 천지 사이에 한 죄인이 된 것을 통탄했다. 기해년 가을, 종자 운이 왕사王事에 끌고 달리는 여가에 상소上疏를 올려 관직을 사임하고 돌아와서 비로소 완전하게 개장改葬을 할 수가 있었다. 을사년, 성상聖上의 늙은이를 우대 하는 은전恩典을 받아 가선대부嘉善大夫 용양위부호군龍驤衛副護軍에 승직陞 職되었다.

5) 춘당의 죽음

병오년 11월 2일 정침에서 고종考終하시었는데, 향년 86세였다. 정월 11일 고을 동쪽 양평羊坪 정향丁向 언덕에 장사지냈다. 그때 월천의 한 선비가 장지葬地로 와서 제문祭文을 지어 조문했다.

> 퇴계 선생께서 이미 돌아가셨으나 선성宣城이 오히려 선성다웠던 것은 친자한 제현들이 있었기 때문이다. 이제 이달 초3일에 월천을 장사지 내고 또 8일에 춘당을 장사지내니, 춘당은 곤강崑岡의 차옥次玉인데, 춘 당마저 돌아가니, 퇴계 선생의 덕택이 장차 이로부터 점차로 끊어지는 것인가?[18]

당시 춘당의 영향력이 이와 같았다. 공은 기량이 넓고 원대하며 자 질과 품성이 밝고 현달하여서 성경誠敬으로 그 몸을 가다듬고 청검淸儉

---

18) 『春塘先生文集』, 권4,「家狀」, "四退溪先生旣歿, 而宣城猶爲宣城者, 以其尙有親炙之諸賢也. 今者月之三日而葬月川, 八日而又葬春塘. 春塘實崑岡之次玉也, 春塘旣歿則退溪之澤, 將自此 而斬盡耶?"

으로 그 행실을 힘쓰고, 도덕의 담장 안에서 규율을 받들어 휘여 잡아 오르고 시례詩禮의 가문에서 뜻을 계승하고 일을 기술하였다. 경전의 깊은 뜻을 간절하고 익숙하게 가다듬었고, 예학자들의 질의에 핵실한 사례를 들어 그들을 인도하였고, 동문의 제현들과 앞뒤로 서로 돕고 널리 배우고 자세히 물었다.

더욱이 『주자서절요朱子書節要』와 『이락연원록伊洛淵源錄』 등을 모두 친필로 써서 제목을 표시하고 퇴계 선생이 돌아가신 뒤로는 높이 우러러 받들어 사모하는 마음이 늙을수록 더욱 깊었다. 매양 선생의 글을 읽을 때는 친히 가르침을 받는 것과 같이 하여 항상 졸업을 하지 못한 것을 한스러워했다.

선대 제사 때는 목욕재계하여 정성과 효심을 다하였고, 자제의 교육과 비복婢僕을 부릴 때에는 반드시 엄숙하고 단정하고 준엄하게 하여 한결같이 송재松齋의 가법家法을 준수하였다. 평소에는 고요하고 담백하고 소박하여 생업에 번거롭게 얽매이지 않았고, 부기공명에 급급하지 않았으며, 세상의 연고를 사절하고 나아가는 바가 탄탄하여 사람들은 그가 하는 것을 엿보지 못했다.

옷깃을 걷어잡고 눈 내리는 밤에 스승을 모시기를 자못 사십여 년이나 했다. 질의와 문답한 글이 책 상자에 가득 차 있었는데, 첫 번째는 전란에 불행을 당했고, 두 번째는 집에 불이 나는 불행을 당했다. 지금 겨우 시고詩稿 5~6책이 간수되어 있는 형편이니, 어찌 자손들이 깊이 통탄하지 않겠는가?

배配는 정부인 전주류씨全州柳氏니, 장사랑將仕郎 웅현應賢의 따님이요, 별제別提 홍조興祖의 손녀이다. 호의壺儀가 바르고 집안을 다스리는 데에 법도가 있었다. 4남 5녀를 낳으니, 장자 순滂은 내자시정內資寺正이고, 둘째 윤綸은 장사랑將仕郎이고, 셋째 식寔은 내자시봉사內資寺奉事이고, 넷째 감滏은 생원生員이다. 장녀는 직장直長 전개全溉에게 출가하고, 둘째는 감정監正 권재성權再成에게, 셋째는 첨추僉樞 금렴琴㾾에게, 넷째는 사인士人 권훤權咺에게, 다섯째는 장사랑 이창李瑒에게 각각 출가했다.

아! 공이 도를 사모하고 학문에 나아가는 정성과 어진 사람을 공경하고 벗을 가지려는 뜻은 진실로 사람들이 모두 칭송하는 것이요, 후학들이 높이 사모하는 것이다. 그런데 불초한 못난 자손이 돌아보건대, 선덕先德을 높이 드러내지 못하고 세대가 더욱 아득하게 멀어져 마침내는 민멸泯滅되는 지경에 이른다면, 자손들의 망극한 아픔이 어떻게 다함이 있겠는가? 이에 감히 간략하게 그 세계世系와 사실事實을 기록하여 덕이 있는 군자에게 알리는 것이다. 어떻게 감히 망령되게 아름다움 지나치게 더해 불효의 죄를 더하겠는가?

2. 「퇴계선생이력초기」[19]

홍치弘治 신유辛酉 11월 25일 기해己亥 진시辰時, 선생이 온계리溫溪里 본가에서 출생하셨다.

선생 6세 병인丙寅, 비로소 글을 읽을 줄 알게 되었다. 모든 형들이 먼 곳의 스승을 찾아 배웠는데, 선생은 이웃에 한 노부老夫가 있어 천자

---

19) 『春塘先生文集』, 권4, 「退溪先生履歷草記」.

문을 매우 잘 아는지라, 그에게 나아가 배웠다. 아침에 일찍 일어나 머리를 감고 세수하고 울타리 밖에 나아가 두어 번 외우고 들어가서 엎드려 가르침을 받는 것이 엄한 스승 앞에서 하는 몸가짐과 같았다.

8세 무진戊辰, 둘째 형 찰방공察訪公이 칼끝에 손을 다쳤는데, 선생이 안고 우니, 모부인母夫人께서 말씀하셨다. "손을 다친 형은 울지 않는데, 너는 왜 우느냐?" 선생이 말했다. "형은 비록 울지 않으나 제가 그 상처를 보니 마음이 아파서 웁니다." 선생은 영특한 것이 다른 사람과 달라 어른 앞에서는 감히 오만하지 않았으며, 비록 밤중에 잠자는데 불러 깨우더라도 일어나 달려가 반드시 조심하며 응대했다.

12세 임신壬申, 숙부 송재공松齋公으로부터 『논어』를 배우는데, 제자가 들어오면 효孝하고 나가면 공손한다는 대목에 이르러, 조심하고 스스로 경계하여 말했다. "사람의 자식 된 도리는 마땅히 이와 같이 해야 합니다." 이로부터 항상 깊이 새겨 실행했다. 하루는 '리理'자를 가지고 송재공에게 물었다. "모든 일이 옳은 것이 리理입니까?"(凡事之是, 理乎?) 송재공이 말했다. "네가 벌써부터 학문하는 방법을 아는구나." 선생은 이마가 모나고 넓어서 송재공이 매우 기특하게 여기고 사랑하여 항상 '광상廣顙'이라고 부르고 이름을 부르지 않았다.[20] 송재공의 성품이 간략하고 엄격하여 자제에게 조금도 허여함이 없었다. 선생이 중형 대헌공大憲公과 함께 가르침을 받았는데, 항상 "죽은 형은 이 두 아이가 있으니 죽지 않으셨다"고 하셨다.

---

20) 『言行錄』, 권5, 「雜記」, "선생은 이마가 두툼하고 넓었으므로 숙부인 송재 이우가 매우 아껴서 항상 '광상'이라고 부르고, 그 이름을 부르지 않았다. ○ 선생의 어릴 적 이름은 서홍瑞鴻이었다."

14세 갑술甲戌, 도연명陶淵明21)의 시문詩文을 좋아하여 그 사람됨을 사모하고 시를 읊는 것을 멈추지 않았다. 성품이 독서를 좋아하여 사람이 많이 앉아 있는 곳에서는 반드시 벽을 향해 조용히 생각하며 음미했다.

18세 무인戊寅, 집에서부터 몇 리 떨어진 연곡燕谷 시냇가에서 놀면서 시를 지었다. "이슬 맞은 이들이들한22) 풀이 물가를 둘렀고, 작은 못이 맑고 깨끗하여 모래 한 알 없네. 구름이 날고 새가 지나간들 무슨 상관인가만은; 때때로 제비가 물살을 가를까 겁이 나네. 홀로 숲속에 간수한 만권시서萬卷詩書를 사랑하여 마음먹은 지 10년이 지났네. 근원에 머리가 가까워오는 듯하니, 모든 내 마음을 잡아 공중을 바라보네."23)

19세 기묘己卯, 문과文科 별거別擧 초시初試에 참여했다.

20세 경진庚辰, 『주역』을 읽어 그 뜻을 궁구해 거의 침식을 잊어버릴 지경에 이르렀다. 이때부터 항상 병을 앓게 되어 모부인이 말씀하셨다. "너의 학문이 이미 이루어졌으니, 과거급제는 걱정할 것이 없다. 다만 너의 성품이 다른 사람과 다른 것이 있으니, 벼슬길에 맞지 않다. 그저 한 고을을 맡는 것으로 충분하다."

21세 신사辛巳, 진사進士 초시에 참여했다. 진사 허찬許瓚의 딸을 아내로 삼으니, 곧 사성司成 문경동文敬仝의 외손이다.

23세 계미癸未, 여러 벗들과 영천의원榮川醫院에 모여 글을 읽었다. 상

---

21) 도연명은 陶潛(352 또는 365~427)이다. 東晉에서 南朝 宋 초기의 문인이다. 彭澤縣令을 하다가 사직하고 고향으로 돌아가 은거하였다. 문집으로 『陶淵明集』이 있다.
22) 이들이들은 번들번들 윤기가 돌고 부들부들한 모양의 의태어이다.
23) 『退溪先生年譜』, 권1, 「十三年戊寅 [先生十八歲]」, "露草夭夭繞水涯, 小塘淸活淨無沙. 雲飛鳥過元相管, 只怕時時燕蹴波. 獨愛林廬萬卷書, 一般心事十年餘. 邇來似與源頭會, 都把吾心看太虛."

사上舍 박승건朴承健이 그때 소년으로 『소학』을 읽고 있었는데, 선생의 동정動靜을 자세히 보니, 글 가운데 있는 말에 딱 들어맞아 물었다. "공은 일찍 『소학』을 읽었습니까?" 선생이 웃으며 말했다. "아직 보지 못했다."

27세 정해丁亥, 경상도慶尙道 감시監試 진사 장원을 하고, 생원 2등에 입격入格했다. 11월에 부인 허씨許氏가 죽었다.

28세 무자戊子, 진사 2등에 입격했다.

30세 경인庚寅, 광흥창봉사廣興倉奉事 권질權礩(1483~1545)[24]의 따님에 장가드니, 질은 참판參判 주株의 아들이다.

32세 임진壬辰, 사마시司馬試에 올랐으나, 더욱 과거科擧는 의중에 없었다. 중형 대헌공이 모부인에게 아뢰어 과거에 나가도록 권하여 그렇게 했다. 별시別試의 초시初試 2등에 입격했다.

33세 계사癸巳, 성균관에 유학하니 한때 무리들이 안자顏子라고 칭찬했다. 가을, 고향에 내려가는 길에 충정공忠定公 권벌權橃(1478~1548)[25]과 함께 여주驪州를 지나가다 모재慕齋 김안국金安國(1478~1543)[26]을 뵙고 비로소 정인군자正人君子에 대한 말씀을 들었다. 경상도 향시鄕試에 1위로 입격했다.

---

24) 퇴계 이황의 장인. 권질의 자는 士安이고 본관은 안동이다. 1504년 연산군의 실정을 폭로한 언문투서사건이 일어나자, 앞서 갑자사화에서 화를 당한 자손들의 짓이라고 했다가 訊鞫을 당한 뒤 거제도로 유배되었다가 1506년 중종반정이 성공한 뒤 풀려났다.

25) 조선 명종 때의 문신. 자는 仲虛이고 호는 沖齋·萱亭이며 본관은 안동이다. 문과에 급제하여 벼슬이 좌의정에 이르렀다.

26) 김안국의 자는 國卿이고 호는 慕齋며 본관은 의성이다. 1503년 문과에 급제하여 병조판서와 대제학을 지냈다. 寒暄堂 金宏弼의 문인이며, 己卯名賢의 한 사람이다. 저서로 『慕齋家訓』 등이 있다.

34세 갑오甲午, 문과文科의 을과乙科에 1위로 입격했다. 4월 8일, 승문원권지부정자承文院權知副正字에 임명되고, 18일, 통사랑通仕郎 예문관검열藝文館檢閱 겸兼 춘추관기사관春秋館記事官에 천거薦擧되었다. 6월, 정자正字에 올랐다. 10월, 문신정시文臣庭試에서 수석을 차지했다. 저작著作에 올랐다. 선생이 한원翰院에 선발되었다. 장인 권질權礩은 기묘인己卯人 권전權碩(1490~1521)[27]의 형이다. 밖에서 귀양살이를 하는데 김안로金安老(1481~1537)[28]가 선생을 보기를 원했다. 선생이 한 번도 가서 보지 않았는데, 이 때문에 막히고 또 한원翰苑의 여러 사람이 물러나게 되었다.

35세 을미乙未 6월, 호송관護送官에 차출되었다.

36세 병신丙申 6월, 성균관전적成均館典籍에 오르고 또 중학교수中學敎授를 겸했다. 7월, 근친覲親[29]으로 고향에 내려왔다. 6품에 오른 이후 부모 봉양을 원했으나 김안로가 또 싫어하여 한 고을을 얻어 부모를 모시지 못하게 되어 종신토록 마음 아파하는 바가 되었다. 9월, 선교랑宣敎郎의 호조좌랑戶曹佐郎이 되었다.

37세 정유丁酉 10월 15일, 내간상內艱喪[30](어머니 박씨의 별세)을 당해 서울에서 분상奔喪[31]했다.

---

27) 조선 중기의 문신. 자는 君安이고 본관은 안동이다. 1519년 현량과 병과에 급제하여 예문관 수찬으로 재직하다가 같은 해 己卯士禍로 파직되고, 1521년 신사무옥 때 安處謙 등과 함께 사형되었다.

28) 조선 중기의 문신. 자는 頤叔이고 호는 喜樂堂·龍泉·退齋이며 본관은 延安이다. 정적에 대해 무서운 공포정치를 한 끝에 문정왕후의 폐위를 도모하다가 체포되어 유배되고 사사되었다. 許沆·蔡無擇과 함께 丁酉三凶으로 일컬어진다.

29) 출가한 딸이 친정에 가서 부모님을 뵙는 일을 말한다.

30) 어머니의 喪을 내간상이라고 하며, 아버지의 상을 外艱喪이라고 한다.

31) 외지에 나가 있는 자식이 부모의 상을 당해 부음을 전해 듣고 집으로 돌아가기까지 취하는 행동 절차를 말한다.

38세 무술戊戌, 김안로가 정치적으로 무너지자 선생이 비로소 옥당玉堂32) 선발에 참여하게 되었다.

39세 기해己亥 12월, 상을 마치고 홍문관부수찬弘文館副修撰에 임명되었고, 이날 수찬修撰에 오르고 지제교知製敎 겸 경연검토관經筵檢討官이 되었다.

40세 경자庚子, 사간원정언司諫院正言에 임명되었다. 4월, 지제교를 겸했다. 사헌부지평司憲府持平에 오르고 지제교 겸 승문원교리承文院校理를 겸했다. 5월, 홍문관 차론箚論으로 성세창成世昌(1481~1548)33), 이준경李浚慶(1499~1572)34) 등과 모두 물러났다. 9월, 다시 형조정랑刑曹正郎이 되었다. 선생이 일찍이 형조刑曹에 있을 때, 죄인이 실상이 없는 것을 알면서도 상하관上下官에 구애되어 뜻과 같이 결단하지 못한 일이 있었다. 이는 조심하지 않으면 안 될 곳이라고 생각하고, 죄인이 곤장을 맞는 것을 보면, 책상에 앉아 차마 밥을 먹지 못했으니, 그가 형벌을 받은 자를 불쌍히 여기는 것이 이와 같았다. 조금 뒤에 홍문관부교리弘文館副校理가 되었다.

41세 신축辛丑 5월, 홍문관수찬이 되었다. 자문점마咨文點馬35)로 임명

---

32) 조선시대 弘文館을 달리 이르는 말이다. 또는 홍문관 副提學 이하 校理·副校理·修撰·副修撰 등 실무를 담당하는 관원을 총칭하여 부르는 말이다.

33) 조선 중기의 문신. 자는 蕃仲이고 호는 遯齋이며 시호는 文莊이다. 한훤당 김굉필의 문인이이다. 김안로를 論斥하다가 平海에 유배되었으나, 1537년 김안로가 賜死되자 풀려나와 이조·형조·예조 판서를 지내며 대제학을 겸임했다.

34) 조선 중기의 문신. 자는 原吉이고 호는 東皐·南唐·紅蓮居士·蓮坊老人이며 본관은 廣州이다. 1504년 갑자사화 때 화를 입어 사사된 할아버지와 아버지에 연좌되어 6세의 어린 나이로 충청도 괴산에 유배되었다가 1506년 중종반정으로 풀려났다.

35) 자문은 조선시대 중국과의 사이에서 외교적인 교섭이나 통보, 조회할 일이 있을 때에 주고받던 공식적인 외교문서이다. 자문점마는 자문이 왕래할 때 사용하는 말을 점검하는 책임자이다.

되었다. 10월, 세자시강원문학世子侍講院文學을 겸했다. 이해에 독서당讀書堂36)에 선발되었다. 독서당에 선발된 사람들은 차례로 사가독서賜暇讀書37)하는데 모두 독서를 일삼지 않았으나, 선생은 반드시 부지런히 가다듬어 조금도 쉬지 않았다.

42세 임인壬寅 3월, 의정부검상議政府檢詳으로 임명되었다. 충청도忠淸道 구황어사救荒御史에 임명되었다. 4월, 문학文學을 겸했다. 5월, 사인舍人으로 승진했다. 8월, 강원도 재상어사災傷御史에 임명되었다. 12월, 사헌부 장령司憲府掌令에 임명되었다.

43세 계묘癸卯 2월, 병으로 종친부전첨宗親府典籤으로 체직되고 다시 장령이 되었다. 조봉대부朝奉大夫 전설사수典設司守에 임명되었다. 7월, 성균관사예成均館司藝 겸 필선弼善에 임명되었다. 8월, 사간원사간司諫院司諫에 임명되었다. 10월, 성균관사성成均館司成에 임명되었다. 말미를 얻어 고향으로 돌아왔다. 11월, 예빈시부정禮賓寺副正으로 고향에 있으면서 병으로 체직되었다.

44세 갑진甲辰, 홍문관교리弘文館校理로 부름을 받아 조정으로 돌아갔다. 3월, 문학文學에 임명되었다. 4월, 좌필선左弼善에 임명되었다. 사헌부 장령司憲府掌令에 임명되었다. 6월, 교리校理 겸 문학文學에 임명되었다. 종친부전첨宗親府典籤에 임명되었다. 8월, 홍문관응교弘文館應敎에 임명되었다. 9월, 말미를 받아 고향으로 내려왔다. 10월, 조정으로 돌아갔다. 11월, 중묘中廟(中宗)가 승하昇遐하시니 고부告訃와 청시請諡 두 표表를 직접

---

36) 독서당은 조선시대 성종 임금 때 젊고 유능한 문신을 선발해 학문 연구와 독서에만 몰두하도록 한 '사가독서' 제도에서 나온 이름이다.
37) 조선시대에 인재를 양성하기 위하여 젊은 문신들에게 휴가를 주어 학문에 전념하게 한 제도를 말한다.

써서 올리니 중조中朝 예부禮部가 탄복하여 말했다. "표사表辭가 매우 아름답고 서법이 또한 묘하다." 그때 사신 구유具由가 와서 특히 상격賞格을 명하도록 계啓했다.

45세 을사乙巳 정월, 원접사遠接使 종사관從事官이 되었다. 2월, 병으로 체직되었다. 6월, 응교應敎일 때 원계검元繼儉[38]도 부응교副應敎였고, 선생과 원계검 모두 사인舍人이었다. 선생이 하루는 함께 옥당에 앉아 있었는데, 진복창陳復昌[39]도 그때 사인이었는데, 당리堂吏를 보내 홀로 원계검을 청해 연희를 베풀었다. 진복창은 간사하고 아첨이 많은 사람이라 선생을 미워함이 이와 같았다. 15일, 전한典翰에 올랐다. 7월, 인묘仁廟(인종)가 승하하시니, 상소하여 왜인倭人과 강화講和할 것을 아뢰었다. 10월 11일, 이기李芑(1476~1552)[40]가 선생과 이천계李天啓(1507~1550)[41], 권물權勿, 이담李湛(1510~1575)[42], 정황丁熿(1512~1560)[43] 등을 삭탈관직하도록 장계를

---

38) 조선 중기의 문신. 자는 士禮이고 본관은 원주이다. 1563년 당시 權臣 李樑이 파직되고 유배되자 이량의 일당으로 지목받아 대사헌 李鐸과 대사간 姜士尙 등에게 탄핵을 받았다.

39) 조선 중기의 문신. 자는 遂初이고 본관은 驪陽이다. 戚臣 세도가였던 小尹 尹元衡의 심복이 되어 1545년 을사사화 때 大尹에 속한 사림숙청에 크게 활약하고 많은 사람들이 해를 입자 史官들로부터 '毒蛇'로 기록되었다.

40) 조선 중기의 문신. 자는 文仲이고 호는 敬齋이며 본관은 德水이다. 大尹이 득세하자 尹任 등이 부적합하다고 탄핵했다. 이에 원한을 품고 있던 중 명종이 즉위해 문정왕후가 수렴청정을 하자 윤원형과 손을 잡고 을사사화를 일으켰다. 그는 죽은 뒤 文敬이라는 시호가 내려졌으나, 그가 받은 훈록은 선조 초년에 모두 삭탈되었다.

41) 조선 중기의 문신. 자는 亨伯이고 호는 槐堂이며 본관은 新坪이다. 우의정 李芑의 배척을 받고 권물·이담과 함께 삭탈관직되었다. 1576년 선조 즉위년 10월 새로운 정권을 위한 伸冤으로 관작을 환급받았다.

42) 조선 중기의 문신. 자는 仲久이고 호는 靜存齋이며 본관은 龍仁이다. 한훤당 김굉필에게 배우고 을사사화 때 삭탈관직되었다.

43) 조선 중기의 문신. 자는 季晦이고 호는 遊軒이며 시호는 忠簡이다. 조광조의 문인으로 천품이 정직하고 항상 孝弟忠信으로 입신의 근본을 삼았다. 을사사화가 일어나 소윤 윤원형 등의 외척이 권세를 잡자 그 일파인 李芑로 인해 파직되었다. 1547년

올렸다. 12월, 인묘를 발인할 때에 선생이 스스로 죄를 저지른 것으로 반열班列에 서지 않고 홀로 교외에 나가 곡송哭送했다. 18일, 이기가 대죄를 계啓하여 복서復叙를 요청하려고 하였는데, 이기의 조카인 원록元祿이 매우 불가하다는 것을 진언하고, 임백령林百齡(1498~1546)[44]도 또 이기에게 말했다. "이황이 근신勤愼하고 자수自守하는 것은 모두 알고 있는데, 지금 죄를 주면 사람들이 모두 이전에 죄를 받은 자가 모두 무고를 받은 사람이 될 것이다." 이기에게 이러한 청탁이 있는 것은 임백령이 이기의 무리라서 그렇게 한 것이다. 사복시정司僕寺正 겸 승문원참교承文院參校을 임명받았다. 11월, 통훈대부通訓大夫 영접도감迎接都監 낭청郎廳이 되었다.

46세 병오丙午, 권외구權外舅(장인인 권질)의 장례로 말미를 받아 내려와 고향에 머물고 있었는데, 해당 부서에서 말미의 기한이 지났다고 하여 체직시켰다. 갑자기 교서교리校書校理에 제수되고, 다시 예빈시정禮賓寺正에 임명되었으나, 모두 병으로 부임하지 않았다. 7월, 부인 권씨가 죽었다.

47세 정미丁未 7월, 안동부사에 제수되었으나 병으로 사은賜恩하지 못했다. 8월, 홍문관응교弘文館應敎로 부름을 받아 조정으로 돌아갔다. 12월, 병으로 예빈부경력禮賓府經歷으로 체직되었다. 이때 봉성군鳳城君 완岏[45]

양재역 벽서사건에 연루되어 거제도로 유배되어 그곳에서 죽었다.
44) 조선 중기의 문신. 자는 仁順이고, 호는 槐馬이며 본관은 善山이다. 이조판서가 되어 윤원형과 이기 등과 모의해 을사사화를 일으켜 大尹 일파를 사사시켰다.
45) 조선 중기의 왕자. 자는 子瞻이고 아버지는 中宗이다. 1545년 仁宗의 병사를 계기로 정세를 만회한 이기와 윤원형 일파가 정권의 기반을 굳히고자 을사사화를 일으켜 사림을 제거하고, 아울러 종친 중에서 명망이 있었던 봉성군을 제거하고자 했다. 그래서 임백령은 때마침 하옥된 李德應을 위협하여 봉성군을 추대하여 역모를 꾀하였다고 거짓 자백하게 하여 죄를 주고자 했다. 마침내 임금을 설득해서 울진에 유배시키고, 이어서 宋麟壽의 옥사로 인해 사사되었다. 1570년 이준경의 啓請으로

의 옥사가 일어나려하고 옥당도 그 죄를 차론箚論하니, 선생이 구하지 못할 것을 알고 병을 알리고 나아가지 않았다.

48세 무신戊申 정월, 단양군수丹陽郡守로 제수되었는데, 선생이 외직을 바란 것은 깊은 뜻이 있어 청송青松을 얻지 못하고 단양으로 나아가게 되었다. 시詩는 다음과 같다. "청송과 백학이 비록 연분이 없으나, 푸른 물 단산이 진실로 인연이 있구나."[46] 단양군에 구담龜潭과 도담島潭 같은 절경이 있었으나, 이때에 흉년이 들어 그곳에 가 볼 여가가 없었으나, 여가를 틈타 혹 관상하여 시를 읊기도 했다. 단양군을 다스리는데 청렴하고 근검하여 성실하게 무마하고 정성으로 돌봤으니, 사람들이 단양군에서 이룬 치적을 말할 때 반드시 선생을 제일 먼저 꼽았다. 단양의 산수 가운데 유람할 만한 곳을 기록하여 1권의 책을 엮어 단양군에 남겨놓았다. 당초 부임할 때 벗에게 작별을 고하니, 벗이 말했다. "진복창을 보지 않겠는가?" 선생이 말했다. "아니다." 벗이 말했다. "지금 그대가 나는 보고 진복창을 보지 않으면, 그가 장차 나를 해롭게 할 것이다." 하는 수 없이 진복창을 찾으니, 그가 놀라며 좋아하여 말했다. "내일 남공응림南公應林에게 가서 만나보시오" 하고 좌우에 말하기를 "경연經筵의 일은 이황에게 달려 있으니, 외직에 나아가서는 안 된다"고 했다. 선생이 진복창이 저지할까 걱정하여 다음 날 곧 떠났는데, 멀리 가지 않아 과연 진복창이 계청啓請을 하니 명묘明廟(명종)가 답했다. "이미 명을

伸冤되고 복관되었다. 시호는 懿愍이다.
46) 『退溪先生文集』, 권1,「赴丹山書堂, 朴仲初 [左通禮], 閔景說 [正], 南景霖 [正], 尹士推 [典翰] 餞席留贈 [戊申],"十載沈痾愧素餐, 洪恩猶得郡符懸. 青松白鶴雖無分, 碧水丹山信有緣. 北闕戀懷分燭夜, 東湖離思賞梅天. 撫摩凋瘵疲心力, 鈴閣飄飄憶故田. [有一斯文老, 爲青松府使, 自號青松白鶴. 余嘗求青松不得, 而得丹山]."

내렸고, 고을이 또한 피폐하니, 근신近臣을 보내 원기를 회복하게 하는 것이 좋겠다." 단양군에 부임한 뒤로 진복창이 사신으로 왕래할 때 여러 번 편지와 시를 보내왔으나, 선생은 한 번도 답하지 않았다. 진복창이 앙심을 품었으나, 머지않아 그가 패하여 선생이 그 화를 면하게 되었다. 2월, 아들 채寀의 상喪을 당했다. 7월, 몸의 병으로 사직하는 상소를 올렸다. 8월, 향교에서 석전례釋奠禮[47]를 거행했다. 9월 초3일, 사직하는 상소를 올렸고, 10일, 다시 상소하는 상소를 올렸다. 이달 중형仲兄 대헌공이 소분掃墳으로 말미를 얻어 단양군을 지나갔고 선생 또한 말미를 얻어 고향으로 돌아와 함께 제사를 올렸다. 10월, 단양군으로 돌아왔는데, 대헌공이 충청감사로 내려와 풍기군豊基郡으로 옮겼다. 11월, 풍기군에 부임했다.

49세 기유己酉 2월, 향교에서 석전례를 거행했다. 한식寒食[48]에 선영에 성묘했다. 4월, 소백산을 유람하고 행록行錄을 남겼다. 5월, 안동에 있는 선조의 분묘에 성묘했다. 9월 초6일, 병으로 사직하는 상소를 올리고 19일에 또 사직하는 상소를 올렸다. 용천사龍泉寺에 가서 왕태조王太祖의 초상화를 배알했다. 12월, 백운동서원白雲洞書院[49]과 관련된 일로 감사에게 편지를 올려 사액賜額 서책書冊을 하사해 줄 것을 청했다. 병으로 3번 감사에게 사직하는 상소를 올리고, 벼슬을 버리고 집으로 돌아왔

---

47) 고대 중국에서 先聖이자 先師인 공자를 제사지내는 儀禮를 말한다.
48) 冬至 후 105일째 되는 날. 양력으로는 4월 5일 무렵이다. 설날·단오·추석과 함께 4대 명절의 하나이다. 일정 기간 불의 사용을 금하며 찬 음식을 먹는 고대 중국의 풍습에서 시작되었다.
49) 1542년 풍기군수 愼齋 周世鵬이 고려 말 성리학을 전래한 安珦을 제사지내기 위해 만든 서원. 1550년 이황이 풍기군수로 있을 때 賜額書院이 되면서 紹修書院이라고 하였다.

백운동 현판

계상서당

다. 감사가 죄주기를 청해 마음대로 임소를 버리고 간 것을 이유로 고신告身50) 2등을 빼앗았고, 그가 집으로 돌아오는 날 백성들이 눈물로 전송했다. 돌아오는 행색이 초라하고 오직 서책 두어 바리뿐이었다. 그 많던 책 상자는 다시 돌려보냈다.

50세 경술庚戌 2월, 처음으로 계상溪上에 집터를 닦으니, 지금의 서가西家가 이것이다. 이에 앞서 하명동霞明洞 자하봉紫霞峯 아래 땅을 얻어서

---

50) 조선시대에 관원에게 품계와 관직을 수여할 때 발급하던 임명장을 말한다.

집을 짓다가 이곳이 낙천洛川에 가깝고, 낙천은 관가에서 금하는 곳이기에 자손이 살 곳이 못된다고 해서 죽동竹洞으로 옮겼다. 또 이곳은 마을이 좁고 시냇물이 없으므로 다시 계상에 자리 잡으니, 대개 세 번째 옮겨서 거처를 정한 것이다. 시냇물 북쪽에 작은 암자를 지어 그 가운데서 책을 읽으니, 한서암寒棲菴이라고 명명했다. 시는 다음과 같다. "몸은 물러나 분수에 따라 사는데, 학문은 진전 없으니 근심이로다. 계상에 비로소 자리 잡고 앉아, 흐르는 시냇물을 대하며 날로 몸을 살핀다."51) 이로부터 따르는 선비들이 날로 모여들었다. 4월, 한서암 앞에 광영담光影潭을 쌓았다. 5월, 농암聾巖 이현보李賢輔(1467~1555)52)를 모시고 경담鏡潭을 유람했다.

51세 신해辛亥 3월, 안동 마명동馬鳴洞에 가서 선영仙塋에 성묘하고, 풀을 베고 나무를 심었다. 돌아오는 길에 상사上舍 김유金綏(1491~1555)53)의 탁청정濯淸亭에 들렀다.

52세 임자壬子 정월, 농암 이현보를 모시고 임강사臨江寺를 유람했다. 4월, 교리로 부름을 받아 조정으로 돌아갔다. 5월, 사헌부집의를 사직했으나, 윤허를 받지 못했다. 6월, 사찰을 지키는 종이 관의 사찰이 훼철되었다고 법사法司에게 고하기에 중사中使를 보내 가 보았으나, 훼철된 일이 없었다. 그러나 이 일로 인해 주상께서 자전慈殿54)의 교시가 있으

---

51) 『退溪先生文集』, 권1, 「退溪」, "身退安愚分, 學退憂暮境. 溪上始定居, 臨流日有省."

52) 조선 중기 문신. 자는 菲仲이고 호는 聾巖이며 본관은 永川이다. 1498년 문과에 급제하였고 경상도관찰사와 형조참판 등을 지냈다. 1542년 지중추부사에 제수됐으나 병을 핑계로 벼슬을 그만두었다. 대표 작품으로는 「漁父歌」가 유명하다.

53) 조선 중기의 문신. 자는 綏之이고 호는 濯淸亭이며 본산은 光山이다. 아들로 烏川의 七君子로 불리는 金富仁・金富信・金富倫을 두었다.

54) 왕조체제에서 전왕의 왕비이며 현왕의 어머니인 여성을 높여서 부르던 호칭이다.

니, 법사가 마음대로 편리하게 옮기고 훼철함은 더욱 부당하다고 했다. 초1일, 본부本府에 앉아 차간箚諫을 올리고, 초2일, 병으로 사직서를 올리고 부응교에 체직되었다. 7월, 통정대부通政大夫 성균관대사성成均館大司成 겸 지제교知製敎가 되었다. 이때 조정에서 선생이 실상은 사표師表에 합당하다고 해서 먼저 기용했다. 9월, 주경유周景遊의 『유청량산록遊淸凉山錄』에 발문跋文을 썼다. 11월, 병으로 상호군上護軍을 사직했다.

53세 계축癸丑 4월, 대사성大司成이 되었다. 7월, 병으로 사직했다. 9월, 경복궁에 재해災害가 나서 「위안종묘문慰安宗廟文」[55]을 지어서 올렸다. 10월에 정지운鄭之雲(1509~1561)[56]의 「천명도설天命圖說」을 고쳐 수정하고 「후서後叙」를 지었다.

54세 갑인甲寅 2월, 동궁東宮 상량문上梁文을 지었다. 4월, 사정전思政殿 상량문을 지었다. 5월, 형조참의刑曹參議가 되었다. 6월, 병조참의가 되었다. 7월, 제전諸殿에 현판액자를 쓰고 『연평답문延平答問』[57]에 발문을 썼다. 10월, 사정전思政殿 대보잠大寶箴을 써서 올렸다. 11월, 상사上舍 홍인우

---

55) 『退溪先生文集』, 권45, 「景福宮災, 慰安宗廟文」, "九室·噫嘻宮寢, 赫世堂構. 罔有災戾, 以畀于後. 天曷降酷, 適丁我躬. 蟗火暴作, 爰自于中. 延燒莫禦, 烈焰愈熾. 鬱攸屬天, 爆裂撼地. 震驚我先, 陟降彷徨. 攸芋攸寧, 一時蕩悉. 罪積眇末, 罰墜先業. 敢用薄葉, 籲告彌恒. 庶降歆祐, 綏我後祿. / 十室·嗟予小子, 不克靈承. 德之無類, 臻厥咎徵. 火失其行, 罰當于躬. 維寢維殿, 自我祖宗. 陟降庭止, 蘂墻所寅. 天胡不遺, 回祿是付. 勢虐燎原, 誠靡反風. 焦頭爛額, 何救何功. 豈伊人致, 天警示酷. 心之隕痛, 曷不鑑惻. 矧以控告, 庶垂陰騭."

56) 조선 중기의 학자. 자는 靜而이고 호는 秋巒이며 본관은 慶州이다. 金正國과 金安國 문하에서 수학했다. 「天命圖說」을 지었는데, 이후 퇴계의 의견에 따라 다시 수정했다. 먼저 지은 것을 「天命舊圖」라고 하고 뒤에 정정한 것을 「天命新圖」라고 한다.

57) 『연평답문』은 晦庵 朱熹와 그의 스승 延平 李侗과의 문답을 기록한 저술이다. 연평은 주희의 아버지 朱松의 친구이다. 楊時의 제자인 羅從彦에게서 학문을 배웠기 때문에 程頤의 학문이 이통을 통해 주희에게 전해지는 사승관계에 존재하는 인물이다. 『연평답문』은 조선에서 두 차례에 걸쳐 간행되었는데, 1554년 퇴계 이황의 발문이 있는 초간본과 1666년 동춘당 송준길의 발문이 있는 중간본이 있다.

洪仁祐를 곡哭했다. 12월, 경복궁 중수기重修記를 지었다. 말을 하사하도록 명이 내렸다.

55세 을묘乙卯 2월, 강령전康寧殿 칠월편七月篇을 써서 올렸다. 세 번 사직하는 상소를 올려서 11일에 체직의 명이 내렸다. 이날에 동호東湖에 나아가 배를 사서 동쪽으로 갔다. 3월, 경연관소經筵官所의 계啓로 인해 첨지중추부사의 명이 내려졌고, 먹을 것을 하사하는 소지召旨가 있었으나, 전箋을 올려 사은賜恩하고 또 상소를 올려 심정을 알리고 나아가지 않았다. 5월 23일, 가묘家廟에 제사했는데, 은명恩命이 있었기 때문이다. 6월, 농암 이현보를 곡했다. 선비先妣 정경부인貞敬夫人 김씨金氏의 묘표墓標를 지었다. 7월, 농암 이현보의 행장을 지었다. 선비 정경부인 박씨의 묘표를 지었다. 겨울에 청량산에 들어가 1달을 넘기고 돌아왔는데, 산을 유람할 때 지은 시 여러 수가 있다.

56세 병진丙辰 3월, 배를 교암橋巖에 띄워 유람했다. 4월, 장인 권공權公의 갈문碣文을 지었다. 5월, 상신相臣의 계啓가 있어 소명召命이 내리니, 상소를 올려 사양하고, 같은 날 홍문관부제학의 교지가 내려 부름을 받았으나, 상소를 올리고 사양했다. 6월, 사양하는 상소로 인해 부제학을 첨지僉知로 체직하라는 명이 내렸다. 『주자서절요朱子書節要』58)가 완성되었다. 7월, 승정원承政院 서장書狀을 받았으나, 첨지를 면해서 조리調理하라고 명을 받았다. 몽귀대夢龜臺를 지었다. 8월, 어장육대魚莊六臺에 모였다. 친족과 함께 안동에 있는 고조와 증조의 묘에 제사를 드렸다. 학자들이 각각 재력을 보태 계남재溪南齋를 세웠다.

---

58) 퇴계 이황이 『朱子大全』 중에서 중요한 부분을 뽑아 편찬한 책을 말한다.

57세 정사丁巳 정월, 비로소 동가東家를 경영했다. 3월, 단사丹砂 등 여러 곳을 유람하면서 서당書堂의 터를 구했다. 「수곡암기樹谷庵記」59)를 지었다. 도산陶山에 정사精舍를 지을 땅을 얻었다. 7월, 『계몽전의啓蒙傳疑』60)를 완성했다.

58세 무오戊午 3월, 창랑대滄浪臺를 세웠다. 4월, 『주자서절요』 서문61)을 완성했다. 서원書院 땅을 오담鰲潭에 가서 보았다. 6월, 어관포魚灌圃62)의 시집에 발문을 썼다. 윤7월, 상소를 올려 다섯 가지 마땅하지 못한 것을 힘써 진언했다. 명했다. "지금 상소의 글을 보니 전후에 퇴직을 구하는 내용을 자세히 기록하고 있고 다섯 가지 마땅하지 못한 것을 진언하는 곳에 이르러서는 올라오지 못하겠다고 하니, 비록 사람을 얻어 다스림을 이루고자 하나 어떻게 그대의 뜻을 뺏을 수가 있겠는가? 내가 실상 매우 부족하여 그대와 더불어 할 수 없다고 하여 도와 의를 지키고

『주자서절요』

---

59) 『退溪先生文集』, 권42, 「樹谷菴記」.

60) 주희의 『易學啓蒙』을 辨釋한 책. 권수에는 저자의 小序가 실려 있으며, 차례는 「本圖書」, 「原卦畫」, 「明蓍策」, 「考變書」로 되어 있다. 「본도서」와 「원괘획」은 주로 董仲舒, 邵雍 및 胡氏에 대하여 주희와 비교하여 저자의 의견을 첨부한 것이다. 「명시책」과 「고변서」는 주로 점에 대한 해설인데, 돈을 던져 점치는 법인 擲錢占에 대해 설명한 것과 蓍三百의 수치를 설명한 것이다.

61) 『退溪先生文集』, 권42, 「朱子書節要序」.

62) 魚得江(1470~1550)을 말한다. 자는 子舜이고 호는 灌圃이며 본관은 咸從이다. 1495년 문과에 급제하여 대사간 등을 지냈다. 저술로 『灌圃集』이 있다.

와서 도울 뜻이 없으니, 내가 심히 부끄러울 뿐이다. 나의 뜻을 알라."
9월, 부름을 받았다. 10월, 부름에 나아가 성균관대사성에 임명되었다.
송강松岡 조사수趙士秀(1502~1558)63)를 곡했다. 12월, 어필御筆로 특별히 가
선대부嘉善大夫 공조참판工曹參判 지제교知製敎에 올랐다. 26일, 동지중추부
사同知中樞府事에 임명되었다.

　　59세 기미己未 2월 26일, 분황유장焚黃由狀을 정원政院에 올리고, 29일,
동호에 나아가 배를 사서 동쪽으로 갔다. 3월, 고향으로 돌아와 사직하
는 상소를 올렸다. 4월, 조리상래사調理上來事의 지旨가 있었다. 5월, 다시
사직하는 상소를 올렸다. 가조리상래사加調理上來事의 지旨가 있었다. 7월,
세 번째 사직하는 상소를 올렸다. 8월, 영천군수 안상安瑺이 새 서원의
이름과 서원의 규약을 정해줄 것을 청하니, 뒤에 이산서원伊山書院64)이라
고 했다. 9월 9일, 온계의 여러 친족과 취미봉翠微峯에 올랐다. 12월, 『이
학통록정서理學通錄正書』가 완성되었다.

　　60세 경신庚申 정월, 남명南冥 조식曺植(1501~1572)65)의 『유두유록遊頭流
錄』66)에 발문을 썼다. 2월, 안동 종가의 제주題主67)를 고치는 제사에 참

---

63) 조선 중기의 문신. 자는 季任이고 호는 松岡이며 본관은 漢陽이다.
64) 1573년(선조 6)에 지방유림의 公議로 퇴계의 학문과 덕행을 추모하기 위해 창건하여
　　위패를 모셨다. 1574년에 '伊山'이라 사액되어 선현배향과 지방교육의 일익을 담당
　　하여 왔다.
65) 경상좌도의 퇴계와 함께 경상우도를 대표하는 조선 중기의 학자. 자는 健中이고 호
　　는 南冥이며 시호는 文貞이다. 18년간 살았던 김해에 山海亭이란 집을 지어 후학을
　　양성한 까닭에 산해선생이라고도 불린다. 敬과 義를 중심으로 제자들을 가르쳐 남명
　　학파를 열게 되었다.
66) 남명 조식의 지리산 견문록을 말한다. 남명이 기행문에서 두류산을 다섯 방향으로
　　모두 열한 번이나 갔었다고 자술했듯이 주위의 지명, 지리, 산천에 대해 익히 알고
　　기술하여 단순한 여정의 나열이 아니라 입체적이며 역동적으로 敍景과 抒情을 조화
　　하고 함축시켰기에 기행문학으로서 가치가 높다.
67) 장례를 치른 뒤에 산소에서 신주를 만들어 거기에다 죽은 사람의 직함과 이름을

여했다. 6월, 성주목사星州牧使 노경린盧慶麟(1516~1568)[68]의 요청으로 영봉

서원迎鳳書院의 액자 및 찬기贊記를 썼다. 11월, 고봉高峯 기대승奇大升(1527~

1572)[69]의 사단칠정변론四端七情辯論에 답했다. 도산정사陶山精舍가 완성되

었다. 이때부터 흥이 나면 문득 나아가고 매년 여름과 가을이 바뀔 적

에 관가의 어량魚梁[70]이 바로 앞에 있었으나 일절 가지 않았다.

61세 신유辛酉 정월, 장차 나라의 부름을 받고 나가려다가 마침 말에

서 떨어져 병으로 가지 못하고 중국의 사신도 오지 않아 부름이 그쳤다.

3월, 절우사節友社를 세웠다. 4월 보름, 탁영담濯纓潭에 배를 띄웠는데 이

때 형의 아들 교喬, 손자 안도安道, 그리고 문인인 이덕홍李德弘(1541~159

6)[71]이 전후 「적벽부赤壁賦」[72]를 외우며 청풍명월淸風明月로 운자를 나누

어 시를 짓고 밤이 깊어 돌아왔다. 이옥산李玉山[73]의 「임거십오영林居十五

詠」에 차운했다. 11월, 「도산기陶山記」를 짓고 또 칠언십팔절七言十八絶과

쓰는 일을 말한다.

68) 조선 중기의 문신. 자는 仁甫이고 호는 四印堂이며 본관은 谷山이다. 星州牧使로 있을
   때 川谷書院을 세웠다. 1557년 율곡 이이를 사위로 맞이했다.

69) 조선 중기의 학자. 자는 明彦이고 호는 高峯·存齋이며 본관은 幸州이다. 퇴계 이황과
   의 서신 교환을 통하여 조선유학사에 지대한 영향을 미친 四七論辨을 전개하였다.
   1558년 문과에 급제하여 대사간, 공조참의 등을 지냈으며, 저서로 『論思錄』, 『朱子文
   錄』, 『高峯集』 등이 있다

70) 물이 한군데로만 흐르도록 물살을 막고 그곳에 통발을 놓아 고기를 잡도록 한 곳을
   말한다.

71) 조선 중기 학자. 자는 宏仲이고 호는 艮齋이며 본관은 永川이다. 임진왜란 때 세자를
   성천까지 호종하여 이조참판에 추증되었다. 저서로 『周易質疑』, 『四書質疑』, 『艮齋集』
   등이 있다.

72) 북송 말의 문인 蘇東坡가 1082년에 귀양을 가서 쓴 작품으로 음력 7월에 지은 것과
   10월에 쓴 두 가지가 전한다.

73) 이옥산은 李彦迪을 말한다. 자는 復古이고 호는 晦齋이며 시호는 文元이다. 경주 玉山
   書院에 제향되었기 때문에 이옥산이라고 부른 듯하다. 孫叔暾과 曺漢輔의 無極太極論
   爭에 뛰어들어 주희의 주리론적 견해를 바탕으로 이들을 비판했는데, 이 논쟁은 조
   선왕조 성리학 역사에서 최초의 본격적인 개념 논쟁이라고 할 수 있다.

오언이십이절五言二十二絶이 있고, 오언五言에 제목을 따라 아래에 사언시 四言詩 1장이 있다.

62세 임술壬戌 3월 3일, 배를 타고 청계淸溪에 이르러 축대를 청계대淸溪臺라고 명명했다. 구암龜巖 이정李楨(1512~1571)[74]의 『전도수언傳道粹言』에 발문을 썼다. 3월, 금계錦溪 황준량黃俊良(1517~1563)[75]이 성주목사를 그만두고 돌아오다가 도중에 죽었다는 부음을 듣고 곡하여 매우 안타까워했다. 9월, 왕세자의 상을 듣고 도산에 나아가 자리를 만들어 예를 행했다. 10월 초4일, 상이 끝나고 5일, 상복을 벗었다.

64세 갑자甲子 2월, 정존靜存 이담李湛의 「무이구곡도武夷九曲圖」에 발문을 썼다. 윤2월, 친족이 모여 안동에 있는 고조와 증조의 묘에 제사를 올렸다. 3월 상사上巳(삼짇날), 김규金戣가 요청한 「칠군자찬七君子贊」 및 「주문공서식강도처첩朱文公棲息講道處帖」에 발문을 썼다. 4월, 벽오碧梧 이문량李文樑[76]과 문인 금보琴輔[77] 등 12인과 청량산을 유람하여 산을 유람한 일을 기록한 여러 글이 있다. 9월, 정암靜庵 조광조趙光祖(1482~1519)[78] 선

---

74) 조선 중기의 관리. 자는 剛而이고 호는 구암이며 본관은 泗川이다. 문과에 장원급제 하였으며 경주부윤과 병조참의 그리고 대사간 등을 역임하였다.

75) 조선 중기의 학자. 자는 仲擧이고 호는 錦溪이며 본관은 平海이다. 1540년 문과에 급제하였고 단양군수와 성주목사 등을 지냈다. 지방관 시절 교육 진흥에 힘써 많은 학자를 배출하였다.

76) 조선 중기의 학자. 자는 大成이고 호는 碧梧이며 본관은 永川이다. 퇴계 이황과 이웃에 살면서 절친했는데, 1564년 퇴계와 함께 淸涼山을 유람하면서 시를 읊고 학문을 토론하기도 했다.

77) 조선 중기의 학자. 자는 士任이고 호는 梅軒이며 본관은 奉化이다. 1546년(명종 1) 사마시에 합격하였으나, 이때 인종이 죽고 간당들의 화가 일어나자 대과에 응시할 뜻을 버리고 낙향하였다. 그 뒤 성리학에 뜻을 두고 퇴계에게 수학하였다.

78) 정암 조광조는 중종반정 후 조정에 출사하여 유교적 이상정치를 현실에 구현하려는 다양한 개혁을 시도하였다. 시대를 앞서간 개혁정책은 기묘사화로 비록 물거품 되었으나, 그가 꿈꾸었던 이상사회는 이후 후학들에 의해 조선 사회에 구현되었다.

생의 행장을 지었다. 종실宗室인 종성鍾城의 연방蓮坊 이구李球[79]와 「심무체용설心無體用說」에 대해 변론했다.

65세 을축乙丑 3월, 「도산십이곡陶山十二曲」을 마무리했다. 4월, 동지중추부사同知中樞府事의 직명을 해제해 주기를 청했다. 성상聖上께서 말씀하셨다. "내가 항상 경의 자리를 비워놓고 기다린 지 오래되었는데, 구태여 한가롭게 물러날 것을 요구하니, 이는 내가 현인을 대접하는 정성이 부족하여 그러한 것이다. 다만 경의 뜻이 깊고 간절한 까닭에 힘써 따른다." 본도本道에 명하여 먹을 것을 하사하셨다. 문정왕후文定王后의 상을 듣고 곡하고 성복成服했다. 「경재잠도敬齋箴圖」, 「백록동규도白鹿洞規圖」, 그리고 당실堂室의 이름을 완락재玩樂齋 벽 위에 써서 걸어놓았다. 「잠명제훈箴銘諸訓」을 손자 안도安道에게 써 주었다. 8월, 제생에게 『역학계몽易學啓蒙』을 강론했다. 한훤당寒暄堂 김굉필金宏弼 선생의 『경현록景賢錄』을 개정했다. 12월, 특별히 소명召命이 내렸다. "내가 불민하여 현인을 사랑하는 정성이 모자라 이전 여러 번의 소명에도 매번 노병老病으로 피하니, 나의 마음이 편하지 않다. 경은 나의 지극한 마음을 잘 알아서 속히 올라오라." 또한 역마를 타고 오기를 허락하고 다시 동중추부사를 하명했다.

66세 병인丙寅 정월, 소명을 받아 영천榮川에 이르러 병으로 사직하는 상소를 올리고 풍기豐基로 가서 명을 기다렸으나, 허락하지 아니하고 교지를 내렸다. "경의 사직하는 상소를 보니 내 마음이 대단히 불쾌하다. 다시 말하지 말고 잘 조리하여 여러 번 부른 성의를 저버리지 말라."

---

79) 조선 중기의 학자. 자는 叔玉이고 호는 蓮坊이며 본관은 全州이다. 花潭 徐敬德의 문인이다. 心無體用說을 주장하여 퇴계와 논변을 벌였다.

또 올라오는 길의 여러 읍邑들에게 명해 호송토록 하고 내의內醫를 보내 약을 쓰고, 여러 번 문병했다. 풍기로부터 예천醴泉에 이르러 또 사직하는 상소를 올려 몸을 간수토록 해줄 것을 엎드려 아뢰었으나, 윤허允許가 내려지지 않았다. 자헌대부 공조판서 겸 예문관제학에 올랐지만 또 사양했다. 선생이 승직陞職을 들은 것은 예천으로부터 학가산鶴駕山 광흥사廣興寺에 들어가서였다. 3월, 또 다시 사양하는 상소를 올렸으나, 윤허하지 아니하고, 홍문관대제학 예문관대제학 지성균관사 동지경연춘추관사를 겸직시켜 소명에 응하도록 재촉했다. 4월, 지중추부사로 체직시키고 또 교지를 내려 안심하고 조리하여 병이 낫기를 기다려 올라오라고 했다. 7월, 상소를 올려 자헌을 더한 것과 중추의 직명을 모두 면하고 이전의 직책으로 치사致仕[80]할 것을 빌었으나, 윤허가 내려지지 않았고, 병이 낫기를 기다려 올라 오라고 명했다. 이때에 주상이 선생에게 서서 기다리는 심정이 너무 간절하여 여러 번 상소를 올리고 올라오지 않아도 주상의 뜻이 더욱 부지런하여 현자를 불러도 오지 않는 탄식을 제목으로 독서당讀書堂 유신儒臣으로 하여금 각각 근체近體[81] 1수씩을 지어 올리도록 했다. 또 여성군礪城君 송인宋寅(1517~1584)[82]을 시켜 도산陶山을 족자簇子에 그려 올리게 했다. 또 명하여 도산의 산천형승山川形勝과 『도산기』와 시를 병풍에 담아 그려 올리게 했다. 명묘明廟가 병으로 누

---

80) 조선시대에 나이가 많아 벼슬을 사양하고 물러나던 일을 말한다.
81) 중국의 고체시에 맞서는 개념의 시체. 수體詩라고도 한다. 음절의 억양에 따른 배열법이나 對句 등 구성법에 일정한 규칙이 있는 시체이다.
82) 송인의 자는 明仲이고 호는 頤菴이며 본관은 礪山이다. 10세에 중종의 셋째 서녀인 貞順翁主와 혼인하여 礪城尉가 되고, 명종 때 君에 봉해졌다. 시문에 능하였고 이황·조식·이이·성혼 등 당대의 석학들과 교유하였다.

웠을 때 도산陶山의 화병畫屛이 좌우에 있었다고 한다. 10월, 회재晦齋 이 언적李彦迪 선생의 문집을 교정하고 행장을 작성했다. 「심경후론心經後論」 을 지었다. 미암眉庵 유희춘柳希春(1513~1577)[83]과 함께 『속몽구續蒙求』에 대해 편지로 토론했다. 학봉鶴峯 김성일金誠一, 추연秋淵 우성전禹性傳[84]과 함께 『역학계몽』을 강론했다.

67세 융경隆慶 원년元年 2월, 다시 소명이 있었을 때, 가정嘉靖 황제가 붕崩하고 새로운 황제가 즉위하여 조사詔使가 장차 오려고 하는데, 이준 경李浚慶 등이 문학지사文學之士를 불러서 대응해야 한다고 주청奏請하였 다. 이 때문에 소명이 다시 내렸다. 5월, 빨리 올라오라는 교지가 있었 다. 6월, 소명을 받아 도성에 들어갈 적에 주상의 병이 심해지니 탄식하 면서 말했다. "주상께서 이 같은 때에 나를 본다면 '나의 병이 좀 나을 것인데'라고 하실 것이다." 명종이 승하하고 선생이 도성에 들어가 3일 이 지났을 때, 병으로 숙배를 올리지 못하고 변을 듣고 사모紗帽를 쓰고 흑각대黑角帶를 차고 대궐에 들어가 통곡했다. 7월, 대행왕大行王[85]의 행 장을 수찬修撰하여 청당聽堂에 올렸다. 예조판서 겸 동지경연춘추관사에 임명받았으나, 다시 사양하였다. 그러나 윤허가 없었고, 두 번 청해도

---

83) 조선 중기의 학자. 자는 仁仲이고 호는 眉巖이며 본관은 文化이다. 1538년 문과에 급제하였다. 양재역 벽서사건에 연루되어 유배생활을 하였으며, 선조 즉위 후 해배 되어 이조참판 등을 지냈다. 저술로 『眉巖日記』 등이 대표적이다.

84) 조선 중기의 문신. 자는 景善이고 호는 秋淵이며 본관은 丹陽이다. 남인의 거두로 동서분당 때나 남북의 파쟁에 말려 미움도 사고 화를 당하기도 했다. 1591년 鄭澈의 사건에 연좌되어 북인에게 배척되고 관직을 삭탈당했다. 임진왜란이 일어나자 풀려 나와 경기도에서 의병을 모집해 난민을 구제하기도 했으며, 權慄이 수원 禿城山城에 서 행주에 도착하자 의병을 이끌고 지원을 하기도 했다.

85) 조선시대에 왕이 승하한 후 중국으로부터 시호를 받기 전까지 부르던 임시 호칭을 말한다.

용수사

윤허하지 않았다. 8월, 병으로 면직되어 동쪽으로 갔다. 박근원朴謹元[86)
의 선조인 공효공恭孝公의 「순릉송별시첩巡陵送別詩帖」 뒤에 글을 썼다. 9
월, 대행왕의 만사輓詞를 지어 올렸다. 19일에 대행왕의 발인發引에 집에
있기가 편하지 않아 용수사龍壽寺에 있었다. 이때 선생이 산릉山陵[87)을
마치기도 전에 물러나와 돌아왔을 때에는 논의가 분분하니, 고봉 기대
승이 글을 보내 선생의 처신의 어려움을 물어왔기에 글을 써서 답했다.
10월, 이숙량李叔樑의 연경서원硏經書院[88) 기문記文 뒤에 글을 썼다. 용양위
대호군龍驤衛大護軍 겸 동지경연춘추관사를 제수 받았다. 소명으로 입교
유지有旨가 있었다. "새 정치의 초기에는 침체되어 있는 사람도 모두 발
탁해서 기용하는 법인데, 하물며 어진 재상으로 재목이 되는 사람은 어

---

86) 조선 중기의 문신. 자는 一初이고 호는 望日齋이며 본관은 密陽이다. 동서분당으로
   한창 논쟁이 심할 때 동인의 중진인 宋應漑와 許篈 등과 함께 병조판서 율곡 이이를
   탄핵하다가 江界로 유배되었다.
87) 임금과 왕비의 무덤으로 因山 전에 아직 이름을 정하지 아니한 陵을 말한다.
88) 1564년(명종 19) 지방유림의 공의로 퇴계 이황의 학문과 덕행을 기리기 위하여 生祠
   堂을 창건하였다. 퇴계가 죽은 뒤 1613년(광해군 5) 그의 위패를 모셨으며, 1660년
   (현종 1) '硏經'이라고 사액되어 서원으로 개편되었다.

떻겠는가? 경은 역마를 타고 빨리 올라오라." 대사간大司諫 목첨睦詹(1516~
1593)89)이 계啓를 올렸다. "이황은 학문이 해박하고 공부가 돈독하니, 마
땅히 교지를 내려 불러올려야 합니다. 경연의 자리에 두면 반드시 성학
을 배우는 데 도움이 될 것입니다." 이로 인해 소명이 있게 되었다. 동
지중추부사를 겸직시키는 것을 이전과 같이 했다. 사직하는 상소를 올
려 소명을 정지하고 강연의 직분을 멈추게 하고, 의례를 갖춰 치사致仕
토록 해 주기를 청했다. 이전과 같이 지중추부사를 겸직시키고 또 교서
敎書를 내려 특별히 소명召命했다. 이때에 허엽許曄(1517~1580)90)이 계啓를
올렸다. "옛날부터 제왕帝王이 어진 스승을 얻어 배운 뒤에라야 사업이
높게 나타나게 됩니다. 이황이 병으로 물러갔으니, 주상께서 만일 공경
과 예의를 다해 스승을 삼으려 하면 올 것입니다." 주상께서 옳다고 여
겨 이에 선생과 조식曺植 그리고 이항李恒(1499~1576)91)을 함께 교서로서
특별한 소명으로 불렀다. 12월, 빨리 올라오라는 교지를 내리니, 중국
사신이 장차 오게 되어 응접하는 것이 매우 급했기 때문이다.

68세 무진戊辰 금상今上 원년 정월, 상소를 올려 스스로 탄핵하고 치
사致仕케 하였다. 소명을 그만둘 것을 엎드려 알리는 상소를 함께 올렸
다. 숭정대부에 올리고, 의정부우찬성議政府右贊成에 임명하고, 빨리 올라

---

89) 조선 중기의 문신. 자는 思可이고 호는 逗日堂이며 본관은 泗川이다. 임진왜란 때
강화에서 의병을 모집하였다.
90) 조선 중기의 문신. 자는 太輝이고 호는 草堂이며 본관은 陽川이다. 화담 서경덕의
문인으로, 동인과 서인이 대립할 때 동인의 영수가 되어 당시 士類를 인도했던 인물
이다.
91) 조선 중기의 문신. 자는 恒之이고 호는 一齋이며 본관은 星州이다. 당시의 대학자인
奇大升·金麟厚·盧守愼 등과 교유하면서 학문의 질을 높였다. 성리학에도 조예가 깊
어 理氣를 논함에 있어 이와 기, 태극과 음양을 일체라고 주장해 퇴계 이황의 비평을
받기도 하였다.

오라는 교지를 내렸다. 이때 선생의 상소문이 전달되지 않았고, 주상이
또 대신大臣들을 교유敎諭하여 말했다. "이황에게 군직軍職을 맡기는 것은
현인을 존경하는 도리에 부족함이 있으니, 특별히 찬성贊成을 제수하여
다시 올라오도록 개유開諭하는 것이 마땅하다." 찬성을 제수하였는데,
상소문이 들어가니 주상이 비답批答을 내렸다. "경의 상소는 겸양이 너
무 지나치다. 경은 여러 대 조정에서 옛 신하로서 덕행이 높고 학문이
바르니, 비록 여항閭巷 사람들까지 모두 알고 있고, 나 또한 알고 있은
지가 오래되었다. 경이 선조先朝 때 여러 번 부름을 받고 말년에야 올라
오는데, 또 도성의 아래에서 문득 망극의 변을 만나 갑자기 고향으로
돌아갔으니, 이는 반드시 새로운 정치가 무도하고 현인을 존경하는 성
의가 부족한 탓이다. 나의 회한悔恨을 이루 다 말할 수가 있겠는가? 옛날
인군仁君이 비록 이질다고 해도 반드시 현자를 구해 스승을 삼았거늘,
하물며 나는 어려서부터 엄한 스승의 가르침을 받지도 못하고, 갑자기
어렵고 큰 국사國事를 계승하게 되었다. 자교慈敎[92] 또한 '내가 아는 것이
없고, 게다가 외로운 처지에 있으니, 무엇으로 가르치고 인도하겠는가?
이황과 같은 사람이면 좋을 것이다' 하시며 항상 경이 올라오기를 바라
고 있다. 자의慈意가 이와 같이 간절한데, 경이 기꺼이 오지 않는 것은
경의 생각이 지나친 것이 아닌가? 지금 조정에는 비록 덕 있는 사람이
많으나, 내가 경을 향한 마음은 북극성을 바라보는 것과 같다. 진퇴進退
에 대해 고민하지 말고 올라와서 속히 조정에 머물러 나의 어리석은
바탕을 힘써 돕도록 하라." 3월, 또 상소하여 새로 올린 직명을 없애고

---

92) 王大妃와 大王大妃 등을 통틀어 말한다.

전직前職으로 치사할 것을 빌었으나 윤허하지 않고, 다시 빨리 오라는 교서를 내리고, 각 도의 감사에게 명하여 먼 길에 말과 배편으로 호송케 하였다. 선생이 또 상소를 올려 높은 품계를 사양했다. 이때에 중국 사신이 돌아간 뒤에 모든 조정의 신하에게 단향段香 같은 것을 하사하였는데, 선생에게도 돌아왔다. 이는 조정이 황은皇恩을 높이 받들어 조정이 함께 기뻐하고 칭찬하는 것인데, 찬성의 직임을 맡으라는 명도 행하지 않았는데, 하사해 주신 물품을 받는 것은 난처한 일이며, 또 몸이 먼 곳에 엎드려 있어 중국 사신이 돌아갈 때도 조금도 도운 일이 없는데, 감히 여러 신하들과 같이 하사품을 받을 수 없다고 하고 모두 사양하고 받지 않았다. 5월, 찬성으로 체직하고 판중추부사로 소명이 내렸다. 선생이 이미 극히 새로운 명을 사양하니, 조정이 강하게 일으킬 수 없음을 알고, 경연의 자리에서 지중추부사로 내려서 제수할 것을 청했다. 또 지극한 정성으로 부르면 마땅히 돌아올 것이라고 해서 찬성을 체직하고 판중추부사로 하여 교지를 내렸다. 6월, 명을 받아 서쪽 길로 가면서 연달아 사양하는 상소를 올려, 높은 품계를 사양하고 한결같이 모두 개정해 줄 것을 청했으나 윤허하지 않았다. 선생이 체직의 명을 얻은 후 곧 상소를 올려 사양하였다. "찬성이란 직분은 가느다란 정성으로 따를 것이나, 주상의 권고하심이 이와 같으니, 어떻게 보답할 수 있겠습니까? 신臣은 마땅히 몸을 이끌고 앞으로 나아가 은명恩命에 사례할 것이지만, 제1품 품계를 헛되이 제수하는 것은 받아야 할 이치가 없으니, 바라건대 모두 개정해 큰 은혜를 마치소서." 이미 문경聞慶에 도착해 다시 상소를 올려 높은 품계를 사양하고, 충주에 도착하여 다시 상소를 올려 굳게 사양했으나, 주상께서 모두 윤허하지 않았다. 상소 가운데 오다가 병이

낫다는 말이 있어 내의內醫를 보내어 간병하게 했다. 조성趙晟(1492~155
5)93)의 『양심당집養心堂集』에 발문을 썼다. 7월 병인丙寅, 도성에 들어가니
사람들이 "이이상李貳相이 온다"고 했다. 신미辛未에 대궐에 들어가 명을
받들고 부름이 지연된 것으로 죄줄 것을 기다렸는데, 주상이 말했다.
"죄를 기다리지 말라. 내가 경을 얻은 것은 참으로 나라에 복이다." 또
품계를 올릴 것을 개정해달라는 청을 허락하지 않았다. 임신壬申, 사정
전思政殿에 들어가 또 직접 뵙고 힘써 사양했으나 윤허가 없었다. 8월,
홍문관제학을 겸직시켰다. 사양하였으나 윤허하지 않았다. 예로부터 지
경연知經筵은 조강朝講에만 들었다. 정언正言 오건吳健(1521~1574)94)이 말했
다. "이황이 돌아오는 것은 쉽지 않으니 예에 따라 접견하지 마십시오.
조석으로 불러 강론을 하면 반드시 유익할 것입니다." 주상이 이를 따
랐다. 선생이 규정 밖의 일은 하지 않았으므로, 아울러 주상을 깨우치도
록 진언했으나 허락하지 않았다. 계미癸未, 홍문관대제학 예문관대제학
지경연춘추관성균관사를 겸했다. 상소를 올려 육조六條(戊辰六條疏)를 올렸
다. "첫째, 계통을 무겁게 여겨 인仁과 효孝를 온전히 하십시오. 둘째,
참언과 이간질하는 말을 막아 양궁兩宮을 친하게 하십시오. 셋째, 성학聖
學을 돈독히 하여 다스리는 근본을 세우십시오. 넷째, 도술道術을 밝혀서
인심을 바르게 하십시오. 다섯째, 마음을 미루어 이목을 통하게 하십시

---

93) 조선 중기의 학자. 자는 伯陽이고 호는 養心堂이며 본관은 평양이다. 조광조의 문인
   이다. 성리학뿐만 아니라, 의학·산수·천문·지리 등 여러 분야에도 정통하여 醫·
   算·律의 三學教官을 역임하였다.
94) 조선 중기의 학자. 자는 子强이고 호는 德溪이며 본관은 咸陽이다. 조식과 이황의
   문인으로 과거에 급제하여 벼슬을 지냈으나, 吏曹正郎을 끝으로 관직을 버리고 고향
   으로 낙향하여 학문 연구와 후진 양성에 힘을 쏟았다.

오. 여섯째, 정성으로 몸을 살펴 하늘의 사랑을 받도록 하십시오." 비답批答은 다음과 같다. "상소문을 보니 경의 도덕은 옛사람에 견주어 보아도 그 짝이 드물 것이다. 무릇 이 여섯 가지 조목은 참으로 천고의 격언이고, 지금에 힘써야 할 일이다. 내가 비록 어리석으나 감히 마음에 새겨 실행하지 않겠는가?" 병으로 본직과 겸직인 대제학을 그만두게 하고, 이로 인해 숭정崇政을 더한 것을 개정해 주기를 원했으나 윤허하지 않았다. 의원을 보내 문병하시고, 연이어 사양했으나 허락하지 않았다. 신축辛丑, 대궐에 나아가 대제학을 사임하는 것을 세 차례 아뢰었으나 윤허하지 않았고, 다음 날 또 굳게 사임을 간청해서 윤허했다. 처음에 대제학 박순朴淳(1523~1589)95)이 말했다. "대제학大提學과 제학提學은 비록 같으나 관각館閣의 직분과 제학의 소임이 대제학의 중책과는 같지 않습니다. 이제 신臣이 주문主文96)이 되고, 이황이 제학이 되어 고년高年의 석유碩儒가 도리어 가벼운 소임을 맡게 되고, 후진後進의 초학初學이 무거운 자리를 맡게 되었으니, 조정이 사람을 쓰는데 앞뒤가 바뀐 것이 막심합니다. 그 소임을 바꾸어 제수하기를 청합니다." 주상께서 대신大臣들에게 의논케 하니, 모두 박순의 말이 옳다고 했다. 이에 명해 박순과 서로 바꾸어 선생을 대제학에 임명하고 박순을 제학에 임명했다. 선생이 드디어 노병으로 견디지 못한다고 연일 간절하게 청을 올려 윤허를 받았다. 계묘癸卯, 도리어 판중추부사 겸 지경연춘추관사로 제수되었다. 9월 초하루, 헌관獻官으로 강릉康陵97)에 제사를 거행했다. 기유己酉, 석강夕講

---

95) 조선 중기의 문신. 자는 和叔이고 호는 思菴이며 시호는 文忠이다. 화담 서경덕에게 학문을 배웠으며 『주역』에 능통했다. 1565년 대사간이 되어 대사헌 李鐸과 함께 윤원형을 탄핵해 포악한 척신 일당의 횡포를 제거한 주역이 되었다.

96) 文翰을 주재하는 것을 말한다.

의 계사啓事에 입시했다. 이때 적군지거籍軍之擧[98]가 있었는데, 선생이 아뢰었다. "겨우 산릉山陵을 지내고 또 중국 사신도 지나갔으나, 풍년이 되지 못하니, 적군은 그때가 아닙니다." 주상께서 군적을 정지시켰다. 임자壬子, 석강에 입시하여 정자程子의 「사잠四箴」을 진강했는데, 주상께서 말씀하셨다. "이는 참으로 격언이다. 마땅히 좌우에 갖추어 경계해야겠다." 을묘乙卯 조강에 입시하여 『논어집주論語集註』를 진강하는데, "주역을 배운다"에 이르러 길흉소장吉凶消長의 이치와 진퇴존망進退存亡의 도를 선생이 그 뜻을 추연推衍하여 아뢰었다. 경신庚申, 주강晝講에 입시하여 선생이 이전에 아뢴 "항룡유회亢龍有悔"의 뜻이 오히려 미진했다고 하고, 또 별도로 차기箚記를 했다. 또 강이 끝나고 나서 나아가 읽으니, 주상께서 말씀하셨다. "경계의 말은 내가 마땅히 날로 경계로 삼겠다." 실록찬집도청당상實錄撰集都廳堂上이 되었는데, 이는 총재관總裁官 홍섬洪暹 (1504~1585)[99]이 "이황은 사문斯文의 숙유宿儒라 필삭筆削을 논의할 때 이 사람이 없으면 안 된다"고 해서이다. 병인丙寅, 대궐에 나아가 물러가려고 아뢰었으나 윤허하지 않고 말씀하셨다. "경이 만일 해직하여 돌아가면 누구와 더불어 국사國事를 다스리겠는가? 겨울에 병이 나면 맡은 일을 전폐하더라도 미안해할 것이 없다. 바라건대, 사임이란 말은 하지 말라." 내일 석강에 입시할 것을 말했다. 정묘丁卯, 석강에 입시했는데, 주상께서 물으셨다. "엊그제 조정의 공의가 조광조趙光祖를 추증追贈하고자 하는데, 그 사람의 학문과 행사가 어떠한가?" 대답했다. "조광조는

---

97) 明宗과 명종의 비인 仁順王后의 능을 말한다.
98) 장정을 군적에 올려 기록하는 일을 말한다.
99) 조선 중기의 문신. 자는 退之이고 호는 忍齋이며 본관은 南陽이다. 1531년 문과에 급제하였고 삼정승을 두루 지냈다. 문장에 능하고 경서에 밝았으며 검소하였다.

천품이 빼어나고 성리학에 뜻을 두어 집안에서 효도하고 우애했으며, 중묘中廟가 다스림을 구함을 목마른 듯하여 장차 삼대三代의 다스림을 일으키고자 하였습니다. 조광조 또한 세상에서 보기 어려운 군신간의 만남이라 하여 김정金淨(1486~1521)[100], 김식金湜(1482~1520)[101], 기준奇遵(1492~1521)[102], 한충韓忠(1486~1521)[103] 등과 같은 마음으로 협력하여 크게 고쳐 펴냄이 있었습니다. 조례條例와 법문法文을 세우고 『소학小學』으로 사람을 가르치는 방법으로 삼았습니다. 또 「여씨향약呂氏鄕約」[104]을 거행해 사방이 모두 감동해서 만약 오래도록 폐지되지 않으면 다스리는 도가 어려울 것이 없다고 했습니다." 주상이 말씀하셨다. "엊그제 홍문관에서 남곤南袞[105]의 관작을 지금 삭탈하려는 공론이 있는데, 이 또한 어떠

---

100) 조선 중기의 문신. 자는 元冲이고 호는 冲菴이며 본관은 경주이다. 1507년 장원급제 하여 형조판서를 지냈다. 기묘사화己卯士禍 때 제주도에 유배되었으며, 辛巳誣獄에 연루되어 사사되었다. 조광조와 함께 사림의 대표적 존재였으며, 시문과 그림에도 능했다.

101) 조선 중기의 문신. 자는 老泉이고 호는 沙西이며 시호는 文毅이다. 1519년 4월 조광조·金淨 등 사림파의 건의로 실시된 현량과에서 장원으로 급제하였다. 기묘사화가 일어나자 絶島安置의 처벌이 내려졌으나, 영의정 鄭光弼 등의 비호로 善山에 유배되었다.

102) 조선 중기의 문신. 자는 子敬이고 호는 服齋·陽德이며 시호는 文愍이다. 기묘사화가 일어나자 조광조를 위시해 김식·김정 등과 함께 하옥되고, 이어 아산으로 정배되었다가 이듬해 죄가 가중되어 다시 온성으로 이배되었다. 어머니상을 당해 고향에 돌아갔다가 1521년 宋祀連의 무고로 辛巳誣獄이 터져 다시 유배지에 가서 교살되었다.

103) 조선 중기의 문신. 자는 恕卿이고 호는 松齋이며 시호는 文貞이다. 1521년 신사무옥이 일어나자 그의 자가 黃瑞慶이라는 자의 이름과 '音'이 같아 남곤의 책략으로 투옥되었다가 중종의 친국 후 풀려났으나 남곤이 보낸 하수인에 의하여 살해되었다.

104) 11세기 초의 중국 북송 때 향촌을 교화 선도하기 위해 만들었던 자치적인 규약을 말한다.

105) 남곤의 자는 士華이고 호는 止亭·知足堂이며 본관은 宜寧이다. 金宗直 문하에서 수학하였다. 1519년 훈구파 대신으로 沈貞 등과 기묘사화를 꾸며, 집권자 趙光祖 등 新進士類를 숙청한 뒤 좌의정이 되었다가, 1523년 영의정에 올랐다. 만년에는 과거를 자책하고 자신의 글 때문에 화를 입을까 염려하여 평생의 私稿를 마당에 쌓아놓고 불태워 버렸다. 사후 文敬이란 시호를 내렸으나 1558년 官爵과 함께 삭탈되었다.

한고?" 대답했다. "기묘己卯의 화禍는 바로 남곤과 심정沈貞(1471~1531)[106]의 간사함으로 말미암은 것입니다. 마침 중묘中廟의 누가 되었으니, 죄가 하늘까지 이르렀던 것입니다. 주상의 뜻은 선조先朝 때의 대신大臣을 지금 와서 삭탈관작削奪官爵하는 것이 타당하지 않다는 뜻이 매우 진실하고 두텁다고 할 수 있습니다. 그러나 여러 사람들의 말은 선善을 드러내고 악惡을 지탄하는 것입니다. 조광조는 중직하고 남곤은 뒤좇아 죄를 주면, 시비是非가 분명해질 것입니다." 주상께서 대신들에게 공론을 수렴할 것을 명하고, 홍문관·사헌부·사간원에 명령하여 각각 남곤의 죄상을 고하게 하여 마침내 남곤의 관작을 삭탈했다. 기묘己卯, 주강에 입시했다. 무자戊子, 석강에 입시해서 말했다. "근래에 일식日食이 있고 겨울에 우레의 변화가 있었습니다. 선왕先王께서는 재앙을 만나면 두려워하는 마음으로 덕을 닦았습니다. 절차만 갖춰 하늘을 감동시키려고만 하면 옳은 일이 아닙니다." 또 말했다. "동중서董仲舒[107]가 '인군은 마음을 바르게 해서 조정을 바로 잡는다'고 했습니다. 백관과 만민 및 사방과 원근에 이르기까지 한결같이 바르게 하여 그 사이에 나쁜 기운이 없게 해야 합니다. 이로써 음양이 고르게 되고 바람과 비가 때에 맞추어 내리게 되며, 모든 복된 일들이 상서롭게 모두 다 이를 것입니다.

---

106) 조선 전기의 문신. 자는 貞之이고 호는 逍遙亭이며 본관은 豐山이다. 1519년 조광조 등이 僞勳削除를 요구하여 반정공신들로부터 심한 반발을 받았다. 이에 敬嬪朴氏를 통하여 "조씨가 나라를 전횡하려고 한다"는 말을 궁중에 퍼뜨리고, 남곤·洪景舟 등과 모의하여 기묘사화를 일으켰다.

107) 한나라의 사상가이자 철학자. 河北 廣川郡 사람으로 한무제 원년(기원전 134)에 한무제가 나라를 다스릴 방책을 제시하라는 조서를 내렸을 때에 儒生이었던 그는 『擧賢良對策』을 올리고 天人感應과 大一統의 학설과 "百家를 몰아내고 六經을 드러내야 한다"고 주장하였다. 그의 儒家思想은 한무제의 통치를 더욱 공고하게 만들었고, 당시 사회·정치·경제를 안정시키는 데 큰 공헌을 하였다. 대표작으로 『春秋繁露』가 있다.

대저 위로는 인군의 마음이 바르고, 아래로는 조정의 백관과 만민에 이르기까지 모두 바르게 한다면, 무슨 나쁜 기운이 끼어들겠습니까? 인군께서 마음을 바르게 하는 것을 급선무로 여기시면, 그 가운데 허다한 공부의 절목이 있게 됩니다. 다만 한두 가지 큰일을 고쳐 재해가 없기를 바란다면, 이루지 못할 것입니다." 경자庚子, 석강에 입시해서 「동생행董生行」108)을 강론하면서 말했다. "화기和氣는 상서로움을 불러오니, 감동하는 곳이 있으면 왕성한 상서로움이 옵니다. 그러나 귀한 것은 덕德에 있지 상서로움에 있는 것이 아닙니다. 진실로 그 덕이 없으면 그 상서로움에 무슨 귀함이 있겠습니까?" 11월 무신戊申, 석강에 입시했다. 『소학』에 대한 강의를 마치고 선생이 말했다. "『소학』과 『대학』은 처음과 끝이니, 마땅히 옛것을 상고하여 새것을 알아야 합니다. 이제 강의를 마쳤으나, 또한 항상 마음에 담아두어야 합니다. 옛말에 '학문을 하는 데에는 앞으로 나아가지 못하는 것을 근심하지 말고, 퇴보하는 것을 근심하라'고 했으니, 퇴보란 것은 물러나 행하지 않는 것이 아닙니다. 예전에 처음 배웠던 것을 항상 생각하여 잊어버리지 않는 것을 말합니다. 옛것을 잊지 않는 공부가 깊게 되면, 새로 아는 것이 또한 여기에서 나오는 것입니다." 계축癸丑, 홍문관에 들어가 『서명西銘』109)을 교정하였다. 이

---

108) 韓愈가 지은 글로 『소학』 「善行篇」에 실려 있다. "당나라 德宗 때 董召南이 安豊縣에서 주경야독하면서 부모에게 효도하고 처자를 자애롭게 대했다. 집안의 가축들까지도 그의 덕화를 입어 서로 보호해 주었다"는 고사를 인용하여 동소남이 은거하면서 義를 행한 사실이 세상에 짝할 사람이 없음을 찬미하고 당시의 풍속이 퇴폐함을 개탄한 내용이다.

109) 중국 송나라 때의 성리학자 張載가 지은 書齋의 서쪽 창에 걸어놓은 銘이다. 원래의 명칭은 訂頑이었는데, 그와 동시대 사람인 程頤의 충고에 의하여 서명이라고 고쳤다. 貶愚라는 원래의 명칭을 가진 東銘과 함께 그의 문집에 수록되어 있다.

때 『서명』을 강론하려는데, 대신들이 선생이 나아가 읽기를 청했다. 선생이 병으로 쇠약하여 말소리가 낮으니, 주상의 귀를 움직일 수 없다고 했다. 대신들이 다시 관원과 함께 모여 교정한 뒤에 진강進講할 것을 청했다. 명을 받고 나아가 또 『서명』을 고증考證하여 참고할 것을 갖추었다. 경신庚申, 병으로 사직을 고하니 휴가를 명하고, 의원을 보내 병을 묻고 먹을 것을 하사했다. 을사乙巳, 또 의원을 보내 병을 물었다. 12월, 두세 번 고했으나 모두 윤허하지 않았다. 경인庚寅에 『성학십도聖學十圖』와 「차자箚子」를 올렸다. 제1도는 「태극도太極圖」이고, 제2도는 「서명도西銘圖」이고, 제3도는 「소학도小學圖」이고, 제4도는 「대학도大學圖」이고, 제5도는 「백록동규도白鹿洞規圖」이고, 제6도는 「심통성정도心統性情圖」이고, 제7도는 「인설도仁說圖」이고, 제8도는 「심학도心學圖」이고, 제9도는 「경재잠도敬齋箴圖」이고, 제10도는 「숙흥야매잠도夙興夜寐箴圖」이다. 주상이 학문을 배우는 데 매우 간절하다고 하여 병첩屛帖을 만들어 가지고 오라고 명했다. 무술戊戌, 나아가 사례하고 또 사직하려고 했으나 윤허하지 않았다.

67세 기사己巳 정월, 이조판서에 제수되었으나 받지 않고, 병으로 세 번이나 사양하니 허락하고, 다시 판중추부사를 배명拜命 받고, 대궐에 나아가 사은謝恩하고 고향에 돌아가기를 빌었으나 윤허하지 않았다. 이날 문소전文昭殿의 의론이 일어났다. 처음 세종世宗이 한나라 원묘原廟[110]의 제도를 모방하여 세우고, 문소전에 사친四親 및 태조太祖의 신주神主를 받들어 후침後寢에 모시니, 동당이실同堂異室[111]이다. 서쪽을 위로 삼고

---

110) 宗廟 외에 따로 세운 別廟를 말한다.
111) 하나의 건물 안에 신위를 모시는 龕室을 따로 만들어서 여러 神位를 동시에 모시는

사시四時에 일이 있으면 문소전에서 협향祫享112)을 하니, 태조가 가운데서 남향南向을 하고, 고조高祖·증조曾祖·조祖·녜禰의 사묘四廟가 동서로 벌려 있으니, 소목昭穆113)의 제도와 같다. 성종成宗이 덕종德宗을 추숭하여 예종睿宗을 이미 문소전에 부묘祔廟하고 덕종德宗을 별정別政에 부묘하니, 이름 하여 연은延恩이다. 인묘仁廟가 훙薨하여 명묘明廟가 즉위할 때, 그때의 논의가 인종仁宗을 부묘하면, 세조世祖는 마땅히 조천祧遷114)해야 하는데, 명묘에게는 친親이 다하지 아니했고, 조천하지 않으면, 오실五室이 넘어 세종의 뜻이 아니므로 이에 인종을 연은전延恩殿에 부묘했던 것이다. 그때 이기李芑, 윤원형尹元衡(1503~1565)115) 등이 국론을 주도하였는데, 사람들이 모두 억울해하였다. 이에 이르러 대신 이준경 등이 건의하여 인종이 빈천賓天116)한 뒤로, 당시의 모든 신하들이 예의를 돌아보지 않았다. 갑자기 따지어 문소전에 부묘하지 않고 별묘別廟에 받들어 불평불만이 넘치고 답답하게 여겨 이 한 가지 일로 충분히 천지의 화기和氣를 상하게 한다고 의논하였다. 명묘를 부묘할 때가 되어 마땅히 문소전에 모셔야 한다고 했다. 이 일은 의리가 매우 밝으나, 다만 인묘는 명묘

제도를 말한다.
112) 종묘에 새로운 신주를 올리기 위해 드리는 제사이다. 祫이란 합친다는 의미로 임금이 사망하고 삼년상이 끝나게 되면, 이 신주를 종묘에 올리게 된다. 이때 새로운 신주가 올라간다는 사실을 太祖 이하에게 고하기 위해 드리는 제사를 협향이라고 하였다.
113) 사당에서 신주를 모시는 차례로 왼쪽 줄을 昭라고 하고 오른쪽 줄을 穆이라고 한다.
114) 제사를 지내는 代數가 다 되어 종묘의 본전 안의 位牌를 그 안의 다른 사당인 永寧殿으로 옮겨 모시던 일을 말한다.
115) 조선 중기의 문신. 자는 彦平이고 본관은 坡平이다. 중종의 계비인 문정왕후의 동생이다. 대윤 일파를 숙청하기 위해 李芑·鄭順朋·林百齡 등과 함께 음모를 꾸미고, 안으로는 鄭蘭貞이라는 자기의 첩을 궁중에 들여보내 대비와 임금의 마음을 놀라게 하였다.
116) 임금이 세상을 떠난 것을 말한다.

와 함께 비록 마땅히 하나의 세위世位여야 하지만, 문소전의 구정舊政에 간가間架를 조금 늘인 뒤에 봉안하는 것이 옳다고 여겼다. 신臣 등은 예관禮官과 함께 본전本殿의 형태를 자세히 살펴보고 미리 수선할 것을 청하니, 주상께서 따랐다. 이때 하동군부인河東郡夫人의 상喪이 상을 마치고 반혼返魂[117]을 할 때, 사제私第에 나아가 사당을 세우려고 하는데, 2품 이상을 명하려는 논의가 있었다. 선생이 의견을 내서 말했다. "추숭하는 모든 일은 국휼國恤[118] 3년 외에는 모두 송조宋朝에 '복수이왕濮秀二王'의 고사에 의거하고, 오직 가묘家廟는 부득이 지금 조성하지 않을 수 없습니다." 2월 초하루, 모의전慕義殿에 배제陪祭[119]했다. 기묘己卯, 춘추관사각春秋館史閣에 들어가 제재諸宰와 더불어 『세종실록』을 내어놓고 「문소전의궤文昭殿儀軌」, 「예정원상묘도詣政院上廟圖」 및 차자箚子를 상고했다. 선생이 계啓하여 말했다. "신이 원묘原廟가 속례가 되는 것을 모르는 것은 아니지만, 속례 중에서도 한 곳이 행하기 어려운 곳이 있으면, 변통해서 고례의 아름다운 것을 따라야 합니다. 조종祖宗께서 총명하고 정직하여 하늘과 더불어 덕을 합하는 명령이 어찌 그 의미를 알지 못하고 비례非禮라고 하여 향례享禮를 편치 않게 하겠습니까?" 그러나 윤허하지 않았다. 조정에 들어갈 때, 선인문宣仁門에 나아가 차箚를 올려 물러가기를 빌었지만 윤허하지 않았고, 다시 물러감을 빌었는데 윤허하지 않았다. 의정원부議政院府 우찬성右贊成에 제수되었으나 배명 하지 않고 궐밖에 나아가 차箚를 올려 힘써 사양하니, 체직을 허락했다. 3월, 또 대궐에 나아

---

117) 反哭이라고도 하는데, 魂帛을 다시 집으로 모시고 온다는 뜻으로 반혼이라고 한다.
118) 國喪을 말한다. 국민 전체가 服喪하던 왕실의 초상이다.
119) 임금이 제사를 지낼 때 대신이 모시고 배례하는 일을 말한다.

가 힘써 사양했는데, 주상께서 장차 모의전慕義殿에 친제親祭를 올리려고 하는데, 정원政院이 선생이 떠날까 두려워하여 계啓를 올려 제사를 올린 뒤에 불러 만나보고 전송토록 청했다. 주상께서 주서注書 유대수兪大修에게 명해 교지를 깨우치게 했다. 판중추부사를 배명 받고 대궐에 나가 사은謝恩을 위해 들어가 대면하고, 밤에 청廳에서 대면하여 물러가기를 비니 윤허하였다. 주상께서 선생을 불러들여 만나보고 여러 번 만류했지만 선생의 의사가 더욱 간절하니, 주상께서 말씀하셨다. "경이 이제 돌아가니 혹 하고 싶은 말이 있으면 하라." 선생이 말했다. "이미 지나간 일로 계啓를 올리니 장차 큰 경계를 삼으시기 바랍니다." 주상께서 말씀하셨다. "계啓한 것을 마땅히 경계할 것이다." 계가 끝나자 드디어 물러나오니, 표피豹皮와 이불 그리고 호초胡椒 2두를 하사하고, 본도에 명령을 내려 미두米豆를 제공하고, 또 명령을 내려, 가는 길에 말과 선군船軍을 끌어와서 선생의 귀로歸路를 호위하도록 했다. 오후가 돼서 배사拜辭하고 성문을 나와 동호東湖의 몽뢰정夢賚亭에서 자고 다음날 배를 타고 동쪽으로 와서 봉은사奉恩寺에서 잤다. 온 조정의 명사들이 나와 전송하는데, 각각 시를 지어 작별의 정을 서술했다. 선생도 시를 읊었다. "배 가운데 사방으로 앉으니 모두 훌륭한 벗이네, 돌아가는 마음 종일토록 붙들어 매였다. 원컨대 이 한강물을 가지고 행장에 비로 물을 갈아서, 한없는 작별의 마음을 써서 내리라."[120] 경술庚戌, 양주楊州 무임포無任浦에서 자고 신유辛酉, 집으로 돌아왔다. 4월, 상소를 올려 물러남을 윤허

---

120) 『退溪先生文集』, 권5, 「東湖舟上, 奇明彦先有一絶, 朴和叔繼之. 席上諸公, 咸各贈言. 滉臨行, 不能盡酬. 謹用前二絶韻, 奉謝僉辱相送之厚意云」, "列坐方舟盡勝流, 歸心終日爲牽留. 願將漢水添行硯, 寫出臨分無限愁. 許退寧同賜玦環, 群賢相送指鄕關. 自慙四聖垂恩眷, 空作區區七往還."

해 주시고 먹을거리를 내려주신 것에 대해 감사하고, 이어 해직치사解職致仕를 빌었는데 윤허하지 않았다. 처음에 선생이 조정에 있을 때 사방에서 그 풍채를 사모했다. 그가 물러난 것을 듣고 조야朝野가 모두 서운하게 여겼다. 집의執義 권덕여權德與(1518~1591)[121]가 상소하여 말했다. "현자가 가고 머무는 것은 인심의 향배가 관계 되고 국가의 존망이 달려 있는 것입니다. 지난 번 판부사 이황이 상소를 올려 물러나기를 청하고, 바야흐로 주상의 명령을 기다리는데, 정원政院이 계啓를 올려 '보내지 않을 수 없다면, 불러들여 보고 보내는 것이 좋겠습니다' 해서 불러들였습니다. 계啓하여 사직을 말했는데, 주상께서 온당치 못하다는 뜻을 하교하셨습니다. 또 간곡하게 물러날 것을 빈 연유를 말했습니다. 이는 전하가 허락하지 않았는데, 정원이 이내 허락을 이루게 한 것입니다. 그때 정원으로 하여금 현자의 떠나고 머무름이 인심과 국가의 향배와 존망이 달린 연고를 아뢰고, 또 성학이 바야흐로 급한 때에 이 사람으로 하여금 잠시도 경연의 자리를 떠나게 해서는 안 되는 뜻을 진언하게 하였습니다. 주상께서 꼭 붙잡고 놓치지 않게 유도하여 지성으로 머물 것을 청했다면, 이황이 비록 떠나고 싶지만 그가 그럴 수 있었겠습니까? 이 때문에 체직만은 허락하지 않으시고 교지를 내렸는데, '경이 전에부터 간절히 돌아갈 뜻이 있어 이를 뺏기 어려울 것 같아 이로써 우선 경의 뜻을 편케 한 것뿐이다. 치사를 윤허하지 않고 직명을 체직시키지 않은 것은 생각하는 바가 있으니, 경이 마땅히 잘 알아야 될 것이다'라고 했

---

121) 조선 중기의 문신. 자는 致遠이고 본관은 안동이다. 宋麟壽의 문인으로 1579년 대사간으로서 白仁傑의 상소를 李珥가 대신 지은 것이 문제되었을 때, 이이를 옹호하다 대사간에서 물러났다. 1583년 부제학으로서 이이의 처벌을 주창하는 朴謹元·宋應漑·許篈 등에 동조하여 성주목사로 좌천되었다.

습니다." 7월에 천곡서원川谷書院[122]의 두 선생 축문을 초草했다. 9월에 노수신盧守愼(1515~1590)[123]이 질문한 「상례문목喪禮問目」(「答盧伊齋問目」)[124]에 답했다.

70세 경오庚午 정월, 전箋을 올려 치사致仕를 빌고 아울러 상소를 올려 직명을 사면해줄 것을 아뢰었으나 윤허하지 않았다. 교지가 내렸다. "경의 나이가 70이나 다른 사람과 같지 않으므로 윤허하지 않았다. 직임을 체직하지 않은 것은 경의 어진 덕을 생각하여 우선 그 간절한 소망이 이루어지게 한 것이다. 사퇴를 허락한 것이 아니니, 조정에 돌아올 기일을 내가 날로 바라고 있다. 역마를 타고 올라와서 과인의 소망에 부응하라." 3월, 또 전箋을 올려 치사를 빌었는데 윤허하지 않고, 이어 역마를 타고 올라올 것을 명하였다. 4월, 소명을 사양하고 거듭 치사를 빌었으나 윤허하지 않았다. 연이어 사양하였으나 윤허하지 않았다. 5월, 제생諸生과 더불어 역동서원易東書院[125]에 모였다. 도산에 가서 제생과 함께 『역학계몽』을 강론했다. 7월에 역동서원에 가서 제생과 함께 『심경』[126]을 강론했다. 8월, 역동서원이 낙성落成되어 가서 보았다. 9월, 전을 올려

---

122) 1558년(명종 13) 李兆年·李仁復·金宏弼의 학문과 덕행을 추모하기 위해 延鳳書院으로 창건되었으나, 이후 鄭逑 등에 의해 川谷書院으로 개명되었다. 주향자로 북송의 程頤·朱子·金宏弼 등을 배향하였다.

123) 조선 중기의 문신. 자는 寡悔이고 호는 穌齋이며 본관은 光州이다. 1543년 장원급제 하였으나 양재역 벽서사건에 연루되어 진도에서 19년간 귀양살이를 하였고, 선조 이후 해배되어 영의정까지 올랐다. 시에 뛰어났으며, 양명학에도 조예가 깊었다.

124) 『退溪先生續集』, 권3, 「答盧伊齋問目」.

125) 1570년(선조 3)에 지방 유림의 공의로 易東 禹倬의 학문과 덕행을 추모하기 위해 창건하여 위패를 모셨다. 1684년(숙종 10)에 '易東'이라 사액되어 선현배향과 지방교육의 일익을 담당하여 오던 중, 1868년(고종 5) 대원군의 서원철폐령으로 훼철되었다가 1969년 복원하였다. 현재 국립안동대학교 교내에 있다.

126) 송나라 眞德秀가 경전과 도학자들의 저술에서 심성 수양에 관한 격언을 모아 편집한 책이다.

치사를 빌고, 상소를 작성하여 직명을 사양했으나 윤허하지 않았다. 다만 겸대兼帶 교서관校書館 활인서제조活人署提調만 체직했다. 다시 도산에 가서 제생과 함께 『역학계몽』과 『심경』을 강론했다. 10월에 고봉 기대승과 함께 「심통성정도心統性情圖」에 대해 논의했다. 11월에 병으로 제생을 보내 류응견柳應見이 우정사寓精舍 시에 투고한 삼절三絶을 보낸 것에 대해 화답하여 사례했다. "공성도 오히려 택리인을 경계삼아서, 일찍 글로써 벗을 모으고 벗과 함께 인을 도왔다. 늙으면서 다시 배움에 소략했음을 깨달았으나, 행한 일이 없고 돌아와 또 봄을 기다리니 부끄럽기만 하네."127) 가묘家廟에서 시사時祀를 거행하였는데, 이때 선생은 이미 병이 있어 자제들이 제사에 참여하지 말기를 청하니, 선생이 말했다. "나는 이미 늙었으니 제사를 행할 날이 많지 않다. 제사에 참여하지 않을 수 없구나." 신주神主의 독櫝을 받들고 제물을 받치는 것을 몸소 스스로 거행하니 기운이 더욱 고르지 못했다. 고봉 기대승에게 「치지격물설致知格物說」을 고쳐서 답했다. 12월 3일, 자제들에게 명해 돌려줄 서적을 기록하게 하고 빠뜨리지 않도록 훈계했다. 이때 아들 준寯이 봉화현감으로 있었는데, 감사에게 사직하는 글을 보내도록 명령하고 집안사람들에게 기도하지 못하게 했다. 정유丁酉, 형의 아들인 녕寗에게 명해 유계遺戒를 쓰게 하였다. "첫째, 예장禮葬을 하지 말 것.(一, 令辭禮葬.) 둘째, 비석을 쓰지 말 것.(二, 勿用碑石.) 다만 조그만 돌로 하되 그 앞면에 '퇴도만은진성이공지묘退陶晩隱眞城李公之墓'라고 쓰고, 그 뒤에는 '향리세계지행출처

---

127) 『退溪先生文集』, 권5, 「而得寓精舍, 四絶見投, 今和其三」, "常恨山居事未全, 白頭歸臥尙牽纏. 勸君視我爲深戒, 纔近榮途莫太前. 孔聖猶箴擇里人, 曾云文會輔成仁. 老來更覺疎爲學, 懃愧空還又待春. 地中雷起見天心, 三字符言當誨箴. 有鏡不磨空自歎, 直愁終未免塵侵."

鄕里世系志行出處' 등을 『가례』에서 말한 것과 같이 약간 서술토록 하라. 이 일을 만약 다른 사람에게 부탁해서 만든다면, 서로 아는 고봉 기대승 같은 사람은 반드시 실제 없는 일을 장황하게 늘어놓아 세상에 웃음을 사게 될 것이다. 그러므로 나는 일찍이 뜻한 바를 스스로 짓고자 했으니, 먼저 명문銘文을 짓고, 그 나머지는 우물쭈물하다가 마치지 못했다. 처음 지은 것이 난잡하게 지은 초고 가운데 있으니, 이를 찾아 명문을 쓰도록 하라." 또 말했다. "사람들이 사방에 둘러서서 보고 듣고 있으니, 너희들이 상喪을 치르는 것은 다른 특별한 예例가 아니다. 모든 일을 반드시 예禮를 아는 이에게 물어서 하면 거의 금례今禮에도 맞을 것이고 고례에도 어긋나지 않을 것이다." 그 나머지는 집안일을 처리하는 몇 가지였다. 낮에 제생을 보려하니, 자제들이 그만두기 권했다. 선생이 생의 갈림길에서 보지 않을 수 없다고 하고, 상의를 입고 제생을 불러 마지막 말을 했다. "평상시에 모자라는 생각으로 제군들과 함께 종일토록 강론했는데, 또한 쉬운 일이 아니었다." 7일, 문인 이덕홍李德弘에게 서적을 책임지라고 명했다. 선생의 병세가 이미 급하게 되어 문인들이 점을 쳐서 겸괘謙卦의 '군자유종君子有終'의 말을 얻었다. 그때 함께 문정門庭에서 모시고 있던 사람이 70여 인이나 되었는데, 정성이 모자라 하늘이 돌봐주지 않으셨다. 8일 유시酉時, 정침에서 돌아가셨다. 이날 아침 시자를 시켜 매화 화분에 물을 주게 하고, 유시 초에 누운 자리를 바르게 하시고, 붙들고 일으키니, 앉아서 편안하게 돌아가셨다. 태산이 무너지고 대들보가 무너지는 듯했다. 예를 돕는 사서司書128)와 사화司貨129) 등

---

128) 喪葬禮 절차의 모든 문서를 작성하고 관리하는 사람을 말한다.
129) 喪家의 모든 금전과 물품의 출납을 관리하는 사람을 말한다.

의 일은 모든 제자가 각각 그 소임을 맡아 조금의 실수도 없었다. 18일, 돌아가셨다는 부고를 내고 영의정으로 추증되었다. 이에 앞서 주상께서 선생의 병에 대한 소식을 듣고 내의에게 명해 약을 하사하여 역으로 달려가 구하게 하였으나, 이르기 전에 선생이 이미 돌아가셨다. 감사의 장계를 듣고 정원政院에게 명했다. "이황이 죽으니 내가 매우 슬프다. 영의정을 추증하고 모든 일을 속히 전례를 상고해서 아뢰라." 이에 예관이 계啓를 올렸다. 모든 상례와 장례의 은전恩典을 의정례議政禮로 하고, 별도로 우부승지 이제민李齊民을 보내 조상弔喪하게 하고, 또 우승지 유홍俞泓을 보내 사제賜祭130)하니, 모두 보통과 다른 것이었다. 22일 대광보국숭록대부의정부영의정경연홍문관예문관춘추관관상감사贈大匡輔國崇祿大夫議政府領議政兼領經筵弘文館藝文館春秋館觀象監事의 증직이 내렸다.

신미辛未 3월 임오壬午, 예안禮安 건지산搴芝山 남쪽 기슭 자좌오향子坐午向 언덕에 장사지냈다. 선생이 거처하시던 계당溪堂에서 2리가량 떨어져 있는 곳이다. 아들 준寯이 유계로서 다시 상소를 올려 예장禮葬을 굳게 사양했으나 윤허하지 않았다. 묘각墓刻은 유계에 따라 고봉 기대승이 그 뒤에 서술했다. 처음에 선생이 이미 돌아가셨을 때, 원근이 모두 엎드려 조상하러 달려왔는데, 마치 미치지 못할까 두려워하여, 비록 평소에 일찍 집안에 출입한 일이 없는 사람도 또한 모두 거리에서 슬프게 조상하였으며, 어리석고 천한 사람도 비통해하지 않는 사람이 없었다. 몇 날이고 고기를 먹지 못한 사람들도 있었다. 이에 이르러 사대부 및 유생들이 장례에 참여한 이들이 300여 명이나 되었다.

---

130) 임금이 죽은 신하에게 제사를 내려 주는 것을 말한다.

만력萬曆 원년元年 계유癸酉 11월 초하루, 이산서원伊山書院에 위판位版을 봉안하고 석채례釋菜禮131)를 거행했다. 가정嘉靖 무오戊午 가을, 군수 안상安瑺이 세웠는데, 선생이 일찍 기문을 쓰고 또 규약을 정했다. 이때 이르러 군수 허충길許忠吉이 사당을 세워 선생을 보사報祀했고, 이 일을 고하여 이듬해 이산서원이 사액서원賜額書院이 되었다.

갑술甲戌 봄, 서원을 도산 남쪽에 세우게 되니, 이곳의 모든 선비들이 상의하여 도산선생이 도리를 강학한 곳에 서원이 없을 수 없다고 하여 서당 뒤 몇 보 되는 거리에 땅을 경영하여 건축했다. 다음해 여름, 서원이 준공되고 도산서원이란 사액이 내렸다.

병자丙子 2월 정축丁丑 봄, 도산서원에 위판을 봉안하고, 석채례釋菜禮를 거행했다. 이날 여강서원廬江書院에도 위패를 봉안하고 제사를 행했다. 이에 앞서 안동의 선비들이 낙동강 상류에 서원을 세우니, 동쪽 30리에 있는데, 이곳이 백련사白蓮社 옛터라 이름 하여 여강서원이라고 했다. 양호루養浩樓가 있다. 12월에 시호諡號가 내렸으니, '문순文純'(道德博文曰文, 中正純粹曰純)이다.

병신丙申 윤8월 무인戊寅, 지석誌石132)을 묻으니, 고봉 기대승이 지은 것이다.

　　만력 29년 신축辛丑 월일에 문인 오수영吳守盈은 삼가 쓰다.

---

131) 文廟에서 孔子를 제사 지내는 의식으로, 음력 2월과 8월의 上丁日에 거행한다. 釋奠祭라고도 한다.
132) 죽은 사람의 인적사항이나 무덤의 소재를 기록하여 묻은 판석이나 도판을 말한다.

3. 춘당의 시세계

춘당의 시문詩文은 병란兵亂과 가화家禍로 인해 상당수가 사라졌다. 연대를 추정할 수 있는 작품을 통해 헤아려 보면, 그의 나이 45세인 1566년 지어진 「회음사정會飮射亭」133)이 가장 이른 시가라 할 수 있다.134)

확 트인 산정에서 강 언덕을 굽어보니	山亭敞豁俯江皐
가을빛 처량하여 산뜻한 시흥이 일어나네	秋色荒凉起楚騷
다시 서리 맞은 꽃을 잡고 술잔을 드니	更把霜花添玉斝
진나라 도연명의 풍류를 부러워할 것 없네	風流不羨晉時陶

1) 퇴계 문도들과의 우정

* 「다시 앞의 운을 첩운하여 이여성에게 부침」135)

스스로 금란의 언약으로 맺었으니	自許金蘭契
애당초 저자나 길에서 사귄 것 아니네	初非市道交
항상 천리 먼 뜻을 품고	常懷千里志
기꺼이 하나의 가지에 의탁하였네	肯托一枝巢
세상을 떠나 죽림칠현 뒤따르길 생각하고	謝世思追晉
머리 숙여 교외에서 절하고자 한다	低頭欲拜郊
은자 사는 곳 구름과 해 밝은데	衡門雲日皎
누가 있어 유랑하는 신선을 보내 두드릴까	誰遣浪仙敲

---

133) 『春塘先生文集』, 권1, 「會飮射亭 [丙寅]」.
134) 박동욱, 「春塘 吳守盈의 생애와 교유 양상」, 『동양고전연구』 35(2009), 24쪽.
135) 『春塘先生文集』, 권1, 「再疊前韻, 寄李汝誠」.

* 「신당에 앉아 회포를 읊음」136)

   홀로 계당에 올라앉으니   獨坐溪堂上

   앞산엔 해가 저물려 하네   前山欲暮時

   오연율시를 읊어 완성하느라   吟成五字律

   여러 가닥 수염을 꼬고 끊었네   撚斷數莖髭

   세상일 일찌감치 내어 던지고   世事曾拋擲

   자연을 보호하고 지키고 있네   泉林可護持

   옛 친구들 모두 다 영락했으니   故交零落盡

   누구와 더불어 그윽한 기약하리   誰與共幽期

* 「오천의 벗들에게 부침」137)

   세상사 모든 일이 인연에 고달파서   世間人事因塵緣

   신선 사는 곳을 찾아 몇 해를 헤매었지   欲訪仙山有幾年

   올여름 유람하니 참으로 다행이고   今夏遊觀眞幸耳

   옛날 놀던 자취 마구 떠오르네   昔時踪跡轉森然

   잘래비는 산골구름 아득한 곳에서 울고 猿吟峭嶺雲煙杳

   달빛 놀은 대각에 그득하니 꿈만 같네 月滿高臺夢想牽

   쓸쓸한 바람 부는 새벽창 비바람 속에서 蕭瑟曉窓風雨裏

   다시 흥을 갖추고 두견새 울음에 부치네 更將情興寄啼鵑

* 「금사임에게 부침」138)

   오래도록 적적하게 사립문을 잠가놓아 長年寂寂掩柴關

   뜰에는 이끼가 깊게 자라 잘라내기 힘드네 庭院苔深未易刪

---

136) 『春塘先生文集』, 권2, 「坐新堂詠懷」.
137) 『春塘先生文集』, 권1, 「寄烏川諸友」.
138) 『春塘先生文集』, 권1, 「寄琴士任 [輔]」.

작은 정자에 바람 불러 낮잠 들게 하고 　風滿小軒供睡課

가을이 되어 귀밑머리 희어지니 시도 고르지 않네 　秋添雙鬢入詩斑

침침한 게 비올 기세니 거친 뜰을 가두고 　沉沉雨勢籠荒野

담담이 타오르는 빛이 푸른 산에 비치니 　淡淡烟光映碧山

어떻게 술집에 불러 이 저녁을 즐길고 　安得呼盧終此夕

그대를 평상에서 대하니 한가롭기만 하네 　對君杯上賭長閒

* 「다시 앞의 운을 써 이경량과 여러 벗들에게 보임」[139]

옛날 일찍 놀던 곳에 　昔日曾遊地

벗이 찾아오니 흥이 다함이 없네 　朋來興不窮

술잔 속에서 취하고 다시 깨었지 　醉醒盃酒裏

기이하고 바른 것은 손짓과 말 가운데 있으니 　奇正手談中

그믐달에 차가운 빛 움직이고 　微月寒光動

성근 대발은 푸른색이 두텁네 　疎篁翠色濃

등불 앞에서 한바탕 웃으니 　燈前一場笑

수심의 실마리 이미 사라졌네 　愁緖已成空

* 「영남의 모든 벗들에게 부침」[140]

비탈 연못에 맑은 물 가득차고 　陂塘新水滿

봄기운에 사람이 곤해지네 　春氣困人時

먼 산 위 돌아가는 구름 바쁘고 　遠岫雲歸疾

평탄한 언덕에는 기러기가 서서히 나르네 　平坡鴈度遲

남쪽 소식은 많이 듣기 바라는데 　南音思越鳥

흐르는 물에 벗들을 추억하네 　流水憶鍾期

---

139) 『春塘先生文集』, 권1, 「再用前韻, 示李景亮諸友 [丁卯]」.

140) 『春塘先生文集』, 권1, 「寄南中諸友」.

여기에서 천 리 거리 아득하니   此去遙千里

생각해도 그저 끝이 없다네   悠悠不盡思

* 「이경량과 이여성에게 부침」[141]

맑은 밤하늘에 그대들을 생각하니   思君屬淸夜

귀밑머리 털이 참으로 쓸쓸해지네   吟鬢正蕭蕭

세상사 근심 가운데 사라지고   世事愁邊盡

풍류의 회한 병들어 사라졌네   風懷病裏消

구름 바라보니 천리나 멀고   望雲千里遠

달 대하니 그대들 본 듯 넉넉하네   對月兩情饒

산 밖 강물은 바다로 뻗치는데   山外江連海

돌아가고픈 마음 짧은 노에 부치네   歸心付短橈

* 「김백영에게 부침」[142]

저녁 구름 봄 나무 푸른데 동서로 갈려   暮雲春樹隔東西

아득한 이별의 회포에 취해 시를 쓰게 하네   杳杳離懷入醉題

몇 년이나 고향땅으로 마음만 달려갔나   鄕國幾年心獨返

산하의 먼 길만이 꿈속에서 아득하였네   山河千里夢還迷

자욱한 바람 속 이내 변두리에 다가와 들판을 가두었고   風烟接塞籠荒野

설월은 하늘에 뻗쳐 옛 시내는 어둡네   雪月連天暗舊溪

어느 날 깨끗하게 씻고 좋은 봄날에   何日濯淸春正好

술 한 잔 대해 서로 손잡고 위로할까   一樽相對慰分攜

---

141) 『春塘先生文集』, 권1, 「寄李景亮·李汝誠」.

142) 『春塘先生文集』, 권1, 「寄金伯榮 [富仁]」.

침류정

2) 자연 경물에 대한 흠모

* 「침류정을 지나면서 다시 앞의 운을 따서 읊음」[143]

정자가 평평한 시냇가에 세워졌으니	亭榭俯平川
맑은 하늘 거울 같은 빛을 머금었네	晴涵鏡裏天
늦바람에 백조가 날고	晚風飛白鳥
부슬비가 푸른 이내에 휘도네	疎雨舞靑烟
옛 절은 언덕에 위태롭게 서 있고	寺古危臨岸
강은 깊어 배를 띄울 만한데	江深正放船
오고가며 슬프게 하늘 바라보니	往來空悵望
불어서 돌지 못하는 것이 한스럽네	恨不着回旋

* 「봄을 맞이하며」[144]

삼동설한에도 초목은 흙속에서 살아나고	草土三霜未死身

---

143) 『春塘先生文集』, 권1, 「過枕流亭, 再用前韻」.
144) 『春塘先生文集』, 권1, 「迎春帖 [二首]」.

오늘에야 봄철 맞이할 줄 어찌 알았던고	那知今日見芳辰
옛 동산 빛깔은 쓸쓸하기만 하고	故園物色多蕭索
강가 매화에 말을 걸어 봄을 일찍 알리네	寄語江梅早報春

오늘 아침 동쪽에는 봄기운이 움직이고	今朝東陸春心動
매서운 눈과 모진 바람이 이미 다 풀렸네	虐雪饕風已解圍
동산에 있는 초목에게 말하노니	說與園中凡草木
다시 심력을 다해 봄빛에 보답하세	更將心力報春輝

* 「봄을 보내다」145)

세상사 어찌 견뎌 말하리요	世事那堪說
추한 오랑캐 난리 통에 놀라버렸네	驚心醜虜塵
산과 강이 모두 전쟁터가 되었는데	山河爭戰伐
꽃과 버들은 다투어 꽃을 피우네	花柳競芳辰
계절은 질서 있게 계속 지나가는데	節序頻經眼
근심 있어 얼굴 펴질 못하네	愁眉未解矉
뜰에 보슬비 내릴 때	滿庭微雨裏
홀로 앉아 마지막 봄을 보내네	獨坐送殘春

* 「산에 올라 지리산을 바라보다」146)

밀고 돌아 힘을 대해	推轉煩僧力
당기고 잡아 푸른 상봉에 올랐네	拔緣上翠岑
절간에는 푸른 대나무 서 있고	梵宮藏綠竹
나무꾼 길은 숲으로 가리웠네	樵徑蔽青林

---

145)『春塘先生文集』, 권2, 「送春」.
146)『春塘先生文集』, 권1, 「登山望智異山」.

먼 강물 하늘과 같이 맑고   水遠兼天淨

높은 산길은 안개 속에 숨었네   山高隱霧深

신선을 만날 수만 있다면   孤雲如可遇

뒷날 그대와 함께 찾아오리   他日共君尋

* 「복숭아 마을 삼절을 외치다」[147]

일렁거리며 흐르는 강물 너무나 맑아   滾滾長江徹底淸

유리 보석 빛깔이 달빛이 가리네   琉璃寒色月分明

옛사람은 이미 떠나고 찾을 곳 없으니 古人已去無尋處

이내낀 파도에 배를 띄워 노래하네   一棹烟波欸乃聲

【이상은 월명담이다.】   【右月明潭】

말없이 돌샘 솟으니 시흥 일어나고   膏肓泉石興悠揚

백로 고기잡이 바쁜 것이 우습구나   笑殺求魚白鷺忙

홀로 창에 기대어 잠 못 이루니   獨倚旅窓無夢寐

파도소리 귓전을 울려 밤이 길구나   波聲入耳夜偏長

【이상은 명암이다.】   【右鳴巖】

유선이 가고 나서 몇 번의 봄 찾아오니 儒仙一去幾春風

천 척 높은 대각 위에 학만 날고 있네 千尺高臺鶴馭空

대 밑 긴 강이 흘러 쉬지 않으니   臺下長川流不盡

온 마을 뽕나무가 저문 이내에 쌓이네 滿村桑柘暮烟籠

【이상은 학정대이다.】   【右鶴頂臺】

---

147) 『春塘先生文集』, 권1, 「桃村三絶口號 [村乃古詩人朴致安所居]」.

* 「매화를 구경하다」148)

벗을 이끌고 술을 메고 뜰의 매화를 찾으니 　　携朋携酒訪庭梅
십일 년 전 손수 심은 꽃이라 　　十一年前手自栽
폭설과 폭풍에도 여전히 죽지 않고 　　虐雪饕風猶不死
구슬 같은 봉우리 주인을 기다리고 있네 　　瓊英應待主人來

* 「햇꾀꼬리 소리를 듣고」149)

베개 위에서 허황된 꿈을 깨니 　　枕上邯鄲夢忽驚
잎 사이에서 꾀꼬리 소리 정답게 들리네 　　葉間公子盡情鳴
늙은 이 팔십의 몸이 편안하여 　　老翁八十身無恙
또 들려오는 청화한 소리를 듣네 　　又聽淸和圓轉聲

어젯밤 바람에 모든 꽃이 나부끼니 　　滿樹花飄昨夜風
녹음과 방초에 비 내려 이내 자욱하네 　　綠陰芳草雨濛濛
노란 귤 익은 술을 아무도 보지 못했는데 　　黃柑斗酒無人見
오늘 다시 와서 우러러 모신 것을 생각하네 　　今日重來憶戴顒

* 「계당을 지나다」150)

옛 시냇가 쓸쓸한 오두막 있는데 　　蕭條矮屋古溪濱
나뭇가지 복숭화꽃 만발하니 늦은 봄이로구나 　　滿樹桃花屬暮春
인간 세상 슬픔과 즐거움은 상관없으나 　　人世悲歡渠不管
애련하다, 이 광경 누구를 위한 것인가 　　可憐先景爲何人

---

148) 『春塘先生文集』, 권3, 「賞春 [庚子]」.
149) 『春塘先生文集』, 권3, 「聞新鶯 [二首]」.
150) 『春塘先生文集』, 권3, 「過溪堂」.

* 「화암을 지나다」151)

평평한 모래사장 냇물이 깎아내려 자취 없는데 水齧平沙迹亦無

바위 모퉁이에 화초만 남아 있네 唯餘花草滿巖隅

이 가운데 백발의 손님 다시 찾아왔는데 箇中白髮重來客

누가 옛날 모자라는 선비가 이름 지었다는 것을 알리요 誰識題名舊竪儒

【퇴계 선생이 일찍 여기에 유람하면서 나에게 바위 이름을 짓도록 하명했다. 그러므로 말한다.】 【先生嘗遊花巖, 令余題名故云】

4. 춘당과 퇴계의 여정

* 「오겸중에게 주다」152)

우뚝 솟은 오생의 의용은 담백하고 정숙하며 屹屹吳生淡靜容

시를 배우는 데 다소 우리 집 가풍을 닮았구나 學詩頗得我家風

초나라 구슬을 준다 해도 보배스러울 것이 없고 三呈楚璞難爲寶

아무리 달구어도 쇠는 다시 물에 담근다네 百鍊棠金更淬鋒

젊어서는 눈을 부릅뜨고 바르게 익혀야 한다네 年少正須張膽日

늙은 나는 괴롭게 쌓은 공을 모두 폐하였네 老夫全廢苦心功

용산에 옛날 내가 글 읽던 곳에 책상이 있으니 龍山舊有攻書榻

다만 그대를 일만 권 책 속으로 보내고 싶네 秖欲輸君萬卷中

---

151) 『春塘先生文集』, 권3, 「過花巖」.
152) 『春塘先生文集』, 권4, 「贈吳謙仲 [守盈] [退溪先生]」.

* 「낙모봉에서 오겸중의 운에 차운하다」153)

산중턱 높은 곳에 함께 오르니　　　　　　　　翠微高處共登來

아름다운 시절 돌아와 경치를 재촉하네　　　　佳節欣逢景物催

일천 봉우리는 하늘에 숫구쳐 옥을 깎아 세운 듯　千峀挿天如玉立

시냇가에 앉으니 고리를 두른 듯하네　　　　　一溪對席似環迴

노란 국화꽃은 이슬에 젖어 금빛을 내고　　　　黃花露浥鮮金暎

서리에 붉은 나뭇잎 아름다운 비단이 쌓이네　　赤葉霜寒爛錦堆

서쪽 바람 시원해 백발이 휘날리니　　　　　　好遣西風吹白髮

늙은 시인 관을 바로 쓰고 또 한 번 웃어보네　　整冠詩老亦堪哈

* 「오겸중에게 주다」154)

봄이 찾아왔으니 모든 분들 더욱 맑고 넉넉하신가? 병에 시달리는 나
는 몸은 한가롭지만 삼동설한의 추위에 별 다른 일 없이 지내네. 다만
돌아갈 날이 시초가 보이지 않으니, 이로써 민망한 마음이 흔들린다
네. 권호문權好文155)이 향중 천거에 올랐다고 하니, 참으로 기쁜 일이
다. 단목丹木을 각각 한 편씩 보내네. 여러 곳으로 나누다 보니, 이렇게
되었네, 우습기만 하네.

153) 『春塘先生文集』, 권4, 「落帽峯, 次吳謙仲韻」.
154) 『春塘先生文集』, 권4, 「與吳謙仲」, "春來想斂履益淸裕. 病拙一味身閒, 三冬苦寒, 粗免他恙.
　　只歸計未有端倪, 用是撓悶耳, 權好文得參鄕薦深喜, 丹木各一片送呈, 分多只如此可笑."
155) 조선 중기의 문인. 자는 章仲이고 호는 松巖이며 본관은 安東이다. 1549년(명종 4)
　　아버지를 여의고 1561년 30세에 진사시에 합격했으나, 1564년에 어머니상을 당하자
　　벼슬을 단념하고 靑城山 아래에 無悶齋를 짓고 그곳에 은거하였다. 퇴계 이황을 스승
　　으로 모셨으며, 같은 문하생인 柳成龍·金誠一 등과 교분이 두터웠고 이들로부터 학
　　행을 높이 평가받았으며, 만년에 덕망이 높아져 찾아오는 문인들이 많았다.

* 「9일. 퇴계 선생을 모시고 낙모봉에서 이야기하면서 두보가 중구일에
  남전의 산과 물을 노래한 시의 운에 차운하다」156)

근래 가슴에 품은 생각 약간 너그러워지니	年來懷抱若爲寬
취한 가운데 오늘의 즐거움을 다 쏟아내네	醉裏都輸此日歡
시냇가 서리차고 단풍잎 붉은데	霜滿溪楓明赤葉
가을 향기 들국화를 따라 대삿갓 위에 떠오르네	香隨野菊上黃冠
천 층 되는 구렁에는 외로운 봉우리 솟았고	千層列壑孤峯聳
한 길 같은 맑은 냇물 아홉 구비 돌아가네	一道晴川九曲寒
백세 맑은 풍류도 이에 더할 것 없으니	百世風流眞不忝
주위 사람 옛과 지금을 가지고 보지 말게나	旁人莫把古今看
【퇴계로부터 온계까지 아홉 구비 내가 흐른다】	【自退溪至溫溪凡九曲】

* 「조카 운의 의춘에 있는 집에 매화가 있었는데 원앙이라 불렀다. 퇴계
  선생이 항상 보기를 원했기에 조카가 분재에 이식해두었지만 오래도
  록 보내지 못했다. 선생께서 이제 세상을 떠나셔서 슬픈 마음 둘 곳이
  없기에, 내가 한가한 곳으로 옮겨두고 시를 지어 보내드렸다.」157)

큰집에 매화가 있었으니	渠家早梅在
원앙이라 부른다고 들었네	聞說號鴛鴦
꼭지의 향기가 함께 멀리 퍼졌고	並蒂香猶遠
동이에 옮겨 심은 지 오래되었네	移盆歲亦長
외로운 뿌리는 본래 좋았으니	孤根元自好
사람이 감당하지 못할까 걱정되네	人事最堪傷
계당이 구경하지 못하면	不得溪堂翫

---

156) 『春塘先生文集』, 권1, 「九日. 陪退溪先生會話于落帽峯, 次杜工部藍田九日韻」.
157) 『春塘先生文集』, 권1, 「澐姪於宜春之家有梅號鴛鴦, 退溪先生常欲賞翫, 故姪移植於盆, 歲久
    未送, 先生今已厭世, 無任感愴之懷. 余欲移置於所閒, 故作詩送之. [以下在咸安]」.

홋날의 회한을 감당하기 어려우리　　　　　　　　　　　他時恨莫量

* 「퇴계 선생을 위한 만사」158)

　　천년 동안 끊어진 도통 다시 일으켰으나　　　　　續絃千載始興衰
　　옛 곡조 울리지만 알아듣는 이 드무네　　　　　　古調彈來聽者稀
　　상소 올린 아름다운 말 모두 약석이고　　　　　　疏上嘉言陳藥石
　　성학십도 전해 깊고 은미한 말 전하셨네　　　　　圖傳聖學闡幽微
　　사공은 해와 같이 앞뒤로 비추나　　　　　　　　事功炳日光前後
　　세상길은 지금부터 시비가 갈리네　　　　　　　　世路從今有是非
　　계상 농운정사에는 봄날이 적막하고　　　　　　　溪上隴雲春寂寞
　　제생은 어느 곳에서 다시 옷깃을 잡을고　　　　　諸生何處更摳衣

* 「다시 신재의 자소봉 운을 써서 주회암의 운을 차운하다」159)

　　친우에 연유하여 원고를 얻었으니　　　　　　　　得稿由知己
　　펼쳐보는데 슬픈 느낌이 깊어지네　　　　　　　　披來感愴稠
　　작년 여름 오래 생각해 보았는데　　　　　　　　長思前歲夏
　　이제는 머리에 서리 내린 가을이구나　　　　　　今作鬢霜秋
　　깜짝 사이에 꿈꾸었던 꿈은　　　　　　　　　　倏忽人間夢
　　분명 대 위에서 유람한 것이라네　　　　　　　　分明臺上遊
　　끝없이 옛 생각에 눈물 흘렸고　　　　　　　　　無端懷舊淚
　　다시 흩어진 산봉우리 모양에 수심 그득하네　　　添作亂峯愁

　　갑진 여름에 선생이 선군先君과 함께 이 산을 유람하였는데, 이때 내가

---

158) 『春塘先生文集』, 권1, 「退陶先生挽」.
159) 『春塘先生文集』, 권1, 「再用愼齋紫霄峯次朱晦庵韻」, "甲辰夏. 先生與先君同遊是山, 余與儕
　　輩從之. 計已四十年, 今歲余薄遊抵軍威縣, 永陽倅周約之印遺稿送來, 因題此詩以寓感云."

여러 친구들과 함께 따라갔다. 지금 헤아려 보니, 이미 40년이다. 금년에 내가 잠깐 유람 차 군위현軍威縣에 갔는데, 영양수永陽倅 주약지周約之가 유고遺稿를 인출印出하여 보내왔다. 이로 인해 이 시를 지어 감회를 부친다.

* 「공경히 퇴계 선생의 운에 차운하다」160)

사람의 일은 구렁에 떠운 배와 같이 흘러가니	人事流年一壑舟
대에 오르니 오히려 옛날 놀던 곳이 기억나네	登臺猶記昔年遊
빗긴 햇살 처마 끝에 의지한 나그네 위로하고	斜陽慰客依簷在
풍경은 바라보는 사람 마음을 흔드네	風景撩人與目謀
재같이 싸늘한 고요한 책상 몇 번이나 생각했으며	灰冷幾思書榻靜
경계 깊어 작은 창이라도 도리어 마음에 드네	境深還愛小牕幽
몇 폭 문서에는 맑은 시가 있으니	蠻牋數幅淸篇在
당시의 아름다운 옥구슬을 볼 수 있는 듯하네	想見當時灑玉鉤

* 「퇴계 선생과 왕부가 월영대 운에 미루어 화답하고 후지를 쓰다」161)

가정 계사 봄에 퇴계 선생이 잠깐 남주에 유람할 때 왕부·선군과 함께 회산 영월대에서 종일토록 술잔을 기울이며 시를 읊으면서 즐거움을 다하고 돌아왔다. 그때 왕부의 나이 79세였고 나는 13세였다. 비록 총각이었으나 선생의 시를 보는데 이르러서는 공경히 읽었었는데 잊히지 않는다. 아, 세월이 여러 번 바뀌고 이제 이미 53세가 되었다. 세

---

160) 『春塘先生文集』, 권2, 「敬次退陶先生韻」.
161) 『春塘先生文集』, 권3, 「追和退溪先生與王父遊月影臺韻後識」, "嘉靖癸巳之春, 退溪先生薄遊南州. 王父及先君相與同遊於檜山月影臺, 觴詠終日, 極歡而返. 時王父年七十九, 而小子十三歲矣. 雖在總角之時, 及見先生之詩, 敬而讀之. 至今未忘焉. 嗚呼, 星霜屢變, 今已五十三年. 抱此終天之痛, 而不見王父之詩. 常以爲恨. 今夏諸生纂集先生遺稿於易東書院, 子瀹得見此詩於遺稿中, 書而示之, 盈跪而讀之. 不勝悲愴之情, 追和其韻."

상이 끝나는 비통을 안고 왕부의 시를 보지 못하여 항상 이를 안타까
워한다. 금년 여름 제생이 역동서원에서 선생의 유고를 편찬할 때, 자
식 윤이 이 시를 유고 가운데서 얻어 보고 써서 보였다. 그러므로 무릎
을 꿇리고 읽게 하니 비창한 정을 이기지 못하여 드디어 그 운에 따라
화답한다.

* 「퇴계 선생에게 올리는 제문」162)

정령께서는

기운은 빛나는 산악이요 학문은 천인을 궁구하셨으며, 빙호에 비추인
가을달이요 정신은 쇄락하시고, 몸가짐을 법도에 맞게 하여 효우는 천
성으로 타고 나셨습니다. 사람들을 용서로 대접하고 몸가짐을 경으로
하셨으며, 선현이 이룬 사업을 법으로 삼고 따랐습니다. 일찍부터 발
분하여 뜻을 돈독히 하고 힘써 실행하셨으며, 선천의 복희씨의 주역과
소옹의 경세를 펼치셨습니다. 뜻을 담박하게 하여 생각을 연마하고 시
간을 아끼셨습니다. 침식을 모두 잊었기에 병에 거리셨습니다. 은거하

---

162) 『春塘先生文集』, 권3, 「祭退陶先生文 [辛未三月十六日丁丑]」, "惟靈, 氣專光岳, 學究天人.
冰壺秋月, 灑落精神. 聲身律度, 孝友天性. 待人以恕, 持己以敬. 聖賢事業, 是度是程. 早歲發
憤, 篤志力行. 先天羲易, 經世邵書. 覃情硏思, 愛惜居諸. 寢食俱忘, 因以嬰疾. 婆娑田園, 放
情邱壑. 太行世路, 九疑人復. 黽勉從事, 求退尤切. 白駒難繫, 竟返空谷. 霞明洞口, 有夢先
歸. 以藏以修, 樂而棲遲. 睠彼陶山, 汾水之涯. 幽貞所廬, 允協于懷. 觀瀾有軒, 時習有齋. 一
區幽居, 九重興嗟. 圖書以進, 眷顧益加. 士子攝衣, 遠近奔波. 嗟我海東, 斯文無託. 先生晚
出, 慨然志學. 欲回狂瀾, 遠泝伊洛. 茫茫墜緒, 尋得其傳. 萬軸牙籤, 一室蕭然. 嘐嘐尙友, 矻
矻窮年. 周情孔思, 曾省顏勿. 從容禮法, 涵養道德. 十圖聖學, 一篇傳疑. 立言著書, 啓蘊闡
微. 陳疏納約, 伊戒傅沃. 憂國如家, 進退如一. 儒林山斗, 國家柱石. 先生在世, 吾道之寄. 先
生下世, 吾道之否. 合散消息, 誰實尸之. 嗚呼, 先生, 而至於斯. 盈些小生, 丱角登門. 諄諄誘
掖, 發其蔽昏. 先生遘疾, 我方南轅. 于時我行, 亦不得已. 踵門告辭, 使寂諭意. 萬里南天, 好
歸好來. 出宿于縣, 行邁遲徊. 昏而佇候, 明發乃回. 謂證無加, 勢漸差歇. 恃天有監, 期至勿
藥. 八日之夕, 我至苞山. 假寐逆旅, 恍惚承顔. 閨闈笑語, 宛若平生. 那知是夜, 永訣幽明. 朝
野無祿, 昊天不佑. 迥隔天涯, 聞訃夜後. 病母在床, 相對失聲. 今我來奠, 翼歆微誠. 伏哭柩
前, 有淚如傾. 烟沉吟石, 水繞花巖. 儀形永隔, 影響難尋. 贅以哀辭, 展盡心曲. 精靈兮歸來,
庶歆兮菲薄. 嗚呼哀哉."

시며 마음을 편히 하시고 은거하시며 마음을 내려놓으셨습니다. 험한 세월 수많은 의심이 있어도 사람들은 모두 심복하였고, 정사에 부지런히 힘쓰시고 물러나올 마음 간절했는데, 흰 망아지 매어 둘 수 없어 마침 텅 빈 마을로 돌아오셨습니다.

하명동 어귀에서 꿈이 먼저 돌아왔으니, 간수하고 닦아 벼슬길을 멀리하고 즐기셨습니다. 저 도산을 바라보니 분수의 물가가 보입니다. 깊숙한 곳에 집을 세우시니 진실로 마음에 흡족해하셨습니다. 물결을 보는 데는 헌남이 있고, 때에 익히는 데는 재실이 있습니다. 한 갈피 고요히 살고 구중에는 슬픔이 일어납니다. 도서를 써서 올려서 권고하심이 더하였습니다. 선비가 옷소매를 잡고 원근으로 모여들었습니다. 슬프게도 우리 해동에 사문이 의탁할 곳이 없었습니다. 선생께서 뒤늦게 나와 개연이 학문에 뜻을 두었습니다. 광란을 돌이키고자 멀리 이락의 연원을 거슬러 올라갔습니다. 아득하게 떨어진 끈, 그 전통을 찾아 얻으셨습니다. 만축의 서산이요 쓸쓸한 집이었습니다. 즐겁게 친우들을 높으나 항상 궁한 날들이었습니다. 주공의 뜻이요 공자의 사상이며, 증자의 삼성이요 안자의 사물을, 조용히 예법에 따라 도덕을 함양하셨습니다. 『성학십도』로 의심을 전하셨습니다. 말을 세우고 글을 써서 온축되어 있는 것을 열고 은미한 것을 드러내셨습니다. 상소로 진언하시고 언약을 드리니 이윤의 경계요 부열의 옥이었습니다. 나라 걱정을 집안 걱정처럼 하시고 진퇴가 한결 같았습니다. 유림에서는 산두요 나라에서는 주춧돌이었습니다.

선생께서 계실 때는 우리 도가 의지했고, 선생께서 하세하시니, 우리 도가 막히게 되었습니다. 합하고 흩어지는 소식을 그 누가 주관하겠습니까? 아, 선생님이시여 여기에 이르신 것입니까? 우리 소생들이 미성년에 등문하였는데, 잘 타이르시며 이끌어 주셔서 막히고 어두운 곳들을 열어 주셨습니다. 선생께서 병석에 누웠을 때, 우리는 남쪽으로 가려든 참이었는데, 이때 저의 행보가 또 부득이해서였습니다. 문에 들어가 고하니 고요하게 말씀하셨습니다. 만 리 남천에 잘 다녀오라 하시더니, 현에 나와서 잤는데, 가기가 더뎠습니다. 저녁에 다시 문안드리고 자고 나서 돌아왔습니다. 중세가 더하지 않아 병세가 점점 나으리라 생각했습니다. 하늘의 돌봄을 믿어 약을 쓸 필요도 없기를 기대했습니다. 팔일 저녁, 제가 포산에 도착했는데, 돌아오는 길에 새우잠을 자는데 황홀하게 뵈었는데, 은은한 웃음소리 완연히 평소와 같으셨습니다. 어찌 이날 밤 영원히 유명을 달리할 줄 알았겠니까? 조정과 세상에 복이 없고 하늘이 도우시질 않은 것입니다. 하늘가 멀리서 부음도 더디게 도달했습니다. 모친이 병상에서 서로 보고 울음을 잃고 말았습니다.

이제 제가 와서 전을 올리오니 보잘 것 없는 정성이나마 흠향해 주십시오. 널 앞에 엎드려 통곡하니, 눈물이 쏟아집니다. 청음석은 이내에 빠졌고 화암에는 물만 돌아갑니다. 의형이 영원히 간격 되었으니 그림자와 목소리를 찾기 어렵겠지요. 애사를 부쳐 간절한 심정을 폅니다. 정령이시여, 돌아오십시오. 비박한 정성을 흠향하소서. 오호, 애재라.

5. 춘당과 임진왜란

임진년 여름 왜구가 멋대로 날뛰어 임금의 수레가 도성을 떠나 피난을 하게 되었다. 이때 공의 나이 72세라 스스로 힘써 창의하여 왕사를 돕지 못함을 상심했다. 월천 조목에게 준 시문에서 말했다. "나라에 몸바치니 어찌 나라를 잊었으랴, 난을 생각하니 다시 마음 상하누나"라고 했고, 또 중국의 장수 이여송의 시문에 차운했다. "가련하다. 노쇠한 몸 쓸모가 없어서 그대 따라 말을 타지 못하는 것이 한스럽네." 조카 운이 곽재우, 김성일과 함께 의병을 모아 왜적을 토벌하는데, 공이 시를 주었다. "사람들이 난리에서 풀려나길 절실하게 바라는데, 나라에 바친 이 한 몸이 너무 가볍구나." 그 충의의 마음이 분발한 것은 평소에 쌓아 두었던 것이다.[163]

* 「조사경에게 부침 [이때 조군이 흡곡수를 제수받아 서울에 올라가 사은하고 인해 사직하고 돌아오다.]」[164]

머나 먼 타관 길에	萬里關河路
풍상에 병든 늙은 몸이라	風霜老病身
나라에 몸 바치니 어찌 나라를 잊었으랴	致身寧忘國
난을 생각하니 다시 마음 상하누나	念亂更傷神
귀밑머리 이렇게 더 희었는데	鬢髮仍添雪
강산은 그대를 저버리지 않네	江山不負人
언제 서로 술잔을 잡고	何當對樽酒
한 번 웃어 근심된 얼굴을 펼고	一笑展愁顰

* 「당나라 장군 제독 이여송이 서애 류성룡에게 보낸 시를 차운하고 서군에게 보냄」[165]

빛나는 정절의 깃발 강가에 번쩍거리니	煌煌旌節閃江干
동방에 만백성을 편안케 하리로다	欲使東方萬姓安
신인이 모두 분통하는 천고의 수치요	憤極神人千古恥
하해와 같은 깊은 은혜 온 나라가 환영하오	恩深河海一邦歡

---

163) 『臨汝齋先生文集』, 권7, 「春塘吳公行狀」, "壬辰夏, 倭寇陸梁, 大駕播遷. 時公年已七十二. 自傷力無以倡義勤王, 贈趙月川詩曰: 致身寧忘國, 念亂更傷神. 見唐將李提督詩曰: 可憐衰老身無用, 恨不從君一據鞍. 從子澐與郭紅衣·金鶴峯募兵討賊, 公贈詩曰: 解懸羣望切, 許國一身輕. 其忠義奮發, 素所蓄積也."
164) 『春塘先生文集』, 권2, 「寄趙士敬 [時趙君除歙谷倅, 歸京謝恩, 因辭還]」.
165) 『春塘先生文集』, 권2, 「次唐將李提督如松贈柳西厓韻示徐君」.

명나라 장군 이여송

서애 류성룡

성주는 여러 해 침식을 잊으셨는데 　　　　　聖主經年忘寢食

소신들은 어느 틈에 굶주림과 추위를 생각하랴 　小臣何暇念飢寒

가련하다. 노쇠한 몸 쓸모가 없어서 　　　　　可憐衰老身無用

그대 따라 말을 타지 못하는 것이 한스럽네 　　恨不從君一據鞍

* 「상난」166)

격문이 쉴 날 없이 나붙어 　　　　　　　　羽檄無休日

병사를 모아 원정으로 나가네 　　　　　　　徵兵尙遠征

변방에 병진이 삼 년이나 되었고 　　　　　　邊塵三載久

백성의 목숨 터럭같이 가볍네 　　　　　　　民命一毫輕

나라를 걱정하는 단심이 있고 　　　　　　　憂國丹心在

백발이 되어도 때때로 상심하는 마음 밝네 　　傷時白髮明

병란은 어느 때에 정할 것인지 　　　　　　　干戈何日定

오직 개선가 소리 듣기만 기다리네 　　　　　惟聽凱歌聲

---

166) 『春塘先生文集』, 권2, 「傷亂」.

* 「평양의 승전보를 듣고서」167)

넓게 퍼진 왜란에 종사가 기울어지니　　　　　　　　滿目兵塵宗社傾

충성으로 분격하여 통곡하며 조정에 아뢰네　　　　　奮忠今見哭秦庭

천병이 우레와 같이 움직이니　　　　　　　　　　　天兵動地雷霆怒

왜적이 듣고 놀라 혼비백산하네　　　　　　　　　　倭賊聞風魂魄驚

서쪽을 바라보며 다시 해 뜨기를 기다리며　　　　　佇望虞淵回日馭

다시 소굴을 찾아 노린내와 비린내를 쓸어낸다　　　更探巢穴掃羶腥

늙은 선비 오늘 다시 생기 찾았으니　　　　　　　　腐儒此日猶生氣

노쇠한 늙은 몸을 가다듬어 태평성세를 보리라　　　欲制頹齡見太平

---

167) 『春塘先生文集』, 권2, 「聞平壤勝捷, 喜而作 [進退格]」.